Farmácia
Homeopática

Farmácia Homeopática: teoria e prática

5ª edição - revisada e atualizada

OLNEY LEITE FONTES
Professor Doutor em Educação e
Especialista em Homeopatia

Colaboradores:
Amarilys de Toledo Cesar
Marcus Zulian Teixeira
Margarete Akemi Kishi
Valéria Ota de Amorim

Manole

Copyright © 2018 Editora Manole Ltda., por meio de contrato com o autor.

Projeto gráfico: Depto. Editorial da Editora Manole
Capa: Nelson Mielnik e Sylvia Mielnik
Ilustrações: Loretta De Groot Oliveira, BSc, BMc
Bachelor of Science in Biomedical Communications
University of Toronto
Department of Biomedical Communication, Division of Surgery
(Faculty of Medicine)
Foto: Cedida pelo autor

Dados Internacionais de Catalogação na Publicação (CIP)
(Câmara Brasileira do Livro, SP, Brasil)

Farmácia homeopática : teoria e prática /
[editor] Olney Leite Fontes ; Amarilys de Toledo Cesar...
[et al.]. – 5. ed. rev. e atual. – Barueri : Manole, 2018.

Outros colaboradores: Marcus Zulian Teixeira,
Margarete Akemi Kishi, Valéria Ota de Amorim.
ISBN 978-85-204-5444-2

1. Farmácia homeopática 2. Homeopatia - Matéria
médica e terapêutica I. Fontes, Olney Leite.
II. Cesar, Amarilys de Toledo. III. Teixeira, Marcus Zulian.
V. Kishi, Margarete Akemi. VI. Amorim, Valéria Ota de.

17-07483 — CDD-615.532

Índices para catálogo sistemático:
1. Farmácia homeopática : Ciências médicas 615.532

Todos os direitos reservados. Nenhuma parte deste livro poderá ser reproduzida,
por qualquer processo, sem a permissão expressa dos editores.
É proibida a reprodução por xerox.

5ª edição – 2018

Direitos adquiridos pela:
Editora Manole Ltda.
Alameda Rio Negro, 967 –
cj. 717 – Alphaville
06454-000 – Barueri – SP – Brasil
Fone: (11) 4196-6000
www.manole.com.br
https://atendimento.manole.com.br/

Impresso no Brasil
Printed in Brazil

Durante o processo de edição desta obra, foram tomados todos os cuidados para assegurar a publicação de informações precisas e de práticas geralmente aceitas. Do mesmo modo, foram empregados todos os esforços para garantir a autorização das imagens aqui reproduzidas. Caso algum autor sinta-se prejudicado, favor entrar em contato com a Editora.
Os autores e os editores eximem-se da responsabilidade por quaisquer erros ou omissões ou por quaisquer consequências decorrentes da aplicação das informações presentes nesta obra. É responsabilidade do profissional, com base em sua experiência e conhecimento, determinar a aplicabilidade das informações em cada situação.

AGRADECIMENTOS

Gostaríamos de registrar nossos agradecimentos aos colaboradores pelo esforço em produzir os textos em um prazo recorde, pelo interesse, pela cooperação e pela paciência demonstrados durante o trajeto de elaboração deste livro em suas diferentes edições. Em particular, gostaríamos de manifestar nossos agradecimentos à Amarilys de Toledo Cesar, pela revisão científica do trabalho; ao Renan Ruiz, pelas críticas e sugestões feitas aos capítulos iniciais; à Renata Maria Lordello Fontes, pelo apoio incessante e pela revisão prévia do texto; à Loretta De Groot Oliveira, pelas magníficas ilustrações; e à equipe editorial, que trabalhou incansavelmente durante a produção de *Farmácia homeopática: teoria e prática*. Gostaríamos ainda de manifestar nossas inúmeras dívidas intelectuais aos colegas homeopatas e alunos, que nos permitiram debater ideias e experimentá-las em salas de aula, palestras, conferências, mesas-redondas e cursos, e torná-las viáveis neste livro-texto. Não iremos relacioná-los para não cometer esquecimentos imperdoáveis. A todos que de alguma forma colaboraram para a realização desta obra didática a nossa especial gratidão.

O.L.F.

AUTOR

Olney Leite Fontes

Professor Doutor em Educação e Especialista em Homeopatia. Graduado pela Universidade Federal de Juiz de Fora (MG), concluiu seu mestrado e seu doutorado em Educação na Universidade Metodista de Piracicaba (SP). Durante muitos anos foi proprietário e farmácia homeopática e gerente de produção dos laboratórios farmacêuticos Homeoterápico e Weleda do Brasil, ambos de São Paulo. Tem ministrado inúmeras conferências, palestras e cursos sobre farmácia homeopática nos vários Estados do país. Foi diretor da Faculdade de Ciências da Saúde da Unimep. É autor de outros dois livros: *Além dos sintomas* e *Educação biomédica em transição conceitual.*

COLABORADORES

PROFA. DRA. AMARILYS DE TOLEDO CESAR
Farmacêutica Homeopata
Sócia-gerente e Farmacêutica Responsável da HN Homeopatia e
Produtos Naturais Ltda. – São Paulo, SP

PROF. DR. MARCUS ZULIAN TEIXEIRA
Médico Homeopata
Docente e Coordenador da Disciplina Fundamentos da Homeopatia
da Faculdade de Medicina da Universidade de São Paulo – São Paulo,
SP

DRA. MARGARETE AKEMI KISHI
Farmacêutica Homeopata
Docente da Universidade Presbiteriana Mackenzie – São Paulo, SP

DRA. VALÉRIA OTA DE AMORIM
Farmacêutica Homeopata
Diretora da Farmácia Florallys – São Paulo, SP

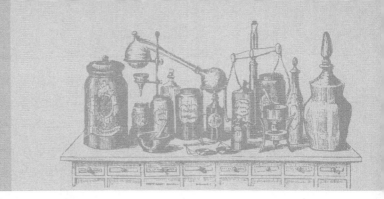

Sumário

Prefácio à quinta Edição xxi
Prefácio da primeira Edição xxiii

CAPÍTULO 1 – História, princípios e fundamentos da homeopatia 1
- Hipócrates e o princípio da similitude 1
- Samuel Hahnemann 2
- O nascimento da homeopatia 4
- A homeopatia no Brasil 6
- O que é homeopatia? 8
- Lei dos semelhantes 8
- Experimentação no homem sadio 11
- Doses mínimas 13
- Remédio único 15
- Escolas médicas homeopáticas 15
- Glossário 18
- Referências bibliográficas 19

CAPÍTULO 2 – Concepção homeopática do processo saúde-doença 21
- O fenômeno vital 21
- Força vital 22
- Níveis dinâmicos 24
- Processo de cura 27
- A consulta homeopática 29
- Matéria médica homeopática e repertório 30
- Classificação das doenças 32
- Glossário 33
- Referências bibliográficas 34

CAPÍTULO 3 – Farmacologia homeopática 35
- Ação primária e reação secundária 35
- Farmacologia dos contrários 38
- Farmacologia dos semelhantes 42
- A energia medicamentosa 44
- Leis de Arndt e de Schultz 47
- Vias de introdução e de eliminação 48
- Posologia 48
- Glossário 49
- Referências bibliográficas 50

CAPÍTULO 4 – Medicamento homeopático 53
- O que é medicamento homeopático? 53
- Origem do medicamento homeopático 54
- Veículos e excipientes 60
- Recipientes e acessórios 66
- Regras de nomenclatura 68
- Sinonímias 69
- Abreviaturas e símbolos 71
- Categorias de medicamentos 72
- Rotulagem e embalagem 77
- Atenção farmacêutica homeopática 78
- Medicamentos tóxicos em baixa potência 79
- Glossário 90
- Referências bibliográficas 91

CAPÍTULO 5 – Farmácia homeopática 93
- Introdução 93
- Normas para o funcionamento da farmácia 94
- Perfil do farmacêutico 95
- Ponto comercial 95
- Documentação 96
- Área física 97
- Limpeza 101
- Equipamentos e utensílios 102
- Rótulos 103
- Acervo bibliográfico 103
- Estoque mínimo 103

- Recursos humanos 104
- Controle de qualidade 105
- Glossário 105
- Referências bibliográficas 105

CAPÍTULO 6 – Tinturas homeopáticas 107
- O que é tintura-mãe? 107
- Processos de obtenção de tinturas-mães 107
- Preparação da TM a partir de vegetal fresco 109
- Preparação da TM a partir de vegetal dessecado 113
- Preparação da TM a partir de animal vivo, recém-sacrificado ou dessecado 115
- Acondicionamento e conservação da TM 116
- Glossário 117
- Referências bibliográficas 118

CAPÍTULO 7 – Escalas e métodos de preparação das formas farmacêuticas derivadas 119
- O que são formas farmacêuticas derivadas? 119
- Escalas 119
- Sucussão 121
- Métodos 123
- Método hahnemanniano para as escalas decimal e centesimal a partir da tintura-mãe 125
- Método hahnemanniano para as escalas decimal e centesimal a partir de droga solúvel 129
- Método hahnemanniano para as escalas decimal e centesimal a partir de droga insolúvel 133
- Método hahnemanniano para a escala cinquenta milesimal 138
- Método korsakoviano para a escala decimal a partir da tintura-mãe, de droga solúvel e insolúvel 141
- Método korsakoviano a partir da potência 30CH 143
- Método de fluxo contínuo a partir da potência 30CH 145
- Glossário 150
- Referências bibliográficas 151

CAPÍTULO 8 – Método da cinquenta milesimal 153
- Introdução 153
- Hahnemann e a dinamização 153

- Descrição do método de preparo dos medicamentos....................... 157
- Nomenclatura 161
- Aviamento 162
- Comentários finais 164
- Glossário 164
- Referências bibliográficas 165

Capítulo 9 – Formas farmacêuticas homeopáticas de uso interno... 167
- Introdução 167
- Gotas 168
- Dose única líquida 171
- Formulações líquidas 173
- Comprimidos 175
- Glóbulos 177
- Pós 180
- Tabletes 182
- Dose única sólida 184
- Formulações sólidas 185
- Glossário 197
- Referências bibliográficas 197

Capítulo 10 – Bioterápicos 199
- Introdução 199
- Breve histórico dos bioterápicos 199
- O que são bioterápicos 201
- Bioterápicos de estoque 203
- Isoterápicos 206
- Armazenamento das matrizes de bioterápicos 213
- Rotulagem dos bioterápicos 215
- Legislação sobre bioterápicos 217
- Boas práticas de manipulação de bioterápicos 217
- Glossário 217
- Referências bibliográficas 219

Capítulo 11 – Formas farmacêuticas homeopáticas de uso externo..221
- Introdução 221
- Linimentos 222
- Preparações nasais 223

- Preparações oftálmicas 224
- Preparações otológicas... 225
- Apósitos medicinais.. 227
- Pós medicinais 228
- Supositórios retais 230
- Supositórios vaginais 232
- Cremes 235
- Géis.. 238
- Géis-cremes... 241
- Pomadas... 244
- Outras formas farmacêuticas de uso externo............... 246
- Glossário.. 246
- Referências bibliográficas... 247

Capítulo 12 – Procedimentos de qualidade em farmácia
homeopática... 249
- Introdução... 249
- Farmacopeias homeopáticas... 250
- Sistema de garantia de qualidade................................. 253
- Boas práticas de manipulação em homeopatia............. 253
- Controle de qualidade 259
- Controle dos insumos inertes....................................... 260
- Controle dos insumos ativos 264
- Certificado de análise.. 271
- Certificado de qualidade das matrizes 272
- Controle dos medicamentos.. 273
- Comentários finais... 273
- Glossário.. 273
- Referências bibliográficas... 273

Capítulo 13 – Legislação para farmácia homeopática 275
- Introdução... 275
- Definições.. 275
- Legislação geral... 276
- Legislação farmacêutica de interesse geral 283
- Resoluções do Conselho Federal de Farmácia.............. 293
- Resoluções da Anvisa.. 297
- Referências bibliográficas... 314

Capítulo 14 – Resumo das monografias dos principais medicamentos homeopáticos 319
- Achillea millefolium 320
- Acidum aceticum 320
- Acidum benzoicum 320
- Acidum carbolicum 321
- Acidum fluoricum 321
- Acidum formicum 321
- Acidum lacticum 321
- Acidum muriaticum 322
- Acidum nitricum 322
- Acidum oxalicum 322
- Acidum phosphoricum 322
- Acidum salicylicum 322
- Acidum sulfuricum 323
- Aconitum napellus 323
- Actaea racemosa 323
- Adrenalinum 323
- Aesculus hippocastanum 324
- Agaricus muscarius 324
- Agnus castus 324
- Allium cepa 324
- Allium sativum 325
- Aloe socotrina 325
- Alumen 325
- Alumina 325
- Amanita phalloides 326
- Ambra grisea 326
- Ammonium carbonicum 326
- Ammonium muriaticum 326
- Ammonium phosphoricum 327
- Anarcadium orientale 327
- Anilinum 327
- Antimonium crudum 327
- Antimonium tartaricum 328
- Apis mellifica 328
- Aranea diadema 328
- Argentum metallicum 328
- Argentum nitricum 329

- Arnica montana 329
- Arsenicum album 329
- Arsenicum iodatum 329
- Aurum metallicum 329
- Avena sativa 330
- Baptisia tinctoria 330
- Barium aceticum 330
- Barium carbonicum 330
- Barium iodatum 331
- Barium muriaticum 331
- Belladonna 331
- Berberis vulgaris 331
- Borax 332
- Bothrops lanceolatus 332
- Bromium 332
- Bryonia 332
- Calcarea acetica 332
- Calcarea carbonica 333
- Calcarea fluorica 333
- Calcarea muriatica 333
- Calcarea phosphorica 334
- Calcarea sulfurica 334
- Calendula officinalis 334
- Cantharis vesicatoria 334
- Capsicum annuum 335
- Carbo animalis 335
- Carbo vegetabilis 335
- Carduus marianus 335
- Causticum 336
- Chamomilla 336
- Chelidonium majus 336
- China 336
- Chlorum 337
- Cina 337
- Cocculus indicus 337
- Coccus cacti 337
- Coffea cruda 338
- Colchicum autumnale 338
- Collinsonia canadensis 338

- Colocynthis 338
- Conium maculatum 339
- Corallium rubrum 339
- Crataegus oxyacantha 339
- Crotalus horridus 339
- Cuprum aceticum 340
- Cuprum metallicum 340
- Cuprum sulfuricum 340
- Cyclamen europaeum 340
- Digitalis purpurea 341
- Drosera rotundifolia 341
- Dulcamara 341
- Echinacea angustifolia 341
- Elaps corallinus 342
- Equisetum hiemale 342
- Ethylicum 342
- Eupatorium perfoliatum 342
- Euphrasia officinalis 342
- Ferrum metallicum 343
- Ferrum phosphoricum 343
- Ferrum sulphuricum 343
- Formica rufa 343
- Fucus vesiculosus 344
- Gelsemium sempervirens 344
- Gentiana lutea 344
- Ginkgo biloba 344
- Glonoinum 345
- Graphites 345
- Guaiacum officinale 345
- Hamamelis virginiana 345
- Helleborus niger 346
- Hepar sulfur 346
- Hydrastis canadensis 346
- Hyoscyamus niger 346
- Hypericum perforatum 347
- Ignatia amara 347
- Iodum 347
- Ipecacuanha 347
- Kalium bichromicum 348

- Kalium bromatum.. 348
- Kalium carbonicum 348
- Kalium iodatum.. 348
- Kalium muriaticum... 349
- Kalium phosphoricum... 349
- Lachesis muta.. 349
- Lappa major 349
- Latrodectus mactans 350
- Ledum palustre.. 350
- Lobelia inflata.. 350
- Luesinum.. 350
- Lycoperdon bovista.. 351
- Lycopodium clavatum 351
- Magnesium carbonicum.. 351
- Magnesium muriaticum.. 351
- Magnesium phosphoricum... 352
- Magnesium sulfuricum 352
- Medorrhinum 352
- Mercurius corrosivus.. 352
- Mercurius cyanatus.. 353
- Mercurius dulcis.. 353
- Mercurius solubilis...353
- Mercurius sulphuratus ruber.. 354
- Mercurius vivus... 354
- Mezereum... 354
- Moschus.. 354
- Mygale lasiodora.. 355
- Natrium carbonicum 355
- Natrium muriaticum 355
- Natrium phosphoricum 355
- Natrium sulfuricum 356
- Nux vomica 356
- Opium... 356
- Paeonia officinalis 356
- Parreira brava.. 357
- Passiflora incarnata 357
- Paullinia sorbilis 357
- Petroleum 357
- Phosphorus.. 358

- Phytolacca decandra 358
- Plantago major.......... 358
- Platinum metallicum 358
- Plumbum aceticum.......... 359
- Plumbum carbonicum.......... 359
- Plumbum metallicum 359
- Podophyllum peltatum.......... 359
- Psorinum 359
- Pulmo histaminum 360
- Pulsatilla nigricans 360
- Pyrogenium.......... 360
- Rheum palmatum.......... 360
- Rhododendron chrysanthum 361
- Rhus toxicodendron.......... 361
- Ricinus communis.......... 361
- Robinia pseudacacia.......... 361
- Ruta graveolens.......... 362
- Sabadilla officinarum.......... 362
- Sabal serrulata.......... 362
- Sambucus nigra 362
- Sanguinaria canadensis.......... 363
- Scilla maritima.......... 363
- Secale cornutum 363
- Sepia succus.......... 363
- Silicea.......... 364
- Spongia tosta.......... 364
- Stannum metallicum.......... 364
- Staphysagria 364
- Sticta pulmonaria 365
- Stramonium 365
- Strophantus hispidus 365
- Sulfur.......... 365
- Sulfur iodatum.......... 366
- Tabacum 366
- Taraxacum officinale 366
- Tarentula hispanica.......... 366
- Terebinthinum.......... 367
- Theridion curassavicum.......... 367
- Thuya occidentalis 367

SUMÁRIO

XIX

- Thyreoidinum 367
- Tuberculinum 368
- Uranium nitricum 368
- Urtica urens 368
- Ustilago maydis 368
- Valeriana officinalis 369
- Veratrum album 369
- Verbascum thapsus 369
- Zincum metallicum 369
- Referências bibliográficas 370

ÍNDICE REMISSIVO 371

LISTA DE TABELAS

Tabela 1. Diluições de etanol a 96% (v/v) a 20°C 63

Tabela 2. Classe hidrolítica para vidros segundo a Associação Brasileira de Normas Técnicas (ABNT) 67

Tabela 3. Lista de policrestos e semipolicrestos 72

Tabela 4. Medicamentos tóxicos em baixa potência 81

Tabela 5. Líquido extrator utilizado na preparação da TM a partir de vegetal fresco 110

Tabela 6. Proporção entre os insumos ativo e inerte nas escalas decimal, centesimal e cinquenta milesimal 121

Tabela 7. Tempo e volume necessários para preparar as potências com o aparelho de fluxo contínuo, considerando o volume útil da câmara de dinamização = 2 mL; a velocidade do motor = 3.600 rpm; o fluxo de entrada na câmara de dinamização = 72 mL/min (60 mL/50 s); o tempo para cada dinamização (100 rotações) = 1,66666 s; o número de dinamizações = N = (FC – 2) – 30CH; o volume total (mL) = 72 mL/min × t (min); e mais duas dinamizações manuais ao final do processo 149

Tabela 8. Diferenças no preparo dos medicamentos, antes e depois da 6ª edição do *Organon* 156

Tabela 9. Relação dos principais bioterápicos de estoque 203

Tabela 10. Orientação sobre a coleta de material para o preparo de isoterápicos 208

Tabela 11. Recipientes utilizados na coleta de material para o
preparo de isoterápicos 210

Tabela 12. Técnicas de obtenção dos isoterápicos 212

Tabela 13. Material descartável empregado para o preparo
de potências até 12CH ou 24DH 214

Tabela 14. Algumas informações sobre as farmacopeias homeopáticas.. 251

Tabela 15. Identificação dos princípios ativos por meio de reagentes
que são gotejados diretamente nas tiras (análise capilar) 270

Prefácio à quinta edição

Desde a primeira edição do livro *Farmácia homeopática: teoria e prática*, publicada em 2001, temos nos empenhado em apresentar ao leitor textos objetivos, reflexivos e elaborados de acordo com as normas ortográficas em vigor e os avanços científicos, principalmente na área de farmácia homeopática. O pressuposto desta quinta edição permanece inalterado, qual seja, o de oferecer aos estudantes e profissionais de homeopatia uma obra atualizada e revisada, de cunho didático-operacional e de fácil manuseio, que procura exemplificar o cotidiano do farmacêutico especialista em homeopatia e o universo da farmácia homeopática, sem se descuidar dos conteúdos históricos e teóricos necessários à compreensão da evolução e dos fundamentos dessa ciência, respectivamente.

Ao longo de suas páginas apresentamos os temas mais significativos relacionados à farmácia homeopática, desde a história, princípios e fundamentos da homeopatia, passando pela farmacologia, farmacotécnica e legislação homeopáticas, até os bioterápicos, procedimentos de qualidade em farmácia homeopática, legislação e resumo das monografias dos principais medicamentos homeopáticos.

Esta obra contém sumário, lista de tabelas, glossário, referências bibliográficas e índice remissivo. Estes recursos existem para permitir o acesso imediato aos assuntos de interesse do leitor, para facilitar a compreensão dos parágrafos e possibilitar o aprofundamento dos estudos. As palavras e os termos técnicos destacados em itálico estão definidos no glossário situado ao final de cada capítulo. As referências bibliográficas também estão disponibilizadas ao final de cada capítulo. O índice remissivo, localizado ao final do livro, ordena as palavras-chave com a indicação da(s) página(s) no texto onde aparecem.

Cabe destacar que esta obra foi elaborada a partir da experiência prática vivenciada pelo autor e os seus colaboradores, e aperfeiçoada por meio de críticas bem fundamentadas e sugestões de melhorias oriundas dos leitores. Portanto, reafirmamos a importância do envio de contribuições para o aprimoramento das edições vindouras.

Olney Leite Fontes

Prefácio da primeira edição

Esta publicação visa a preencher uma lacuna no ensino de homeopatia para farmacêuticos. O que nos motivou a publicar e sistematizar este livro foi a crescente evolução da farmácia homeopática no país, a nossa vivência como profissionais e professores de homeopatia e o desejo de ampliar o diálogo que temos mantido com os colegas da área, que necessitam de uma obra atualizada e de finalidade didática-operacional. As referências bibliográficas citadas ao final de cada capítulo serviram de fonte para a elaboração desta obra, que não tem a pretensão de ser um tratado, mas tão somente um meio de divulgação, conhecimento e estudo dos principais tópicos relacionados à farmácia homeopática, tanto nos seus aspectos teóricos como práticos. Nossa contribuição não se limita, portanto, à farmacotécnica homeopática, incluindo a história, os princípios e os fundamentos da homeopatia, a farmacologia homeopática, a legislação e as principais orientações sobre as boas práticas de manipulação, entre outros temas relacionados ao assunto. Este livro procura exemplificar o exercício real do farmacêutico homeopata, vivenciado no cotidiano pelo autor e pelos colaboradores. Desse modo, busca ter um caráter prático, sem se descuidar das reflexões e dos conhecimentos teóricos, necessários à compreensão do tema no seu sentido mais amplo.

Para facilitar a compreensão dos parágrafos procuramos definir algumas palavras e alguns termos técnicos, destacados no texto por meio de itálico, remetendo-os ao glossário situado ao término de cada capítulo antes das referências bibliográficas. As ilustrações também procuram tornar mais claras as informações com figuras atrativas e de fácil entendimento. As tabelas foram elaboradas para serem rapidamente consultadas por meio de uma lista localizada no início deste trabalho.

O objetivo de *Farmácia homeopática: teoria e prática* está diretamente relacionado ao problema do ensino e da aprendizagem, mas não apenas dirigido a farmacêuticos e alunos de farmácia. Profissionais e estudantes de medicina, odontologia e veterinária também poderão beneficiar-se dos conhecimentos e das informações encontrados neste livro-texto, já que a prática da homeopatia exige relacionamento multiprofissional que prevê conceitos-chave, normas, orientações, procedimentos e terminologias comuns.

Apesar de todos os cuidados tomados na elaboração deste livro, com certeza existem imperfeições. Portanto, os apontamentos de equívocos ou erros, por meio de críticas fundamentadas e de sugestões de melhorias, serão de grande importância para o aprimoramento das futuras edições.

O.L.F.

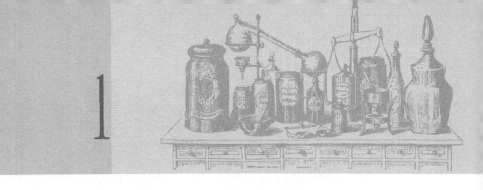

História, princípios e fundamentos da homeopatia

Olney Leite Fontes

HIPÓCRATES E O PRINCÍPIO DA SIMILITUDE

As primeiras tentativas de criar uma teoria racional sobre a saúde e a doença ocorreram nas escolas médicas da Grécia Antiga. O maior representante do pensamento médico grego sem dúvida foi Hipócrates (468 a.C.-377 a.C.), considerado o pai da Medicina, responsável pelo estabelecimento de uma atividade médica apoiada no conhecimento experimental, desvinculada da religião, da magia e da superstição.

Para Hipócrates, a terapêutica tinha por base o poder curativo da natureza, a *vis medicatrix naturae*, e as doenças deviam ser interpretadas considerando-se o quadro particular de cada indivíduo. Ele entendia a doença como a perturbação do equilíbrio, o qual mantinha o ser humano em harmonia consigo mesmo e com a natureza. Nesse sentido, não havia distinção entre a mente, o corpo e o cosmos, numa visão sintética do ser humano em suas relações com o meio ambiente. Hipócrates demonstrou que os sintomas são reações do organismo à enfermidade, e que o trabalho dos médicos era ajudar as forças defensivas naturais orgânicas. Criou os padrões éticos da Medicina e estabeleceu as providências do diagnóstico, do prognóstico e da terapêutica, que até hoje são determinantes na prática médica.

A homeopatia se alicerça no seguinte aforismo enunciado por Hipócrates: "A doença é produzida pelos semelhantes e pelos semelhantes o paciente retorna à saúde". Como exemplo, afirmou que as próprias substâncias que causavam tosse e diarreia, e provocavam vômito, curavam doenças que apresentavam sintomas semelhantes, desde que utilizadas em doses menores. Nas obras atribuídas a Hipócrates e seus predecessores encontram-se em vários trechos referências à assertiva *similia similibus curantur*, ou seja, o semelhante será curado pelo semelhante, embora a norma geral na terapêutica adotada naquela época fosse *contraria contrariis curantur*, isto é, o contrário será curado pelo contrário.

A medicina científica que se estabeleceu na época de Hipócrates teve por fato histórico a transposição da teoria da *physis* dos filósofos gregos às enfermidades. Uma vez que a essência das coisas (a *physis*) podia ser reconhecida pela razão, o mesmo poderia ser feito com as doenças por meio do raciocínio clínico.

A medicina ocidental possui duas correntes terapêuticas fundamentadas nos princípios dos contrários e dos semelhantes. A tradicional alopatia emprega o princípio dos contrários para combater as doenças, por meio de substâncias que atuam contrariamente aos sintomas, como anti-inflamatórios e antitérmicos. A homeopatia baseia-se no princípio da similitude, apoiando-se na observação experimental de que toda substância capaz de provocar determinados sintomas em um indivíduo sadio é capaz de curar, desde que em doses adequadas, um doente que apresente sintomas semelhantes.

Embora tenha relatado o fenômeno da semelhança e observado a inversão da ação de uma mesma *droga* de acordo com a dose, Hipócrates não aprofundou seus estudos sobre o princípio da similitude. Coube a Samuel Hahnemann demonstrá-lo clinicamente e firmá-lo como método terapêutico, bem como dotá-lo de uma farmacotécnica própria.

SAMUEL HAHNEMANN

Christian Friedrich Samuel Hahnemann nasceu no dia 10 de abril de 1755, em Meissen, uma das cidades mais antigas da Saxônia, região oriental da Alemanha, em uma época em que o comércio de porcelanas era a maior fonte de riqueza. Filho de um casal de artesãos da porcelana, já na primeira infância observava os pais no preparo de tintas e esmaltes, o que lhe proporcionou um gosto todo especial por química.

Como, na época, a profissão de maior prestígio era a de mercador de porcelanas, foi orientado pelo pai para o aprendizado de várias línguas. Hahnemann precocemente revelou seu grande gênio, tendo aos 12 anos de idade cursado humanidades e aos 14, a pedido de um de seus professores, ministrado aulas de grego para sua turma.

Encontrou certas dificuldades em seus estudos, uma vez que não podia, como plebeu, frequentar a biblioteca de sua escola. Todavia, recebeu ajuda do seu professor de línguas, dr. Müller, que era amigo do príncipe da região. Desse modo, pôde intensificar seu aprendizado assimilando os mais importantes livros da biblioteca, particularmente os de botânica, química, matemática e física.

Ganhou espaço entre seus colegas de classe por sua dedicação e gosto pelos estudos, e foi escolhido o orador da turma. Seu discurso feito em latim versava sobre "A curiosa construção da mão". Nesse trabalho, além de abordar os aspectos anatômicos, Hahnemann destacou a importância espiritual da mão como canal terminal do corpo, prolongamento do pensamento e do ato. Finalizou seus estudos em Meissen aos 20 anos, dominando fluentemente vários idiomas, entre eles francês, italiano, inglês, espanhol, latim, grego, árabe e sírio.

A seguir, em 1775, foi para Leipzig estudar Medicina e, para sustentar-se, ministrou aulas particulares de línguas estrangeiras e traduziu obras científicas para o alemão. Além de estudar as patologias e as doenças, Hahnemann pesquisou muito sobre as correntes filosóficas de sua época, em especial o vitalismo e o organicismo. Enquanto os vitalistas acreditavam na existência de um princípio vital, de uma força motriz que antecedia a atividade mecânica mantendo-a atuante, os organicistas acreditavam que as atividades vitais eram decorrentes da organização biológica. Para Hahnemann o princípio vital era causa, e não consequência, da estrutura orgânica. Portanto, ele era partidário do vitalismo.

Após dois anos de estudos na Universidade de Leipzig, Hahnemann resolveu continuá-los em Viena, pois a escola dessa cidade austríaca proporcionava maior cabedal científico. No hospital-escola trabalhou intensamente na prática médica, envolvendo-se em tarefas diretas com pacientes, o que não era comum entre os médicos da época. Procurava ter uma compreensão mais humanitária e racional da Medicina, aproximando-se das doenças e dos doentes. Com sua inteligência e dedicação, Hahnemann logo conquistou a simpatia do diretor do hospital, dr. Quarin, que o indicou ao governador da Transilvânia, barão von Bruckenthal, para ser seu médico particular e diretor de uma das melhores bibliotecas científicas da Europa. Como era de costume, Hahnemann aproveitou a oportunidade para atualizar-se e aprender um pouco mais sobre as disciplinas que mais lhe agradavam.

Em 1779, Hahnemann recebeu o grau de doutor em Medicina na Universidade de Erlangen, Alemanha, após defender a tese intitulada "Considerações sobre as causas e o tratamento dos estados espasmódicos". Nesse mesmo ano foi eleito para a Academia de Ciências de Mongúcia, graças às suas pesquisas na área da química. Pouco depois, publicou uma série de trabalhos nas áreas de Química e Medicina. Seu tratado de *Matéria médica*, que versava sobre as propriedades medicinais das drogas, tornou-se o manual oficial da época. Além disso, foi o responsável pela sistematização da farmacopeia alemã.

Hahnemann não se fixava em nenhum lugar, sempre buscando novidades científicas e meios de ganhar a vida. Naquela época, a influência da ciência moderna na Medicina ainda era muito tímida, apesar do avanço do método científico nas outras áreas do saber. Entretanto, como veremos mais adiante, Hahnemann conhecia o método empírico-indutivo de *Francis Bacon*, o raciocínio analítico de *René Descartes* e, sobretudo, a física de *Isaac Newton*, conhecimentos importantes para a consolidação da ciência moderna. Provavelmente, essas novas ideias criaram conflitos intelectuais em Hahnemann, levando-o a confrontar suas raízes *metafísicas* com o progresso da objetividade científica.

Entre 1779 e 1787, Hahnemann residiu em várias cidades, conquistando enorme clientela e excelente reputação como médico e farmacologista. Em Dessau, frequentou a "Pharmacia" do boticário Haesseler, onde conheceu Johanna Henriette Leopoldine Küchler, com quem casou e teve onze filhos. Em Dresden, trabalhou como substituto do diretor de Saúde Pública. Nesse período, escreveu várias obras e artigos, em especial sobre Medicina, Química e Mineralogia, além das traduções que realizava rotineiramente. Hahnemann teceu várias críticas à Medicina da época, que se apoiava, basicamente, em sangrias, fórmulas complexas e medicamentos tóxicos para o tratamento das doenças. Abandonou a Medicina em 1787 por julgá-la *empírica* demais. Desiludido, escreveu a um de seus amigos: "Para mim, foi uma agonia estar sempre no escuro quando tinha de curar o doente e prescrever de acordo com essa ou aquela hipótese arbitrária... renunciei à prática da Medicina para não correr mais o risco de causar danos à saúde alheia e dediquei-me exclusivamente à química e às ocupações literárias". Para sobreviver, voltou a trabalhar como tradutor, passando a enfrentar grandes dificuldades financeiras.

O NASCIMENTO DA HOMEOPATIA

Em 1790, ao traduzir a *Matéria médica*, do médico escocês Willian Cullen, Hahnemann ficou indignado com o fato de esse autor atribuir a eficiência terapêutica da droga *quina* ao seu efeito tônico sobre o estômago do paciente acometido de malária. Não concordando com essa hipótese, resolveu fazer experiências ingerindo por vários dias certa quantidade de quina. Para sua surpresa, passou a apresentar uma série de sintomas típicos de malária: esfriamento da ponta dos dedos dos pés e das mãos, fraqueza e sonolência, taquicardia, pulsação rápida, ansiedade e temor intoleráveis, pulsação na cabeça, rubor nas faces, sensação de entorpecimento, enfim, um quadro que trazia a aparência global da febre intermitente, em paroxismo de 3 a 4 horas de duração. Ao suspender o uso da droga, sua saúde voltou à normalidade. Deveria haver, portanto, uma identidade entre a doença e a droga ingerida.

O resultado desse experimento chamou a atenção de Hahnemann para o adágio hipocrático *similia similibus curantur*, visto que uma droga reconhecidamente eficiente no tratamento da malária era capaz de produzir sintomas semelhantes aos da doença em um indivíduo sadio. Em seguida, experimentou a quina em seus familiares e amigos, notando que o fenômeno se repetia. Passou a realizar experimentos com outras drogas, catalogando seus efeitos no organismo sadio.

A partir da compilação dos sinais e sintomas que essas substâncias provocavam no homem sadio, decidiu fazer novas observações, agora no homem doente, para confirmar se o princípio da similitude funcionava na prática. Ao atender pacientes, passou a prescrever drogas que produziam no homem sadio sintomas semelhantes aos dos enfermos para observar se ocorria o fenômeno da cura. Como a maioria dos resultados foi positiva, a hipótese de Hahnemann foi confirmada. A partir desse fato, reconheceu a necessidade da experimentação humana para poder prescrever cientificamente aos doentes os agentes terapêuticos capazes de curá-los.

Seguindo as orientações de *Haller*, foi Samuel Hahnemann quem, pela primeira vez, introduziu a pesquisa objetiva e sistemática aplicada à Medicina, ao tomar como base fundamental para seus estudos a ação farmacológica das drogas sobre o homem sadio, para depois aplicá-las nos indivíduos doentes, segundo o princípio da similitude. Isso tudo muito antes do estabelecimento da fisiopatologia experimental de Claude Bernard. Hahnemann procurou traduzir sua terapêutica e seus experimentos na terminologia e no modelo da racionalidade científica moderna, sem abrir mão de sua convicção vitalista.

De 1790 a 1796, Hahnemann experimentou numerosas substâncias, sempre em pessoas sadias, além de realizar extensa pesquisa na literatura médica sobre sinais e sintomas provocados por drogas tóxicas. Em 1796, no *Jornal de Medicina Prática*, dirigido por Hufeland, Hahnemann publicou seu primeiro trabalho sobre suas descobertas, denominado "Ensaio sobre um novo princípio para descobrir as propriedades curativas das substâncias medicinais, seguido de alguns comentários sobre os princípios admitidos até os nossos dias". Com a finalidade de diminuir os efeitos tóxicos e nocivos das drogas, adotou as doses infinitesimais (grandes diluições) para o tratamento de seus pacientes.

Após muitos estudos, começou a fazer discípulos que o ajudaram a realizar as experimentações e a catalogar, nos mínimos detalhes, o poder farmacodinâmico e curativo das drogas testadas. Com isso, em 1805, publicou a primeira matéria médica homeopática, com 27 substâncias ensaiadas. No mesmo ano editou o livro *Esculápio na balança*, criticando a Medicina europeia. Com essa obra, acusou a prática médica de ser ineficaz e enganosa, criando, com isso, numerosos inimigos.

Em 1810, Hahnemann publicou a primeira edição de seu livro básico, *Organon da arte de curar*, no qual se encontra a doutrina homeopática e seus ensinamentos, bem como regras minuciosas para exame, entrevista e tratamento do paciente. Entre 1811 e 1826, publicou os seis volumes da *Matéria médica pura*, com 1.777 páginas e 64 medicamentos experimentados. Em 1812, passou a proferir conferências na Universidade de Leipzig, levando sua doutrina para os alunos de Medicina dessa instituição. Entusiasmados com o que aprendiam, esses alunos passaram a frequentar a casa de Hahnemann para aprofundar seus estudos e realizar experimentos homeopáticos. Após formarem-se médicos, acabaram difundindo a genial obra de Hahnemann. A reputação da homeopatia cresceu rapidamente graças aos bons resultados obtidos, atraindo a atenção de médicos e pacientes de vários países do continente europeu.

O criador da homeopatia conseguiu encontrar uma solução para a maioria das doenças tratadas por ele. Todavia, seu tratamento apresentava dificuldades diante das doenças crônicas, que reapareciam frequentemente com novos sintomas. Passou a pesquisar de forma exaustiva os casos crônicos reincidentes até encontrar a presença de um fator desencadeador desses processos, denominado por ele de "miasma". Assim, em 1828, divulgou suas novas descobertas na obra *As doenças crônicas*. Esse livro, composto por cinco volumes, versa sobre a causa das doenças crônicas, com o estudo de uma série de novos medicamentos para o tratamento dessas doenças.

Hahnemann casou-se pela segunda vez aos 80 anos com uma jovem francesa de nome Marie Melanie Derville, com quem foi viver em Paris. Nesta cidade obteve permissão para exercer a Medicina, onde alcançou enorme sucesso. Morreu aos 88 anos, no dia 2 de julho de 1843, cercado do mais nobre respeito e admiração pelo legado que deixou ao mundo científico: 21 livros e 25 traduções.

Hoje, a homeopatia é praticada em diversos países, nos vários continentes, mas está especialmente bem representada na Alemanha, na Argentina, na Bélgica, no Brasil, na França, na Índia e na Inglaterra. No início do século XX, existiam nos Estados Unidos mais de 8 mil médicos homeopatas, 28 hospitais e oito escolas médicas homeopáticas, além de vários cursos, periódicos, laboratórios farmacêuticos e fundações, todos envolvendo a homeopatia. Diante das pressões legais e financeiras, essas instituições foram obrigadas a encerrar suas atividades. Atualmente, com o incentivo do governo, a homeopatia norte-americana está em processo de renascimento.

A HOMEOPATIA NO BRASIL

Em 1840, a homeopatia foi introduzida no Brasil pelo médico francês, natural de Lyon, dr. Benoit Jules Mure, mais conhecido em nosso meio como Bento Mure, que logo garantiu discípulos entre os colegas brasileiros. As tinturas e substâncias utilizadas na homeopatia vinham da Europa e os próprios médicos manipulavam-nas, dada a inexistência de farmácias especializadas.

O número de homeopatas foi crescendo e, por conseguinte, os farmacêuticos passaram a manifestar interesse pela doutrina, participando dos cursos organizados pelo dr. Mure e por seu colega, dr. João Vicente Martins.

HISTÓRIA, PRINCÍPIOS E FUNDAMENTOS DA HOMEOPATIA

Por volta de 1851, a Escola Homeopática do Brasil, sob forte pressão dos farmacêuticos, aprovou a separação da prática médica da prática farmacêutica. Não existiam, até então, leis que regulamentassem a farmácia homeopática no Brasil, facultando a manipulação de medicamentos homeopáticos aos proprietários leigos. Somente em 1886, com o Decreto n. 9.554, surgiu uma lei que dava o direito de manipulação apenas aos farmacêuticos.

A partir de 1965 surgiram leis específicas para a farmácia homeopática, até que, finalmente, pelos esforços de médicos e farmacêuticos, por meio do Decreto n. 78.841, de 25 de novembro de 1976, foi aprovada a parte geral da primeira edição da *Farmacopeia homeopática brasileira*. Em 1980, com a Resolução n. 1.000/80, a homeopatia foi reconhecida pelo Conselho Federal de Medicina como especialidade médica.

No Congresso Brasileiro de Homeopatia, realizado em Gramado (RS) em 1988, foi aprovada uma moção que culminou com a publicação do *Manual de normas técnicas para farmácia homeopática*, editado pela Associação Brasileira de Farmacêuticos Homeopatas (ABFH) em 1992. Esse manual foi aperfeiçoado três anos depois, contando com a colaboração de farmacêuticos de todo o Brasil, por meio de relatórios de grupos de estudos, trabalhos científicos, revisões bibliográficas e encontros regionais.

A terceira edição do *Manual de normas técnicas para farmácia homeopática* foi publicada em 2003, com o subtítulo "ampliação dos aspectos técnicos e práticos das preparações homeopáticas". Farmacêuticos homeopatas de todo o Brasil puderam contribuir para sua elaboração. Os textos foram disponibilizados pela comissão científica da ABFH por meio eletrônico, para permitir a manifestação individual e coletiva sobre os temas estudados. As propostas aprovadas nas assembleias, coordenadas pela diretoria da ABFH, foram sistematizadas pela comissão científica e transformadas no texto final da terceira edição do manual. Por meio de encaminhamento semelhante, em 2007, foi lançada a quarta edição desse importante compêndio. A quinta edição está para ser lançada.

Em 19 de agosto de 1997, de acordo com a Portaria n. 1.180, do Ministério da Saúde, foi aprovada a Parte I da 2ª edição da *Farmacopeia homeopática brasileira*. Por meio da Resolução-RDC n. 151, de 17 de junho de 2003, da Agência Nacional de Vigilância Sanitária (Anvisa), foi aprovado o Fascículo I da Parte II da segunda edição dessa farmacopeia. Vale ressaltar que os textos publicados no Fascículo I sobre as formas farmacêuticas anularam os publicados anteriormente na Parte I da segunda edição. Foram incluídos no primeiro fascículo: monografias, insumos inertes, métodos de análises e de ensaios, determinação de elementos e substâncias pela análise na chama e conversão de normalidade em molaridade.

A 3ª edição da *Farmacopeia homeopática brasileira* foi aprovada pela Anvisa, em 2 de setembro de 2011, por meio da Resolução-RDC n. 39. Lançada no dia 6 de outubro de 2011, na cidade de Foz do Iguaçu, durante o VIII Congresso

Brasileiro de Farmácia Homeopática, essa nova edição revoga todos os métodos gerais e monografias disponíveis em edições anteriores.

Em 29 de agosto de 2013, por meio da Resolução n. 586, foi aprovada pelo Conselho Federal de Farmácia a regulamentação da prescrição farmacêutica. Esta Resolução inclui a prescrição de medicamentos homeopáticos. Sobre esta Regulamentação, ver o Capítulo 13, "Legislação para farmácia homeopática".

O QUE É HOMEOPATIA?

Homeopatia é uma especialidade médica e farmacêutica que consiste em ministrar ao doente doses mínimas do medicamento, de acordo com a lei dos semelhantes, para evitar a agravação dos sintomas e estimular a reação orgânica na direção da cura. Essa ciência tem por fundamento quatro princípios que, se bem compreendidos, tornam seu aprendizado bastante produtivo.

A palavra homeopatia, criada por Hahnemann, oriunda do grego *homoios*, "semelhante", e *pathos*, "sofrimento", designa o método terapêutico baseado na lei natural de cura *similia similibus curantur*, ou seja, o semelhante será curado pelo semelhante. Trata-se de um sistema científico e filosófico bem determinado, com uma metodologia de pesquisa própria, que se apoia em dados da experimentação clínica de drogas e de medicamentos homeopáticos no homem sadio, para sua posterior aplicação no homem doente. Esses experimentos podem ser reproduzidos de acordo com os modernos protocolos de pesquisa homeopáticos.

A missão do clínico homeopata é prescrever substâncias que, quando utilizadas em pessoas sadias, produzam sintomas análogos aos da doença a ser combatida. Essas substâncias são transformadas em medicamentos homeopáticos pelo farmacêutico especialista em homeopatia. Isso é realizado por meio de uma técnica especial, denominada *dinamização*, que permite diminuir os efeitos tóxicos da substância original e aumentar seu potencial curativo. A maneira como isso ocorre será discutida no Capítulo 3, "Farmacologia homeopática".

Passa-se agora à análise dos quatro princípios básicos da homeopatia: a lei dos semelhantes, a experimentação no homem sadio, as doses mínimas e o remédio único.

LEI DOS SEMELHANTES

Também chamada de princípio da similitude ou da analogia, a lei dos semelhantes foi utilizada empiricamente na Medicina desde tempos remotos. Hahnemann teve como precursores vários médicos, em especial Hipócrates e Paracelso, que por meio de suas obras difundiram a lei dos semelhantes. Todavia, foi

HISTÓRIA, PRINCÍPIOS E FUNDAMENTOS DA HOMEOPATIA

Hahnemann o descobridor do seu mecanismo de aplicação e de sua utilização científica na cura dos doentes.

> Qualquer substância capaz de provocar determinados sintomas em seres humanos sadios e sensíveis, em doses adequadas, especialmente preparadas, é capaz de curar um enfermo que apresente quadro mórbido semelhante, com exceção das lesões irreversíveis.

Para melhor elucidar a lei dos semelhantes, citaremos, a seguir, um exemplo bem simples de sua aplicação na prática médica. Suponha que um doente com úlcera gástrica, durante uma visita ao médico homeopata, afirme ter hemorragias frequentes, eventuais diarreias explosivas, gosto amargo na boca, sensação de sufocamento com falta de ar à noite, grande inquietude de espírito, ansiedade e muito medo da morte, diminuição da memória, além de queimações no estômago, que acalmam com o calor e pioram com o frio. Por serem análogos aos da ingestão de arsênico, tais sintomas sugerem ao médico a indicação de *Arsenicum album*, que o prescreverá em doses bem diminutas. Desse modo, para a aplicação da lei dos semelhantes, é necessário saber antecipadamente o que cada droga é capaz de provocar em indivíduos sadios (os chamados experimentadores).

Outro importante conceito para a compreensão da lei dos semelhantes é o de patogenesia.

Se administrarmos uma substância em uma dose capaz de perturbar a homeostase orgânica, o organismo apresentará um grupo de sintomas relacionados à substância que está sendo testada. Esses sintomas são chamados patogenéticos. Para que o organismo produza sintomas é necessário que a dosagem da substância testada seja forte o bastante para promover seu desequilíbrio, ou que o organismo tenha alto grau de sensibilidade à substância testada.

> Patogenesia é o conjunto de sintomas, objetivos (físicos) e subjetivos (emocionais e mentais), que um organismo sadio apresenta ao experimentar determinada *substância medicinal*.

No exemplo citado, o medicamento Arsenicum album, prescrito na dose correta, será para esse doente o seu *simillimum*.

> É chamado de *simillimum* o "remédio" que abrange a totalidade dos sintomas de um homem doente, ou seja, aquele medicamento cuja patogenesia melhor coincidir com os sintomas apresentados pelo doente.

Portanto, a indicação de um medicamento homeopático depende das características pessoais e reacionais do paciente. O clínico homeopata deverá saber reconhecer a patogenesia que melhor se adapta às manifestações físicas, emocionais e mentais presentes no doente para, em seguida, prescrever o *simillimum*. Ele tratará o paciente como uma unidade corpo-mente, que recebe continuamente influências dos ambientes natural e social.

Para a homeopatia, enfermidade é o resultado da reação insuficiente do organismo diante da doença. Assim, faz-se necessário estimular a reação orgânica para que esta possa sobrepujar a força da doença. Quando se administra uma droga que provoca sintomas semelhantes aos que o paciente está sentindo, observa-se, em um primeiro momento, aumento transitório dos sintomas. Entretanto, com o fim do efeito farmacológico, após a droga ter sido eliminada, nota-se um efeito biológico de sinal contrário, traduzido pela reação orgânica à droga. Como a droga e a doença provocam sintomas semelhantes, haverá aumento sincrônico da reação orgânica, que proporcionará a melhora ou a cura do paciente. Para evitar a piora inicial do paciente e estimular ainda mais a reação orgânica, os farmacêuticos lançam mão do processo de dinamização. Com isso, pode-se utilizar substâncias tóxicas sem causar malefícios aos pacientes.

Hahnemann expõe assim o princípio da similitude no § 19 do *Organon da arte de curar*:

> Visto que as doenças não são mais do que alterações do estado de saúde do indivíduo sadio, expressando-se por meio de sinais mórbidos, e a cura, igualmente, só é possível com a conversão desse estado em saúde, vê-se, então, sem dificuldade, que os medicamentos não poderiam curar as doenças de modo algum, se não possuíssem a força de alterar o estado de saúde do homem, baseado em sensações e funções e mais: vê-se que unicamente nesta sua força de alterar o estado de saúde é que se deve basear seu poder de cura.

No § 27 de sua obra principal, Hahnemann complementa a afirmação anterior:

> A capacidade curativa dos medicamentos baseia-se, por conseguinte, nos seus sintomas semelhantes aos da doença e superiores a ela em força, de modo que cada caso individual de doença só pode ser eliminado e removido de maneira mais certa, profunda, rápida e duradoura, com um medicamento capaz de, por si mesmo, produzir a totalidade de seus sintomas no estado de saúde do ser humano, de modo muito semelhante e completo e de, ao mesmo tempo, superar, em forças, a doença.

EXPERIMENTAÇÃO NO HOMEM SADIO

Para a homeopatia, a única forma de conhecer de maneira confiável os efeitos farmacológicos de uma substância medicinal é experimentando-a no organismo humano sadio. Não são utilizados testes em animais, pois cada espécie apresenta uma reação própria muito diferente da reação dos seres humanos, por serem distintas as suas constituições. Para o elefante, a beladona é mortal em pequenas doses. Todavia é inócua para uma série de pequenos animais. A noz-vômica e o acônito são inofensivos para suínos e cães, respectivamente, mas podem matar um homem. Além disso, apenas os sintomas mais grosseiros podem ser registrados, uma vez que os animais não se expressam por palavras. Os testes em doentes também não são tolerados, pois a mistura dos sintomas provocados pela doença natural com os sintomas provocados pela droga-teste impede uma avaliação correta do experimento.

Coube a Hahnemann, por meio do método experimental indutivo, pela análise minuciosa dos fenômenos, conferir ao princípio da semelhança o valor de uma lei natural. Quando administramos uma substância medicinal a um indivíduo e os sintomas resultantes são compilados, estamos registrando as manifestações específicas do organismo diante da agressão proporcionada por tal substância. Desse modo, revela-se a farmacodinâmica da substância testada.

> Experimentação no homem sadio, também chamada experimentação patogenética, homeopática ou pura, é o procedimento de testar substâncias medicinais em indivíduos sadios para elucidar os sintomas que irão refletir sua ação.

A experimentação é a base para a escolha de um medicamento, possibilitando, dessa forma, que as manifestações sintomáticas do doente e da substância medicinal se combinem, fortalecendo e estimulando os mecanismos de defesa na direção da cura. Assim, a prescrição homeopática deve basear-se na comparação entre os sintomas apresentados pelo paciente e os sintomas que a droga a ser prescrita, sob a forma de medicamento, produziu em indivíduos sadios.

As drogas devem ser testadas em doses tóxicas, hipotóxicas e dinamizadas para que possam revelar todos os sintomas. Dessa forma, os sintomas físicos, emocionais e mentais aparecem com maior riqueza de detalhes. Com as doses tóxicas, por exemplo, sintomas como diarreias, cólicas, convulsões e taquicardia, entre outros, são facilmente evidenciados. Para a elucidação dos sintomas oriundos dessas doses, reportamos aos envenenamentos acidentais registrados na literatura médica. A homeopatia compreende o ser humano como um todo que reage integralmente quando atingido por um processo mórbido, inclusive com alterações na esfera psicomental. Nesses ensaios são utilizados experimentadores voluntários sadios que apresentem um grau relativamente alto de sensibilidade às substâncias testadas. Qualquer substância experimentada que revele apenas sintomas físicos é insuficiente para a homeopatia. Deve-se, então, utilizar experimentadores sensíveis e substâncias dinamizadas (os medicamentos) durante os experimentos para a obtenção de quadros completos de sintomas psicomentais. Com a dinamização pode-se revelar com muito mais facilidade uma ampla variedade de sintomas altamente refinados e específicos. As experimentações devem ser realizadas com a droga na sua forma mais concentrada, pois as doses ponderais em geral determinam o aparecimento de sintomas orgânicos (físicos), e com a droga dinamizada, em suas diferentes diluições, pois estas em geral determinam o aparecimento de sintomas que definem uma personalidade (emocionais e mentais). Cabe ainda ressaltar que os sintomas devem ser modalizados, ou seja, qualificados quanto às circunstâncias de seu aparecimento, a manifestação de agravação ou melhora, a característica da dor (dilacerante, picante, queimante etc.), a lateralidade (esquerda ou direita) e o ritmo. Como exemplo de modalidade, uma dor dilacerante que piora de madrugada e melhora pelo repouso absoluto, principalmente quando se deita do lado doloroso, é um sintoma típico do medicamento Bryonia alba. Uma dor de cabeça que se manifesta do nascer ao pôr do sol, como uma clava sobre o lado esquerdo, é outro exemplo de modalidade, que corresponde ao medicamento Natrium muriaticum.

Para obter informações confiáveis sobre a farmacodinâmica das drogas e dos medicamentos obtidos a partir delas, os institutos de pesquisa homeopáticos adotam modernos protocolos de experimentação patogenética. O ensaio deve ser realizado de acordo com o método duplo-cego. Com essa metodologia, não é divulgado quais experimentadores receberam a droga e quais receberam o *placebo*. Apenas o diretor do experimento conhece a substância que está sendo ensaiada e quais sujeitos de pesquisa receberam medicamento ou placebo. Geralmente, a experiência tem início com a administração da substância a ser testada em doses ponderais. Somente depois de anotados todos os sintomas e não havendo mais nenhuma manifestação sintomática é que se passa à dose seguinte, que é uma dinamização sempre mais diluída que a anterior. Os sintomas vão sendo anotados para cada uma das doses, nas três esferas: física, emocional e mental. Na conclusão do experimento, os sintomas são sistematizados pelo diretor e apresentados aos experimentadores para discussão, sendo retirados dos registros os sintomas proporcionados pelos indivíduos que receberam placebo.

As patogenesias são compiladas em livros denominados *Matérias médicas homeopáticas*. Para a elaboração dessas obras, além das patogenesias são incluídos os sintomas extraídos dos livros de toxicologia e os sintomas que desapareceram depois que o medicamento produziu a cura.

HISTÓRIA, PRINCÍPIOS E FUNDAMENTOS DA HOMEOPATIA

Resumindo, a experimentação no homem sadio é um método natural para investigar os efeitos que as drogas e os medicamentos produzem, para saber quais enfermidades eles estão aptos a curar.

DOSES MÍNIMAS

Hahnemann revolucionou a ciência com a aplicação do método experimental na Medicina para conhecer com detalhes a farmacodinâmica de uma droga antes de indicá-la ao ser humano doente. Todavia, ele se preocupava com a intensidade das reações iniciais que uma droga provocava ao ser ingerida. Estas, dependendo da natureza do paciente, poderiam ser muito violentas. É importante mencionar que, no início de sua carreira como homeopata, Hahnemann não usava as doses diluídas e potencializadas pela dinamização. Ele empregava doses elevadas de medicamentos, sobretudo na forma de tintura. Assim, antes que o organismo doente começasse a reagir, ocorria uma agravação inicial dos sintomas, pelo somatório dos sintomas naturais provocados pela doença com os sintomas artificiais provocados pelo medicamento. Isso era muito desagradável para o paciente, levando muitos deles a abandonar a terapêutica homeopática.

Com a finalidade de diminuir os efeitos negativos da agravação dos sintomas, Hahnemann realizou uma série de experiências, chegando a resultados extremamente interessantes. A princípio, empregou doses pequenas, diluindo os medicamentos em água ou álcool, de acordo com determinadas proporções. Entretanto, observou que se o medicamento não era forte o suficiente para produzir a agravação dos sintomas, não era capaz de promover satisfatoriamente a reação orgânica. Como os resultados não foram os esperados, continuou os experimentos. Além de diluir os medicamentos, passou a imprimir agitações violentas, chamadas por ele de *sucussões*. Hahnemann notou que, além da diminuição da agravação dos sintomas e dos efeitos tóxicos das altas doses, ocorria aumento da reação orgânica. Certamente os conhecimentos que tinha de alquimia, da essência das substâncias, contribuíram muito para que chegasse a esses resultados. Todavia, Hahnemann nunca forneceu detalhes de como descobriu o processo da dinamização.

A partir desse experimento, o criador da homeopatia passou a utilizar diluições infinitesimais e potencializadas pelas fortes agitações que imprimia na manipulação dos medicamentos homeopáticos. Esse processo farmacotécnico, conhecido como dinamização, promove curas mais rápidas e suaves. A diluição do *insumo ativo*, sempre intercalada pelas sucussões, obedece a uma progressão geométrica, promovendo diminuição de sua concentração química e aumento de sua ação dinâmica, que estimula a reação do organismo na direção da cura.

Para uma explanação inicial do processo de preparação do medicamento homeopático, apresentamos o seguinte esquema:

- Uma parte do insumo ativo + 99 partes do *insumo inerte* + sucussões = primeira dinamização centesimal hahnemanniana (1CH).
- Uma parte da 1CH + 99 partes do insumo inerte + sucussões = segunda dinamização centesimal hahnemanniana (2CH).
- Uma parte da 2CH + 99 partes do insumo inerte + sucussões = terceira dinamização centesimal hahnemanniana (3CH).
- E assim sucessivamente (Figura 1).

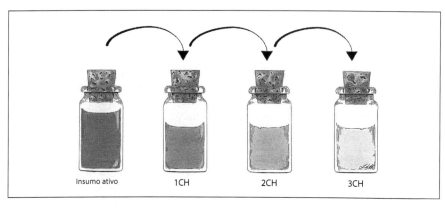

Figura 1 Dinamização.

Assim, quanto maior a *potência* ou dinamização do medicamento, menor a probabilidade de encontrarmos moléculas da droga original na solução.

Potência	Diluição	Concentração	Expoentes
1ª dinamização centesimal hahnemanniana = 1CH	1/100	1 para 100	10^{-2}
2ª dinamização centesimal hahnemanniana = 2CH	1/10.000	0,01 para 100	10^{-4}
3ª dinamização centesimal hahnemanniana = 3CH	1/1.000.000	0,0001 para 100	10^{-6}
4ª dinamização centesimal hahnemanniana = 4CH	1/100.000.000	0,000001 para 100	10^{-8}
12ª dinamização centesimal hahnemanniana = 12CH	$1/1.10^{23}$	0,(21 zeros)1 para 100	10^{-24}

REMÉDIO ÚNICO

Durante a experimentação patogenética testa-se apenas uma droga por vez, obtendo por meio desse procedimento as características farmacodinâmicas da substância testada. Não se experimentam várias drogas ao mesmo tempo. Por isso, Hahnemann administrava os medicamentos isoladamente, um por vez, por ser mais racional e para impedir as interações entre os diferentes medicamentos. Só mudava a prescrição se o quadro sintomático sofresse uma alteração e depois que o primeiro medicamento administrado já não atuava no organismo doente. Para tanto, pesquisava na matéria médica homeopática a patogenesia capaz de cobrir a totalidade dos sintomas do momento.

O clínico homeopata procura, sempre que possível, individualizar o quadro sintomático do paciente para encontrar o seu *simillimum*. Se ele utilizar em um mesmo paciente, de uma só vez, mais de um medicamento, estes mobilizarão conjuntamente os mecanismos de defesa do organismo, em uma competição. Pelo princípio da similitude, apenas um deve cobrir a totalidade dos sintomas apresentados pelo doente. Além disso, com o uso simultâneo de dois ou mais medicamentos, fica impossível determinar, cientificamente, qual foi o responsável pela cura. Entretanto, na prática, nem sempre é possível encontrar o *simillimum*.

O remédio único constitui um dos fundamentos mais importantes da homeopatia do ponto de vista médico-científico e o mais difícil de ser realizado na prática, pois exige do clínico conhecimentos bastante profundos da matéria médica homeopática.

ESCOLAS MÉDICAS HOMEOPÁTICAS

Vários motivos contribuíram para que fossem criadas diferentes escolas médicas homeopáticas, cada uma prescrevendo a seu modo. Entre os principais motivos, destacamos: a complexidade da doença observada, a imprecisão dos sintomas, o desconhecimento dos princípios homeopáticos, o processo de industrialização do medicamento homeopático, a inexistência de patogenesias capazes de cobrir a totalidade dos sintomas observados no doente, a necessidade do estudo constante e a experiência clínica particular de alguns homeopatas. As principais escolas homeopáticas são o unicismo, o pluralismo, o complexismo e o organicismo.

No unicismo, o clínico prescreve um único medicamento, à maneira de Hahnemann, com base na totalidade dos sintomas do doente (o *simillimum*). Exemplo de receita unicista:

Pulsatilla nigricans 6 LM
Tomar 1 colher (chá) a cada 2 horas.

Outro exemplo:
Sepia 12CH
Pingar 10 gotas diretamente na boca, 2 vezes ao dia.

Existe uma variante do unicismo hahnemanniano, trata-se do kentismo. Os seguidores de James Tyler Kent (1849-1916), médico norte-americano responsável por realizar experiências com altíssimas potências, além do remédio único, usam uma única dose, geralmente em potências superiores a 1.000 FC (milésima potência preparada por *aparelho de fluxo contínuo*).
Exemplo de receita kentiana:

Phosphorus 10.000 FC líquida
Tomar todo o conteúdo do frasco, de uma só vez, em jejum.

No pluralismo, também conhecido por alternismo, o clínico prescreve dois ou mais medicamentos para serem administrados em horas distintas, alternadamente, com a finalidade de um complementar a ação do outro, atingindo, assim, a totalidade dos sintomas do paciente.
Exemplo de receita pluralista:

Barium carbonicum 6CH, 20 mL, 1 frasco
Phytolacca decandra 6CH, 20 mL, 1 frasco
Pingar 5 gotas de cada medicamento, diretamente na boca, a cada 2 horas, alternando-os a cada tomada.

No complexismo, o clínico prescreve ao paciente dois ou mais medicamentos para serem administrados simultaneamente.
Exemplo de receita complexista:

Hydrastis canadensis 6CH, 20 mL, 1 frasco
Hepar sulfur 6CH, 20 mL, 1 frasco
Kalium bichromicum 6CH, 20 mL, 1 frasco
Pingar 5 gotas de cada um dos medicamentos, diretamente na boca, a cada 2 horas.

Outro exemplo:
Eupatorium 5CH
Bryonia alba 6CH   ⎫ ãã ...qsp... 30 mL
Allium cepa 6CH   ⎭
Tomar 5 gotas, 4 vezes ao dia.

HISTÓRIA, PRINCÍPIOS E FUNDAMENTOS DA HOMEOPATIA

No complexismo industrial existem formulações farmacêuticas pré-elaboradas com associações medicamentosas afins, ou seja, que englobam grande número de sintomas relacionados a certa doença. A indústria farmacêutica homeopática produz em larga escala os complexos, também chamados de compostos ou específicos homeopáticos. Essas formulações têm por objetivo tratar enfermidades específicas (gripe, sinusite, cistite, abcessos etc.), sem considerar a individualidade e a integridade orgânicas. Na maioria das vezes, proporcionam efeito meramente paliativo. Os compostos alopatizam a homeopatia, ou seja, tratam das doenças e não dos doentes. Nesse caso, a lei dos semelhantes é ignorada. Entretanto, por meio deles, as populações carentes e distantes dos grandes centros têm a possibilidade de serem tratadas com medicamentos homeopáticos, mesmo sem a presença do médico e do farmacêutico homeopata. Os complexos industrializados recebem nome fantasia, devendo ser registrados no Ministério da Saúde.

No organicismo, o clínico prescreve o medicamento visando aos órgãos doentes, considerando as queixas mais imediatas do paciente. Essa conduta, portanto, acha-se bastante próxima da medicina alopática, que fragmenta o ser humano em órgãos e sistemas. Numa visão organicista, o clínico fixa-se apenas no problema local, não levando em conta os sintomas emocionais e mentais que podem estar relacionados ao problema.

Exemplo de receita organicista para um caso de urticária (manifestação cutânea):

Urtica urens 6CH, 20 mL, 1 frasco
5 gotas a cada hora.

Cabe ressaltar que o medicamento Urtica urens é preparado a partir da urtiga, planta causadora de sintomas cutâneos semelhantes à urticária.

Existem ainda, na homeopatia, os profissionais ortodoxos, ou seja, os radicais que não admitem o emprego de outros recursos terapêuticos além dos medicamentos homeopáticos, bem como os ecléticos, que os prescrevem combinados com outras práticas terapêuticas (acupuntura, medicamentos alopáticos e fitoterápicos etc.).

A eficácia de cada conduta terapêutica vai depender muito da experiência clínica. Cabe ao clínico ter um vasto conhecimento das diferentes escolas médicas e sistemas terapêuticos para, com sabedoria, sem fanatismos ou radicalismos, buscar o "remédio" mais adequado ao paciente.

Como este livro visa a tratar mais especificamente da farmácia homeopática, procura isentar-se das polêmicas de cunho doutrinário que afetam a prática médica. Para o farmacêutico homeopata, o medicamento deve ser preparado do ponto de vista profissional. Portanto, deve manipulá-lo sem partidarismos, tais como o unicismo, o alternismo e o complexismo.

GLOSSÁRIO

APARELHO DE FLUXO CONTÍNUO. Aparelho desenvolvido para preparar medicamentos com potências elevadas.

DINAMIZAÇÃO. Processo farmacêutico homeopático responsável pelo desenvolvimento do poder medicamentoso por meio do procedimento de diluições acompanhadas de fortes agitações (sucussões) e/ou triturações sucessivas de insumos ativos em insumos inertes adequados. Este processo também é conhecido como potencialização.

DROGA. As drogas representam as matérias-primas oriundas dos diferentes reinos da natureza, bem como as de origem químico-farmacêutica e biológica, constituídas por um ou mais fármacos. Fármacos são substâncias ou produtos que modificam uma ou mais funções ao entrarem em contato ou serem introduzidas em um organismo biológico.

EMPÍRICO. Baseado somente na experiência, sem considerar teorias ou métodos científicos. No método empírico-indutivo, de Francis Bacon, que é científico, os resultados dos experimentos são testados para validá-los.

FRANCIS BACON (1561-1626). Pai do experimentalismo moderno, descreveu o método empírico-indutivo, que tinha por objetivo, após a observação exaustiva dos fenômenos, extrair as leis e os princípios que governam a natureza. Assim, deve-se realizar experimentos para poder obter deles conclusões gerais, que têm de ser testadas por outros experimentos para validar uma hipótese.

HALLER. Segundo Albrecht von Haller (1708-1777), o único meio seguro para determinar as propriedades medicinais das substâncias seria sua experimentação no homem.

INSUMO ATIVO. Tintura-mãe, droga ou fármaco utilizado como ponto de partida para a preparação dos medicamentos homeopáticos ou forma farmacêutica derivada que constitui ponto inicial para as dinamizações seguintes.

INSUMO INERTE. Substância utilizada em homeopatia como veículo e excipiente.

ISAAC NEWTON (1642-1727). Promoveu a síntese do método empírico-indutivo de Bacon com o método dedutivo-analítico de Descartes ao destacar que tanto os experimentos sem a interpretação racional quanto a dedução sem a evidência experimental poderiam produzir teorias inconsistentes.

MATÉRIA MÉDICA. As matérias médicas são manuais que apresentam as ações terapêuticas das diferentes drogas medicinais.

HISTÓRIA, PRINCÍPIOS E FUNDAMENTOS DA HOMEOPATIA

METAFÍSICA. Sistema filosófico que estuda a essência dos seres.

PLACEBO. Substância que não possui nenhuma ação específica sobre o organismo humano, ou seja, trata-se de substância farmacologicamente inerte.

POTÊNCIA. Poder medicamentoso da droga ou do fármaco, desenvolvido por meio do processo de dinamização. Trata-se da indicação quantitativa do número de dinamizações que as formas farmacêuticas derivadas ou o medicamento homeopático receberão.

QUINA. Droga vegetal constituída pelas cascas de uma árvore, a *Cinchona succirubra Pav*. O medicamento homeopático obtido a partir desta droga é conhecido pelo nome de *China officinalis*.

RENÉ DESCARTES. O método de René Descartes (1596-1650) é analítico, dualista, mecanicista e reducionista, uma vez que, além de isolar a mente do corpo, decompõe o todo em suas menores partes para que, ao dispô-las em sua ordem lógica, possam revelar a realidade à luz da razão.

SUBSTÂNCIA MEDICINAL. Termo empregado por Hahnemann para designar as drogas, os fármacos, as tinturas-mães e os medicamentos homeopáticos. Durante o experimento homeopático, as propriedades farmacodinâmicas de uma substância medicinal devem ser verificadas empregando-se a droga, o fármaco ou a tintura-mãe e os medicamentos homeopáticos derivados destes.

SUCUSSÃO. Agitação vigorosa e ritmada da solução para que as moléculas do insumo ativo se choquem fortemente com as moléculas do insumo inerte.

REFERÊNCIAS BIBLIOGRÁFICAS

ALLEN HC. Sintomas-chave da matéria médica homeopática: keynotes. São Paulo: Dynamis Editorial; 1995.

ASSOCIAÇÃO BRASILEIRA DE FARMACÊUTICOS HOMEOPATAS (ABFH). Manual de normas técnicas para farmácia homeopática: ampliação dos aspectos técnicos e práticos das preparações homeopáticas. 3ª ed. Curitiba; 2003.

ASSOCIAÇÃO BRASILEIRA DE FARMACÊUTICOS HOMEOPATAS (ABFH). Manual de normas técnicas para farmácia homeopática: ampliação dos aspectos técnicos e práticos das preparações homeopáticas. 4ª ed. São Paulo; 2007.

BESSA M. Filosofia da homeopatia: análise das noções de força vital, vida, natureza e homem no pensamento de Hahnemann. Curitiba: Aude Sapere; 1994.

BRADFORT TL. Life and letters of Dr. Samuel Hahnemann. Filadélfia: Boericke & Tafel; 1895.

BRASIL. Conselho Federal de Farmácia. Resolução n. 586, de 29/08/2013. Dispõe sobre a regulamentação da prescrição farmacêutica. Diário Oficial da União da República Federativa do Brasil. Brasília, 26 de agosto de 2013.

CAMPBELL A. As duas faces da homeopatia. São Paulo: Matéria Médica; 1991.

CORNILLOT P. Tratado de homeopatia. Porto Alegre: Artmed; 2005.

GALHARDO JER. Iniciação homeopathica. Rio de Janeiro: Henrique M. Sondermann; 1936.

HAEHL R. Samuel Hahnemann, his life and work. Nova Délhi: B. Jain; 1971.

HAHNEMANN S. Organon da arte de curar. 6ª ed. São Paulo: Robe; 1996.

MINISTÉRIO DA SAÚDE. Farmacopeia homeopática brasileira. 2ª ed. Parte I. São Paulo: Atheneu; 1997.

MINISTÉRIO DA SAÚDE. Farmacopeia homeopática brasileira. 3ª ed. Disponível em: http://www.anvisa.gov.br/farmacopeiabrasileira/homeopatica.htm. Acesso em: 22 dez 2011.

KOSSAK-ROMANACH A. Homeopatia em 1.000 conceitos. São Paulo: Elcid; 1984.

RIBEIRO WD. A homeopatia frente a epistemologia. Franca: Ribeirão Editora; 1997.

ROSENBAUM P. Homeopatia e vitalismo. São Paulo: Robe; 1996.

VITHOULKAS G, GUINEBERG C. A homeopatia. Rio de Janeiro: Nova Fronteira; 1985.

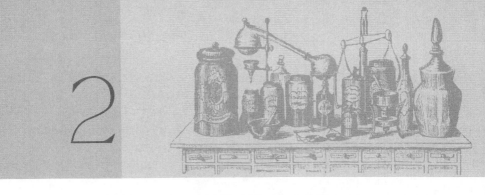

2

Concepção homeopática do processo saúde-doença

Olney Leite Fontes

O FENÔMENO VITAL

Sem cometer a temeridade de elaborar um conceito definitivo da vida, a homeopatia concebe o fenômeno vital do ponto de vista filosófico. Segundo Hahnemann, a vida não pode ser revelada pelas leis físicas, que prevalecem somente sobre as substâncias inorgânicas: "As substâncias materiais que compõem o nosso organismo não seguem, em suas combinações vitais, as leis às quais se submetem as substâncias na sua condição inanimada; elas são reguladas pelas leis peculiares à vitalidade". O que a vida é, em sua essência, não é verificável pelo *método científico*. Ela só pode ser conhecida a partir de seus fenômenos e manifestações.

Embora se reconheça que o projeto morfogenético está contido nos *ácidos nucleicos*, muitas perguntas ainda não têm resposta. O DNA, responsável pela formação das proteínas, por exemplo, é ele próprio uma proteína. Como entender esse paradoxo? A ciência tem demonstrado o equívoco de quem pensa que fazendo pesquisas com moléculas e genes irá descobrir a origem da vida. A complexidade do fenômeno vital não pode ser desconsiderada. Ou seja, a realidade viva é indescritível com base apenas no reducionismo e no determinismo físico-químico da biologia molecular. O erro que a maioria dos cientistas comete é o de trabalhar no âmbito da estrutura e acreditar que, conhecendo-a cada vez mais, um dia conhecerão a vida. Eles jamais conhecerão o que é a vida enquanto continuarem atentos apenas nos seus aspectos estruturais.

Diante da complexidade da vida precisamos de modelos conceituais para explicá-la. Os modelos não são necessariamente reais. Todavia, servem de instrumentos teóricos para descrever a realidade, ou seja, fornecem descrições simbólicas ou presumidas que nos ajudam a esclarecer os fenômenos da natureza. Tomemos como exemplo o modelo atômico. Sua validade não é contestada, pois ele esclarece muito bem os fenômenos físicos. Entretanto, os átomos nunca foram observados por alguém. Talvez eles nem existam da forma como os idealizamos. Nesse contexto, pode-se dizer que os modelos limitam a realidade em torno deles. Em uma metáfora: o mapa é o modelo do território; ele não é o território. Se o representasse fielmente teria o tamanho e os detalhes do território. Contudo, o mapa é necessário para nos conduzir a algum lugar.

O modelo conceitual no qual a terapêutica homeopática se apoia é de origem vitalista. Somente quando aceitamos a noção de um princípio de causalidade para a vida, fora das dimensões físicas habituais, concordamos em considerá-lo um modelo para a homeopatia. Apesar de a existência do princípio vital nunca ter sido provada, ou mesmo refutada, o modelo vitalista da homeopatia apresenta-se coerente, pois por meio dele os clínicos obtêm excelentes resultados. Os modelos adotados pela *alopatia* e pela acupuntura também se apresentam coerentes. Entretanto, todos os modelos têm suas limitações. Por isso, ao longo do tempo, quando surgem modelos mais bem elaborados, os antigos vão sendo substituídos.

> Vitalismo é uma doutrina filosófica, segundo a qual os seres vivos possuem uma força particular que os mantém atuantes – o princípio ou força vital –, distinta das propriedades físico-químicas do corpo.

Segundo o modelo filosófico homeopático, a condição do organismo depende da saúde da vida que o anima. Assim, conclui-se que a doença consiste em uma condição alterada originalmente nas sensibilidades e funções vitais, independentemente de toda consideração química ou mecânica, ou seja, a origem primária das doenças está na perturbação da força vital.

FORÇA VITAL

Hahnemann interpreta a força vital como a mantenedora do equilíbrio orgânico. Sob essa perspectiva, as doenças não são mais que manifestações deletérias da força vital modificada. Os microrganismos são apenas fatores necessários, mas não suficientes para produzir doenças.

Desse modo, os fungos, por exemplo, não podem ser considerados a causa única das micoses. Se, por algum motivo, a força vital estiver comprometida e outros fatores estiverem contribuindo para o desenvolvimento fúngico (umi-

CONCEPÇÃO HOMEOPÁTICA DO PROCESSO SAÚDE-DOENÇA

dade, pH, temperatura etc.), esses microrganismos, sempre presentes, parecem emergir e atacar, "causando" a micose.

> É a força vital que mantém o organismo em harmonia. Sem ela, o organismo não age, não sente e se desintegra, sendo a força vital responsável pela integração dos diversos níveis dinâmicos da realidade humana (físico, emocional e mental).

O organismo humano no estado de saúde encontra-se em equilíbrio nos seus aspectos físico, emocional e mental. Quando a força vital é perturbada, os mecanismos de defesa do organismo são acionados (sobretudo os sistemas imunológico e endócrino). A força vital pode ser influenciada negativamente por fatores exógenos, como ritmos de vida insalubres, alimentação de má qualidade, drogas etc., e por fatores endógenos, como tristeza, irritabilidade, ódio etc.

> A homeopatia define saúde como um estado de equilíbrio dinâmico que abrange as realidades física e psicomental dos indivíduos em suas interações com o ambiente natural e social. A doença reflete, mediante os sintomas, o esforço da força vital na tentativa de restabelecer o equilíbrio.

A força vital impede a matéria (o corpo físico) de seguir as leis químicas e físicas da natureza. O corpo físico, após o abandono da força vital, na morte, fica exposto às leis físico-químicas e mediante reações químicas entra em decomposição, retornando ao campo de ação física. A força vital, intimamente ligada ao corpo físico, é favorecida por atividades artísticas, sono, alimentação, exercícios físicos e ritmo de vida sadios.

Apesar de a força vital não ser diretamente observada, seus efeitos podem ser evidenciados pelo método da cristalização sensível desenvolvido por Ehrenfried Pfeiffer. O princípio do método baseia-se na capacidade de soluções de sais cristalizantes modificarem-se especificamente pela adição de substâncias orgânicas. Na cristalização sensível, adiciona-se uma pequena quantidade do material orgânico a ser pesquisado (suco de planta, sangue, soro etc.) em uma solução de cloreto de cobre, que seca em placa de petri, sob temperatura, umidade e pressão constantes, em local totalmente isolado e isento de oscilações e vibrações. Ao utilizarmos um material inorgânico, ou uma folha em fase de *fenecimento*, em que a força vital está ausente ou bastante fraca, o cloreto de cobre cristaliza-se sob a forma de agulhas dispostas desordenadamente. Entretanto, com algumas gotas do suco extraído de folhas frescas, em que a força vital está bem ativa, veremos as agulhas dispostas de forma organizada, formando desenhos característicos (Figura 2). Essas alterações são específicas e reproduzíveis para cada material orgânico pesquisado. Esse método permite verificar o grau de vitalidade presente nas substâncias orgânicas, bem como a presença ou ausência da força vital. Permite ainda elaborar diagnósticos de enfermidades humanas, animais e vegetais e controle de qualidade de extratos e tinturas.

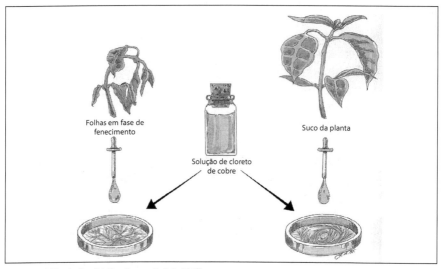

Figura 2 Método da cristalização sensível de Pfeiffer.

NÍVEIS DINÂMICOS

Além da afirmação da interdependência entre o organismo e o ambiente, a homeopatia reconhece a interdependência entre os processos psicomentais e o corpo e o papel integrador da força vital, nesse contexto. Concebe, desse modo, a doença como um processo que pode ter se iniciado nos níveis emocional e mental dos indivíduos suscetíveis, e que posteriormente se manifesta sob a forma de lesão orgânica. Uma vez que para a medicina moderna alopática o corpo físico é a única dimensão do organismo humano, o ponto inicial da doença é revelado quando se identificam essas lesões. Assim, o ponto final do adoecer para a homeopatia é o ponto inicial para a medicina alopática. Ou seja, enquanto para a homeopatia a causa primária dos desequilíbrios pode advir de diferentes níveis da realidade humana, para a medicina alopática ela se situa no componente celular. Como consequência, a homeopatia pode privilegiar a prevenção ao atuar sobre os níveis emocional e mental alterados por meio do fortalecimento da força vital.

CONCEPÇÃO HOMEOPÁTICA DO PROCESSO SAÚDE-DOENÇA

O ser humano apresenta três níveis dinâmicos identificáveis: o físico, o emocional e o mental. Sobre eles age a força vital, mantendo-os equilibrados. O homem pensa por meio do seu nível mental, sente por seu nível emocional, age pelo seu nível físico e encontra-se coeso em seus três níveis pela ação integradora da força vital.

Existe uma hierarquia na constituição do ser humano: o nível mental é o mais importante e o físico, o menos importante. Já o nível emocional é menos importante que o nível mental, porém mais importante que o nível físico, existindo completa interação entre eles. Todavia, para o homeopata é necessário distingui--los para avaliar a evolução da doença.

Cada nível também apresenta uma hierarquia. No nível físico, por exemplo, os órgãos respiratórios são mais importantes que a pele; no nível emocional, uma irritabilidade é menos importante que uma depressão; no nível mental, a falta de concentração ou uma letargia são muito menos importantes que um delírio ou uma paranoia.

Quando um órgão nobre é atingido por uma doença, a força vital transfere o problema para um nível mais periférico para aliviar a agressão. Na bronquite asmática, por exemplo, o paciente poderá alternar crises de tosse e eczema. A força vital, não sendo forte o suficiente para eliminar a bronquite, transfere o problema para a pele. Momentaneamente, a pele passa a ser "a válvula de escape" do organismo. Isso é muito frequente nas doenças crônicas. Todavia, um indivíduo com pouca vitalidade, acometido de crise emocional prolongada, poderá ter uma piora no seu estado mental. É uma angústia que se transformou em depressão, por exemplo. O problema foi deslocado do nível emocional para o mental, uma vez que a força vital não estava fortalecida o suficiente para transferi-lo para o nível físico. Nesse caso, a homeopatia, com seus medicamentos, ao fortalecer a vitalidade do indivíduo doente, restabelece o equilíbrio entre os três níveis.

A pele é muito importante no contexto geral do organismo. Não devemos atuar com um medicamento de uso tópico de forma *paliativa*, pois assim criamos um enorme obstáculo à tentativa de cura patrocinada pela força vital. Ao remover a totalidade dos sintomas antes da cura do problema original (um estado de tristeza profunda, por exemplo), além de não curar, impedimos a identificação do *simillimum*.

A supressão decorre da ação medicamentosa paliativa, que acarretará inibição ou remoção de sintomas antes da cura do problema original, fazendo que ocorra seu retorno ou de outros problemas mais graves depois de certo tempo.

Quando administramos um medicamento homeopático com base na totalidade sintomática (o *simillimum*), em tese dificilmente acontece a supressão. Portanto, o próprio medicamento homeopático poderá realizá-la se a lei dos semelhantes não for seguida.

> Chamamos de metástases mórbidas as perturbações causadas pela supressão, que, ao eliminar os sintomas, faz uma reversão da ação mórbida a níveis mais profundos e perigosos.

A título de exemplo, ao eliminar uma diarreia com antiespasmódicos e antidiarreicos, tomando esse sintoma como doença, sem considerar os diferentes níveis dinâmicos (físico, emocional e mental), provavelmente faremos uma supressão. Esta poderá gerar como metástase mórbida uma úlcera gástrica ou outro problema mais grave que a diarreia. Em um eczema, por exemplo, para evitar a proliferação de microrganismos, alguns homeopatas utilizam, preventivamente, uma pomada com extrato de calêndula. Todavia, para esse caso, não é aconselhável usar uma pomada com cortisona, pois faremos uma supressão dos efeitos de cura, agravando a causa original.

Tomemos como outro exemplo uma pessoa que desenvolve amigdalites com certa frequência. Embora muitos indivíduos apresentem em suas mucosas bucais bactérias supostamente "causadoras" de amigdalites, nem todos desenvolvem essa doença. O paciente poderá tomar antibióticos para exterminar as bactérias. Se o fator que desencadeou a enfermidade foi um problema emocional, responsável pelo enfraquecimento da vitalidade, ocorrerá apenas inibição dos sintomas, que retornarão mais tarde quando a flora bucal for restabelecida. Se as bactérias forem produtoras de toxinas, a prescrição de antibióticos poderá ser necessária, ainda que paliativa. Assim, para o tratamento ser eficaz, deverá agir também sobre a causa do problema (emocional). Na maioria dos casos, o médico não considera os sintomas emocionais que o paciente apresenta numa doença bacteriana. A antibioticoterapia é o tratamento de escolha. Essa conduta terapêutica é muito comum na alopatia, pois este sistema médico considera as doenças do ponto de vista do corpo físico. Ao considerar todos os níveis dinâmicos do organismo humano, o tratamento homeopático, se bem conduzido, leva certa vantagem sobre o alopático por evitar a paliação e agir curativamente.

Alguns médicos homeopatas utilizam antibióticos para diminuir a população bacteriana em um combate direto à doença inflamatória. Em seguida, lançam mão do *simillimum* para o tratamento do doente, ou seja, para equilibrá-lo em seus três níveis, com o fortalecimento da força vital. Dessa forma, com o restabelecimento do equilíbrio dinâmico, fica difícil as bactérias invadirem a pele ou a mucosa. Nesse exemplo, observamos como as terapêuticas homeopática e alopática podem, juntas, beneficiar o paciente.

PROCESSO DE CURA

Diarreias ou vômitos representam tentativas salutares do organismo de eliminar toxinas. Na inflamação estão envolvidos diversos fatores que combatem agentes estranhos ao organismo. Todavia, este poderá responder de forma inadequada, como nas doenças autoimunes e alergias. A febre também é outro sintoma que reflete muito bem as expressões dos mecanismos de defesa do organismo na luta contra a doença. Durante uma infecção, quando substâncias estranhas chegam à corrente sanguínea, o pirogênio endógeno é liberado pelos leucócitos, produzindo elevação da temperatura. Com a febre, substâncias relacionadas com o sistema imunológico (células T, interferon etc.) são produzidas numa escala mais elevada para combater os microrganismos. Além disso, o pirogênio retém ferro no plasma sanguíneo, evitando, com isso, a disponibilidade desse elemento para as bactérias, que o utilizam para sua duplicação. A temperatura ideal para o desenvolvimento de microrganismos é a temperatura corporal, em torno de 37,5°C. Com a elevação da temperatura, durante a febre, o ambiente torna-se inadequado para esse desenvolvimento. Cortar a febre por meio de antitérmicos é dificultar o trabalho orgânico em direção à cura. Os homeopatas, em vez de impedir a elevação da temperatura corporal, procuram atuar na causa que originou o problema e, para tanto, estimulam os mecanismos de defesa do organismo, no seu todo, apenas o suficiente para a cura. A febre desaparece por não ser mais necessária. Na literatura médica não existe nenhum caso de dano cerebral devido exclusivamente à febre, a não ser os causados por doenças que se manifestam por febre, como a meningite e a encefalite. Apenas algumas pessoas não podem apresentar febre muito alta, em torno de 40°C: hipertensos, cardíacos, diabéticos e os que convulsionam. Nas convulsões, a febre revela um problema neurológico preexistente, que precisa ser tratado.

Mesmo considerando que a febre não apresenta perigo na maioria dos casos, alguns médicos homeopatas preferem prescrever antitérmicos quando a temperatura ultrapassa 39°C, apenas para tranquilizar o paciente e seus familiares, mas somente após esgotar todos os outros recursos terapêuticos disponíveis.

Na maioria das vezes, o sintoma é uma reação salutar do organismo contra algo que o perturba. Contudo, existem situações em que a doença é mais profunda e o sintoma sozinho não é suficiente para debelá-la. Nesses casos, determinado sintoma pode ser uma influência nociva ao organismo, depauperando a condição clínica do paciente, criando obstáculos ao seu restabelecimento sadio. Na terapêutica homeopática, caso o medicamento seja adequadamente selecionado, o sintoma desaparecerá com a eliminação da sua causa fundamental e a recuperação progressiva do paciente.

Na perspectiva homeopática, o clínico procura reforçar os mecanismos naturais de defesa ao agir na mesma direção da força vital, ou seja, o homeopata procura não suprimir sintomas.

Vejamos alguns sintomas citados na matéria médica homeopática na patogenesia da beladona:

- Sintomas físicos: olhos vermelhos, pupilas dilatadas, latejos na cabeça com cefalalgia intensa, rubor facial, boca seca com aversão à água, extremidades frias, insônia etc.
- Sintomas emocionais: angústia, irritabilidade excessiva etc.
- Sintomas mentais: superexcitação mental, embotamento da mente, delírios com alucinações visuais etc.

Se um paciente com faringite e outro com intoxicação alimentar apresentarem sintomas encontrados na patogenesia da beladona, o médico homeopata prescreverá para ambos o mesmo medicamento homeopático preparado a partir dessa planta. Pacientes atendidos pela homeopatia são analisados em função de suas respostas específicas, ou seja, de acordo com seus sintomas particulares. Diferentemente da alopatia, enfermos atendidos pela homeopatia não recebem medicamentos em função do nome da doença. É daí que vem a afirmativa, um pouco exagerada, que a "homeopatia trata de doentes e não de doenças".

No § 7º do *Organon*, Hahnemann dá algumas dicas para a escolha do medicamento correto ao afirmar que os sintomas são o único meio pelo qual a enfermidade dá a conhecer o medicamento de que o paciente necessita. São sempre os sintomas, que pertencem ao paciente, e não à doença, que indicarão o medicamento específico àquele enfermo. A primeira constatação de que o tratamento está sendo corretamente indicado é observada quando ocorre um aumento transitório dos sintomas. Estes, logo a seguir, com a cura do paciente, desaparecem.

Os homeopatas observam tendências dominantes que expressam os processos de cura das doenças crônicas. Elas foram sistematizadas por um discípulo de Hahnemann chamado Constantine Hering (1800-1880), cujos esforços ajudaram a estabelecer a homeopatia na América do Norte. Hering, após ter sido incumbido de escrever um trabalho de combate à homeopatia, ao pesquisá-la acabou se tornando um dos grandes médicos homeopatas do século XIX. Elaborou diversos experimentos, até mesmo com veneno de cobras. Afirmou que, à medida que a doença se torna crônica, existe uma progressão dos sintomas e o desaparecimento destes, na ordem inversa do seu aparecimento, indica que a doença está evoluindo para a cura. Esses processos de cura, chamados de "leis de Hering" ou de "leis de cura", na verdade não representam uma lei, apenas probabilidades ou tendências dominantes que ajudam o médico homeopata a acompanhar a evolução da doença (Figura 3). Nesse contexto, em um quadro de enxaqueca crônica, cujo paciente apresentou inicialmente tontura e, por último, depressão, após a administração do *simillimum*, desaparecerá primeiro a depressão e depois a tontura. Com essa evolução o médico assegurará, desse modo, que o indivíduo está em processo de cura. Com a continuidade do tratamento, a enxaqueca, queixa principal do doente, desaparecerá em seguida.

- Os sintomas devem desaparecer na ordem inversa do seu aparecimento.
- A cura progride do alto do corpo para baixo.
- O corpo procura exteriorizar os sintomas, mantendo-os em suas partes mais exteriores (mucosas e pele).
- A cura progride dos órgãos mais nobres para os menos nobres.
- Antigos sintomas podem reaparecer.

A constatação de uma dessas eventualidades ajuda o médico a conduzir o tratamento homeopático. Ele poderá suspender o medicamento ou até mesmo substituí-lo, dependendo da evolução do quadro.

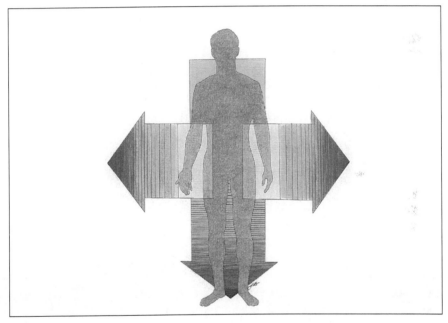

Figura 3 Leis de cura.

A CONSULTA HOMEOPÁTICA

Em uma consulta homeopática bem conduzida, o homeopata escuta, interroga, observa e examina o paciente, para obter a mais perfeita totalidade dos sinais e sintomas capazes de espelhar a imagem do seu estado enfermo particular (a história biopatográfica). Para tanto, torna-se fundamental que o clínico conheça profundamente a matéria médica homeopática e as técnicas que permitirão obter do paciente todos os sintomas. Para o levantamento dos sintomas devem ser observados todos os detalhes que os tornam característicos a cada indivíduo. Assim, a semiologia (o interrogatório homeopático) não é uma coleta "fria" dos sintomas. É importante atribuir-lhes um valor. Desse modo, a sensação de dor, por exemplo, deve ser qualificada quanto à sua natureza (pulsátil, ardente, lancinante etc.), quanto à sua intensidade, quanto à época e à hora do seu surgimento etc.

Acreditamos que as fichas clínicas representam o meio mais interessante para anotar as informações disponibilizadas pelo paciente e seus acompanhantes. Elas permitem reter uma série de informações importantes para a escolha do *simillimum*. Essa ficha deve conter, além da data e dos dados pessoais do paciente (nome, sexo, raça, estado civil, cor dos cabelos etc.), um questionário que desperte espontaneamente as informações que individualizam o paciente e ainda permita o aproveitamento científico do caso clínico. Essas fichas podem e devem ficar arquivadas na memória do computador para serem acessadas a cada nova consulta.

Na semiologia homeopática evitam-se perguntas que induzam a respostas de opção, sugestivas ou do tipo "sim" ou "não". A seguir, mencionamos alguns exemplos de interrogatórios mal e bem conduzidos:

> Errado: Você tem cãibras à noite? (pergunta que sugere resposta "sim" ou "não")
> Certo: Como é o seu sono?

> Errado: Apresenta dor de cabeça durante a menstruação? (pergunta que sugere sintoma)
> Certo: Como você se sente antes, durante e depois da menstruação?

> Errado: Você gosta de lugares claros ou escuros? (pergunta que sugere opção)
> Certo: Qual a sua relação com a luminosidade do ambiente?

A totalidade dos sintomas traduz o modo como cada doente se manifesta diante das agressões, independentemente do diagnóstico patológico. Todavia, este é importante para o homeopata elaborar o prognóstico, estabelecer medidas de higiene e, se necessário, encaminhar o paciente para outras especialidades.

MATÉRIA MÉDICA HOMEOPÁTICA E REPERTÓRIO

Após o levantamento dos sinais e sintomas, tem início a fase mais difícil da consulta médica homeopática: a identificação do *simillimum*. Para tanto, os recursos usados são as matérias médicas homeopáticas e os repertórios.

CONCEPÇÃO HOMEOPÁTICA DO PROCESSO SAÚDE-DOENÇA

> A matéria médica homeopática é a obra que reúne as patogenesias desenvolvidas pelas drogas e pelos medicamentos homeopáticos quando administrados, nas suas diferentes doses e potências, a indivíduos sadios e sensíveis.

Enquanto a matéria médica alopática descreve as drogas adotadas pela medicina convencional em suas características físico-químicas e história natural, a matéria médica homeopática caracteriza-as pela sua farmacodinâmica, por meio da experimentação fisiológica realizada no homem sadio. A farmacologia, a terapêutica, a toxicologia (acidental, voluntária, profissional e iatrogênica) e as toxicomanias também contribuem como fontes de sintomas para a matéria médica homeopática. Entre as várias matérias médicas existentes citamos as de Hahnemann, Hering, Allen, Lathoud e Vijnovsky.

> Repertório é a obra que reúne os sinais e sintomas, seguidos pelas drogas e pelos medicamentos, em cuja experimentação no homem sadio eles se manifestaram.

Repertório é uma compilação de todos os sintomas organizados em ordem alfabética, para agilizar a consulta médica. Nesse livro, os medicamentos que possuem determinados sintomas se agrupam sob a rubrica desse sintoma. É praticamente impossível para o clínico homeopata folhear todas as páginas das matérias médicas para descobrir o *simillimum*. Por isso, foram elaboradas, por diversos autores, referências cruzadas que compilam os medicamentos em que determinado sintoma foi localizado, a fim de permitir que o clínico reveja rapidamente as diferentes drogas produtoras dos sintomas que estão sendo estudados.

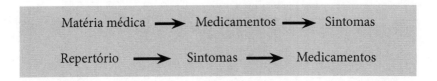

Em um primeiro momento, o repertório auxilia o médico homeopata a encontrar rapidamente o medicamento, para, em seguida, estudá-lo com mais detalhes na matéria médica, confirmando ou não sua indicação para o paciente. Entre os vários repertórios existentes citamos os de Boenninghausen, Kent, Boericke e Barthel.

CLASSIFICAÇÃO DAS DOENÇAS

Enquanto a alopatia classifica as doenças em agudas e crônicas, na dependência do tempo de duração, a homeopatia caracteriza-as de outra maneira. Para os homeopatas existem quadros agudos que na maioria das vezes são consequência de estados crônicos ocultos. Recorrências do episódio agudo, como amigdalite aguda recidivante e crises asmáticas, provam a continuidade da predisposição que alguns indivíduos têm a determinadas doenças. Por isso, para que o doente recupere a saúde, devemos conhecê-lo antes do quadro agudo atual, nas suas características de terreno, ou seja, em suas predisposições mórbidas. Desse modo, o tratamento adequado de doenças agudas somente é possível quando exploramos todos os sintomas, até aqueles relacionados às esferas emocional e mental dos indivíduos. Essas agudizações de estados crônicos emergem pela instalação de estresses físicos ou psicomentais. Para validar essa afirmação, basta lembrar das crises de herpes instaladas após noites estafantes de estudos às vésperas das provas escolares. O tratamento dos doentes portadores de estados agudos periódicos deve considerar as características do terreno suscetível, com base na totalidade dos sintomas. Os homeopatas distinguem ainda, na classificação das doenças agudas, as doenças epidêmicas e as infecciosas específicas. Essas doenças, como febre amarela e sarampo, não dependem dos estados miasmáticos para eclodir, mas sim das condições da força vital.

Hahnemann desenvolveu a teoria dos miasmas para explicar a existência das doenças crônicas. Ao constatar que doentes crônicos nem sempre respondiam de maneira satisfatória ao *simillimum*, apresentando recidivas, observou que o quadro sintomático apresentado por eles era apenas um aspecto parcial e episódico da verdadeira enfermidade que permanecia oculta. Com exceção das doenças crônicas provocadas por abuso de drogas ou hábitos de vida insalubres, Hahnemann identificou três miasmas responsáveis pela eclosão das doenças crônicas: sífilis, sicose e psora. Miasmas não são propriamente doenças, mas estados diatésicos que condicionam o organismo a apresentar certas enfermidades. Um paciente poderá ter um miasma ou uma combinação deles. Mais modernamente, o termo miasma vem sendo substituído pelo termo *diátese* crônica.

> Miasma, ou diátese crônica, representa a predisposição, congênita ou adquirida, que os tecidos têm de reagir de modo especial a certos estímulos, como expressão da suscetibilidade individual, ou seja, miasma é o estado crônico patológico que evolui dentro de dados padrões reativos, caracterizado por elevada predisposição a determinadas doenças.

CONCEPÇÃO HOMEOPÁTICA DO PROCESSO SAÚDE-DOENÇA

Miasmas constituem etapas fisiopatológicas do mesmo problema inicial, que progride em decorrência da persistência de estresses internos e externos.

- A psora instala-se quando o organismo esgota suas possibilidades defensivas, procurando alívio por meio de fenômenos episódicos e alternantes de descarga de toxinas. O estado reacional da psora refere-se a alergias e manifestações cutâneas, serosas e mucosas.
- A sicose instala-se quando o organismo altera a quantidade ou qualidade das eliminações ou bloqueia as toxinas em órgãos ou regiões circunscritas, originando neoformações. O estado reacional da sicose relaciona-se com as excrescências verrucosas (verrugas, condilomas etc.).
- A sífilis (não confundir com a doença de mesmo nome) instala-se quando o organismo tenta livrar-se das toxinas ou adaptar-se ao estresse persistente, sacrificando os próprios tecidos. O estado reacional da sífilis está relacionado com a tendência à destruição dos tecidos (úlceras, fístulas, furúnculos etc.).

Além das doenças agudas e crônicas, existem as indisposições, oriundas de desvios alimentares ou higiênicos, e as doenças traumáticas ou de natureza cirúrgica.

GLOSSÁRIO

ÁCIDOS NUCLEICOS. Macromoléculas extremamente complexas (DNA, ácido desoxirribonucleico, e RNA, ácido ribonucleico) responsáveis pela formação das proteínas. As unidades básicas descritivas hereditárias do DNA são os genes.

ALOPATIA. A medicina convencional é também denominada alopática, por empregar medicamentos que produzem no organismo um estado oposto aos sintomas, para neutralizá-los.

DIÁTESE. Condição em que o organismo tem de ser atacado por determinadas enfermidades ou estado mórbido geral manifestado por elas.

FENECIMENTO. Representa fim, extinção, morte.

MÉTODO CIENTÍFICO. Conjunto de abordagens, técnicas e processos utilizados para formular e resolver problemas de aquisição objetiva de conhecimento, de maneira sistemática. Ele apresenta três estágios principais: 1. devemos observar primeiro os fatos importantes; 2. em seguida, levantamos uma hipótese capaz, se verdadeira, de explicar os fatos observados; 3. por último, com base nessa hipótese, devemos deduzir consequências que devem ser colocadas à prova mediante experimentos.

PALIATIVO. Terapêutica que remove os sintomas por certo tempo sem, no entanto, curar.

REFERÊNCIAS BIBLIOGRÁFICAS

ALLEN TF. The encyclopedia of pure materia medica. Vol. I a XII. New Delhi: Jain Publishers; 2005.

BARTHEL H, Klunker W. Synthetic Repertory. 3rd ed (Vol. 1-3). New Delhi: Jain Publishers; 1993.

BESSA M. Filosofia da homeopatia: análise das noções de força vital, vida, natureza e homem no pensamento de Hahnemann. Curitiba: Aude Sapere; 1994.

BOENNINGHAUSEN C. Boenninghausen's characteristics and repertory. 2nd ed. New Delhi: Jain Publishers; 1986.

BOERICKE W. Repertório homeopático. São Paulo: Robe; 2004.

HAHNEMANN S. Doenças crônicas: sua natureza peculiar e sua cura homeopática. São Paulo: GEHBM; 1984.

HAHNEMANN S. Traité de matière médicale, ou de l'action purée des médicaments homéopathiques. Paris: Similia; 1989.

HAHNEMANN S. Organon da arte de curar. 6ª ed. São Paulo: Robe; 1996.

HERING C. The guiding symptom of our materia medica. Vol. I a X. New Delhi: Jain Publishers; 2005.

HUSEMANN F, WOLFE O. Die Kupferchlorid-Kristallisation in Naturwissenschaft und Medizin. Stuttgart: Selawry; 1957.

KENT JT. Repertory of the homeopathic material medica. 6th ed. New Delhi: World Homeop.; 1982.

KOSSAK-ROMANACH A. Homeopatia em 1.000 conceitos. São Paulo: Elcid; 1984.

LATHOUD JA. Estudos de matéria médica homeopática. 3ª ed. São Paulo: Organon; 2010.

PFEIFFER E. Sensitive crystallization process: a demonstration of formative forces in the blood. Nova York: Anthroposophic Press; 1975.

ROSENBAUM P. Homeopatia e vitalismo. São Paulo: Robe; 1996.

TEIXEIRA PC. Homeopatia versus alopatia ou vitalismo versus materialismo. São José do Rio Preto: Verso; 1985.

VIJNOVSKY B. Tratado de matéria médica homeopática. 3 volumes. São Paulo: Organon; 2003.

VITHOULKAS G. Homeopatia, ciência e cura. São Paulo: Cultrix; 1986.

3

Farmacologia homeopática

Marcus Zulian Teixeira
Olney Leite Fontes

AÇÃO PRIMÁRIA E REAÇÃO SECUNDÁRIA

O modelo homeopático apresenta aspectos filosóficos e científicos. Ele é filosófico quando considera a força vital responsável pela manutenção da saúde; é científico quando recomenda experimentação e análise criteriosas nas pesquisas patogenética e clínica. Apoiado em experimentos científicos, Hahnemann constatou que drogas administradas a indivíduos sadios provocavam duas fases distintas e sucessivas de sintomas, as quais ele denominou efeitos primário e secundário.

> Toda força que atua sobre a vida, todo medicamento, afeta, em maior ou menor escala, a força vital, causando certa alteração no estado de saúde do homem por um período maior ou menor. A isto se chama ação primária. Nossa força vital se esforça para opor sua própria energia a esta ação. Tal ação oposta faz parte da nossa força de conservação, constituindo uma atividade automática dela, chamada ação secundária ou reação. (Hahnemann, § 63, 1996)

- Efeito primário ou ação primária é a modificação de maior ou menor duração provocada por toda substância na saúde do indivíduo.
- Efeito secundário ou reação secundária é a reação do próprio organismo ao estímulo que o altera.

A partir da absorção da droga, o efeito primário é imediatamente sentido. Este representa a propriedade da substância em alterar o meio interno; é a consequência direta (química) da droga no organismo, capaz de causar os chamados sintomas primários (patogenéticos). Na tentativa de restabelecer o equilíbrio perdido, o organismo lança mão do efeito secundário; é a consequência da reação homeostática do organismo, capaz de proporcionar efeitos secundários (reacionais), opostos aos sintomas primários, com a finalidade de neutralizá-los.

As primeiras referências à ação dupla e inversa das drogas foram feitas no século V a.C. por Hipócrates. Ele enunciou que "a droga não faz a mesma coisa neste instante e no instante seguinte, agindo de maneira contrária a ela mesma, no mesmo indivíduo, sendo essas ações opostas uma à outra". Como exemplo, referindo-se ao sulfato de sódio, explicou que os purgativos nem sempre agem como tais, sendo dotados de dupla ação, ora purgando, ora constipando os intestinos.

A farmacologia clássica permite esclarecer os mecanismos de ação das drogas responsáveis pelos efeitos primário e secundário. A farmacodinâmica, área básica da farmacologia, estuda os efeitos bioquímicos e fisiológicos das drogas e seus mecanismos de ação. Segundo Goodmann e Gilman, os objetivos da análise da ação das drogas são identificar o efeito primário que elas provocam no organismo humano, esclarecer suas interações, a sequência, o campo de ação e os efeitos completos.

O efeito primário resulta da interação das drogas com componentes celulares (receptores e células-alvo), alterando as funções orgânicas, estimulando-as (efeito primário *agonista*) ou inibindo-as (efeito primário *antagonista*). Por meio do efeito primário, as drogas são potencialmente capazes de despertar ou modificar as funções orgânicas. Todavia, são totalmente incapazes de criá-las. Já o efeito secundário, chamado pela farmacologia moderna de efeito rebote ou reação paradoxal do organismo, representa a hiperatividade ou a supersensibilidade aos agonistas e antagonistas de receptores (drogas) após diminuição do nível crônico de estimulação do receptor pelo fármaco ou sua completa metabolização (meia-vida). O efeito secundário é responsável pela dessensibilização dos receptores (refratariedade), provocando o fenômeno de tolerância às drogas. Nesse caso, o efeito que acompanha a exposição continuada da droga fica reduzido ou é totalmente anulado.

> Droga é qualquer substância capaz de promover alterações *somáticas* e funcionais nos organismos vivos.

As drogas podem ser utilizadas terapeuticamente de duas maneiras: por meio da lei dos contrários e por meio da lei dos semelhantes.

FARMACOLOGIA HOMEOPÁTICA 37

Para compreender a viabilidade da cura mediante condutas terapêuticas tão antagônicas, é preciso saber que uma droga é capaz de despertar dois efeitos no organismo: o primário (drogal) e o secundário (reação orgânica), sendo o segundo oposto ao primeiro, para neutralizá-lo. Tomemos a droga adrenalina como exemplo. Se a injetarmos no tecido subcutâneo de um indivíduo haverá vasoconstrição, aumento da pressão sanguínea e do batimento cardíaco. É a manifestação do efeito primário. O organismo aciona seus mecanismos homeostáticos endógenos produzindo acetilcolina, por meio das glândulas suprarrenais. Essa substância provoca vasodilatação, diminuição da pressão sanguínea e do batimento cardíaco. É a manifestação do efeito secundário. Esse mecanismo, conhecido como *feedback*, compensa os estresses para manter a homeostase orgânica.

A ação primária é imediatamente sentida nas doses elevadas. Quando a droga atinge baixo limiar sanguíneo ou é eliminada, a reação secundária (efeito rebote) se manifesta. Sua intensidade em geral é maior e de sentido oposto ao da ação primária que a droga produz. A cafeína, por exemplo, em sua dose usual, quando utilizamos o café como bebida, apresenta ação primária estimulante. À medida que essa substância é eliminada do organismo, a reação secundária passa a ser notada por um estado de sonolência e desânimo. Desse modo, ao contrário do que muitos pensam, o indivíduo viciado em café apresenta-se mais sonolento com o passar do tempo, pois, apesar de a cafeína tirar o sono por seu efeito estimulante (primário), estimula-o por seu efeito depressor (secundário). Ou seja, quanto mais o indivíduo ficar estimulado pela ingestão de café, mais sonolento ficará quando a cafeína não exercer mais sua ação direta e primária no organismo após sua eliminação. Para manter o estado de vigília, o indivíduo tem de ingerir mais café, em um círculo vicioso.

Determinada droga de meia-vida curta terá ação imediata. À medida que o paciente ingere novas doses da droga, torna-se evidente o efeito rebote após a suspensão abrupta desta. Entretanto, uma droga de meia-vida longa, com excreção lenta, produzirá o efeito rebote mais tardiamente, desde que ocorra sua suspensão abrupta.

Os toxicômanos fornecem exemplos preciosos da ação dupla e inversa das drogas. No usuário de ópio, na fase primária de excitação, observamos os seguintes sintomas, entre outros: diminuição da excitabilidade nervosa, abolição da dor, sonolência e estado particular de sonho. Na fase secundária de reação orgânica, notamos os seguintes sintomas: irritabilidade excessiva, dores espasmódicas, insônia, superexcitação mental. O quadro proporcionado pela reação secundária do organismo às drogas que viciam é muito desagradável, levando o indivíduo à ingestão de novas doses. Para o organismo antagonizar os efeitos produzidos pela ação primária, tem de agir mais fortemente por meio de seus efeitos secundários. Para manter os sintomas primários, que lhe proporcionam o "bem-estar" passageiro, o viciado vai aumentando gradativamente a dose (tolerância) até que uma dose fortíssima (*overdose*), de caráter letal, promova a inibição dos centros nervosos, com consequentes coma e morte.

FARMACOLOGIA DOS CONTRÁRIOS

Com base na constatação de que uma droga é capaz de despertar dois efeitos no organismo, Hipócrates assumiu duas linhas específicas de tratamento: a lei dos contrários e a lei dos semelhantes. Para ele, era conveniente "sempre tratar, pelos contrários ou pelos semelhantes, qualquer que fosse o mal e de onde ele viesse". A medicina alopática emprega a lei dos contrários para o tratamento de seus pacientes.

Hahnemann fez referência a quatro diferentes maneiras de medicar:

1. Alopática.
2. Enantiopática.
3. Homeopática.
4. Isopática.

> • O método alopático, do grego *allo*, diferente; e *pathos*, sofrimento, tende a desenvolver no homem sadio sintomas diferentes em relação àqueles apresentados pela doença a ser curada.
> • O método enantiopático, do grego *enantios*, contrário, oposto; e *pathos*, sofrimento, produz no homem sadio efeitos contrários (antipáticos) àqueles apresentados pelo doente.
> • O método homeopático, do grego *homoios*, semelhante; e *pathos*, sofrimento, faz uso de substâncias que produzem no homem sadio sintomas semelhantes àqueles apresentados pelo doente.
> • O método isopático, do grego *isos*, o mesmo; e *pathos*, sofrimento, é o método terapêutico que promove o tratamento da doença pelo mesmo princípio infeccioso que a produziu.

De acordo com a classificação de Hahnemann, se um médico prescrever antibióticos ou antiparasitários, estará seguindo a alopatia; ao prescrever antitérmicos ou antiácidos, pratica a enantiopatia; ao tratar cardiopatias com digitalina e metrorragias com ergotina, exerce a homeopatia; ao indicar vacinas ou agentes dessensibilizantes, pratica a isopatia. Entretanto, a medicina convencional, apesar de utilizar os quatro métodos terapêuticos referidos por Hahnemann, ainda que de maneira involuntária, é chamada erroneamente de medicina "alopática". Neste livro, adotamos o termo alopatia como sinônimo de enantiopatia, em decorrência de seu uso tradicional.

FARMACOLOGIA HOMEOPÁTICA   39

Vejamos, a seguir, um exemplo de tratamento pela lei dos contrários de paciente que apresenta indisposição, sonolência, fadiga e bradicardia como sintomas. Ele receberá uma droga produtora de efeitos antidepressivos, primários, para neutralizar esses sintomas. Enquanto a concentração da droga permanecer alta no sangue, o paciente se sentirá "curado". Entretanto, para retornar à homeostase inicial, o organismo reagirá ao estímulo que a droga provocou, produzindo efeitos opostos, depressores, secundários. Quando essa droga for eliminada do organismo, o paciente voltará a sentir aqueles sintomas, porém mais fortes, pois o organismo produziu efeitos depressores contra a ação antidepressiva que a droga proporcionou em seu efeito primário (Figura 4). Para evitar esse efeito rebote (reação secundária) e manter a concentração sanguínea da droga em patamar suficiente para produzir o efeito antidepressivo (ação primária), o paciente receberá, periodicamente, novas doses da droga. Suponhamos que os sintomas apresentados por esse paciente fossem relacionados a uma depressão causada pela perda de um filho muito querido. Ao receber a droga antidepressiva os sintomas seriam extintos, mas a causa do problema não. A não aceitação dos fatos da vida exigirá a continuidade do tratamento enantiopático. Se o paciente optar por interromper o tratamento, seu estado se agravará em função do efeito rebote, cujos sintomas são semelhantes aos provocados pela depressão. Com isso, o paciente retomará o tratamento. Com o uso prolongado da droga, ele se tornará dependente. No início do tratamento ele apresentava estado depressivo; agora tem de combater dois problemas: a doença e a dependência química.

Relacionando o efeito rebote ao efeito de abstinência (dependência física à droga), encontramos na literatura farmacológica moderna inúmeras constatações da manifestação da reação secundária:

> As explicações para os efeitos observados com a abstinência da droga, discutidos agora, refletem algumas implicações importantes para a dependência das drogas. Os sinais e sintomas de uma verdadeira abstinência da droga são, em geral, exatamente opostos aos efeitos agudos desta, de modo que drogas estimulantes podem provocar depressão e lassitude por ocasião da retirada, enquanto ansiolíticos podem causar ansiedade grave. (Page et al., 1999, p. 543)

Hahnemann combateu o método terapêutico dos contrários por julgá-lo prejudicial aos doentes. Afirmou que, após uma pequena melhora promovida pelos medicamentos alopáticos, a doença piora. Isso porque o efeito primário, promovido pela ação do medicamento paliativo, induz à manifestação de um efeito secundário do organismo semelhante à doença. Nos livros clássicos de farmacologia encontramos vários exemplos de intensificação dos sintomas da doença após descontinuação ou suspensão abrupta de medicamentos. Todavia, o efeito

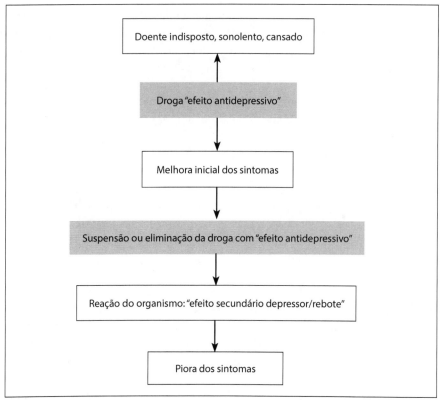

Figura 4 Farmacologia dos contrários.

rebote, que é apenas a reação secundária de Hahnemann, é tido como um efeito indesejável, sendo muito pouco estudado.

Como exemplo evidente da observação do efeito rebote (secundário) após a suspensão da droga, apresentamos, a seguir, alguns relatos experimentais desse fenômeno, citados por Teixeira (1998, 1999), em indivíduos submetidos a tratamento farmacológico clássico e referendados no *United States Pharmacopeia Dispensing Information* (USPDI) e no *American Hospital Formulary Service* (AHFS).

- Bloqueadores beta-adrenérgicos (atenolol, propranolol, timolol etc.)
    - Indicação terapêutica: arritmia ventricular.
    - Efeito rebote: batimentos cardíacos rápidos ou irregulares. A suspensão brusca pode causar taquicardia ventricular. (USPDI, 1996, p. 579)
- Nitratos
    - Indicação terapêutica: hipertensão arterial.

FARMACOLOGIA HOMEOPÁTICA

41

- Efeito rebote: pacientes que consomem nitroglicerina cronicamente relatam efeito rebote nos parâmetros hemodinâmicos após a suspensão da droga. (AHFS, p. 959)
- **Dopamina**
  - Indicação terapêutica: hipotensão aguda.
  - Efeito rebote: hipotensão arterial. (USPDI, 1994, p. 1234; AHFS, p. 620)
- **Barbitúricos**
  - Indicação terapêutica: ansiedade, tensão e apreensão.
  - Efeito rebote: ansiedade, nervosismo e inquietude. (USPDI, 1996, p. 511)
- **Benzodiazepínicos**
  - Indicação terapêutica: crise convulsiva.
  - Efeito rebote: convulsões. (USPDI, 1996, p. 542; AHFS, p. 1129)
- **Haloperidol**
  - Indicação terapêutica: distúrbios psicóticos.
  - Efeito rebote: exacerbação dos sintomas psicóticos. (USPDI, 1996, p. 1593; AHFS, p. 1205)
- **Levodopa**
  - Indicação terapêutica: mal de Parkinson.
  - Efeito rebote: movimentos corporais não habituais e incontrolados. (USPDI, 1996, p. 737)
- **Codeína**
  - Indicação terapêutica: tratamento da dor.
  - Efeito rebote: dores generalizadas. (USPDI, 1996, p. 2216; AHFS, p. 1069)
- **Cafeína**
  - Indicação terapêutica: tratamento das cefaleias vasculares; coadjuvante da analgesia.
  - Efeito rebote: dor de cabeça; aumento da sensibilidade ao tato ou à dor. (USPDI, p. 683; AHFS, p. 1235)
- **Corticosteroides** – via nasal (beclometasona, dexametasona)
  - Indicação terapêutica: estados alérgicos e inflamatórios nasais (p. ex., rinite).
  - Efeito rebote: congestão nasal contínua, aumento não habitual de espirros, ardor, secura ou outra irritação no interior do nariz. (USPDI, 1996, p. 942; AHFS, 1546)
- **Paracetamol**
  - Indicação terapêutica: tratamento da febre.
  - Efeito rebote: febre inexplicável. (USPDI, 1996, p. 3; AHFS, p. 1104)

- Buclisina
  - Indicação terapêutica: prevenção e tratamento de náuseas e vômitos.
  - Efeito rebote: náuseas e vômitos. (AHFS, p. 1657)

FARMACOLOGIA DOS SEMELHANTES

Para Hahnemann, o verdadeiro e sólido método de cura está no emprego da lei dos semelhantes. Com a administração de uma droga capaz de provocar no homem sadio sintomas semelhantes aos que se deseja curar no doente, o organismo, por meio da reação secundária, reagirá contra a doença artificial provocada pela droga, semelhante à doença natural, eliminando-a e promovendo o equilíbrio orgânico.

> Se os médicos tivessem sido capazes de refletir sobre esses tristes resultados do emprego de medicamentos antagônicos, teriam, então, há muito tempo descoberto a grande verdade: que é justamente no oposto de tal tratamento antipático dos sintomas da doença que deve ser encontrado o verdadeiro e sólido método da cura. Eles teriam percebido que, assim como uma ação medicamentosa antagônica (medicamento empregado de modo antipático) tem alívio apenas temporário, agravando-se sempre após sua ação, o procedimento oposto, o emprego homeopático dos medicamentos, de acordo com a semelhança dos sintomas, deveria, necessariamente, realizar uma cura duradoura e perfeita se, nesse processo, o oposto de suas grandes doses, as doses mais diminutas, fossem empregadas [...]. (Hahnemann, § 61, 1996)

Vejamos, a seguir, um exemplo de tratamento pela lei dos semelhantes de paciente portador dos mesmos sinais e sintomas apresentados pelo doente do exemplo anterior (indisposição, sonolência, fadiga e bradicardia). Ele receberá uma droga que produzirá efeitos depressivos, primários, exatamente para estimular o organismo a reagir contra esses sintomas. Enquanto a concentração da droga permanecer alta no sangue o paciente se sentirá muito pior, pela soma dos sintomas naturais relacionados à doença com os sintomas artificiais provocados pela droga (agravação homeopática). Entretanto, para manter a homeostase, o organismo reagirá à depressão que a droga provocou, produzindo efeitos antidepressivos secundários. Quando a droga depressora for eliminada, o paciente se sentirá melhor, pois o organismo produziu efeitos antidepressivos contra a ação depressora que a droga proporcionou em seu efeito primário (Figura 5).

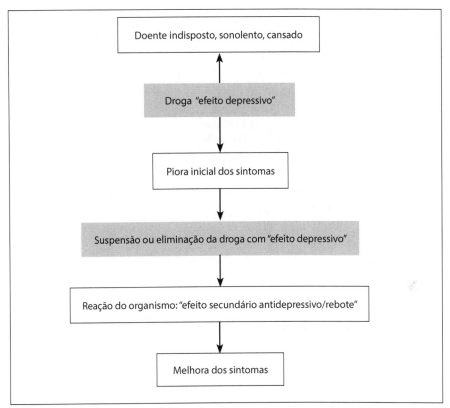

Figura 5 Farmacologia dos semelhantes.

No início de sua carreira como homeopata, Hahnemann não utilizava medicamentos diluídos e potencializados. Ele empregava drogas em concentrações ponderais, o que ocasionava a referida agravação inicial dos sintomas.

Atualmente, a cura por meio da terapêutica dos semelhantes pode ser explicada com o conceito de homeostase – tendência que os organismos vivos apresentam de manter um estado de equilíbrio interno, apesar das variações do meio ambiente externo. Sob a ação de estresses internos e externos, o sistema nervoso pode modular o sistema imunoendócrino, por meio dos nervos e das glândulas. Cada hormônio da glândula pituitária posterior está sob o controle neuroendócrino do *hipotálamo*. Sua secreção pode ser influenciada por estímulos vindos de outras glândulas distribuídas pelo corpo e por influências ambientais, ritmos do sono, estresse físico e emocional. Cada um desses hormônios tem efeito direto ou indireto na resposta imunológica e vice-versa. Por outro lado, o sistema imunológico gera sinais que são captados para alterar a atividade do sistema nervoso central, proporcionando resposta modulatória neuroendócrina e sinais nervosos autonômicos, promovendo uma regulação em *feedback* sobre a sua própria atividade. Essa comunicação provocada pelo sistema nervoso central proporciona uma melhora do sistema imunológico. Desse modo, existe uma vasta rede de comunicação pela qual o organismo age como um ser bio-psíquico-mental, por meio da fisiologia integrativa patrocinada pelo sistema neuroimunoendócrino. Hahnemann atribuía à força vital o papel de manter o equilíbrio entre estes três níveis dinâmicos: físico, emocional e mental.

O exemplo mais esclarecedor da neuroimunomodulação é demonstrado pela ativação da secreção da glândula suprarrenal, que ocorre em resposta a estímulos inflamatórios. Quando o organismo reage a uma agressão aos tecidos, ele o faz por meio de células de defesa, fatores quimiotáticos e mediadores químicos acionados pela comunicação entre os sistemas nervoso, endócrino e imunológico. O resultado dessa complexa resposta é a inflamação.

Com esses dois exemplos procuramos atualizar a visão de como a força vital opera no controle da homeostase orgânica.

A ENERGIA MEDICAMENTOSA

Para evitar a agravação dos sintomas, a homeopatia emprega medicamentos diluídos e potencializados por meio do processo de dinamização. Dessa forma, é rara a ocorrência de sintomas primários perceptíveis, a não ser em indivíduos suscetíveis. O medicamento dinamizado é o estímulo necessário para despertar a reação vital. Com a diluição da droga, a agravação é controlada; e com a potencialização, a reação orgânica é estimulada ainda mais no sentido da cura.

O principal entrave para explicar cientificamente o fenômeno homeopático está nas diluições elevadas empregadas nos medicamentos homeopáticos. Sabemos que o efeito farmacológico aumenta com a concentração da droga. Todavia, com o processo de dinamização, ou seja, com o emprego de doses mínimas potencializadas, até mesmo na ausência de moléculas da droga original, ocorre uma ação farmacológica de sinal contrário, a reação secundária. Como explicar a ação homeopática de substâncias ausentes em uma solução? Esta questão é difícil de ser respondida com o conhecimento científico atual. Todavia, não podemos descartar a existência de um fenômeno reprodutível. Essa reprodutibilidade vem sendo demonstrada por meio de experimentos biológicos e divulgada em artigos publicados em revistas indexadas, livros e conferências. Entre essas pesquisas, citamos os trabalhos de Youbicier (*J. Int. Immunotherapy*, 1993), Endler (*Veterinary and Human Toxicology*, 1995) e Bastide (*Signals and Images*, 1997). Além disso, os ensaios clínicos duplo-cego têm mostrado estatisticamente a eficácia dos medicamentos homeopáticos em relação aos placebos. Os trabalhos de Kleijnen (*British Medical Journal*, 1991) e Linde (*Lancet*, 1997) evidenciam cientificamente a superioridade dos medicamentos homeopáticos em relação aos placebos.

> O medicamento dinamizado, semelhante à enfermidade potencializada, faz o efeito primário passar despercebido, a não ser nos indivíduos suscetíveis; entretanto, desperta o efeito secundário do organismo. Essa é a razão de seu uso (Figura 6).

A concentração de um medicamento homeopático é proporcional a 100^{-n} molar, sendo *n* o grau de dinamização (diluições sucessivas, seguidas de agitações). O limite de Avogadro é superado quando n > 12, ou seja, a partir de uma diluição 100^{-12} não há mais moléculas da droga original. Desse modo, a ação do medicamento homeopático não depende da presença de moléculas da droga. Todavia, existe uma "informação", algum tipo desconhecido de energia, uma vez que os organismos vivos reagem a ela. A energia produzida pelas agitações deve ser a responsável pela transferência das informações medicamentosas à solução.

Atualmente existem duas linhas de pesquisa que tentam explicar o fenômeno das ultradiluições homeopáticas: a hipótese molecular e a não molecular. A pri-

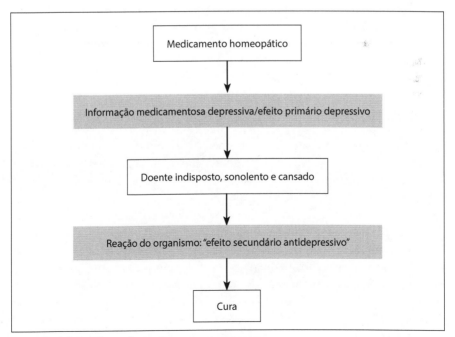

Figura 6 Informação medicamentosa.

meira linha busca associar aos medicamentos homeopáticos alterações estruturais nas moléculas do solvente (tamanho e ângulo). Demangeat (1992), empregando técnicas de ressonância nuclear magnética, observou que as moléculas da água dos medicamentos homeopáticos apresentavam alterações em seus tamanhos e ângulos. Giudice (1988), Lobyshev (1999) e Lo (2000), empregando técnicas de espectroscopia de infravermelho e Raman, descreveram modificações na auto-organização das moléculas da água após o processo de dinamização, originando quase cristais, formados por ligações de hidrogênio entre as moléculas da água (*clusters*). Esses e outros trabalhos mostram, de modo experimental, que o soluto impõe a estruturação de *clusters*; campos elétricos, correntes elétricas, ultrassons e agitações alteram as propriedades da água, originando-os; seu tamanho e geometria são responsáveis por modificações das propriedades físico-químicas da água (condutividade elétrica, pressão de vapor, tensão superficial etc.). Campos magnéticos enfraquecem e quebram as ligações de hidrogênio destruindo os *clusters*, os quais se aderem fortemente às superfícies sólidas. Temperaturas superiores a 60°C os degradam. Apesar das evidências experimentais e dos relatos sobre as alterações do comportamento da água após ser submetida ao processo de dinamização, não há resultado cientificamente conclusivo sobre o mecanismo de ação dos medicamentos homeopáticos.

A segunda linha baseia-se na ideia de que a informação contida em uma substância exerce papel de significante biológico capaz de gerar modificações fisiológicas, após sua interpretação pelo organismo (teoria dos significados corporais), de acordo com Bastide (1997) e Zacharias e Zacharias (1997). A palavra "informação" é usada com base na observação experimental de que propriedades físico-químicas de uma substância podem ser transmitidas nas dinamizações. Segundo a teoria dos significados corporais, sistemas em interação podem trocar informação não molecular. Os organismos vivos são capazes de intercambiar informação com o mundo exterior, sendo que essa informação, ao circular em seu interior, permite trocas em cada nível. A informação não existe sem três elementos fundamentais: a matriz da informação, a mediadora da informação e o receptor da informação. O organismo vivo atua como um sistema aberto que ressoa com os acontecimentos provenientes do ambiente externo que tenham sentido para ele. Dessa forma, enquanto o insumo ativo é a matriz da informação, a água (clusterizada?) é sua mediadora. O doente, por sua vez, é o receptor sensível, capaz de ler e traduzir a informação. Essa linha de pesquisa permite a comparação de resultados experimentais. As hipóteses molecular e não molecular oferecem caminhos teóricos para a construção de modelos conceituais que possam explicar o mecanismo de ação dos medicamentos homeopáticos. Esses modelos devem considerar a capacidade de auto-organização das moléculas da água diante de uma informação passada pelo processo de dinamização, bem como a capacidade dos corpos vivos de interpretá-la.

FARMACOLOGIA HOMEOPÁTICA

A maneira pela qual essa informação influencia a formação dos *clusters* e age terapeuticamente sobre os organismos vivos é uma questão fundamental que se vem tentando esclarecer. Revisão sobre essas linhas de pesquisa foi publicada por Teixeira (*International Journal of High Dilution Research*, 2011; *Revista de Homeopatia*, 2011).

LEIS DE ARNDT E DE SCHULTZ

Tendo por base as experimentações científicas, Hahnemann foi o primeiro médico a afirmar que os efeitos primário e secundário dos medicamentos dependem da dose em que são administrados. Em 1920, essa constatação foi confirmada pelo farmacologista Hugo Schultz, da Universidade de Greifswald. Ao fazer experiências com leveduras, Schultz observou que seu crescimento dependia da concentração de substâncias tóxicas que recebiam, ou seja, enquanto doses pequenas estimulavam o crescimento das leveduras, doses grandes o inibiam. A Lei da Farmacoterapia, que resume o trabalho de Schultz, dispõe: "Toda excitação provoca sobre a célula um aumento ou uma diminuição de sua função biológica em relação à atividade fraca ou forte da excitação". Rudolf Arndt, fisiologista da mesma universidade, baseando-se na Lei da Farmacoterapia de Schultz, após uma série de trabalhos de pesquisa, enunciou a Lei Biológica Fundamental, que pode ser resumida da seguinte forma:

- Pequenas excitações provocam a atividade vital, despertando-a.
- Excitações médias aumentam-na.
- Excitações fortes anulam-na em parte.
- Excitações exageradas anulam-na totalmente.

É interessante comentar que os raios X causam tumores e, paradoxalmente, essa mesma radiação, em pequenas doses, é usada no tratamento de diversos tipos de *neoplasia*. Esse tratamento, empregado rotineiramente pela medicina convencional em pacientes que apresentam tumores malignos, foi descoberto em 1896, por Emil Grubbe, professor de Química e estudante da Faculdade Médica Hahnemann, de Chicago, EUA, uma instituição homeopática de ensino.

Resumindo, pode-se afirmar que a função das grandes doses é contrária à das pequenas doses. Por exemplo: a *atropina* em doses fortes dilata a pupila, em doses fracas a diminui; a digitalina em doses elevadas acelera o batimento cardíaco, em doses fracas o retrai. A Lei Biológica Fundamental explica a ação dupla e inversa das drogas de acordo com a dose empregada. Todavia, não é suficiente para explicar o mecanismo das ultradiluições homeopáticas, uma vez que sua aplicação depende da presença de uma substância molecular.

VIAS DE INTRODUÇÃO E DE ELIMINAÇÃO

O medicamento homeopático pode ser administrado pelas mucosas, pela epiderme e pelas vias aéreas superiores e inferiores.

> Além da língua, boca e estômago, que mais comumente são afetados pela ingestão do medicamento, o nariz e os órgãos respiratórios são especialmente sensíveis ao efeito do medicamento sob forma líquida, mediante olfação e inalação pela boca. Porém, toda a pele do restante do nosso corpo recoberta com sua epiderme está sujeita à ação de soluções medicamentosas, sobretudo se a fricção foi associada simultaneamente à ingestão. (Hahnemann, § 284, 1996)

Apesar das indicações de Hahnemann, o método mais empregado pelos homeopatas, pela tradição, com relativa ausência de danos locais e conveniência para o paciente, é a via oral. Além disso, essa forma de administração é a única utilizada nos experimentos patogenéticos, pois as drogas podem apresentar diferentes ações, dependendo da via em que forem introduzidas. Entretanto, os medicamentos homeopáticos não devem ser engolidos, mas deixados na boca para que sejam absorvidos pela mucosa bucal. Essa mucosa absorve muito bem os medicamentos homeopáticos e evita que estes recebam influências do estômago e do fígado. A absorção por essa via é rápida e segura, sendo a ação medicamentosa transmitida por todo o organismo.

O medicamento homeopático não age pela droga presente nas suas diferentes formas farmacêuticas, mas por meio da "informação" que veicula, fazendo o organismo reagir de acordo com a qualidade dessa informação. Portanto, ele não se acumula no organismo, nem é eliminado, como ocorre com os medicamentos alopáticos. Os medicamentos homeopáticos podem provocar ou acelerar a eliminação de toxinas pela pele, por diarreias, pelo suor e por erupções diversas. Todavia, esses estados não representam sua eliminação do organismo. Com a interrupção do tratamento homeopático, tais reações cessam mais cedo ou mais tarde, na dependência da capacidade de reação ou sensibilidade do organismo e do grau de dinamização do medicamento.

POSOLOGIA

Para a medicina alopática, a dose útil de cada droga está diretamente relacionada com sua quantidade. Nesse caso, prevalecem os efeitos primários, químicos

FARMACOLOGIA HOMEOPÁTICA   49

e cumulativos. Entretanto, para a medicina homeopática, a prescrição do medicamento homeopático não está relacionada à presença de moléculas, mas à sua capacidade de promover o estímulo da reação do organismo (reação vital), que é variável de indivíduo para indivíduo, por meio da informação correta que o *simillimum* veicula. A escolha da potência depende do caso clínico, apesar de o *simillimum* atuar em todas as dinamizações, em menor ou maior profundidade. Embora a ação do medicamento homeopático não dependa da presença de moléculas da droga, o tamanho da dose (quantidade de medicamento) exerce influência diferenciada sobre organismos vivos, de acordo com Fontes et al. (*Cultura Homeopática*, 2006; *International Journal of High Dilution Research*, 2009 e 2010).

O conceito de potência alta ou baixa não encontrou padronização internacional. Embora tenha utilizado esporadicamente potências acima de 30CH, Hahnemann considerava essa dinamização alta. As dinamizações mais empregadas por ele foram 6CH, 12CH e 30CH, e menos frequentemente a ducentésima dinamização centesimal.

O primeiro passo para uma prescrição homeopática correta é buscar o *simillimum*, por meio da correlação da totalidade sintomática do paciente com o quadro patogenético promovido por uma droga. O passo seguinte é encontrar potência, frequência de administração e dose adequadas, capazes de despertar a reatividade orgânica em um nível ótimo de ação. Esse último passo depende da doença, do doente (sua vitalidade, idade, sexo etc.), do medicamento e de vários outros fatores. Por isso, o clínico deve acompanhar o paciente em suas reações para escolher a dinamização mais indicada para o caso (Teixeira, 1995).

GLOSSÁRIO

AGONISTA. Droga que, ao unir-se a seu receptor, induz a alterações fisiológicas e bioquímicas que provocam efeitos particulares nas funções do organismo.

ANTAGONISTA. Droga que, ao se ligar a um receptor sem realizar nenhuma alteração funcional, impede que outra substância faça a ligação. Também é chamada de bloqueadora de receptores.

ATROPINA. Alcaloide obtido a partir de alguns vegetais da família das solanáceas, como a *Atropa belladonna* L. e o *Hyoscyamus niger* L.

HIPOTÁLAMO. Glândula do sistema límbico que ajuda a controlar as emoções, o batimento cardíaco, a pressão sanguínea e a liberação de substâncias pela glândula pituitária.

NEOPLASIA. Designação geral para tumores.

OVERDOSE. Ingestão de quantidade de substância química superior ao que o organismo suporta.

REAÇÃO HOMEOSTÁTICA. Os sistemas nervoso, imunológico e endócrino compartilham receptores e transmissores, estando intimamente relacionados e agindo em conjunto na manutenção do equilíbrio interno (homeostase) e na regulação das reações orgânicas às agressões.

SOMÁTICO. Pertencente ou relativo ao corpo.

REFERÊNCIAS BIBLIOGRÁFICAS

AMERICAN Society OF HOSPITAL PHARMACISTS. American hospital formulary service. Bethesda; 1990.

BASTIDE M. Signals and images. Dordrecht: Kluwer Academic; 1997.

BASTIDE M, LAGACHE A. A new paradigma applied to high dilution effects on the living body. In: High dilution effects on cells and integrated systems. TADDEI C, MAROTTA P. (eds.). World Scientific Publ.; 1997.

DEL GIUDICE E, PREPARATA G, VITIELLO G. Water as a free eletric dipole laser. Phys Rev Lett. 1988;61:1085.

DEMANGEAT JL, et al. Modifications des temps de relaxation RNM à 4MHz des protons du solvant dans les très hautes dilutions salines de silice/lactose. J Med Nucl Biophys. 1992;16(2):135.

ENDLER PC, et al. Non-molecular information transfer from thyroxine to frogs with regard to homeopathic toxicology. Vet Hum Toxicol. 1995;37(3):256.

FONTES OL, FARHAT FCLG, CESAR AT, LARA MG, MONTEBELO MIL, RODRIGUES GCG, CHAUD MV. The problem of dose in homeopathy: evaluation of the effect of high dilutions of Arsenicum album 30cH on rats intoxicated with arsenic. Int J High Dilution Res. 2010;9:128-37.

FONTES OL, FARHAT FCLG, CESAR AT, LARA MG, MONTEBELO MIL, LUIZETTO CMB, CHAUD MV. Evaluation of the effect of different concentrations of Arsenicum album 6cH on intoxicated rats. Int J High Dilution Res. 2009;8:119-27.

FONTES OL, CHAUD MV, ALVES MIF, GUTIERREZ MA, FOLTRAN FP, CARVALHO GGA. Estudo comparativo de diferentes doses de Arsenicum album 6cH. Cultura Homeopática. 2006;17:6-8.

GOODMAN LS, GILMAN A. (eds.). As bases farmacológicas da terapêutica. 9ª ed. Rio de Janeiro: Guanabara Koogan; 1996.

HAHNEMANN S. Organon da arte de curar. 6ª ed. São Paulo: Robe; 1996.

KLEIJNEN J, et al. Clinical trials of homeopathy. Brit Med J. 1991;302:316-23.

KOSSAK-ROMANACH A. Homeopatia em 1.000 conceitos. São Paulo: Elcid; 1984.

LINDE K, et al. Are the clinical effects of homeopathy placebo effects? A meta-analysis of placebo-controlled trials. Lancet. 1997;350(9081):834-43.

LOBISHEV VI, SHIKHLINSKAYA RE, RYZHIKOV BD. Experimental evidence for intrinsic luminiscence of water. J Mol Liq. 1999;82:73.

FARMACOLOGIA HOMEOPÁTICA

PAGE CP, et al. Farmacologia integrada. São Paulo: Manole; 1999.

TEIXEIRA MZ. Estudo sobre doses e potências homeopáticas. Revista de Homeopatia (APH). 1995;60 (1):3-23.

TEIXEIRA MZ. Semelhante cura semelhante: o princípio de cura homeopático fundamentado pela racionalidade médica e científica. São Paulo: Petrus; 1998.

TEIXEIRA MZ. Similitude in modern pharmacology. Brit Homeop J. 1999;88:112-20.

TEIXEIRA MZ. Pesquisa básica em homeopatia: revisão bibliográfica. Revista de Homeopatia (APH). 2001;66(2):5-26.

TEIXEIRA MZ. Homeopathic use of modern medicines: utilization of the curative rebound effect. Med Hypotheses. 2003;60:276-283.

TEIXEIRA MZ. Panorama da pesquisa em homeopatia: iniciativas, dificuldades e propostas. Diagn Tratamento. 2004;9(3):98-104.

TEIXEIRA MZ. Evidence of the principle of similitude in modern fatal iatrogenic events. Homeopathy. 2006;95:229-36.

TEIXEIRA MZ. Homeopatia: ciência, filosofia e arte de curar. Revista de Medicina. 2006; 85:30-43.

TEIXEIRA MZ. NSAIDs, myocardial infarction, rebound effect and similitude. Homeopathy. 2007;96:67-8.

TEIXEIRA MZ. Bronchodilators, fatal asthma, rebound effect and similitude. Homeopathy. 2007;96:135-7.

TEIXEIRA MZ. Antidepressants, suicidality and rebound effect: evidence of similitude? Homeopathy. 2009;98:114-21.

TEIXEIRA MZ. Statins withdrawal, vascular complications, rebound effect and similitude. Homeopathy. 2010;99:255-62.

TEIXEIRA MZ. Rebound acid hypersecretion after withdrawal of gastric acid suppressing drugs: new evidence of similitude. Homeopathy. 2011;100:148-56.

TEIXEIRA MZ. New homeopathic medicines: use of modern drugs according to the principle of similitude. Homeopathy. 2011;100:244-52.

TEIXEIRA MZ. Homeopathic use of modern drugs: therapeutic application of the organism paradoxical reaction or rebound effect. Int J High Dilution Res. 2011;10:338-52.

TEIXEIRA MZ. Antiresorptive drugs (bisphosphonates), atypical fractures and rebound effect: new evidence of similitude. Homeopathy. 2012;101:231-42.

TEIXEIRA MZ. Rebound effect of drugs: fatal risk of conventional treatment and pharmacological basis of homeopathic treatment. Int J High Dilution Res. 2012;11:69-106.

TEIXEIRA MZ. Immunomodulatory drugs (natalizumab), worsening of multiple sclerosis, rebound effect and similitude. Homeopathy. 2013;102:215-24.

TEIXEIRA MZ. Rebound effect of modern drugs: serious adverse event unknown by health professionals . Rev Assoc Med Bras. 2013;59:629-38.

TEIXEIRA MZ. 'New Homeopathic Medicines' database: A project to employ conventional drugs according to the homeopathic method of treatment. Eur J Integr Med. 2013;5:270-8.

TEIXEIRA MZ. 'Paradoxical pharmacology': therapeutic strategy used by the 'homeopathic pharmacology' for more than two centuries.

TEIXEIRA MZ. Evidências científicas da episteme homeopática. Revista de Homeopatia (APH). 2011;74(1/2):33-56.

TEIXEIRA MZ. Scientific evidence of the homeopathic epistemological model. Int J High Dilution Res. 2011;10(34):46-64.

THE UNITED STATES PHARMACOPEIA DISPENSING INFORMATION (USPDI). The United States Pharmacopeial Convention. 14ª ed. Easton: Mack Printing Co.; 1994.

THE UNITED STATES PHARMACOPEIA DISPENSING INFORMATION (USPDI). The United States Pharmacopeial Convention. Easton: Mack Printing Co.; 1996.

YOUBICIER BJ, et al. Effects of embryonic bursectomy and in ovo administration of highly diluted bursin on adrenocorticotropic and immune response of chickens. Int J Immunoteraphy. 1993;9:169.

ZACHARIAS CR, ZACHARIAS AC. Physical modelling of dynamization. Brit Homeopat J. 1997; 86:207-10.

4

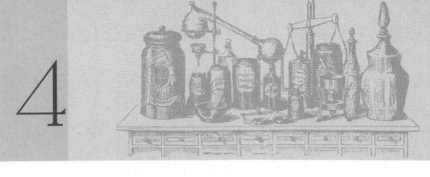

Medicamento homeopático

Olney Leite Fontes

O QUE É MEDICAMENTO HOMEOPÁTICO?

Para a medicina alopática, medicamentos são produtos farmacêuticos tecnicamente obtidos ou elaborados a partir de substâncias químicas, sintéticas ou naturais, que, ao promoverem modificações fisiopatológicas ou fisiológicas, são direcionadas para o uso no tratamento, na prevenção ou no diagnóstico de doenças. Nessa concepção, as drogas dependem fundamentalmente de sua constituição química para trazer benefício ao ser humano doente. Esse conceito não difere muito do conceito de medicamento homeopático. Porém, o medicamento comum promove sua ação terapêutica agindo de forma estranha ao organismo, de acordo com certa quantidade de droga. Nesse sentido, os medicamentos homeopáticos diferem substancialmente dos medicamentos alopáticos, enantiopáticos e isopáticos usados na medicina convencional, por seu objetivo e por sua natureza imaterial. Segundo Hahnemann, os medicamentos homeopáticos efetuam a cura mediante sua capacidade dinâmica de atuar sobre a vitalidade. Portanto, o medicamento homeopático deve ser compreendido por suas características energéticas, já que não atuam diretamente no organismo por meio de átomos ou moléculas.

O medicamento homeopático visa prevenir ou curar por meio de sua capacidade de ativar todo um complexo reativo natural. Para tanto, deverá ser diluído e potencializado mediante uma farmacotécnica especial e empregado de acordo com a lei dos semelhantes.

> "Medicamento homeopático é toda forma farmacêutica de dispensação ministrada segundo o princípio da semelhança e/ou da identidade, com finalidade curativa e/ou preventiva. É obtido pela técnica de dinamização e utilizado para uso interno ou externo." (*Farmacopeia homeopática brasileira*, 3ª edição)

Não basta apenas que as substâncias originais e as preparações básicas sejam diluídas e potencializadas pelos métodos da dinamização para serem consideradas medicamentos homeopáticos verdadeiros. Elas precisam ter sido previamente testadas no homem sadio, de acordo com os protocolos de experimentação patogenética, e utilizadas em conformidade com a lei dos semelhantes. Nenhuma substância dinamizada torna-se homeopática por estar estocada em uma prateleira de uma farmácia homeopática.

Nesse local, encontramos apenas medicamentos que serão ou não homeopáticos na razão direta da sintonia da semelhança, pois, sem ela, o estímulo adicional necessário para a cura não ocorre. Dessa perspectiva, o medicamento homeopático será sempre o "remédio" do paciente, ou seja, o seu *simillimum*. Enquanto o remédio representa ação, por causa da similitude, o medicamento é apenas apresentação. Embora alguns clínicos utilizem medicamentos *tautoterápicos, isoterápicos* e certos *bioterápicos de estoque* que não foram previamente testados em seres humanos sadios, estes não são medicamentos homeopáticos. Todavia, sua dispensação e preparação estão sob a responsabilidade do farmacêutico homeopata. Talvez por isso a *Farmacopeia homeopática brasileira 3ª edição* os tenha definido como sendo medicamentos homeopáticos. Porém, eles não seguem o princípio da semelhança e sim o *princípio da identidade*. Esses medicamentos, ainda que não tenham patogenesias definidas, serão citados neste livro, tendo em vista que são preparados pelo farmacêutico homeopata e estão incluídos na definição de medicamento homeopático da *Farmacopeia homeopática brasileira*, embora utilizem um critério diferente de tratamento e cura baseado no princípio da identidade.

ORIGEM DO MEDICAMENTO HOMEOPÁTICO

Os medicamentos homeopáticos provêm dos reinos vegetal, mineral e animal, dos produtos de origem química, farmacêutica e biológica, bem como dos preparados especiais desenvolvidos por Hahnemann. Fungos (reino fungi), bactérias (reino monera) e protozoários (reino protista) também representam importantes fontes de matérias-primas empregadas na preparação dos medicamentos homeopáticos e são classificados à parte, já que, segundo a classificação

MEDICAMENTO HOMEOPÁTICO   55

dos seres vivos, não pertencem aos reinos animal e vegetal. Alguns compêndios incluem, ainda, medicamentos cuja origem não se enquadra em nenhuma das fontes citadas, sendo pouco utilizados. Esses medicamentos são chamados de imponderáveis, como Eletricidade, Luna, Magnetis polus articus, Magnetis polus australis, Magnetis polus ambos, Raios X, Radium, Sol etc.

Reino Vegetal

O reino vegetal é o que fornece o maior número de drogas para a preparação de medicamentos homeopáticos. Podem ser usados a planta inteira, suas partes, seus produtos extrativos ou de transformação (*sarcódios*), bem como seus produtos patológicos (*nosódios*). Muitos confundem homeopatia com fitoterapia, pois ambas utilizam vegetais para o tratamento de seus pacientes. Todavia, enquanto a homeopatia usa doses mínimas potencializadas prescritas de acordo com a lei dos semelhantes, a fitoterapia emprega doses ponderáveis de acordo com a lei dos contrários.

É comum encontrarmos extratos, tinturas, cápsulas e chás à base de plantas nas farmácias homeopáticas. Isso talvez contribua para confundir as pessoas leigas. Vale ressaltar que as partes vegetais utilizadas para a preparação das tinturas homeopáticas (tinturas-mães) e medicamentos homeopáticos nem sempre coincidem com as partes de uma mesma planta utilizada em fitoterapia.

A seguir, alguns exemplos de medicamentos homeopáticos preparados a partir de vegetais:

- Plantas inteiras: Belladonna, Drosera rotundifolia, Pulsatilla nigricans, Hypericum perforatum.
- Suas partes: Allium cepa, Colchicum autumnale (bulbo); Ipecacuanha, Paeonia officinalis, Lappa major (raiz); Sanguinaria canadensis, Podophyllum peltatum (rizoma); Coffea cruda, Nux vomica (sementes); Digitalis purpurea, Tabacum (folhas); Sambucus nigra, Calendula officinalis (flores ou sumidades floridas); Agnus castus, Carduus marianus (frutos).
- Outras partes: Lycopodium clavatum (esporos); Berberis vulgaris (casca da raiz); China officinalis (casca do caule); Hamamelis virginiana (mistura de cascas do caule e folhas); Crocus sativus (estigmas); Thuya occidentalis (ramos); Ruta graveolens (parte aérea); Carbo vegetabilis (lenho).
- Seus produtos extrativos ou de transformação: Terebinthina (oleorresina); Colchicinum (alcaloide); Opium (látex).
- Seus produtos patológicos: Ustilago maidis (doença do milho provocada por um fungo); Secale cornutum (esporão do centeio).

A perfeita identificação do vegetal e da parte a ser utilizada, a observância da época da coleta e das condições ambientais, a necessária seleção e limpeza, entre outros cuidados, são fatores importantes para a preparação de tinturas e medicamentos homeopáticos a partir de plantas. A identificação deve ser realizada por especialistas e confirmada macro e microscopicamente. Mediante suas monografias, as farmacopeias homeopáticas determinam as partes corretas a serem utilizadas, devendo ser as mesmas que foram experimentadas no homem sadio. Outras partes do mesmo vegetal poderão ser usadas, desde que proporcionem patogenesias iguais às partes originalmente experimentadas.

Os vegetais são coletados de preferência na parte da manhã, em dias ensolarados, livres do orvalho. Eles nunca devem ser colhidos em dias de chuva ou vento. Se não forem utilizados imediatamente para a preparação das tinturas-mães, devem ser postos para secar à sombra em local ventilado e seco. Outra opção é conservar o vegetal em recipientes fechados após a adição de certa quantidade de álcool, que será deduzida na ocasião do cálculo do veículo extrator para a elaboração da tintura-mãe.

As plantas frescas são preferíveis às dessecadas, pois o rendimento das drogas frescas quando dessecadas é, na média, inferior em 30% nos órgãos subterrâneos, 50% nas cascas e 15% nas folhas e demais partes aéreas.

Com exceção dos casos previstos nas respectivas monografias, a coleta em geral é realizada tendo em vista as seguintes condições:

- As plantas inteiras são coletadas no período de floração. Elas incluem as partes aérea e subterrânea.
- As folhas são coletadas imediatamente antes ou no início da floração, após o seu desenvolvimento completo. Elas são os órgãos laminares e verdes das plantas.
- Flores e sumidades floridas são colhidas imediatamente antes do seu desabrochar. As flores representam os órgãos da reprodução sexuada das plantas. As sumidades floridas representam um conjunto de flores dispostas em torno de um eixo comum.
- Os frutos são recolhidos no início da maturação. Eles são o resultado do desenvolvimento do ovário da planta.
- As sementes são retiradas na total maturidade. Elas provêm dos óvulos fecundados, estão situadas dentro dos frutos e contêm o embrião.
- Raízes, rizomas e bulbos são coletados no início do inverno, quando os talos murcham, ou no início da primavera. As raízes representam a principal parte subterrânea da planta. Rizomas são caules subterrâneos radiciformes, que apresentam escamas e gemas. Bulbos são caules subterrâneos ou aéreos caracterizados por grande gema terminal suculenta.
- O lenho é obtido no início da primavera. Ele é a madeira, região central do caule. É o principal tecido de sustentação e condução das plantas.

- As cascas são retiradas no período de desenvolvimento das folhas. A casca representa o invólucro externo do caule.
- O caule é colhido entre o desenvolvimento das folhas e a floração. É a parte da planta que cresce perpendicularmente ao solo, com seus apêndices laterais (ramos e galhos) permitindo a comunicação entre as raízes e as folhas.

Os vegetais silvestres são preferíveis aos cultivados. Estes podem sofrer alterações em suas características originais pelos meios artificiais de tratamento (inseticidas, adubos químicos etc.). Condições climáticas, altitude e longitude também podem alterar a qualidade e a quantidade dos princípios ativos. Há plantas que se aclimatam bem em regiões diferentes do seu *habitat*. No sul de Minas Gerais, encontramos a *Arnica montana* L., planta nativa dos Alpes suíços. A *Papaver somniferum* L., natural da Ásia, é cultivada em Petrópolis. Contudo, a partir desses municípios brasileiros, essas espécies vegetais são comercializadas apenas como plantas ornamentais, pois não produzem os principais princípios ativos. Desse modo, a reprodução de suas patogenesias é prejudicada, portanto, essas plantas não podem ser empregadas em homeopatia.

Para a preparação das tinturas homeopáticas, o vegetal passa por uma seleção rigorosa em que são retiradas as partes deterioradas e as contaminações grosseiras (penas, cascas de ovos, insetos etc.). Em seguida, a planta é lavada em água corrente e, por último, em *água purificada*.

Reino Mineral

Além dos minerais obtidos em seu estado natural, consideramos pertencentes ao reino mineral os produtos extraídos, purificados e produzidos pelos laboratórios químico-farmacêuticos, bem como os preparados obtidos segundo fórmulas originais de Hahnemann. O reino mineral fornece grande variedade de substâncias para a preparação dos medicamentos homeopáticos, que podem ser simples, como Aurum metallicum, Chlorum e Bromum, ou compostas, como Natrium chloratum, Acidum phosphoricum e Kalium bichromicum.

Depois do reino vegetal, o reino mineral é o que fornece o maior número de drogas experimentadas, sendo alguns medicamentos minerais bastante usados na clínica diária, como Sulfur, Phosphorus e Causticum.

Os minerais naturais são assim chamados por serem utilizados da forma em que são encontrados na natureza. Para que possam reproduzir fielmente as patogenesias, devem ser recolhidos de preferência no mesmo local, já que suas características químicas podem variar de um lugar para outro. Na impossibilidade da obtenção do mineral no seu lugar de origem, podemos lançar mão de drogas vindas de outros lugares, desde que apresentem composição uniforme e compatíveis com aquelas testadas no homem. O Sulfur, adotado na homeopatia, é o enxofre proveniente de minas italianas situadas na Sicília; já o Graphites é obtido nas minas inglesas de Borrowdale, que contêm o menor teor de ferro; o Natrium chloratum ensaiado no homem sadio é o sal marinho, que apresenta em sua composição várias substâncias, além do cloreto de sódio; o Petroleum homeopático é procedente da Áustria ou do México, pois ambos apresentam as mesmas características físicas e químicas.

As drogas de origem industrial são aquelas elaboradas por laboratórios químicos e farmacêuticos, como Acidum phosphoricum, Kalium sulfuricum e Sulfanilamidum. Elas devem ser empregadas na forma mais pura possível e identificadas pelos métodos comuns da química analítica. Nas drogas hidratadas devemos considerar o peso correspondente ao da mesma droga anidra, computando a água no peso do veículo a ser utilizado na ocasião da preparação do medicamento homeopático. No caso de substâncias com água de cristalização, calculamos a parte anidra usando a fórmula química, como no sulfato de sódio pentaidratado, usado para preparar o medicamento homeopático Natrium sulfuricum, na falta da correspondente anidra: $Na_2SO_4 + 5H_2O$ apresenta, para cada 232 g do sal, 142 g de parte anidra e 90 g de água de cristalização.

As preparações especiais são obtidas de acordo com as fórmulas e normas técnicas deixadas por Hahnemann, como Calcarea acetica, Hepar sulfur, Causticum e Mercurius solubilis. Elas constituem preparações complexas elaboradas a partir de substâncias naturais. Sobre essas preparações especiais, ver o Capítulo 14, "Resumo das monografias dos principais medicamentos homeopáticos".

Reino Animal

Não são tão numerosas quanto as matérias-primas originárias dos reinos vegetal e mineral, mas o reino animal fornece importantes drogas empregadas com frequência em homeopatia, como as utilizadas na elaboração dos medicamentos Sepia officinalis e Calcarea carbonica. À maneira dos vegetais, podem ser utilizados o animal inteiro, suas partes, seus produtos extrativos ou de transformação (sarcódios) ou ainda seus produtos patológicos (nosódios).

Apresentamos, a seguir, alguns exemplos de medicamentos homeopáticos preparados a partir de animais.

- Animais inteiros: Apis mellifica (abelha europeia), Formica rufa (formiga--ruiva), Cantharis vesicatoria (cantárida), Aranea diadema (aranha porta--cruz).
- Suas partes: Thyroidinum (glândula tireoide); Carbo animalis (couro de boi carbonizado); Hypophysinum (porção posterior da glândula hipófise).

MEDICAMENTO HOMEOPÁTICO   59

- Seus produtos extrativos ou de transformação: Lachesis muta (veneno da cobra surucucu); Calcarea carbonica (parte interna da concha da ostra); Crotalus horridus (veneno da cascavel norte-americana); Sepia succus (secreção da bolsa tintória da sépia).

- Seus produtos patológicos: Medorrhinum (pus blenorrágico); Psorinum (conteúdo seroso da vesícula escabiótica); Luesinum (raspado do cancro sifilítico); Diphterinum (membrana diftérica).

O exato conhecimento das espécies animais, das partes a serem utilizadas e das condições em que se encontram é de fundamental importância para a obtenção de medicamentos que correspondam aos critérios de qualidade. A classificação biológica dos animais deve se feita por um especialista, evitando, dessa forma, a confusão das variedades. Além disso, ao tratar-se de órgãos e glândulas, é imprescindível a participação de um veterinário, para localizá-los e identificá-los. Mediante as monografias encontradas nas farmacopeias homeopáticas são obtidas importantes informações sobre as partes a serem usadas, se o animal deve ser manipulado vivo, recentemente sacrificado ou morto, dessecado ou não. O animal deverá estar sadio, em completo desenvolvimento (adulto), e ser coletado na época em que apresenta maior atividade. No inverno o metabolismo animal diminui, produzindo menores quantidades de princípios ativos. Para a aquisição de material patológico, devemos ter o cuidado de usar materiais isentos de vestígios de outras doenças. Existem empresas especializadas na comercialização de drogas animais, fornecendo-as desidratadas e prontas para a manipulação. Já as matérias-primas animais frescas são preparadas nos laboratórios industriais por farmacêuticos homeopatas experientes. Assim como os vegetais, os animais sofrem influência do meio ambiente onde vivem, devendo, portanto, ser coletados preferencialmente no seu estado selvagem.

Reino Fungi

Fungos, cogumelos e leveduras são classificados por alguns biólogos como pertencentes ao reino vegetal, sendo considerados vegetais inferiores. Aqui os agrupamos à parte, de acordo com a moderna classificação dos seres vivos, uma vez que os fungos são desprovidos de clorofila, de celulose e de tecidos verdadeiros.

Entre os medicamentos homeopáticos preparados a partir de fungos citamos o Agaricus muscarius (agárico mosqueado), o Lycoperdon bovista (bovista) e a Amanita phalloides (cálice da morte), cujas patogenesias são muito ricas.

Reino Monera

Mais modernamente, bactérias e cianobactérias estão agrupadas dentro do reino monera. A principal característica dos moneras é serem constituídos por células que não apresentam núcleos organizados (células procariontes). Classificamos dentro desse reino tanto as bactérias quanto seus produtos fisiológicos (toxinas). Como exemplos de medicamentos homeopáticos preparados a partir de bactérias e de suas toxinas (sarcódios), citamos Streptococcinum (*Streptococcus pyogenes*), Colibacillinum (*Escherichia coli*), Tuberculinum (tuberculina bruta de Koch) e Diphterotoxinum (toxina diftérica diluída). Cabe mencionar que as toxinas não podem ser consideradas nosódios, pois não são produzidas pelo organismo doente e sim pelas próprias bactérias.

Reino Protista

Os sistemas mais antigos de classificação consideram os protozoários animais, e as algas, plantas. Entretanto, atualmente, os biólogos classificam ambos dentro do reino dos protistas por exibirem um nível de organização celular relativamente simples em relação aos vegetais e aos animais. Os protistas apresentam células com núcleos organizados (células eucariontes), porém elas não são especializadas como nos animais e nos vegetais. Citamos o Giardinum (*Giardia lamblia*) e o Fucus vesiculosus como exemplos de medicamentos preparados a partir de protozoários e de algas, respectivamente.

VEÍCULOS E EXCIPIENTES

Veículos e excipientes, também chamados de insumos inertes, são substâncias e produtos empregados em homeopatia para realizar diluições, incorporar as dinamizações e extrair os princípios ativos das drogas na elaboração das tinturas homeopáticas. Eles são muito importantes, uma vez que chegam a fazer parte integral do medicamento homeopático, daí a necessidade de atenderem às condições de pureza exigidas pelas farmacopeias.

Os veículos e excipientes empregados em homeopatia são: água purificada, álcool etílico, glicerina, lactose e sacarose, bem como glóbulos, microglóbulos, comprimidos e tabletes inertes. A 3ª edição da *Farmacopeia homeopática brasileira* considera ainda, para as formas farmacêuticas homeopáticas de uso externo como insumos inertes, os apósitos medicinais (algodão e gaze esterilizados); as bases ou insumos, para os linimentos, pomadas, cremes, géis, géis-creme, loções e supositórios; e amidos, carbonatos, estearatos e outros, para os pós medicinais. Sobre esses insumos, ver o Capítulo 11, "Formas farmacêuticas homeopáticas de uso externo".

Água

A água purificada usada em homeopatia é obtida por meio de destilação, bi-destilação, deionização com filtração esterilizante, mili Q e osmose reversa. Ela deve apresentar-se límpida, incolor, inodora e isenta de impurezas, como amônia, cálcio, metais pesados, sulfatos e cloretos. Seu acondicionamento é feito em recipientes bem fechados, em geral barriletes de vidro ou PVC, devendo ser renovada todos os dias, pela manhã. A destilação é o processo mais recomendado para as farmácias homeopáticas, pois se obtém água teoricamente estéril a baixo custo. É conveniente acoplar um filtro de carvão ativado, ou de outro material, antes da entrada de água no destilador, para elevar a vida útil desse aparelho. O destilador deve ser limpo periodicamente. O processo de deionização exige manutenção dispendiosa e periódica, sendo mais adequado às indústrias farmacêuticas homeopáticas, pois fornece maior quantidade de água. Além disso, o acúmulo de material orgânico nas resinas do deionizador permite a rápida proliferação de microrganismos. A título de curiosidade histórica, Hahnemann empregava a água da chuva ou da neve derretida para a preparação dos medicamentos homeopáticos. Hoje, não é conveniente utilizá-las pelo alto índice de poluentes encontrados na atmosfera.

Álcool

O álcool utilizado em homeopatia é o álcool etílico bidestilado (etanol) obtido em alambiques de vidro. Ele deve apresentar-se límpido, incolor, com odor característico, sabor ardente e isento de impurezas, principalmente aldeídos e alcoóis superiores. Seu acondicionamento deve ser feito em recipientes herméticos, como bombonas de polietileno que não tenham sido usadas para outros fins, longe do fogo ou do calor. Quando o álcool contém ferrugem, na maioria das vezes encontra-se amarelado. Essa ferrugem, em geral, é proveniente dos galões industriais de 200 L em que ficam estocados. Esse álcool não serve para uso homeopático. Hahnemann utilizava álcool de uva; o álcool de cereais e o de cana-de-açúcar apresentam características quase idênticas, podendo também ser usados.

Empregamos o álcool nas mais diversas graduações para a elaboração das tinturas e dinamizações homeopáticas:

- Etanol a 5% (v/v): é empregado como insumo inerte na dispensação das doses únicas líquidas.
- Etanol a 20% (v/v): é empregado na dissolução do terceiro triturado (3CH trituração) na preparação da escala cinquenta milesimal.
- Etanol a 30% (v/v): é utilizado na dispensação de medicamentos homeopáticos administrados sob a forma de gotas.

- Etanol a 77% (v/v): é usado nas *dinamizações intermediárias*.

- Etanol igual ou superior a 77% (v/v): é utilizado na preparação de dinamizações que irão impregnar a lactose, os glóbulos, os comprimidos e os tabletes, bem como na moldagem de tabletes.

- Etanol a 96% (v/v): é empregado na dinamização de medicamentos preparados na escala cinquenta milesimal (proporção 1/50.000).

- Diferentes diluições etanólicas: são adotadas na elaboração das tinturas homeopáticas e na diluição de drogas solúveis, nas três primeiras dinamizações preparadas na proporção 1/100 (centesimais) ou nas seis primeiras dinamizações preparadas na proporção 1/10 (decimais).

Para a preparação do álcool empregado nas tinturas e nas diferentes formas farmacêuticas homeopáticas é facultado adotar tanto o critério volumétrico v/v (volume do álcool por volume da água empregados) quanto o critério ponderal p/p (peso do álcool por peso da água empregados), ou ainda outros critérios (v/p, p/v), desde que se mantenha o mesmo critério do início ao fim da operação. Cabe ressaltar que o etanol a 77% (v/v) é equivalente ao etanol a 70% (p/p). A correspondência entre porcentagem de v/v e p/p é demonstrada no Anexo C da 3ª edição da *Farmacopeia homeopática brasileira*.

O alcoômetro é o densímetro que determina o grau alcoólico das misturas de etanol e água (v/v). Sua unidade de medida é conhecida por grau Gay-Lussac (GL = % volume). Esse instrumento é graduado à temperatura de 20°C. Portanto, torna-se necessário trabalhar sempre a 20°C ou corrigir a temperatura da mistura se esta for diferente de 20°C.

A fórmula a seguir ajuda a calcular a quantidade de álcool a diluir com água, segundo o critério volumétrico:

$$Ci \times Vi = Cf \times Vf$$

Em que:
Ci = concentração inicial (% v/v)
Vi = volume inicial (mL)
Cf = concentração final (% v/v)
Vf = volume final (mL)

Para obter 1.000 mL de etanol a 77% (v/v) a partir do etanol a 96% (v/v), por exemplo, tomando por base essa fórmula, teremos:

$$96\% \ (v/v) \times Vi = 77\% \ (v/v) \times 1.000 \ mL$$

$$Vi = \frac{77.000}{96\%} = 802,08 \ mL \ de \ etanol \ a \ 96\% \ (v/v)$$

1.000 mL – 802,08 mL de etanol a 96% (v/v) = 197,92 mL de água purificada

802,08 mL de etanol a 96% (v/v) + 197,92 mL de água purificada = 1.000 mL de etanol a 77% (v/v)

Para facilitar o cálculo da relação entre o etanol a 96% (v/v) e a água purificada, elaboramos a tabela a seguir para as diluições alcoólicas mais utilizadas na prática (Tabela 1). Os cálculos foram elaborados para 1.000 mL de etanol.

Tabela 1. Diluições de etanol a 96% (v/v) a 20°C.

Etanol a 96% (mL)	Água (mL)	Título (% v/v)	Volume final (mL)
52,08	947,92	5	1.000
208,33	791,67	20	1.000
312,50	687,50	30	1.000
520,83	479,17	50	1.000
802,08	197,92	77	1.000

Para preparar o etanol no teor desejado, proceder conforme a técnica descrita a seguir:
1. Medir os volumes de etanol e água purificada, em separado.
2. Misturar os dois líquidos em uma proveta com um bastão de vidro sob forte agitação.
3. Repousar a mistura até a acomodação das moléculas e o seu esfriamento.
4. Determinar o teor alcoólico com o alcoômetro (ver técnica a seguir).
5. Se necessário, fazer os ajustes do teor alcoólico adicionando água purificada ou etanol.
6. Com o alcoômetro, refazer a conferência do teor alcoólico.
7. Repetir os itens 5 e 6 até atingir o grau alcoólico desejado.

Para determinar o teor alcoólico, seguir conforme a técnica descrita adiante:
1. Em uma proveta, colocar 1.000 mL de etanol (o menisco inferior do etanol deverá ficar acima da linha de divisão da proveta).
2. Repousar por alguns minutos.
3. Anotar a temperatura com a ponta inferior de um termômetro.
4. Imergir no etanol um alcoômetro previamente molhado no líquido em ensaio e enxuto em papel toalha.

5. Imprimir uma rotação no alcoômetro de tal forma que flutue livremente sem tocar as paredes da proveta.

6. Quando o alcoômetro deixar de oscilar, conferir o ponto de afloramento da haste e anotar o número da graduação na parte inferior do menisco.

É importante ressaltar que o teor do etanol de partida e das soluções alcoólicas preparadas a partir desse álcool devem ser obtidos conforme a técnica descrita anteriormente.

Glicerina

A glicerina utilizada em homeopatia é obtida em alambiques de vidro, para evitar a presença de metais, a partir do desdobramento dos ésteres glicéricos dos ácidos graxos e purificada mediante sucessivas destilações. Seus principais contaminantes são: acroleína, compostos amoniacais, glicose, sulfatos, cloretos, metais pesados, ácidos graxos e ésteres. Ela deve apresentar-se clara, incolor, na consistência de xarope, com odor característico e sabor doce, seguido de sensação de calor. Deve ser acondicionada em recipientes bem fechados (vidro ou plástico), pois é higroscópica. Empregamos a glicerina nas tinturas homeopáticas preparadas a partir de órgãos e glândulas de animais superiores, nas três primeiras dinamizações preparadas na proporção 1/100 (centesimais) e nas seis primeiras dinamizações preparadas na proporção 1/10 (decimais), a partir dessas tinturas-mães, e na preparação de certos bioterápicos (ver Capítulo 10). É utilizada misturada com água na proporção 1:1, com etanol na proporção de 1:1, com água e álcool na proporção 1:1:1, ou em outras proporções de acordo com as monografias citadas nas farmacopeias homeopáticas.

Lactose

A lactose utilizada em homeopatia é a obtida do leite de vaca. A lactose é precipitada após a concentração do soro da caseificação do leite à pressão reduzida e separada por centrifugação e recristalização. Ela deve ser usada pura, livre de impurezas, como amido, sacarose e glicose. Sua purificação consome 4 L de álcool etílico para cada 1.000 g. Deve apresentar-se na forma de pó cristalino, branco, inodoro, com leve sabor doce, e ser acondicionada em recipientes bem fechados, pois absorve odores rapidamente. A lactose é utilizada nas dinamizações feitas a partir de substâncias insolúveis (trituração) e na confecção de comprimidos, tabletes e glóbulos inertes. Pode, ainda, ser impregnada com dinamizações líquidas, para a obtenção da forma farmacêutica sólida de uso interno, chamada "pós".

Sacarose

A sacarose usada em homeopatia é o açúcar purificado obtido da cana-de-
-açúcar, principalmente. Suas maiores impurezas são: metais pesados, cálcio,
cloretos e sulfatos. Ela deve apresentar-se na forma de cristais ou massas cristalinas, incolores ou brancas, ou pó cristalino branco, com sabor doce bastante
característico. Deve ser acondicionada em recipientes bem fechados. A sacarose
é utilizada na fabricação dos glóbulos, microglóbulos e comprimidos inertes.

Glóbulos Inertes

Glóbulos inertes são pequenas esferas compostas de sacarose ou mistura de
sacarose e pequena quantidade de lactose. São obtidos industrialmente a partir
de grânulos de açúcar mediante drageamentos múltiplos. Apresentam-se com
pesos medianos de 30 mg (n. 3), 50 mg (n. 5) e 70 mg (n. 7), na forma de grãos
esféricos, homogêneos e regulares, brancos, praticamente inodoros e de sabor
doce. Devem ser acondicionados em recipientes hermeticamente fechados. Os
glóbulos inertes são impregnados com dinamizações líquidas, para a obtenção
da forma farmacêutica sólida, chamada "glóbulos".

Microglóbulos Inertes

Microglóbulos inertes são pequeníssimas esferas compostas de sacarose e amido,
obtidos industrialmente pelo processo de fabricação semelhante ao dos glóbulos.
Eles são comercializados na padronização de 63 mg para cada 100 microglóbulos. Apresentam-se na forma de grãos esféricos, homogêneos e regulares, brancos,
praticamente inodoros e de sabor doce. Devem ser acondicionados em recipientes
bem fechados (frascos de vidro âmbar, por exemplo). Os microglóbulos são utilizados na preparação de medicamentos na escala cinquenta milesimal.

Comprimidos Inertes

Os comprimidos inertes utilizados em homeopatia são pequenos discos obtidos pela compressão de lactose ou mistura de lactose e sacarose, com ou sem
granulação prévia. Pode-se utilizar uma quantidade mínima de adjuvantes em
sua preparação. Eles se apresentam na forma discoide, homogêneos e regulares,
com peso entre 100 e 300 mg, brancos, inodoros e de sabor levemente adocicado. Devem ser acondicionados em recipientes bem fechados. Os comprimidos

inertes são impregnados com dinamizações líquidas, para a obtenção da forma farmacêutica sólida chamada "comprimidos".

Tabletes Inertes

Os tabletes utilizados em homeopatia são pequenos discos obtidos por moldagem da lactose em tableteiro, sem adição de adjuvantes. Eles se apresentam na forma discoide, não tão homogêneos e regulares quanto os comprimidos, com peso entre 75 e 150 mg, brancos, inodoros e de sabor levemente adocicado.

Devem ser acondicionados em recipientes bem fechados. Os tabletes inertes são impregnados com dinamizações líquidas, para a obtenção da forma farmacêutica sólida chamada "tabletes".

RECIPIENTES E ACESSÓRIOS

Os recipientes e acessórios utilizados na preparação, estocagem e dispensação dos medicamentos homeopáticos deverão ser de material que não exerça influência sobre as drogas, veículos e excipientes e vice-versa, ou seja, o material utilizado na preparação e no acondicionamento dos medicamentos homeopáticos não pode se alterar nem modificar as atividades medicamentosas. Esse raciocínio também vale para os frascos usados no acondicionamento das tinturas homeopáticas. Estas devem ser acondicionadas em frascos de vidro. Com raras exceções são utilizados frascos plásticos, os quais proporcionam várias alterações, de acordo com sua natureza (polietileno, polietileno-dióxido de titânio etc.), das condições de estocagem e da natureza da tintura-mãe (resinosa, alcaloídica, fenólica, aromática, tânica etc.).

Segundo a 3ª edição da *Farmacopeia homeopática brasileira*, para a preparação e estocagem de medicamentos e tinturas homeopáticos são utilizados frascos de vidro âmbar, classe hidrolítica I, II, III e NP (Tabela 2).

Para a dispensação de medicamentos, além dos vidros citados, poderão ser empregados, ainda, frascos plásticos de cor branca leitosa de polietileno de alta densidade, polipropileno e policarbonato. Esses frascos plásticos, de preferência de boca larga, assim como os vidros, poderão ser usados na estocagem de triturações e na dispensação de formas farmacêuticas homeopáticas sólidas (glóbulos, comprimidos e tabletes). Os pós são dispensados em papel impermeável, tipo "pérola branca", papel manteiga ou outro papel semitransparente com baixa permeabilidade a substâncias gordurosas.

Os acessórios são parte integrante dos recipientes, em muitos casos, entrando em contato com os medicamentos. Tampas, batoques e gotejadores (batoque conta-gotas) devem ser de polietileno ou polipropileno. As cânulas devem ser de vidro, polietileno de alta densidade, polipropileno ou policarbonato e os bulbos devem ser de látex, silicone atóxico ou polietileno, sendo vedado o uso de bulbos de borracha que soltem resíduos no medicamento. Apesar de as ponteiras descartáveis não serem consideradas parte integrante dos recipientes, elas entram em contato com dinamizações e tinturas na preparação dos medicamentos homeopáticos. Desse modo, elas deverão ser de polietileno de alta densidade, polipropileno ou policarbonato.

Tabela 2. Classe hidrolítica para vidros segundo a Associação Brasileira de Normas Técnicas (ABNT).

Classe hidrolítica	Características dos vidros
I	Vidro não alcalino, neutro, destinado a embalar medicamentos para aplicações intravasculares e de uso parenteral.
II	Vidro alcalino tipo III, que sofre tratamento interno, tornando-se semineutro, utilizado para embalar produtos de uso parenteral (líquidos, principalmente) que não devem ter seu pH alterado.
III	Vidro alcalino, em geral utilizado para preparações parenterais, exceto quando ensaios de estabilidade adequados não recomendam sua utilização.
NP	Vidro não parenteral, alcalino, para embalagens de produtos para uso oral ou tópico.

A lavagem, a secagem e a esterilização dos recipientes e acessórios utilizados para acondicionar medicamentos e tinturas homeopáticos devem ser realizadas com muito rigor, pois a contaminação microbiológica e a presença de resíduos químicos e energéticos podem prejudicar a qualidade desses produtos.

Tanto os vidros virgens quanto os usados devem ser lavados com água corrente abundante e, logo a seguir, enxaguados com água purificada, no mínimo duas vezes, para retirar as impurezas que a água corrente contém. Deve-se deixá-los escorrer por alguns minutos e, em seguida, esterilizá-los em autoclave a 120°C, 1 atm, por 30 min, ou em estufa de secagem numa temperatura de 180°C por 30 min, ou 140°C por 60 min. Cabe mencionar que altas temperaturas após a lavagem dos recipientes e acessórios usados, além de esterilizá-los, inativam energias remanescentes das dinamizações. Recomendamos que os vidros usados para tinturas sejam descartados ou reutilizados somente se forem acondicionar a mesma tintura.

Frascos plásticos e acessórios virgens devem ser lavados com água corrente abundante e, logo a seguir, enxaguados com água purificada por no mínimo duas vezes. Devem ser deixados imersos em etanol a 77% (v/v) por 2 horas, com exceção dos bulbos. Estes devem ser apenas enxaguados em etanol a 77% (v/v), após a lavagem e o enxágue com água corrente e purificada, respectivamente.

Os materiais usados de polietileno de alta densidade, polipropileno e policarbonato têm de ser lavados com água corrente e enxaguados, a seguir, com água purificada, no mínimo duas vezes, e esterilizados em autoclave a 120°C, 1 atm, por 30 min. Esses materiais não suportam a esterilização realizada em estufa de ar seco. Os bulbos devem ser descartados, pois não resistem à autoclavagem (calor úmido) nem à esterilização em estufa (calor seco).

REGRAS DE NOMENCLATURA

Os medicamentos homeopáticos são denominados por meio dos nomes científicos, conforme as regras internacionais de nomenclatura botânica, zoológica, biológica, química e farmacêutica e dos nomes homeopáticos tradicionais encontrados nas farmacopeias, matérias médicas e demais obras reconhecidas pela comunidade homeopática. Desde a época de Hahnemann são utilizados nomes latinos ou latinizados e científicos para a designação dos medicamentos homeopáticos. Para escrevê-los não é necessário destacá-los em itálico, negrito ou sublinhado, tampouco indicar o autor da classificação do ser vivo. Desse modo, por exemplo, escreve-se simplesmente Digitalis purpurea para identificar o medicamento homeopático preparado a partir das folhas de *Digitalis purpurea* L.

As regras de nomenclatura ajudam os clínicos a prescrever corretamente e os farmacêuticos a identificar na receita o medicamento homeopático a ser aviado. São elas:

- Escreve-se o nome do primeiro componente com a primeira letra maiúscula e os demais componentes com a primeira letra minúscula. Exemplos: Ferrum phosphoricum, Natrium muriaticum natronatum, Bryonia.

- Quando se emprega em homeopatia apenas uma espécie de determinado gênero, é facultado omitir a espécie, identificando o medicamento somente pelo gênero. Exemplos: Ruta (*Ruta graveolens*), Lycopodium (*Lycopodium clavatum*), Collinsonia (*Collinsonia canadensis*).

- Quando se empregam nomes tradicionais em homeopatia, mesmo que haja várias espécies, pode-se omitir a espécie, desde que não dê origem a dúvidas. Exemplo: Eupatorium. Trata-se do *Eupatorium perfoliatum*, pois as outras espécies são pouco utilizadas (*Eupatorium purpureum, Eupatorium aromaticum* etc.).

- Para os nomes tradicionais, faculta-se ainda adotar somente o nome da espécie, omitindo-se o gênero. Por exemplo: Chamomilla (*Matricaria chamomilla*), Belladonna (*Atropa belladonna*), Mezereum (*Daphne mezereum*), Nux vomica (*Strychnus nux vomica*), Staphysagria (*Delphinium staphysagria*).

MEDICAMENTO HOMEOPÁTICO 69

- Espécies poucos usadas devem ter identificação completa, com gênero e espécie. Exemplos: Aconitum ferox, para distingui-lo de Aconitum napellus; Rhus glabra, a fim de distingui-lo de Rhus toxicondendron; Datura arborea, para distingui-la da Datura stramonium.
- Com relação à nomenclatura de substâncias químicas, além dos nomes oficiais são utilizados nomes homeopáticos tradicionais. Exemplos: Barium carbonicum (Baryta carbonica), Sulfur (Sulphur), Natrium chloratum (Natrum muriaticum), Calcium arsenicosum (Calcarea arsenicosa).
- No caso de substâncias químicas, ácidos e sais, escreve-se, de preferência, o nome do elemento ou íon de valência positiva em primeiro lugar e, em seguida, o de valência negativa, garantindo-se, porém, a utilização de nomes homeopáticos tradicionais, além da denominação oficial. Por exemplo: Acidum sulfuricum (Sulfuris acidum), Acidum nitricum (Nitric acidum), Acidum chlorhydricum (Muriatis acidum).
- Pode-se empregar o nome abreviado do medicamento, desde que não ocorram dúvidas durante a interpretação do receituário médico. Exemplos: Acon. ou Aconit., no lugar de Aconitum ou Aconitum napellus. Já Kalium chlor. poderá gerar erros, pois não deixa claro se é Kalium chloricum (clorato de potássio, $KClO_3$) ou Kalium chloratum (cloreto de potássio, KCl).

Alguns nomes empregados em homeopatia são tão parecidos que podem causar confusão durante a interpretação do receituário médico. Por exemplo: Actaea é diferente de Althaea; Ailanthus é distinto de Helianthus; Ammonium é diferente de Antimonium; China é diverso de Cina; Hippomane é distinto de Hippomanes; Staphylococcinum é diferente de Staphylotoxinum. Portanto, se houver dúvida quanto à legibilidade do receituário, o farmacêutico homeopata deverá entrar em contato com o clínico para esclarecê-la.

SINONÍMIAS

O emprego de sinônimos deve ficar restrito às constantes nas obras científicas consagradas na literatura científica e homeopática. É expressamente proibido por lei o emprego de sinônimos arbitrários, como siglas, números, nomes aleatórios e códigos diversos. São permitidos apenas nomes científicos e homeopáticos.

É muito comum o emprego de sinônimos no receituário clínico. Com eles o médico homeopata poderá manter o medicamento prescrito na primeira consulta, por julgá-lo eficiente, de acordo com as leis de cura de Hering, sem maiores conflitos com o paciente, que está habituado a tratar-se alopaticamente. No decorrer de um tratamento homeopático, o que para o clínico significa evolução no caminho da cura pode não ser compreendido da mesma forma pelo paciente, criando certa ansiedade com relação à mudança de medicamento.

A sinonímia também contribui para evitar confusões. Vejamos o seguinte caso, que exemplifica muito claramente essa afirmação. Uma mãe leva seus três filhos ao médico homeopata. O primeiro apresenta diarreia pastosa, gases intestinais, regurgitações ácidas, ansiedade e cefaleias com vertigens como sintomas. Sente-se melhor com o frio. O segundo apresenta diarreia líquida, ventre dilatado, prostração e medo da escuridão como sintomas. Sente-se melhor com o calor. O terceiro mostra acesso de tosse durante a madrugada, dispneia, coriza abrasadora, prostração e medo de morrer como sintomas. Ao primeiro, o médico prescreve Argentum nitricum; ao segundo, Arsenicum album; ao terceiro, também Arsenicum album. Como os dois primeiros apresentavam diarreia, sintoma que os levaram ao médico, a mãe, ao chegar em casa, poderia confundir-se ministrando Arsenicum album a essas duas crianças. Isso não seria nada adequado, pois a homeopatia não trata de doenças, simplesmente. Apesar de as duas apresentarem diarreia, seus medicamentos são distintos. Já a terceira criança, apesar de não apresentar diarreia, recebeu como medicamento o Arsenicum album, pois ele contém a totalidade dos sintomas encontrados nesse paciente, assim como no paciente que apresentava diarreia líquida. Para evitar possível confusão, o médico prescreve então à primeira criança o Argentum nitricum; à segunda, o Arsenicum album; à terceira, o Metallum album, que é sinônimo de Arsenicum album. O farmacêutico, ao aviar as três receitas, não deve fazer comentários com o paciente sobre o uso de sinônimos, para não criar desconfianças quanto à condução médica.

Exemplos de sinônimos:

Actaea racemosa	=	Cimicifuga
Agaricus muscarius	=	Amanita muscarius
Antimonium tartaricum	=	Tartarus emeticus
Arsenicum album	=	Metallum album
Borax	=	Natrum boricum
Bryonia alba	=	Vitis alba
Calcarea carbonica	=	Calcarea ostrearum, Calcarea edulis
Calcarea fluorica	=	Fluorit
Graphites	=	Carbo mineralis, Plumbago mineralis
Helleborus album	=	Veratrum album
Hydrastis canadensis	=	Warnera canadensis
Lachesis	=	Bothrops surucucu
Lappa major	=	Arctium majus
Luesinum	=	Syphilinum
Lycopodium	=	Muscus clavatus
Mercurius cyanatus	=	Hydrargyrum cyanatum

Nux vomica	=	Strychnos colubrina
Petroleum	=	Oleum petrae
Pulsatilla	=	Anemone pratensis
Secale cornutum	=	Claviceps purpurea
Sterculia acuminata	=	Kola, Cola
Sulfur	=	Flavum
Thuya occidentalis	=	Arbor vitae

Sobre os principais sinônimos, ver o Capítulo 14, "Resumo das monografias dos principais medicamentos homeopáticos".

ABREVIATURAS E SÍMBOLOS

Alguns símbolos e abreviaturas são rotineiramente empregados nas receitas médicas, nos rótulos dos medicamentos e nas farmacopeias homeopáticas. Também incluímos aqui alguns símbolos utilizados neste livro:

Cem sucussões	=	↑↓
Comprimidos	=	comp.
Diluição	=	dil.
Dinamização	=	din.
Escala centesimal	=	CH (método hahnemanniano)
Escala cinquenta milesimal	=	LM (método hahnemanniano)
Escala decimal de Hering	=	DH (método hahnemanniano)
Glóbulos	=	glob.
Método de fluxo contínuo	=	FC
Método korsakoviano	=	K
Microglóbulos	=	mcglob.
Partes iguais	=	ãã (abreviatura de *ana*, palavra grega)
Quantidade suficiente	=	qs
Quantidade suficiente para	=	qsp
Resíduo seco da tintura-mãe	=	r.s.
Resíduo sólido do vegetal fresco	=	r. sol.
Solução	=	sol.
Tabletes	=	tabl.
Tintura-mãe	=	TM, Ø, Tint. mãe
Título alcoólico da tintura-mãe	=	tit. alc.
Trituração	=	trit.

CATEGORIAS DE MEDICAMENTOS

Os medicamentos homeopáticos são divididos em categorias para facilitar a compreensão de sua aplicação clínica. Embora reconheçamos que o medicamento homeopático deva ser enquadrado numa única categoria, a do *simillimum*, destacamos neste livro algumas definições importantes de classes de medicamentos, uma vez que nem sempre são prescritos de acordo com a escola unicista.

Medicamentos Policrestos

O termo policresto provém de duas fontes: a grega, *polys* = muitos e *khréstos* = benéfico; e a latina, *polychrestus* = que tem muitas aplicações. Os homeopatas referem-se aos policrestos para designar os medicamentos homeopáticos mais utilizados na clínica diária. Hahnemann elaborou uma lista de 24 policrestos. Atualmente, essa lista varia bastante dependendo do autor. Existem ainda os semipolicrestos, medicamentos homeopáticos que apresentam ricas patogenesias, porém não são tão usados quanto os policrestos. Esses medicamentos devem compor o estoque mínimo das farmácias homeopáticas (Tabela 3).

Tabela 3. Lista de policrestos e semipolicrestos.

Medicamento	Classificação
Acidum nitricum	Semipolicresto
Acidum phosphoricum	Semipolicresto
Aconitum napellus	Policresto
Aesculus hippocastanum	Semipolicresto
Aloe socotrina	Semipolicresto
Antimonium crudum	Semipolicresto
Antimonium tartaricum	Semipolicresto
Apis mellifica	Semipolicresto
Argentum nitricum	Semipolicresto
Arnica montana	Policresto
Arsenicum album	Policresto
Aurum metallicum	Semipolicresto
Baptisia tinctoria	Semipolicresto
Barium carbonicum	Semipolicresto

(continua)

Tabela 3. Lista de policrestos e semipolicrestos (*continuação*).

Medicamento	Classificação
Belladonna	Policresto
Berberis vulgaris	Semipolicresto
Bryonia	Policresto
Calcarea carbonica	Policresto
Calcium fluoratum	Semipolicresto
Calcium phosphoricum	Semipolicresto
Cantharis vesicatoria	Semipolicresto
Carbo vegetabilis	Policresto
Causticum	Semipolicresto
Chamomilla	Policresto
Chelidonium majus	Semipolicresto
China	Policresto
Cina	Semipolicresto
Coccus cacti	Semipolicresto
Coffea cruda	Semipolicresto
Colocynthis	Semipolicresto
Conium maculatum	Semipolicresto
Digitalis purpurea	Semipolicresto
Drosera rotundifolia	Semipolicresto
Dulcamara	Policresto
Eupatorium perfoliatum	Semipolicresto
Ferrum metallicum	Semipolicresto
Ferrum phosphoricum	Semipolicresto
Gelsemium	Semipolicresto
Graphites	Semipolicresto
Hepar sulfur	Policresto
Hyoscyamus	Policresto
Ignatia amara	Semipolicresto
Iodum	Semipolicresto
Ipecacuanha	Policresto
Kalium bichromicum	Semipolicresto
Kalium carbonicum	Semipolicresto

(continua)

FARMÁCIA HOMEOPÁTICA: TEORIA E PRÁTICA

Tabela 3. Lista de policrestos e semipolicrestos (*continuação*).

Medicamento	Classificação
Kalium phosphoricum	Semipolicresto
Lachesis muta	Policresto
Ledum palustre	Semipolicresto
Luesinum	Semipolicresto
Lycoperdon bovista	Semipolicresto
Lycopodium	Policresto
Magnesium carbonicum	Semipolicresto
Magnesium muriaticum	Semipolicresto
Magnesium phosphoricum	Semipolicresto
Medorrhinum	Semipolicresto
Mercurius solubilis	Policresto
Mercurius vivus	Policresto
Natrium carbonicum	Semipolicresto
Natrium muriaticum	Semipolicresto
Natrium sulfuricum	Policresto
Nux vomica	Policresto
Opium (Portaria n. 344/98)	Semipolicresto
Petroleum	Semipolicresto
Phosphorus	Semipolicresto
Platinum	Semipolicresto
Psorinum	Policresto
Pulsatilla	Policresto
Rhus toxicodendron	Policresto
Sepia	Policresto
Silicea	Policresto
Stannum metallicum	Semipolicresto
Staphysagria	Semipolicresto
Stramonium	Semipolicresto
Sulfur	Policresto
Sulfur iodatum	Semipolicresto
Thuya occidentalis	Semipolicresto
Tuberculinum	Semipolicresto

(continua)

Tabela 3. Lista de policrestos e semipolicrestos (*continuação*).

Medicamento	Classificação
Veratrum album	Policresto
Zincum metallicum	Semipolicresto

Medicamentos Agudos e de Fundo

São chamados de medicamentos homeopáticos agudos aqueles preparados a partir de drogas que proporcionam quadros agudos violentos. Esses medicamentos, como Belladonna, Aconitum e Cantharis, são utilizados na prática clínica para aliviar sintomas agudos de determinadas doenças. Já os medicamentos homeopáticos de fundo ou de terreno, como Phosphorus, Silicea e Calcarea carbonica, entre outros, são os que estão relacionados a estados crônicos, de acordo com constituição, temperamento e miasma. Contudo, nenhum medicamento poderá ser considerado, de antemão, agudo ou de fundo, pois todos os medicamentos homeopáticos poderão ser utilizados como *simillimum*, independentemente de o quadro mórbido manifestar-se agudo ou crônico. O importante é considerar a totalidade dos sintomas nos diferentes níveis dinâmicos. Um medicamento agudo, por exemplo, na maioria dos casos age como paliativo, suprimindo ou atenuando sintomas. Em casos excepcionais, poderão ser empregados para minimizar sofrimento insuportável. Entretanto, o clínico deverá estar consciente de que, ao remover alguns sintomas com o medicamento agudo, poderá criar dificuldades para a identificação do *simillimum*.

Medicamentos Complementares e Antídotos

Os homeopatas da escola pluralista prescrevem dois ou mais medicamentos para cobrir a totalidade dos sintomas do doente. O medicamento homeopático que supre as deficiências patogenéticas do outro é chamado de complementar. Seu uso é justificado apenas em casos excepcionais. Todavia, é bastante frequente, principalmente nos casos agudos, podendo criar obstáculos à identificação do *simillimum*.

Enquanto a medicina alopática define antídoto como a substância capaz de impedir a ação nociva de um veneno, a homeopática designa antídoto como o medicamento ou a substância capaz de neutralizar os sintomas da agravação, provocados por outro medicamento. Desse modo, como exemplo, o medicamento Mercurius solubilis inativa os efeitos de Antimonium crudum. A substância cânfora, natural ou sintética, a menta e os perfumes fortes inativam a maioria dos medicamentos homeopáticos. Para evitar confusão com o termo antídoto usado pela medicina convencional, alguns homeopatas propõem o termo homeodoto, que significa "semelhante ao dado". Contudo, achamos esse termo também inadequado, pois ele não explica o antidotismo proporcionado pelas substâncias que apresentam forte odor.

Placebo

A palavra placebo deriva do verbo latino *placere*, que significa agradar. Na medicina é definido como substância inerte administrada com a finalidade de agir terapeuticamente por meio da sugestão. O placebo é utilizado ainda em pesquisa, visando a grupo paralelo testemunha, de maneira que os sujeitos de pesquisa não possam distinguir entre o ingrediente ativo e o inerte (duplo-cego). Justifica-se o uso de placebo em homeopatia para interromper dependência medicamentosa antes do uso do *simillimum*; para satisfazer os impulsos dos hipocondríacos, que se encontram sob tratamento homeopático; nas provas duplo-cego, durante o experimento patogenético; nas agravações iniciais enquanto se aguarda o desenvolvimento de sintomas secundários.

Os placebos eram identificados por nomes científicos de plantas comestíveis, como Lens esculentum (ervilha), Pyrus malus (maçã) etc., e nomes de fantasia, como Saccharum lactis, Orto-Silicea, Nihil e outros. Hoje, para evitar a dependência de acordo prévio entre a farmácia homeopática e os clínicos, a Associação Brasileira de Farmacêuticos Homeopatas (ABFH) recomenda a seguinte identificação para essas preparações inertes:

- Nome do medicamento, potência, escala e método, acrescido do número 0 (zero), de uma barra (/) e do volume ou peso a ser dispensado.

Exemplos:
- Aconitum 6CH 0/20 mL (para líquidos).
- Argentum nitricum 6CH 0/15 g (para glóbulos, comprimidos e tabletes).
- Thuya occidentalis 12CH 0/1 papel (para pós).

- Quando a prescrição for de medicamento e preparação inerte, o número antes da barra indicará o papel que deverá conter o medicamento.

Exemplos:
- Phosphorus 30CH 1/10 papéis.
- Luesinum 12CH 1, 5, 9, 13, 17/20 papéis.

As preparações inertes utilizadas em homeopatia são dispensadas em estado líquido administrado sob a forma de gotas (etanol a 30% v/v) e em estado sólido administrado sob a forma de glóbulos, comprimidos, tabletes e pós impregnados (etanol igual ou superior a 77% v/v).

ROTULAGEM E EMBALAGEM

O medicamento homeopático, em suas diferentes apresentações, está sujeito às determinações legais quanto à rotulagem e à embalagem. Devem ser obedecidos os artigos do regulamento técnico da Resolução RDC n. 67, de 8 de outubro de 2007, da Agência Nacional de Vigilância Sanitária, bem como as regras da última edição da *Farmacopeia homeopática brasileira*, que dispõem sobre rotulagem e embalagem de medicamentos homeopáticos. Os produtos manipulados e dispensados nas farmácias homeopáticas deverão apresentar nos rótulos os seguintes dados: nome do estabelecimento, endereço completo, telefone, Cadastro Nacional de Pessoa Jurídica (CNPJ), número da licença da farmácia fornecido pelo órgão de saúde competente, nome do farmacêutico responsável e seu número de inscrição no Conselho Regional de Farmácia, e a farmacopeia ou código que foi utilizado. Além dessas exigências, os rótulos deverão apresentar os seguintes elementos:

- Para as tinturas-mães: nome científico da droga, tintura-mãe por extenso (ou sigla TM ou símbolo Ø), farmacopeia utilizada na preparação, data de fabricação e lote, prazo de validade, conservação, estado da droga, parte usada, grau alcoólico, volume e classificação toxicológica.
- Para os medicamentos homeopáticos e bioterápicos de estoque: nome do medicamento, potência, escala e método (nessa ordem), forma farmacêutica, quantidade e unidade, uso interno ou externo, lote, data de fabricação e prazo de validade, insumo inerte ou grau alcoólico, e conservação, quando necessário. Deve constar ainda no rótulo, para as preparações magistrais, o nome do paciente e do prescritor, bem como a posologia.
- Para os medicamentos isoterápicos: nome do paciente, nome do prescritor, nome do medicamento, potência, escala e método (nessa ordem), forma farmacêutica, quantidade e unidade, lote, data de fabricação e prazo de validade.
- Para as matrizes (dinamizações de estoque): nome do medicamento, potência, escala e método (nessa ordem), seguidos da palavra "Matriz", quantidade, insumo inerte e grau alcoólico (quando for o caso), data de fabricação, prazo de validade e lote.

A disposição dos dados no rótulo pode variar, mas devem ser sempre legíveis, proporcionando aos interessados todas as informações necessárias para identificar o estabelecimento produtor, o responsável técnico e todos os detalhes relativos ao medicamento.

ATENÇÃO FARMACÊUTICA HOMEOPÁTICA

Durante a dispensação ou durante a *consulta farmacêutica*, o farmacêutico orientará o paciente quanto aos cuidados que deverão ser tomados para a utilização e conservação adequadas do medicamento homeopático e quanto às demais situações que possam contribuir para a melhoria e manutenção de sua saúde. Antes, porém, deverá obter informações importantes sobre o paciente, como idade, sexo, se está seguindo outras condutas terapêuticas, qual(is) o(s) medicamento(s) que está usando, se apresenta alguma doença crônica ou vícios, qual sua compreensão sobre o tratamento homeopático, como está sua alimentação e qualidade de vida. Estas e outras informações são importantíssimas para a prestação de uma atenção farmacêutica integral, em que os componentes técnicos e humanísticos se harmonizam em torno do paciente. Uma criança diabética não poderá tomar glóbulos, por exemplo. Certas drogas, como café, chá e álcool, podem inviabilizar o tratamento homeopático. Medicamentos alopáticos e homeopáticos não devem ser tomados juntos. Algumas pessoas apresentam reações alérgicas em contato com o álcool das diluições homeopáticas. Além disso, de posse dos dados sobre o paciente, o farmacêutico poderá otimizar o tratamento homeopático entrando em contato com os clínicos para esclarecer dúvidas, propor soluções técnicas e fornecer informações sobre drogas e medicamentos homeopáticos. Poderá até mesmo prescrever medicamentos homeopáticos isentos de prescrição para transtornos menores, após identificar as necessidades de saúde do paciente e definir os objetivos terapêuticos.

A cultura médica ocidental ainda é alopática. Portanto, o paciente apresenta uma série de crenças e hábitos que precisam ser modificados para a utilização adequada do medicamento homeopático. A automedicação em homeopatia também causa problemas. A frase "se não fizer bem, mal não fará" é um mito que precisa ser evitado, pois o medicamento homeopático tem ação farmacológica ao estimular os mecanismos de defesa do organismo. Graças ao trabalho do farmacêutico homeopata, teremos a garantia de tratamento bem direcionado.

Existem orientações que devem ser dadas pelo farmacêutico a todos os pacientes. Estas poderão ser disponibilizadas também por meio de folhetos fornecidos gratuitamente. São elas:

- O medicamento deverá ser tomado da maneira e na hora determinadas pelo homeopata. Porém, qualquer mudança no estado do paciente precisa ser comunicada. O clínico ou o farmacêutico prescritor poderão alterar a prescrição inicial em decorrência de novas informações.

- Em caso de dúvida, o paciente deverá entrar em contato com o clínico ou com o farmacêutico homeopata. O paciente não deve esperar o dia marcado para nova consulta.

- Antes de começar o tratamento, o paciente tem de conferir o rótulo do medicamento, verificando, principalmente, seu nome completo e as datas de fabricação e validade.

- O medicamento deverá ser gotejado (líquidos) ou dissolvido na boca (sólidos). Poderá, ainda, ser diluído em um pouco d'água. Para isso, uma colher de chá é suficiente. Maiores quantidades não são indicadas, para evitar sua absorção além da primeira porção do esôfago.

- O medicamento deve ser tomado longe das refeições, no mínimo meia hora antes ou depois. Se for dose única, em jejum ou ao deitar, conforme orientação clínica. Se for ingeri-lo próximo à escovação dos dentes, o paciente deverá fazê-lo 10 minutos antes ou 30 depois. Lembre-se de que menta, cânfora, Gelol®, Vick®, iodetos e cheiros fortes podem inibir a ação do medicamento homeopático.

- Evitar o contato com as mãos ao tomar medicamentos na forma sólida, por simples questão de higiene. Usar a tampa dos frascos para tomar glóbulos, comprimidos, tabletes e pós.

- Os medicamentos homeopáticos não deverão ser guardados em locais que contenham cheiros fortes, excesso de luz, calor, umidade, nem ficar próximos a aparelhos que emitam radiações (televisão, geladeira, detectores de metal, telefones celulares, computador, rádio, alto-falantes etc.). Guardá-los em uma caixa exclusiva, em local fresco, seco, onde não bata sol. O banheiro não é um local apropriado, pois é muito úmido.

- Todo medicamento, homeopático ou não, precisa ser mantido longe do alcance de crianças.

- Não recomendar medicamentos homeopáticos a amigos ou parentes nem automedicar-se, pois esses remédios são individualizados, de acordo com a lei dos semelhantes. Se o paciente quer ajudar alguém, deve fazê-lo recomendando o tratamento homeopático, não o seu próprio medicamento.

MEDICAMENTOS TÓXICOS EM BAIXA POTÊNCIA

Muitas drogas utilizadas em homeopatia são tóxicas, pois dessa forma proporcionam patogenesias com sintomas bastante evidentes e peculiares. Portanto, alguns cuidados devem ser tomados na prescrição de medicamentos homeopáticos cuja origem são as drogas heroicas. Eles têm de ser receitados a partir de determinada potência, numa concentração de ingredientes ativos que não ofereça riscos à saúde do paciente.

Elaboramos, como sugestão, uma lista com os principais medicamentos tóxicos e suas potências para dispensação, de uso interno e externo (Tabela 4), a fim de orientar a prescrição e dispensação desses produtos farmacêuticos. Vale destacar que produtos proscritos, como Cannabis sativa, Cannabis indica, Cocainum etc., por imposição legal não podem ser aviados. Já o Codeinum, o Morphinum e o Opium, por exemplo, fazem parte da lista de medicamentos de controle sanitário especial da Secretaria de Vigilância Sanitária, sendo, portanto, passíveis de aviamento conforme Portaria DIMED n. 344/98, da SVS/MS. A 3ª edição do *Manual de normas técnicas para farmácia homeopática* apresenta uma lista bastante abrangente com 1.083 medicamentos tóxicos, adaptada a partir da 9ª edição da *Farmacopeia homeopática dos Estados Unidos*. Essas fontes de referência também foram utilizadas para a elaboração de nossa lista, além da segunda edição do manual da ABFH, que é mais rigorosa quanto às restrições de uso.

Na Tabela 4 foram listadas as potências para uso interno e externo nas quais ou acima das quais aconselhamos sua dispensação sem restrição. Utilizamos o símbolo # para os medicamentos em que a restrição de potência não se aplica, ou por não serem, normalmente, usados externamente, ou por não serem tóxicos nesta condição.

A Resolução RDC n. 26, de 30 de março de 2007, da Agência Nacional de Vigilância Sanitária (Anvisa), estabelece critérios para a venda livre ou com receita médica de medicamentos homeopáticos industrializados. Os medicamentos desta categoria que tiverem em sua formulação pelo menos um dos componentes ativos presentes na "Tabela de toxidade relativa de substâncias utilizadas em homeopatia" deverão ser comercializados somente sob prescrição. Esta tabela é encontrada na Instrução Normativa n. 5, de 11 de maio de 2007, da Anvisa. Vale ressaltar que a tabela elaborada pela Anvisa é semelhante à Tabela 4 apresentada a seguir. A Anvisa utiliza como referência a 9ª edição da *Farmacopeia homeopática dos Estados Unidos*. Porém, não adapta sua lista para a realidade brasileira, uma vez que algumas técnicas de preparação das tinturas homeopáticas descritas na farmacopeia norte-americana consideram a tintura-mãe como sendo a primeira potência da escala decimal (1DH). Para a elaboração da Tabela 4, dependendo do caso, quando a potência indicada era, por exemplo, a 6DH, indicou-se a potência 5DH. Sobre a RDC n. 26 e a Instrução Normativa n. 5, consultar o Capítulo 13.

Tabela 4. Medicamentos tóxicos em baixa potência.

Nome do medicamento	Aconselhado o uso a partir de	
	Para uso interno	Para uso externo
Acidum aceticum	1CH, 2DH	#
Acidum acetylsalicylicum	1CH, 1DH	#
Acidum carbolicum	3CH, 5DH	1CH, 1DH
Acidum chromicum	3CH, 5DH	#
Acidum hidrochloricum	1CH, 2DH	#
Acidum hidrocyanicum	3CH, 7DH	#
Acidum hidrofluoricum	3CH, 7DH	#
Acidum muriaticum	3CH, 5DH	#
Acidum nitricum	3CH, 5DH	3CH, 5DH
Acidum nitromuriaticum	3CH, 5DH	#
Acidum oxalicum	3CH, 5DH	#
Acidum phosphoricum	1CH, 2DH	#
Acidum picricum	3CH, 5DH	#
Acidum salicylicum	1CH, 2DH	1CH, 2DH
Acidum sulfuricum	3CH, 5DH	#
Aconitinum	3CH, 5DH	1CH, 2DH
Aconitum napellus	1CH, 2DH	1CH, 2DH
Adonis vernalis	2CH, 4DH	#
Adrenalinum	2CH, 4DH	#
Agaricus muscarius	1CH, 1DH	#
Alumina	1CH, 2DH	#
Ambra grisea	1CH, 1DH	#
Ammi majus	3CH, 5DH	#
Ammonium carbonicum	1CH, 2DH	#
Ammonium oxalicum	3CH, 5DH	#
Amylum nitrosum	3CH, 5DH	#
Anacardium orientale	1CH, 2DH	#
Ancistrodium contortrix	3CH, 5DH	#
Anilinum	2CH, 3DH	#

(continua)

FARMÁCIA HOMEOPÁTICA: TEORIA E PRÁTICA

Tabela 4. Medicamentos tóxicos em baixa potência *(continuação)*.

Nome do medicamento	Aconselhado o uso a partir de	
	Para uso interno	Para uso externo
Anthracinum	3CH, 5DH	#
Antimonium arsenicosum	3CH, 5DH	#
Antimonium crudum	1CH, 2DH	#
Antimonium iodatum	1CH, 2DH	#
Antimonium muriaticum	1CH, 2DH	#
Antimonium tartaricum	1CH, 2DH	#
Apis mellifica	1CH, 2DH	TM
Apisinum	3CH, 5DH	#
Apocynum cannabinum	3CH, 5DH	#
Apomorphinum	3CH, 5DH	#
Apomorphinum muriaticum	3CH, 5DH	#
Aranea diadema	1CH, 1DH	#
Argentum iodatum	1CH, 2DH	#
Argentum metallicum	1CH, 2DH	1CH, 1DH
Argentum muriaticum	1CH, 2DH	#
Argentum nitricum	3CH, 5DH	1CH, 1DH
Arnica montana	1CH, 2DH	TM
Arsenicum album	3CH, 5DH	3CH, 5DH
Arsenicum bromatum	3CH, 6DH	#
Arsenicum iodatum	3CH, 5DH	#
Arsenicum metallicum	4CH, 8DH	#
Arsenicum sulfuratum flavum	3CH, 6DH	#
Arsenicum sulfuratum rubrum	3CH, 6DH	#
Atropinum	3CH, 5DH	#
Atropinum sulfuricum	3CH, 5DH	#
Aurum iodatum	3CH, 6DH	#
Aurum metallicum	2CH, 3DH	1CH, 2DH
Aurum muriaticum	1CH, 2DH	#
Aurum muriaticum natronatum	1CH, 2DH	#

(continua)

MEDICAMENTO HOMEOPÁTICO

Tabela 4. Medicamentos tóxicos em baixa potência *(continuação)*.

	Aconselhado o uso a partir de	
Nome do medicamento	Para uso interno	Para uso externo
Barium aceticum	3CH, 5DH	#
Barium carbonicum	3CH, 5DH	#
Barium iodatum	3CH, 5DH	#
Barium muriaticum	3CH, 5DH	#
Belladonna	3CH, 5DH	1CH, 2DH
Berberis vulgaris	1CH, 2DH	TM
Bismuthum metallicum	3CH, 6DH	#
Bromium	3CH, 5DH	#
Bromoformium	3CH, 5DH	#
Bryonia alba	1CH, 2DH	TM
Bufo rana	3CH, 5DH	#
Calcarea arsenicosa	3CH, 6DH	#
Calcarea carbonica	1CH, 1DH	#
Calcarea fluorica	2CH, 3DH	#
Calcarea iodata	1CH, 2DH	#
Calcarea muriatica	1CH, 2DH	#
Calcarea phosphorica	1CH, 1DH	#
Cannabis indica	Entorpecente (proscrito)	Entorpecente (proscrito)
Cannabis sativa	Entorpecente (proscrito)	Entorpecente (proscrito)
Cantharis vesicatoria	3CH, 5DH	1CH, 2DH
Capsicum annum	1CH, 2DH	TM
Carboneum	2CH, 3DH	#
Carboneum chloratum	3CH, 5DH	#
Carboneum hydrogenisatum	3CH, 5DH	#
Carboneum oxygenisatum	4CH, 8DH	#
Carboneum sulfuratum	3CH, 5DH	#
Causticum	1CH, 1DH	1CH, 1DH
Chininum arsenicicum	3CH, 5DH	#
Chininum arsenicosum	3CH, 6DH	#

(continua)

84 FARMÁCIA HOMEOPÁTICA: TEORIA E PRÁTICA

Tabela 4. Medicamentos tóxicos em baixa potência *(continuação)*.

Nome do medicamento	Aconselhado o uso a partir de	
	Para uso interno	Para uso externo
Chininum sulfuricum	1CH, 2DH	#
Chloroformium	3CH, 5DH	#
Chlorum	3CH, 5DH	#
Chrysarobinum	1CH, 2DH	#
Cicutinum	3CH, 5DH	#
Clematis erecta	1CH, 2DH	#
Cloramphenicolum	4CH, 8DH	#
Cinnabaris	2CH, 4DH	#
Cobaltum metallicum	3CH, 6DH	#
Cocainum	Entorpecente (proscrito)	Entorpecente (proscrito)
Cocainum muriaticum	Entorpecente (proscrito)	Entorpecente (proscrito)
Cocculus indicus	3CH, 5DH	#
Codeinum	2CH, 4DH (Port. n. 344/98)	#
Codeinum phosphoricum	2CH, 4DH (Port. n. 344/98)	#
Colchicinum	3CH, 5DH	#
Colchicum autumnale	1CH, 2DH	#
Colocynthis	2CH, 4DH	#
Conium maculatum	3CH, 5DH	#
Convalaria majalis	3CH, 5DH	#
Cortisona	3CH, 5DH	#
Cortisona acetato	3CH, 5DH	#
Crocus sativus	1CH, 2DH	#
Crotalus cascavella	4CH, 8DH	#
Crotalus horridus	4CH, 8DH	#
Croton tiglium	1CH, 1DH	#
Cuprum aceticum	1CH, 2DH	2DH
Cuprum arsenicicum	3CH, 6DH	#
Cuprum arsenicosum	3CH, 6DH	#
Cuprum metallicum	2CH, 3DH	1DH

(continua)

MEDICAMENTO HOMEOPÁTICO

Tabela 4. Medicamentos tóxicos em baixa potência *(continuação)*.

Nome do medicamento	Aconselhado o uso a partir de	
	Para uso interno	Para uso externo
Cuprum muriaticum	1CH, 2DH	#
Cuprum nitricum	3CH, 5DH	#
Cuprum oxydatum nigrum	3CH, 6DH	#
Cuprum sulfuricum	1CH, 2DH	2DH
Curare	4CH, 8DH	#
Datura arborea	3CH, 5DH	#
Digitalinum	4CH, 8DH	#
Digitalis lanata	3CH, 5DH	#
Digitalis lutea	3CH, 5DH	#
Digitalis purpurea	3CH, 5DH	#
Digitoxinum	4CH, 8DH	#
Dulcamara	1CH, 1DH	TM
Elaps corallinus	4CH, 8DH	#
Ergotinum	3CH, 5DH	#
Euphorbia resinifera	3CH, 5DH	2CH, 3DH
Ferrum aceticum	1CH, 2DH	#
Ferrum arsenicosum	3CH, 6DH	#
Ferrum iodatum	2CH, 3DH	#
Ferrum picricum	3CH, 5DH	#
Gelseminum	1CH, 2DH	#
Glonoinum	3CH, 5DH	#
Heleborus niger	1CH, 2DH	#
Heloderma	4CH, 8DH	#
Hydrastinum muriaticum	3CH, 5DH	#
Hyosciaminum	3CH, 5DH	#
Hyosciaminum muriaticum	3CH, 5DH	#
Hyoscinum	3CH, 5DH	#
Hyoscyamus niger	2CH, 4DH	#
Hypericum perforatum	1CH, 2DH	#

(continua)

FARMÁCIA HOMEOPÁTICA: TEORIA E PRÁTICA

Tabela 4. Medicamentos tóxicos em baixa potência *(continuação)*.

Nome do medicamento	Aconselhado o uso a partir de	
	Para uso interno	Para uso externo
Hypothalamus	3CH, 6DH	#
Ignatia amara	3CH, 5DH	#
Influenzinum	4CH, 8DH	#
Iodoformium	1CH, 2DH	#
Iodum	3CH, 5DH	#
Ipecacuanha	1CH, 2DH	#
Jaborandi	1CH, 2DH	TM
Juniperus phoenicea	3CH, 5DH	#
Kalium arsenicosum	3CH, 5DH	#
Kalium bichromicum	2CH, 4DH	1CH, 2DH
Kalium causticum	3CH, 5DH	#
Kalium chloricum	3CH, 5DH	1CH, 2DH
Kalium chromicum	2CH, 4DH	#
Kalium cyanatum	3CH, 7DH	#
Kalium nitricum	3CH, 5DH	#
Kalium oxalicum	3CH, 5DH	#
Kalium permanganicum	3CH, 5DH	#
Kalium picricum	3CH, 5DH	#
Kalium sulfuratum	1CH, 2DH	#
Kreosotum	3CH, 5DH	3CH, 5DH
Lachesis muta	4CH, 8DH	4CH, 8DH
Lapis albus	3CH, 6DH	#
Latrodectus mactans	4CH, 7DH	#
Lithium carbonicum	1CH, 2DH (Port. n. 344/98)	#
Lobelia inflata	2CH, 4DH	#
Manganum aceticum	1CH, 2DH	#
Manganum carbonicum	2CH, 3DH	#
Manganum metallicum	2CH, 3DH	#
Manganum phosphoricum	3CH, 6DH	#

(continua)

MEDICAMENTO HOMEOPÁTICO

Tabela 4. Medicamentos tóxicos em baixa potência *(continuação)*.

Nome do medicamento	Aconselhado o uso a partir de	
	Para uso interno	Para uso externo
Mercurius auratus	3CH, 6DH	#
Mercurius cyanatus	4CH, 8DH	#
Mercurius dulcis	3CH, 6DH	#
Mercurius iodatus flavus	3CH, 6DH	#
Mercurius iodatus ruber	3CH, 6DH	#
Mercurius praecipitatus ruber	3CH, 6DH	#
Mercurius solubilis	3CH, 6DH	2CH, 4DH
Mercurius sublimatus corrosivus	3CH, 5DH	#
Mercurius sulfuratus niger	2CH, 4DH	#
Mercurius sulfuricus	3CH, 6DH	#
Mercurius vivus	3CH, 6DH	3CH, 5DH
Morbillinum	6CH, 12DH	#
Morphinum	12CH, 24DH (Port. n. 344/98)	#
Moschus	3CH, 5DH	#
Mygale lasiodora	4CH, 7DH	#
Naja nigricolis	4CH, 8DH	#
Naja tripudians	4CH, 8DH	#
Natrium arsenicicum	3CH, 5DH	#
Natrium fluoratum	1CH, 2DH	#
Natrium salicylicum	3CH, 5DH	#
Niccolum carbonicum	2CH, 3DH	#
Niccolum metallicum	2CH, 3DH	#
Niccolum sulphuricum	1CH, 2DH	#
Nicotinum	3CH, 5DH	#
Nux vomica	3CH, 5DH	#
Opium	12CH, 24DH (Port. n. 344/98)	#
Osmium metallicum	3CH, 5DH	#
Palladium metallicum	3CH, 6DH	#
Pancreatinum	3CH, 6DH	#

(continua)

Tabela 4. Medicamentos tóxicos em baixa potência *(continuação)*.

Nome do medicamento	Aconselhado o uso a partir de	
	Para uso interno	Para uso externo
Phosphorus	3CH, 6DH	2CH, 3DH
Physostigma venenosum	3CH, 5DH	#
Pilocarpinum muriaticum	3CH, 5DH	#
Platinum metallicum	1CH, 2DH	#
Plumbum aceticum	3CH, 5DH	#
Plumbum carbonicum	3CH, 6DH	#
Plumbum chromicum	3CH, 6DH	#
Plumbum iodatum	3CH, 6DH	#
Plumbum metallicum	3CH, 6DH	#
Podophyllinum	2CH, 4DH	#
Podophyllum peltatum	1CH, 2DH	1CH, 2DH
Proteus	6CH, 12DH	#
Pulsatilla pratensis	3CH, 5DH	TM
Radium bromatum	5CH, 10DH	#
Rauwolfia serpentina	3CH, 5DH	#
Rhododendron chrysanthum	1CH, 2DH	#
Rhus toxicodendron	1CH, 2DH	1CH, 2DH
Ruta graveolens	1CH, 2DH	#
Sabina officinalis	3CH, 5DH	#
Santoninum	3CH, 5DH	#
Scilla maritima	2CH, 4DH	#
Scopolaminum hydrobromicum	3CH, 5DH	#
Secale cornutum	3CH, 5DH	#
Selenium metallicum	3CH, 6DH	#
Silicea	1CH, 2DH	#
Solanum nigrum	2CH, 4DH	#
Solanum tuberosum aegrotans	3CH, 5DH	#
Sparteinum sulfuricum	3CH, 5DH	#
Stannum iodatum	2CH, 3DH	#

(continua)

MEDICAMENTO HOMEOPÁTICO

Tabela 4. Medicamentos tóxicos em baixa potência *(continuação)*.

Nome do medicamento	Aconselhado o uso a partir de	
	Para uso interno	Para uso externo
Stannum metallicum	2CH, 3DH	#
Staphysagria	1CH, 2DH	#
Stibium metallicum	2CH, 3DH	1CH, 2DH
Stramonium	3CH, 5DH	#
Strophanthus hispidus	3CH, 5DH	#
Strychininum	3CH, 5DH	#
Strychininum arsenicicum	3CH, 5DH	#
Strychininum nitricum	3CH, 5DH	#
Strychininum phosphoricum	3CH, 5DH	#
Strychininum sulfuricum	3CH, 5DH	#
Sulfur iodatum	1CH, 2DH	#
Tabacum	1CH, 2DH	#
Tarentula cubensis	4CH, 7DH	#
Tarentula hispanica	4CH, 7DH	#
Thallium aceticum	3CH, 6DH	#
Thallium metallicum	3CH, 6DH	#
Thallium sulfuratum	3CH, 6DH	#
Thallium sulfuricum	3CH, 6DH	#
Theridion curassavicum	4CH, 7DH	#
Thyreoydinum	3CH, 5DH	#
Titanium metallicum	2CH, 3DH	#
Uranium nitricum	4CH, 7DH	#
Ustilago maidis	1CH, 2DH	#
Vanadium metallicum	3CH, 6DH	#
Veratrum album	3CH, 5DH	#
Veronica officinalis	1CH, 2DH	#
Vipera redi	3CH, 5DH	#
Vipera torva	3CH, 5DH	#
Viscum album	1CH, 2DH	1CH, 2DH

(continua)

FARMÁCIA HOMEOPÁTICA: TEORIA E PRÁTICA

Tabela 4. Medicamentos tóxicos em baixa potência *(continuação)*.

Nome do medicamento	Aconselhado o uso a partir de	
	Para uso interno	Para uso externo
Zincum bromatum	1CH, 2DH	#
Zincum carbonicum	2CH, 2DH	#
Zincum cyanicum	3CH, 6DH	#
Zincum metallicum	2CH, 3DH	#
Zincum muriaticum	3CH, 5DH	#
Zincum phosphoratum	3CH, 6DH	#
Zincum picricum	3CH, 5DH	#
Zincum sulfuricum	2CH, 4DH	#
Zincum valerianicum	1CH, 2DH	#

GLOSSÁRIO

ÁGUA PURIFICADA. A água usada na manipulação de medicamentos homeopáticos deve ser obtida a partir de água potável, tratada por um sistema que garanta sua qualidade de acordo com as especificações farmacopeicas para água purificada.

BIOTERÁPICOS DE ESTOQUE. Produtos cujo insumo ativo é constituído por amostras preparadas e fornecidas por laboratórios especializados.

CONSULTA FARMACÊUTICA. Atendimento realizado pelo farmacêutico ao paciente no consultório farmacêutico.

DINAMIZAÇÕES INTERMEDIÁRIAS. Potências situadas entre as três primeiras dinamizações preparadas na proporção 1/100 (centesimais) ou as seis primeiras dinamizações preparadas na proporção 1/10 (decimais) e a dinamização que será dispensada ao paciente.

ISOTERÁPICOS. Produtos cujo insumo ativo pode ser de origem endógena ou exógena. Eles se classificam em autoisoterápicos e heteroisoterápicos. Autoisoterápicos são produtos cujo insumo ativo é obtido do próprio paciente e só a ele destinados. Heteroisoterápicos são produtos cujo insumo ativo é externo ao paciente e, de alguma forma, o sensibiliza.

MEDICAMENTO HOMEOPÁTICO 91

NOSÓDIOS. Medicamentos homeopáticos preparados a partir de produtos patológicos provenientes de animais e vegetais.

PRINCÍPIO DA IDENTIDADE. Princípio que fundamenta a utilização da isoterapia, que consiste em administrar ao doente a substância que provocou os sintomas mórbidos (tratamento pelo igual).

SARCÓDIOS. Medicamentos homeopáticos preparados a partir de produtos fisiológicos dos seres vivos em geral.

TAUTOTERÁPICOS. Medicamentos dinamizados preparados com o mesmo agente que provocou o distúrbio orgânico. Tratamento de intoxicações por chumbo, por exemplo, mediante doses potencializadas dele, representa tautoterapia, do grego *tautó*, o mesmo, e *therapeia*, tratamento.

TRANSTORNO MENOR. Enfermidade aguda de baixa gravidade, de breve período de latência, que desencadeia uma reação orgânica a qual tende a cursar sem dano para o paciente e que pode ser tratada de forma eficaz e segura com medicamentos e outros produtos com finalidade terapêutica, cuja dispensação não exija prescrição médica (Resolução n. 585, de 29/08/2013, CFF). São considerados medicamentos homeopáticos isentos de prescrição aqueles cuja concentração de substâncias ativas corresponda às doses máximas farmacologicamente ativas (Lei n. 5.991, de 17/12/1973).

REFERÊNCIAS BIBLIOGRÁFICAS

AMERICAN INSTITUTE OF HOMEOPATHY. The homoepathic pharmacopoeia of the United States. 9th ed. Boston; 1999.

ASSOCIAÇÃO BRASILEIRA DE FARMACÊUTICOS HOMEOPATAS (ABFH). Manual de normas técnicas para farmácia homeopática. 2ª ed. São Paulo; 1995.

ASSOCIAÇÃO BRASILEIRA DE FARMACÊUTICOS HOMEOPATAS (ABFH). Manual de normas técnicas para farmácia homeopática: ampliação dos aspectos técnicos e práticos das preparações homeopáticas. 3ª ed. Curitiba; 2003.

BRASIL. Conselho Federal de Farmácia. Resolução n. 585, de 29/08/2013. Dispõe sobre as atribuições clínicas do farmacêutico. Diário Oficial da União da República Federativa do Brasil. Brasília, 26 de agosto de 2013.

BRASIL. Lei n. 5.991, de 17/12/1973. Dispõe sobre o controle sanitário do comércio de drogas, medicamentos, insumos farmacêuticos e correlatos e dá outras providências. Diário Oficial da União da República Federativa do Brasil. Brasília, 19 de dezembro de 1973.

BRASIL. Resolução RDC n. 26, de 30 de março de 2007. Dispõe sobre o registro de medicamentos dinamizados industrializados homeopáticos, antroposóficos e anti-homotóxicos. Diário Oficial da União da República Federativa do Brasil. Brasília, 02 de abril de 2007.

BRASIL. Instrução Normativa n. 5, de 11 de maio de 2007. Dispõe sobre os limites de potência para registro e notificação de medicamentos dinamizados. Diário Oficial da União da República Federativa do Brasil. Brasília, 13 de abril de 2007.

HAHNEMANN S. Organon da arte de curar. 6ª ed. São Paulo: Robe; 1996.

LEGRAND G. Manuel du préparateur em pharmacie. 11ª ed. Paris: Masson; 1991.

MARTINEZ JA. Farmácia homeopática. Buenos Aires: Albatros; 1983.

MINISTÉRIO DA SAÚDE. Farmacopeia homeopática brasileira. 3ª ed. Disponível em: http://www.anvisa.gov.br/farmacopeiabrasileira/homeopatica.htm. Acesso em: 22 dez 2011.

MINISTÉRIO DA SAÚDE. Farmacopeia brasileira. 5ª ed. Disponível em: http://www.anvisa. gov.br/hotsite/cd_farmacopeia/pdf. Acesso em: 22 dez 2011.

MINISTÉRIO DA SAÚDE. Resolução RDC n. 67, de 8 de outubro de 2007. Aprova o regulamento técnico sobre boas práticas de manipulação de preparações magistrais e oficinais para uso humano em farmácias e seus anexos. Diário Oficial da União da República Federativa do Brasil. Brasília, 9 de outubro de 2007.

PHARMACOTHECHNIE ET MONOGRAPHIES DES MÉDICAMENTS COURANTS. Vol. 1. Lyon: Syndicat des Pharmacies et Laboratoires Homéopathiques; 1979.

PHARMACOTHECHNIE ET MONOGRAPHIES DES MÉDICAMENTS COURANTS. Vol. 2. Lyon: Syndicat des Pharmacies et Laboratoires Homéopathiques; 1981.

SECRETARIA DE ESTADO DE SAÚDE DE SÃO PAULO. Regulamentação para prescrição/ venda de psicofármacos: Portaria DIMED 344/98 – SUS/MS. 4ª ed. São Paulo, Centro de Vigilância Sanitária; 1998.

SOARES AAD. Dicionário de medicamentos homeopáticos. São Paulo: Santos; 1999.

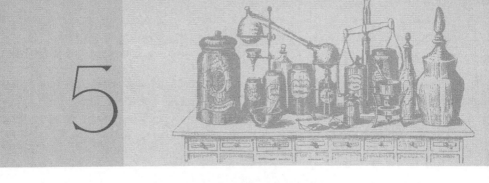

Farmácia homeopática

Amarilys de Toledo Cesar
Olney Leite Fontes

INTRODUÇÃO

A farmácia homeopática, no sentido de um local que não apenas dispensa, mas que também manipula medicamentos homeopáticos, é um estabelecimento muito bem representado no Brasil, sobretudo se comparado com a realidade de outros países. Diferentemente do que acontecia há alguns anos, atualmente, a maioria das farmácias que manipula medicamentos homeopáticos também manipula e dispensa medicamentos convencionais. Um menor número de farmácias especializadas em homeopatia se manteve atuante dessa maneira. Na Europa e nos Estados Unidos, a quase totalidade das farmácias apenas dispensa o medicamento, seja ele solicitado espontaneamente no balcão, seja advindo de prescrições magistrais, todos manipulados em indústrias. Estabelecimentos que contam com a manipulação homeopática são exceções, encontrados apenas em alguns países, ainda que nos últimos anos possa-se perceber um crescimento desses locais.

Se por um lado essa amplitude da atuação farmacêutica na homeopatia traz uma riqueza intensa, por outro proporciona preocupações em relação à padronização e à qualidade, pois é sabido que ainda existem algumas variáveis na manipulação de medicamentos homeopáticos nas farmácias.

Este capítulo visa abordar diversos aspectos relacionados ao estabelecimento que manipula e dispensa medicamentos homeopáticos. A Lei Federal n. 5.991, de 17/12/1973, em seu art. 10 afirma: "a farmácia homeopática só poderá manipular fórmulas oficinais e magistrais, obedecida a farmacotécnica homeopática". Por muitos anos, essa lei foi interpretada como a responsável pela diferença entre a farmácia homeopática e a farmácia com manipulação alopática. Atualmente, a "farmácia única", em que se pode manipular diferentes tipo de medicamentos desde que tenha áreas separadas e adequadas, assim como tenha farmacêutico capacitado para a manipulação homeopática, é uma realidade em quase todo o país.

NORMAS PARA O FUNCIONAMENTO DA FARMÁCIA

A RDC n. 67/2007, complementada pela RDC n. 87/2008, que aprova o "Regulamento técnico sobre boas práticas de manipulação de preparações magistrais e oficinais para uso humano em farmácias e seus anexos", trouxe importantes exigências para o funcionamento das farmácias. Sua parte geral, bem como seu anexo V, especificamente voltado para a manipulação homeopática, devem ser cuidadosamente estudados, já que tem como objetivos fixar os requisitos mínimos exigidos para manipulação, fracionamento, conservação, transporte e dispensação das preparações magistrais e oficinais, bem como da atenção farmacêutica aos usuários ou seus responsáveis. Essa resolução deve ser bem conhecida por todos os farmacêuticos que trabalham em farmácias, de forma que suas instalações e atividades de rotina possam estar adequadas. É bom ter em mente que o estabelecimento será inspecionado segundo um roteiro, com quesitos classificados como I para imprescindível, N para necessário, R para recomendável e INF para informativo. Todos os itens devem ser cumpridos. Os estabelecimentos infratores ficarão sujeitos às penalidades previstas na Lei n. 6.437, de 30/08/1977. Portanto, esteja bem informado em relação a essas resoluções e veja os detalhes no Capítulo 13 deste livro, que trata da legislação farmacêutica homeopática.

Essa resolução estabelece que, por princípio, todas as farmácias devem possuir:

- Recursos humanos devidamente treinados e em número suficiente.
- Infraestrutura física adequada.
- Equipamentos compatíveis.
- Procedimentos operacionais que atendam às recomendações das boas práticas de manipulação (BMP).

Esses itens compreendem todos os aspectos necessários para uma farmácia funcionar; portanto, não se pode alegar que não se tem funcionários, recursos financeiros ou espaço suficientes para realizar o trabalho da maneira mais correta, já que são pré-requisitos mínimos e básicos para que uma farmácia inicie seu funcionamento. Deve-se considerar ainda que tal resolução afirma que "as farmácias só podem habilitar-se para a preparação de fórmulas magistrais e oficinais se:

- Possuírem licença de funcionamento.
- Atenderem às BPM.
- Forem previamente inspecionadas.

Assim, mesmo que a farmácia já esteja funcionando, ela será sempre inspecionada de acordo com essas novas regras. Se você planeja abrir sua farmácia, essas normas serão exigidas antes mesmo da abertura.

PERFIL DO FARMACÊUTICO

Ao pensar em abrir uma farmácia, é importante avaliar se você apresenta um perfil empreendedor, se é capaz de assumir riscos, se tem independência financeira para montar seu próprio negócio ou se terá de encontrar sócios, se possui conhecimentos específicos suficientes (noções de contabilidade, administração, práticas comerciais e legislação, nem que seja para acompanhar o trabalho de terceiros contratados por você), e, finalmente, considerar que deverá esperar algum tempo até que possa retirar dividendos de sua farmácia, para se afastar para fazer um curso, para participar de congressos ou tirar férias.

PONTO COMERCIAL

Antes de abordar o interior da farmácia, vamos analisar como se deve escolher o ponto comercial. É interessante levar em conta os seguintes aspectos:

- Escolher se você vai se dedicar apenas à manipulação homeopática ou a manipulações de diversos tipos, sendo que então vai precisar de um imóvel maior. Escolha bem, pois no futuro, um imóvel com número insuficiente de salas vai impedir sua atividade de crescer.
- Determinar quem será sua clientela e o que será oferecido a ela. Informar-se se seus clientes realmente consomem produtos homeopáticos e fitoterápicos, como eles virão à farmácia (de transporte coletivo – ele é disponível? – a pé ou com carro próprio – o imóvel dispõe de estacionamento? Há vagas na rua ou há a possibilidade de fazer um convênio para estacionar?). Seu poder aquisitivo, e o de sua clientela, vai orientá-lo quanto aos produtos que serão oferecidos, e às próprias instalações; até mesmo a idade média e a religião de seus clientes podem trazer dados interessantes e importantes, como a instalação de rampas, se necessário, e o horário de funcionamento da farmácia.
- Verificar a melhor localização para atingir essa clientela, que esteja de acordo com seu orçamento.

- Visitar as farmácias já existentes para reconhecer seus pontos positivos e negativos, explorando os pontos pouco trabalhados para desenvolver um diferencial.
- Saber qual a área ideal necessária para o atendimento e o preparo dos medicamentos. Lembrar que, para manipular medicamentos homeopáticos e alopáticos, você precisará de salas diferentes, além das salas ou áreas de controle de qualidade, matérias-primas, devoluções, quarentena, vestiário etc.
- Uma vez encontrado um imóvel que atenda a essas exigências, averiguar se ele tem planta aprovada na prefeitura e se no local é permitida atividade comercial.
- Constatar se há legislação para zoneamento de farmácias na cidade.

DOCUMENTAÇÃO

Em seguida, é importante informar-se ao máximo sobre questões de legislação e sobre a documentação necessária (ver Capítulo 13), inclusive do ponto de vista estadual e municipal (eventuais códigos sanitários regionais). É preciso conhecer, ainda, o que determinam a *Farmacopeia homeopática brasileira* e o *Manual de normas técnicas para farmacopeia homeopática* da Associação Brasileira de Farmacêuticos Homeopatas (ABFH), assim como as resoluções do Conselho Federal de Farmácia, pois estas garantirão seu direito de ser o responsável técnico por uma farmácia homeopática.

Você deve escolher um nome para sua farmácia. Pode haver uma razão social (nome legal) e um nome fantasia, que será aquele pelo qual sua farmácia será conhecida. É importante fazer uma busca do nome fantasia na Junta Comercial e no Instituto Nacional de Propriedade Industrial (Inpi), que trata de marcas e patentes. Essa medida evitará que você tenha de alterar o nome de sua empresa no futuro, caso já exista outra farmácia com a mesma denominação, ainda que em outro estado. Algumas cidades possuem normas para instalação de placas e letreiros em sua fachada. Informe-se para evitar encomendar algo que não poderá usar. Um arquiteto, se for um gasto possível dentro de seu orçamento, poderá ajudá-lo a aproveitar o imóvel de maneira agradável e útil.

Escolha um advogado para elaborar o contrato social do seu estabelecimento, pois a ele provavelmente não escaparão detalhes que possam parecer insignificantes, no momento, a você. Essa medida é especialmente necessária caso você tenha sócios, ou ainda, que não seja o responsável técnico pela farmácia. No caso de sociedades, é sempre útil a adição de um item no contrato que especifica quem exercerá a responsabilidade técnica. A saída da sociedade, seja voluntária, seja em caso de morte de um dos sócios, também deve estar cuidadosamente deter-

FARMÁCIA HOMEOPÁTICA   97

minada, pois pode evitar grandes aborrecimentos no futuro, além de poder até mesmo inviabilizar sua empresa. O estabelecimento cuidadoso dos objetivos sociais da farmácia também poderá garantir, no futuro, a possibilidade de realizar novas atividades não exercidas nos primeiros dias da empresa. Agora será você que deverá explicitar as atividades para as quais deseja habilitar sua farmácia: apenas farmacotécnica convencial, ou acrescentar outras áreas como homeopatia, colírios, injetáveis ou fitoterapia. Para cada atividade escolhida você deverá estar preparado em relação às instalações. Também, no caso da homeopatia, você deve possuir uma formação específica que o habilite a ser responsável técnico por uma farmácia que também assuma essa manipulação.

Você deverá inscrever o contrato social de sua farmácia na Junta Comercial para obtenção do Cadastro Nacional de Pessoa Jurídica (CNPJ), e na Secretaria Estadual da Fazenda, para receber o número da Inscrição Estadual (IE).

Na prefeitura você verificará a necessidade de licença de funcionamento e publicidade, do pagamento de taxas e do alvará municipal de funcionamento. Talvez você tenha de atender à legislação específica a respeito de fachadas comerciais e letreiros, coleta seletiva de lixo, coleta de resíduos hospitalares, coleta de material de origem química proveniente do controle de qualidade, legislação sobre obrigatoriedade de placa específica de estacionamento de emergência e pintura de faixa amarela na guia da calçada, assim como necessidade de laudo de aprovação do Corpo de Bombeiros. É sempre bom estar atento a todos esses detalhes.

É imprescindível registrar sua farmácia na Vigilância Sanitária, municipal e nacional (Anvisa). Para tanto, você deve conferir as instruções para obtenção do alvará de funcionamento, que provavelmente incluem a planta do local, com memorial descritivo feito para a engenharia sanitária e ainda declaração de responsabilidade técnica. Depois, deve-se verificar a necessidade de fazer constar na farmácia uma placa, colocada em lugar visível, com nome e CRF do farmacêutico responsável, além de endereço e telefone do escritório municipal da Vigilância Sanitária, do Procon (órgão de defesa do consumidor) e do Conselho Regional de Farmácia (CRF). A vigilância sanitária regula ainda a abertura do livro de registro de receituário de medicamentos, segundo o modelo oficial, que pode ser computadorizado. É importante averiguar, ainda, se há horário comercial estabelecido na cidade, e se é obrigatória a participação na escala de plantões.

ÁREA FÍSICA

Pode-se afirmar que uma farmácia é constituída por algumas partes importantes:

- A sala de dispensação, isto é, a "loja" da farmácia: é a porta de entrada da farmácia, local que permite inclusive que você insira detalhes de decoração. É aqui que ocorre a recepção do cliente, seu atendimento e orientação, a entrega da prescrição, se houver, assim como sua dispensação. É o local onde pode ocorrer exposição e venda de medicamentos e cosméticos industrializados e registrados, assim como de correlatos. Segundo a Lei n. 5.991, art. 12, "é permitido às farmácias homeopáticas manter seções de vendas de correlatos e de medicamentos não homeopáticos quando apresentados em suas embalagens originais". Já o Decreto n. 57.477, de 20/12/65, dispõe que "são permitidas nas farmácias homeopáticas, desde que a área do estabelecimento as comporte, manter, independentes, seções de venda de especialidades farmacêuticas, não homeopáticas, devidamente licenciadas no órgão federal de saúde encarregado da fiscalização da medicina e farmácia, bem como seções de produtos de higiene, cosméticos e perfumaria, também licenciados devidamente no órgão federal de saúde". Atualmente, está ocorrendo uma discussão para a regulamentação dos produtos a serem comercializados, assim como os serviços a serem oferecidos em uma farmácia. Você pode optar por realizar atendimento farmacêutico, com alguns exames clínicos, indicações não farmacológicas, acompanhamento farmacoterapêutico e prescrição farmacêutica, sob certas condições que estão regulamentadas pela Resolução n. 586/2013 do CFF.

- O laboratório da farmácia é o local onde ocorre a manipulação homeopática. Nessa sala devem existir bancadas e instalações adequadas e suficientes para o preparo dos medicamentos. A mesa de manipulação deve contar com tampo de material impermeável ou impermeabilizado, assentado sobre pés de material liso, resistente e impermeável, que facilite a higiene e a limpeza. Piso, teto e paredes devem ser de material liso e impermeável, sem rachaduras, que permita a limpeza e impeça o acúmulo de sujeiras. Os armários têm de ser fechados, mantendo seu interior livre de poeiras ou contaminações, ideais para guardar aparelhos, utensílios e vasilhames necessários à manipulação. As matrizes, em especial, devem ser guardadas em estantes protegidas da luz e da poeira. Deve existir uma pia para lavagem das mãos, mas é ideal que a vidraria seja lavada e inativada em outra sala. No laboratório podem ser guardados os materiais de embalagem já limpos, necessários para o uso diário, em armários fechados que protejam os materiais da entrada de poeira. Maiores quantidades de frascos e embalagens deverão ser mantidas em outra área, própria para o estoque, pois frequentemente esses materiais se encontram em caixas que podem trazer poeira para o ambiente de manipulação dos medicamentos. Na sala para lavagem do material também podem estar presentes o sistema de purificação de água, o depósito para água purificada e a estufa para inativação da vidraria. Na entrada do laboratório deve existir uma antecâmara, com pia, sabonete líquido e toalha de papel descartável. Nesse local, além da lavagem das mãos, será colocado o avental, gorro e propé, antes de entrar no laboratório. Portanto, deverá haver um local para a guarda dos sapatos comuns, assim como para deixar os aventais, no final do trabalho. É possível trabalhar com sapatos dedicados, de uso exclusivo dentro do laboratório, na sua área limpa. Tudo isto deverá está descrito em POPs.

- Outros laboratórios: é imprescindível que, caso ocorra manipulação não homeopática, ela seja feita em sala completamente separada.

- Área administrativa: se possível, deve haver um escritório para que assuntos financeiros, bancários, administrativos e pessoais sejam tratados com maior privacidade. Mesmo que você não possa contar com uma sala, tenha no mínimo um arquivo para guardar a documentação geral da farmácia, além dos procedimentos e laudos de análise.

- Outras áreas:
  - Controle de qualidade.
  - Quarentena: local onde será colocado todo o material que entra na farmácia, antes que ele esteja finalmente aprovado pelo controle de qualidade.
  - Almoxarifado: local para guardar matérias-primas e material de embalagem.
  - Banheiros: devem existir sanitários em número suficiente para os funcionários. Eles não devem possuir comunicação com a área de manipulação. Caso haja proximidade com o laboratório, deve haver uma antecâmara para isolá-los.
  - Vestiários: devem possuir armários individuais, munidos de chave para que os funcionários possam guardar suas bolsas, casacos ou roupas, além de seus uniformes. Sempre que for ao banheiro, o funcionário deve antes retirar o avental, deixando-o na antecâmara e recolocá-lo só ao voltar, após lavar cuidadosamente as mãos. Ao se ausentar da farmácia, o avental deve sempre ser retirado.
  - Área para atendimento farmacêutico: local reservado para que você possa conversar e orientar o paciente, praticando a atenção farmacêutica com possibilidades de realizar serviços clínicos como aferição de pressão, medição de glicemia e outros itens, assim como atenção e prescrição farmacêutica.

O ambiente da farmácia como um todo, e em especial o de manipulação de medicamentos, tem de ser seco, limpo, isolado (isto significa que o laboratório não pode estar localizado em uma área de passagem), livre de poeira e de outros contaminantes. A sala de manipulação de medicamentos homeopáticos deve ser isenta de odores fortes (agentes de limpeza, tintas, inseticidas etc.), radiações (atenção para proteger as matrizes da proximidade de computadores e do uso de telefones celulares; estes últimos devem ser mantidos fora do laboratório), raios X, radiação ultravioleta, infravermelho etc.

O local para instalação da farmácia deve satisfazer, além das disposições referentes à habitação e ao estabelecimento de trabalho em geral, às exigências de piso de material liso, resistente e impermeável, sem rachaduras, de fácil limpeza, resistentes aos agentes sanitizantes, e de não se prestar ao acúmulo de poeira e outras aderências. As paredes, assim como os forros, devem ser pintadas de cor clara, tendo as paredes barra de 2 m, no mínimo, também de material liso, resistente e impermeável; os diferentes compartimentos devem ser separados até o teto por divisões ininterruptas, de cor clara e do mesmo tipo de material. A área de vendas de medicamentos deve ter, no mínimo, 20 m^2 e o laboratório da farmácia, 12 m^2.

Os móveis e as bancadas do laboratório deverão ser revestidos de material impermeável ou impermeabilizado. O Manual da ABFH recomenda que se evite o uso de material poroso, inclusive o tradicional mármore, no qual pode haver impregnação de substâncias.

A ventilação dos ambientes pode ser natural, desde que exista sistema adequado de circulação de ar. Atualmente, o mais comum é prover o laboratório da farmácia com ventilação artificial, realizada com o uso de ar-condicionado, cuja manutenção deve ser periódica e registrada. Pode ainda ser feita por meio de ventiladores ou circuladores de ar, porém, sempre voltados para a parede ou para o teto, quando ligados, para evitar turbulência do ar. Para a renovação do ar, recomenda-se o uso de exaustor com coifa em curva. Para outros detalhes, verificar também o código de edificações estadual ou municipal, se houver.

A água para uso geral deverá ser filtrada, quando a qualidade desta exigir, devendo ser colocado filtro nas torneiras. A caixa d'água tem de ser mantida sempre fechada, com procedimentos escritos para sua limpeza e manutenção, além de registros arquivados que comprovem que estas atividades foram realizadas. Para farmácias sem reservatório de água próprio, como aquelas localizadas no térreo de um edifício ou em um *shopping center*, o controle da qualidade deve ser acompanhado ainda mais cuidadosamente. A água para produção de medicamentos deverá ser purificada por meio de destilação, osmose reversa ou ultrapurificação, processos sempre precedidos de filtração realizada mediante carvão, acrescido ou não de celulose. A simples deionização não produz água com qualidade satisfatória para uso no preparo de medicamentos homeopáticos. Retira íons, porém frequentemente acrescenta microrganismos. Nossa experiência tem demonstrado que mesmo a manutenção mensal das colunas de troca iônica não garante a ausência de contaminação microbiológica considerável. A legislação impõe o controle da água purificada por meio da realização de testes físico-químicos e microbiológicos mensais, além das análises semestrais na água potável que entra no estabelecimento. O registro dessas análises tem de ser mantido arquivado.

É imprescindível proteger os ambientes contra a entrada de aves, animais, insetos, roedores e poeiras. Portanto, as janelas devem ser mantidas fechadas (e para isso o ideal é que sejam lacradas) ou possuir telas que possam ser retiradas e lavadas periodicamente, sempre que necessário.

Todos os ralos têm de ser sifonados e munidos de dispositivo que possibilite seu fechamento, impedindo a entrada de insetos.

A iluminação no laboratório de medicamentos homeopáticos pode ser natural, desde que a luz solar não incida diretamente sobre a manipulação nem sobre o estoque de matrizes ou de medicamentos prontos. Pode haver iluminação artificial. As matrizes devem ser protegidas da luz por meio do uso de frascos de vidro âmbar, ou de revestimento em frascos incolores, para minimizar a exposição à energia luminosa, seja ela de qualquer natureza.

Todos os ambientes devem possuir sistema ou equipamento para combate a incêndios, conforme legislação específica. Pelo menos um funcionário precisa receber treinamento para primeiros socorros e prevenção de acidentes.

LIMPEZA

A limpeza de um laboratório de manipulação homeopática precisa seguir procedimentos especiais: nas bancadas, pisos e paredes, deve-se usar apenas produtos que não deixem resíduos e não possuam odores fortes. Indica-se o uso de sabão neutro e água, assim como álcool que não contenha resíduos de dinamização nem seja odorizado. Sabão neutro refere-se mais ao seu odor, do que ao seu pH. Se necessário, pode-se utilizar saponáceo ou outro abrasivo não odorizado. Deve haver procedimentos de limpeza escritos, com registros da realização, também por escrito, que devem ser arquivados. O responsável pela limpeza deve receber treinamento periódico, que deve ser registrado, e os registros devem ser arquivados.

Deve haver coletores de resíduos (lixeiras) identificados, em número suficiente, com tampa, pedal para sua abertura e revestidos de sacos plásticos. Estes coletores têm de ser esvaziados diariamente ou com mais frequência, se necessário. Para o seu esvaziamento, o saco plástico deve ser fechado e retirado do recipiente coletor, sendo substituído por outro, limpo e vazio. Isto não deve ser feito dentro do laboratório, porém em área externa a ele. A farmácia deve contar com programa de gerenciamento de resíduos de serviços de saúde.

EQUIPAMENTOS E UTENSÍLIOS

A farmácia homeopática não requer muitos equipamentos para a manipulação e o controle das preparações homeopáticas. Ainda assim, além do equipamento de purificação de água, é obrigatório que exista uma balança de precisão que seja periodicamente calibrada e aferida. Esse procedimento deve ser registrado em formulário próprio. Exige-se ainda uma estufa que atinja 180°C, para esterilização e inativação da vidraria. Caso seja necessário, a farmácia deve possuir um refrigerador com temperatura monitorada, mantendo-se registros por escrito. Na prática rotineira, não costuma haver matérias-primas *termossensíveis* em uma farmácia homeopática que justifique o uso de uma geladeira. Um alcoômetro é importante para preparo e aferição das soluções hidroalcoólicas. Repipetadores ou dispensadores são equipamentos simples e baratos, que facilitam muito o trabalho na farmácia. São equipamentos opcionais ainda o dinamizador de braço mecânico e o aparelho de fluxo contínuo. Tem sido exigido pHmetro para o controle de qualidade da água purificada.

Nenhum dos equipamentos e vidrarias que entram em contato com o medicamento homeopático deve ceder material às preparações medicamentosas, devendo ser de fácil limpeza e passíveis de inativação térmica. Outra possibilidade é que você só utilize vidraria para medição de insumos inertes, e não para medicamentos prontos, que contenham dinamizações.

Em relação ao material de acondicionamento para os medicamentos, é necessário adquirir maiores quantidades de frascos de vidro âmbar (para proteção contra a luz) de capacidade de 20 e 30 mL, munidos de conta-gotas (cânulas de vidro), bulbos e tampas adequadas, ou ainda de gotejadores internos. Tampas com lacre são bem-vistas pelos clientes. Frascos com outras capacidades, como 60, 100 e 250 mL, são mais raramente requeridos. *Flaconetes* de vidro para dose única, líquida ou em glóbulos, com capacidade de cerca de 5 mL, com tampa e batoque, são também bastante utilizados. Dependendo da região, há solicitação de aviamento de medicamentos em forma de pó, que serão dispensados em papéis, assim como de tabletes ou comprimidos, que podem ser colocados em frascos de boca mais larga, ainda que isto não seja imprescindível. É bom estar atento às prescrições que chegam à farmácia, de modo a adquirir material de embalagem adequado para atendimento aos clientes.

Quanto aos utensílios, é importante contar, sobretudo, com grais, pistilos, espátulas, bastões de vidro, provetas, pipetas e cálices, além dos necessários para a realização das análises de controle de qualidade. Lembre-se de que o ideal é utilizar esta vidraria para medir apenas insumos inertes, e não dinamizações. Caso você use para dinamizações, deverá inativar a vidraria na estufa a 140-150°C, comprometendo sua acurácia.

RÓTULOS

Os rótulos devem apresentar dimensões adequadas para identificar perfeitamente os medicamentos em suas diversas formas farmacêuticas e tamanhos de frasco, com espaço suficiente para conter todas as informações legais necessárias. Ao escolher o rótulo de sua farmácia, leve em conta também que será a forma de identificação visual que você dará a seu estabelecimento. Portanto, use formas, desenhos e cores para expressar a maneira como você quer que sua farmácia seja vista: com seriedade, leveza, alegria etc.

ACERVO BIBLIOGRÁFICO

Em relação aos livros, a legislação solicita que se tenha um exemplar da edição atual da *Farmacopeia homeopática brasileira*, assim como da *Farmacopeia brasileira* (não homeopática). Estes livros hoje são encontrados na internet. Separe um arquivo para que os encontre facilmente. Se você puder, é sempre útil contar com farmacopeias estrangeiras, especialmente as francesa, alemã e norte-americana, que são obras muito caras. Além disso, livros com sinônimos de nomes de medicamentos homeopáticos e catálogos de laboratórios industriais fornecedores de tinturas e matrizes homeopáticas podem ser úteis. Há obras disponíveis em arquivo eletrônico, assim como *sites* que podem ser interessantes para seu trabalho na farmácia homeopática.

ESTOQUE MÍNIMO

A boa administração dos estoques é imprescindível para o sucesso empresarial de sua farmácia. Você deve ter o máximo dos produtos solicitados, mas nada em excesso. Isso vale tanto para produtos da loja quanto para os itens do laboratório. Vamos considerar apenas o que você utiliza em seu laboratório: tinturas e matrizes homeopáticas, matérias-primas inertes e material de embalagem.

- Tinturas e matrizes homeopáticas: como escolher o básico? É importante possuir inicialmente, no mínimo, as matrizes dos policrestos e semipolicrestos, mas estas podem não bastar. Se possível, entre em contato previamente com médicos, dentistas e veterinários homeopatas que atendam próximo à sua farmácia, perguntando sobre medicamentos, escalas, métodos e potências que eles mais prescrevem.
- Matérias-primas inertes: será necessário estocar quantidades suficientes e necessárias de etanol a 96% (v/v), glóbulos e comprimidos inertes, lactose

e glicerina, conhaque e água mineral, estes dois últimos se você quiser manipular também essências florais.

- Material de embalagem: já foi citado no Capítulo 4.

É fundamental certificar-se de que você está adquirindo suas matérias-primas de fornecedores qualificados, que devem enviar informações dos produtos por meio de certificados de análise ou certificados de qualidade para matrizes, que tenham conteúdo significativo, descrevendo o material para cada número de lote, e sejam assinados por técnico inscrito em conselho profissional. Todos os certificados de análise devem ser arquivados.

RECURSOS HUMANOS

Segundo a RDC n. 67, os recursos humanos devem ser em qualidade e quantidade adequadas ao perfeito funcionamento da farmácia. Portanto, não adianta alegar que você não tem funcionários suficientes para fazer todos os serviços necessários, pois agora a lei já prevê antecipadamente essa necessidade. Para ser responsável técnico de farmácia que manipule medicamentos homeopáticos, é preciso ter o título de especialista em homeopatia ou então ter sido aprovado em um curso de especialização aceito pelo CFF. Se você não fez um curso desses, o título de especialista pode ser conseguido pela aprovação em exame de título da ABFH. Caso você tenha cursado, durante a graduação, a disciplina de homeopatia ou farmácia homeopática, seguida de estágio na faculdade, ou em farmácia credenciada perante a escola, você pode ser RT de farmácia com manipulação homeopática. Mas mesmo que você tenha tido a disciplina de homeopatia durante seu curso de graduação, caso deseje trabalhar em farmácia homeopática, busque sempre mais conhecimentos, mediante cursos mais aprofundados para graduados, que vão ampliar e complementar sua formação universitária. Existem diversos cursos no Brasil, sobretudo nas regiões Sul e Sudeste. Já surgem também cursos EAD.

Será interessante também complementar seus conhecimentos para administrar sua farmácia com outros cursos. Um bom ponto de partida são os oferecidos pelo Sebrae, pois são financeiramente acessíveis e eminentemente práticos.

Deve haver um organograma que contemple todos os funcionários da farmácia, assim como uma descrição dos cargos, com todas as suas responsabilidades. Não deve haver sobreposições nas atribuições. O farmacêutico RT tem as atribuições relativas à responsabilidade técnica, assim como do gerenciamento da farmácia, mesmo que não seja seu proprietário.

Todos os técnicos que trabalham com manipulação homeopática devem receber treinamento prévio. As pessoas precisam estar devidamente higienizadas e limpas, porém não odorizadas. O uso de cosméticos, joias, bijuterias e relógios de pulso não é aceitável. Deve-se usar jaleco longo, limpo, de mangas longas, touca (os cabelos devem estar presos, se necessário, de forma que fiquem contidos dentro da touca), máscara (durante todo o processo de manipulação) e luvas (para trituração, na preparação de tabletes e na retirada de material esterilizado). Qualquer pessoa que entrar na área de manipulação, funcionário ou visitante, terá de vestir avental, propé e touca que proteja o ambiente da queda de cabelos e mantenha o piso do laboratório limpo.

Os funcionários não poderão fumar, comer, beber ou mascar chicletes nos laboratórios. Não podem existir plantas, alimentos, objetos de decoração desnecessários e que juntem poeira dentro dos laboratórios. Caso os funcionários apresentem qualquer tipo de lesão de pele que não possam ser completamente cobertas, ou ainda que este tenha alguma doença infectocontagiosa, devem ser afastados das atividades de manipulação.

Ainda que seja importante que qualquer funcionário que trabalhe em farmácia seja cuidadosamente treinado, isto é imprescindível na manipulação homeopática, já que o controle de qualidade dos produtos finais apresenta limitações e contamos essencialmente com o controle de processo, além de responsabilidade e conhecimento. Da mesma maneira, a ocorrência de contaminação cruzada obedece a particularidades específicas da homeopatia, devendo ser cuidadosamente evitada com o conhecimento de cada aspecto da manipulação.

Lembre-se de que todos os treinamentos efetuados devem ser registrados, com o conteúdo administrado, a data e a assinatura de cada participante.

CONTROLE DE QUALIDADE

Sobre o controle de qualidade consultar o Capítulo 12, que trata dos procedimentos de qualidade em farmácia homeopática.

GLOSSÁRIO

FLACONETE. Frasco pequeno com capacidade máxima de 5 mL.

TERMOSSENSÍVEL. Sensível ao calor.

REFERÊNCIAS BIBLIOGRÁFICAS

ASSOCIAÇÃO BRASILEIRA DE FARMACÊUTICOS HOMEOPATAS (ABFH). *Manual de normas técnicas para farmácia homeopática: ampliação dos aspectos técnicos e práticos das preparações homeopáticas.* 4ª ed. São Paulo; 2007.

ASSOCIAÇÃO PAULISTA DE FARMACÊUTICOS HOMEOPATAS (APFH). Manual de boas práticas de manipulação em homeopatia. São Paulo; 2000.

BRASIL. Lei n. 8.078, de 11/09/1990 [Código de Defesa do Consumidor].

MINISTÉRIO DA SAÚDE. Farmacopeia homeopática brasileira. 3ª ed. Disponível em: http://www.anvisa.gov.br/farmacopeiabrasileira/homeopatica.htm. Acesso em: 22 dez. 2011.

MINISTÉRIO DA SAÚDE. Ministério da Saúde. Farmacopeia brasileira. 5ª ed. Disponível em: http://www.anvisa.gov.br/hotsite/cd_farmacopeia/pdf. Acesso em: 22 dez. 2011.

MINISTÉRIO DA SAÚDE. Resolução n. 440, de 22/09/2005. Conselho Federal de Farmácia. Dispõe sobre prerrogativas para o exercício da responsabilidade técnica em homeopatia. Diário Oficial da União da República Federativa do Brasil. Brasília, 26 de outubro de 2005.

MINISTÉRIO DA SAÚDE. Ministério da Saúde. Resolução RDC n. 67, de 8 de outubro de 2007. Aprova o regulamento técnico sobre boas práticas de manipulação de preparações magistrais e oficinais para uso humano em farmácias e seus anexos. Diário Oficial da União da República Federativa do Brasil. Brasília, 9 de outubro de 2007.

MINISTÉRIO DA SAÚDE. Resolução RDC n. 87, de 21 de novembro de 2008. Altera o Regulamento Técnico sobre as Boas Práticas de Manipulação em Farmácias. Diário Oficial da União da República Federativa do Brasil. Brasília, 24 de novembro de 2008.

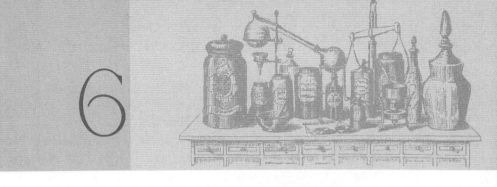

Tinturas homeopáticas

Olney Leite Fontes

O QUE É TINTURA-MÃE?

O medicamento homeopático pode ser preparado a partir de drogas e de tinturas homeopáticas, conhecidas como tinturas-mães.

> Tintura-mãe é o resultado da ação extrativa e/ou dissolvente, por contato íntimo e prolongado, de um insumo inerte hidroalcoólico ou hidroglicerinado sobre determinada droga vegetal ou animal, fresca ou dessecada, por meio dos processos de maceração ou percolação.

Portanto, tintura-mãe, designada pelos símbolos TM e Ø, é a preparação básica que dá origem, assim como outras drogas, a todas as potências medicamentosas. A TM pode ser obtida a partir de vegetal fresco ou dessecado, e de animal vivo, recém-sacrificado ou dessecado.

PROCESSOS DE OBTENÇÃO DE TINTURAS-MÃES

Os principais processos de obtenção das tinturas-mães são a maceração, a percolação e a expressão. Esses métodos de extração são utilizados de acordo com a natureza da droga empregada na preparação da TM. Assim, por exemplo, não é conveniente utilizar pós muito finos ou grossos em um processo de percolação, pois, enquanto os finos podem favorecer a compactação da droga, dificultando a passagem do líquido, os grossos originam canais por onde os líquidos passam diretamente sem o esgotamento dos fármacos solúveis. Todavia, com uma droga fresca, devidamente rasurada, conseguimos melhores resultados com o processo de maceração.

O método de expressão foi idealizado por Hahnemann, que o considera o mais eficaz para a obtenção de tinturas-mães a partir de vegetais frescos (*Organon*, § 267). Esse processo consiste, basicamente, na redução do vegetal fresco em pedaços pequenos até formar uma pasta fina, envolvida depois em um pano de linho novo. Esse tecido é prensado para obter o suco, o qual é imediatamente misturado com álcool e conservado em frasco âmbar por alguns dias, ao abrigo da luz e do calor, para, afinal, ser filtrado em papel de boa qualidade.

O método de maceração consiste em deixar a droga vegetal ou animal em contato com o líquido extrator adequado, com agitação, por certo tempo. Trata-se de um processo de extração, em que os principais fenômenos envolvidos são a difusão e a osmose. O insumo inerte atua sobre a superfície celular, exercendo sua ação dissolvente até o estabelecimento de igualdade de concentração entre os líquidos intra e extracelulares. Por isso, tanto o volume do líquido extrator como a agitação são importantes na extração, pois, enquanto um maior volume de veículo extrator garante sua entrada para o interior da célula, provocando o rompimento desta, a agitação proporciona melhor distribuição da droga, diminuindo a concentração ao redor das células, alterando o equilíbrio das concentrações.

O método da percolação consiste essencialmente em fazer passar o insumo inerte através da droga já umedecida, contida em um recipiente adequado, onde o líquido é continuamente deslocado de cima para baixo, até que todos os fármacos solúveis sejam esgotados. Nesse processo duas forças estão envolvidas: a pressão hidrostática, que ocorre de cima para baixo, em função do peso do veículo extrator; e a força da capilaridade, que ocorre de baixo para cima. Para vencer a força da capilaridade são necessárias adições sucessivas de insumo inerte no *percolador*.

Neste livro, adotamos os métodos de maceração e de percolação, os mesmos adotados pela *Farmacopeia homeopática brasileira*, pois o método de expressão não considera a quantidade de água que o vegetal fresco contém. Uma TM obtida pelo processo de expressão poderá proporcionar diferentes concentrações de fármacos, na dependência de a planta ter sido coletada em época seca ou chuvosa, mesmo sendo da mesma espécie.

PREPARAÇÃO DA TM A PARTIR DE VEGETAL FRESCO

Logo após a colheita, o *vegetal fresco* deve ser encaminhado imediatamente ao laboratório, onde se procede à seleção do vegetal, eliminando-se partes deterioradas e impurezas diversas (cascas de ovos, penas de aves, insetos, pelos de animais etc.). Em seguida, o vegetal é lavado com água corrente e enxaguado, por último, com água purificada. O excesso de água deve ser eliminado utilizando-se, por exemplo, uma peneira. Por fim, o vegetal é enxugado com um pano limpo e seco.

Com o intuito de uniformizar a preparação da TM, a primeira providência a ser tomada, após a limpeza do vegetal fresco, é calcular seu resíduo sólido (r. sol.). Esse procedimento é necessário para verificar quanto de parte seca tem a planta, uma vez que a quantidade de TM a ser obtida deverá corresponder a dez vezes o porcentual do r. sol. encontrado. O teor desse resíduo pode ser obtido por aparelhos ou por meio de técnicas mais simples, como a descrita a seguir.

Pesar 100 g do vegetal limpo e rasurá-lo em pequenos fragmentos. Colocar essa amostra em uma cápsula de porcelana previamente tarada, tomando o cuidado de evitar que os fragmentos fiquem sobrepostos. Levar a cápsula à estufa até que o vegetal elimine toda a água e atinja peso constante. Esse peso final corresponderá ao r. sol. do vegetal disponível para a preparação da TM. Para as plantas que contêm resinas, materiais voláteis e óleos essenciais, a temperatura da estufa não deve exceder 50°C. Para as demais, a dessecação poderá ocorrer entre 100°C e 105°C. A seguir, calcular a porcentagem do r. sol. na amostra. Se o r. sol. obtido for inferior a 20%, considerá-lo igual a 20%. Para obter a quantidade final da TM em volume, multiplicar o valor do r. sol por 10. Portanto, a relação droga/insumo inerte é de 1:10 (p/v), ou seja, 10%. A amostra do vegetal utilizada para calcular o r. sol. deverá ser descartada.

Exemplo:

r. sol. encontrado = 25%
vegetal fresco disponível = 1.000 g
25% de 1.000 g = 250 g

Portanto, 250 g do vegetal referem-se ao resíduo sólido total do vegetal e 750 mL referem-se à quantidade de água contida no vegetal.

Logo, o volume final de TM a obter será igual a 250 × 10 = 2.500 mL.

Segundo a 3ª edição da *Farmacopeia homeopática brasileira*, caso não haja especificação em monografias, o teor alcoólico ao final da extração deverá ser de 55 (v/v) a 65% (v/v), e o líquido extrator deverá ser uma mistura de água e álcool cujo teor alcoólico dependerá do r. sol. (Tabela 5).

Tabela 5. Líquido extrator utilizado na preparação da TM a partir de vegetal fresco.

Resíduo sólido	Teor alcoólico
Até 29%	Usar etanol a 90% (v/v)
Entre 30 e 39%	Usar etanol a 80% (v/v)
Igual ou acima de 40%	Usar etanol a 70% (v/v)

Em vegetais frescos raramente encontramos valores de r. sol. superiores a 50%. No entanto, valores de r. sol. inferiores a 29% são muito comuns.

A partir do r. sol. tem-se a quantidade final de TM a obter e o teor alcoólico do líquido extrator a ser utilizado. Falta calcular a quantidade de líquido extrator capaz de extrair o maior número possível de princípios ativos solúveis. Para tanto, basta subtrair da quantidade final de TM a quantidade de água do vegetal. Exemplo:

r. sol. encontrado = 30%

vegetal fresco disponível = 800 g

Se r. sol. = 30%, o líquido extrator a ser utilizado será o etanol a 80% (v/v), conforme a Tabela 5.

30% de 800 g = 240 g (r. sol. total do vegetal)

800 g – 240 g = 560 g = 560 mL de água (quantidade de água contida no vegetal)

240 × 10 = 2.400 mL (volume final de TM a ser obtido)

Logo, subtrair da quantidade de TM a obter a quantidade de água que o vegetal contém, para chegarmos à quantidade de etanol a 80% (v/v) que será utilizada na preparação da TM.

2.400 mL de TM – 560 mL de água do vegetal = 1.840 mL de etanol a 80% (v/v)

Relação resíduo sólido/volume final de TM = 1/10 (p/v) (10%).

O título alcoólico da TM desse exemplo será diferente de 80% (v/v), pois a água contida no vegetal fresco diluirá o líquido extrator usado. Para calcular o título hidroalcoólico da TM, deve-se lançar mão dos seguintes cálculos:

1.840 mL de etanol a 80% (v/v) contêm, teoricamente, em torno de 20% de água e 80% de álcool absoluto, ou seja, 368 mL de água e 1.472 mL de álcool absoluto.

Portanto, basta aplicar uma simples regra de três para chegarmos ao título hidroalcoólico da TM a obter.

2.400 mL ———————— 100%
1.472 mL ———————— X

X = 61,33% (v/v)

Podemos ainda utilizar a seguinte fórmula:

$$Ci \times Vi = Cf \times Vf$$

Em que:
Ci = concentração inicial
Vi = volume inicial
Cf = concentração final
Vf = volume final

80% × 1.840 mL = Cf × 2.400 mL
Cf = 61,33% (v/v)

A *Farmacopeia homeopática dos Estados Unidos* admite variação de até 15%, para mais ou para menos, nos teores etanólicos finais das tinturas homeopáticas. No exemplo citado, segundo a farmacopeia norte-americana, é tolerável uma variação de 51,86 a 70,45%. Contudo, para a 3ª edição da *Farmacopeia homeopática brasileira*, o teor alcoólico deverá estar situado entre 55 (v/v) e 65% (v/v), caso não haja especificações em monografias.

Para vegetais muito suculentos, com altos teores de água, o r. sol. é inferior a 20%. Nesses casos, para efeito de cálculo, considerar o r. sol. igual a 20%, pois do contrário iremos utilizar quantidades insuficientes de líquido extrator para extrair os princípios ativos e conservar a TM. Com o r. sol. igual a 20% conseguem-se bons resultados.

Exemplo (considerando o r. sol. igual a 10%):

r. sol. encontrado = 10%
vegetal fresco disponível = 1.000 g
10% de 1.000 g = 100 g (r. sol. total do vegetal)

1.000 g – 100 g = 900 g = 900 mL de água (quantidade de água contida no vegetal)
100 × 10 = 1.000 mL (volume final de TM a ser obtido)

Como o r. sol. é inferior a 25%, o veículo extrator a ser utilizado será o etanol a 90% (v/v).
1.000 mL de TM – 900 mL de água do vegetal = 100 mL de etanol a 90% (v/v).

Essa quantidade de etanol a 90% (v/v) (100 mL) é insuficiente para extrair os princípios ativos e conservar a TM. Então, é necessário considerar o r. sol. igual a 20%, mesmo que o valor obtido tenha sido 10%.
Assim, considerando o r. sol. igual a 20%, apesar dos 10% encontrados, teremos:

r. sol. = 20%
vegetal fresco disponível = 1.000 g
20% de 1.000 g = 200 g (r. sol. total do vegetal)
200 × 10 = 2.000 mL (volume final de TM a ser obtido)

Todavia, 90% do peso do vegetal é composto de água, pois, na realidade, seu r. sol. é 10%.
Desse modo, temos: 1.000 g – 100 g = 900 g = 900 mL de água (quantidade de água contida no vegetal)
2.000 mL de TM – 900 mL de água no vegetal = 1.100 mL de etanol a 90% (v/v).
1.100 g de etanol a 90% (v/v) representam uma quantidade mais que suficiente para promover a lise das células vegetais, liberando os princípios ativos e a água intracelular.

Quando o título em etanol da tintura-mãe estiver especificado na monografia, cálculos deverão ser realizados para a determinação do teor alcoólico inicial do líquido extrator, conforme o exemplo abaixo:

$$\boxed{Vi \times Ci = Vf \times Cf}$$

Em que:
Vi = volume inicial
Ci = concentração inicial
Vf = volume final
Cf = concentração final

TINTURAS HOMEOPÁTICAS

Exemplo:

r. sol. encontrado = 30%

vegetal fresco disponível = 800 g

30% de 800 g = 240 g (r. sol. total do vegetal)

800 g – 240 g = 560 mL = 560 mL de água (quantidade de água contida no vegetal)

240 × 10 = 2.400 mL (volume final de TM a ser obtido)

Logo, subtrair da quantidade de TM a obter a quantidade de água que o vegetal contém, para chegarmos à quantidade de etanol que será utilizada na preparação da TM.

2.400 mL de TM – 560 mL de água do vegetal = 1.840 mL

Título em etanol da TM identificado na monografia = 45% (v/v)

$Vi \times Ci = Vf \times Cf$

1.840 mL × Ci = 2.400 mL × 45% (v/v)

Ci = 58,7% (v/v)

Processo de Maceração

Tomar o vegetal fresco devidamente rasurado e misturá-lo com o volume total do álcool etílico cujos teor e quantidade foram previamente calculados. Deixar a mistura em recipiente de vidro ou de aço inoxidável, ao abrigo da luz, em temperatura entre 16 e 22°C. Agitar a mistura diariamente (no mínimo 3 vezes ao dia), por pelo menos 15 dias. Depois, filtrar o macerado e guardar o filtrado. Prensar o resíduo, filtrar o líquido obtido por meio desse processo e juntar ao líquido anteriormente filtrado. Acrescentar ao resíduo de prensagem quantidade suficiente de insumo inerte, misturar bem, prensar novamente e filtrar. Repetir o processo até que se atinja a quantidade de 10 vezes o r. sol. Deixar em repouso por 48 horas e filtrar em papel de filtro de boa qualidade. Para a TM cuja monografia determine a concentração de um marcador específico, pode-se fazer um ajuste adicionando-se etanol de mesmo título que aquele utilizado na preparação da tintura-mãe.

PREPARAÇÃO DA TM A PARTIR DE VEGETAL DESSECADO

A quantidade de água nos vegetais varia de acordo com o tecido, atingindo valores bastante elevados. As folhas, por exemplo, apresentam teores de água entre 60 e 90%; as flores e certos frutos, cerca de 90%; órgãos subterrâneos, de 70 a 85%. A presença de água, após a coleta do vegetal, impede a conservação dos fármacos, pois diversos microrganismos os decompõem rapidamente. Por isso, recomenda-se reduzir a quantidade de água para algo em torno de 5%, a fim de diminuir as reações enzimáticas. Desse modo, se a droga não for usada fresca, precisa-se proceder à dessecação logo após a sua limpeza.

O processo de estabilização da droga, pela dessecação, pode ser feito expondo-a ao calor natural ou artificial. O calor, além de provocar evaporação, permite destruir as enzimas e evitar a fermentação. Em locais secos e quentes promove-se a secagem à temperatura do ambiente, colocando a droga em camadas finas, sobre tabuleiros, à sombra, em lugar com boa circulação do ar. É necessário revolvê-la algumas vezes, até a completa dessecação. Todavia, nos países tropicais, de clima bastante úmido, usam-se secadores especiais, conhecidos por estufas de secagem, com ventilação forçada, para facilitar a evaporação da umidade e a escolha da temperatura de acordo com as características das drogas.

Para conservar as drogas dessecadas deve-se evitar a ação da luz, da umidade, do calor, da poeira, de insetos e de roedores. Com o tempo, o teor de princípios ativos tende a exaurir-se. Assim, as drogas devem ser renovadas a cada ano. Geralmente, essas drogas são acondicionadas em recipientes de madeira, em sacos de papel e em sacos plásticos, estes últimos para as drogas aromáticas.

Para a preparação da TM a partir de vegetal dessecado não é necessário calcular o r. sol., uma vez que a droga vegetal, se devidamente estabilizada e acondicionada, está praticamente isenta de umidade. Para obter dez partes da TM a partir de uma parte da droga, resultando numa proporção de 1:10, utilizar o insumo inerte indicado na monografia do vegetal. Assim, tem-se uma equivalência entre a TM preparada a partir de vegetal fresco e a preparada a partir de vegetal dessecado.

Processo de Maceração

Deixar o vegetal dessecado, convenientemente dividido, em maceração, com quantidade de líquido extrator calculado de maneira que se obtenha uma TM a 10%, de título alcoólico determinado na monografia, por pelo menos 15 dias, em recipiente de vidro ou de aço inoxidável, ao abrigo da luz, em temperatura entre 16 e 22°C. Agitar a mistura no mínimo 3 vezes ao dia. Posteriormente, filtrar o macerado e guardar o filtrado. Prensar o resíduo, filtrar o líquido obtido por meio desse processo e juntar ao líquido anteriormente filtrado. Deixar em repouso por 48 horas e filtrar em papel de filtro de boa qualidade. Para a TM cuja monografia determine a concentração de um marcador específico, pode-se fazer um ajuste adicionando-se etanol de mesmo título que aquele utilizado na preparação da tintura-mãe.

Processo de Percolação

Deixar a droga vegetal reduzida a pó moderadamente grosso ou semifino (*tamis* 40 ou 60) em um recipiente bem vedado, com quantidade de veículo extrator correspondente a 20% do peso da droga, por 4 horas, a fim de promover a fragilização da membrana celular. Utilizar o veículo extrator indicado na monografia do vegetal. Colocar sobre a placa-base do percolador uma folha de papel de filtro para evitar que o pó entupa a torneira. Transferir o pó umedecido para o percolador, aplicando pressão igual sobre toda a camada da droga, para evitar que uma parte fique mais compactada que outra, o que poderia fazer o líquido escoar pela parte mais livre. Pelo mesmo motivo, a droga deve ficar homogeneamente distribuída. A torneira deve permanecer aberta para evitar a formação de vácuo, o que impediria a saída do líquido. Adicionar volume suficiente de insumo inerte para obtenção da quantidade previamente calculada de TM. Para evitar a formação de cavidades na droga, pode-se colocar sobre o pó uma folha de papel de filtro no local onde o insumo inerte irá cair. À medida que o veículo extrator for escoando, deve-se evitar o seu desaparecimento na superfície do papel de filtro antes da nova adição, impedindo, com isso, a inclusão de ar na droga, o que dificultaria o processo de extração dos fármacos. Fechar a torneira do percolador e mantê-la assim por 24 horas, pois com isso ocorrerá o equilíbrio de concentração. Percolar, regulando a torneira de tal forma que, para cada 100 g da droga utilizada no processo, escoam 8 gotas por minuto. A abertura da torneira fará o líquido escoar, o que provoca desequilíbrio, fazendo que a difusão ocorra sempre no sentido do pó para o solvente. Prensar o resíduo e misturar o líquido assim obtido com o líquido resultante do processo (percolado). Acrescentar quantidade suficiente de insumo inerte para completar o volume. Cessar o processo quando o percolado atingir dez partes da droga. Deixar em repouso por 48 horas e, em seguida, filtrar em papel de filtro de boa qualidade.

PREPARAÇÃO DA TM A PARTIR DE ANIMAL VIVO, RECÉM-SACRIFICADO OU DESSECADO

A TM de origem animal é preparada a partir de animal vivo, recém-sacrificado ou dessecado, podendo ser utilizado inteiro, suas partes ou secreções, de acordo com a respectiva monografia. O processo empregado é a maceração, em que se utiliza uma mistura hidroalcoólica ou hidroglicerinada como líquido extrator.

A 3ª edição da *Farmacopeia homeopática brasileira* recomenda os seguintes líquidos extratores: etanol a 65 a 70% (v/v), mistura em partes iguais de glicerina e água, ou aquele indicado na respectiva monografia. Cita ainda uma mistura de etanol, água e glicerina na proporção 1:1:1.

Enquanto a relação droga/insumo inerte nas tinturas-mães vegetais é de 1:10 (p/v) (10%), nas tinturas-mães animais, essa relação é de 1:20 (p/v) (5%). Para as matérias-primas animais frescas, não calculamos o r. sol., ou seja, tinturas-mães obtidas a partir de animais vivos, recém-sacrificados ou dessecados são preparadas do mesmo modo.

Para órgãos e glândulas de animais superiores, como fígado, tireoide e hipófise, entre outros exemplos, responsáveis pelos medicamentos Hepatina, Thyroidinum e Hypophysinum, respectivamente, são utilizadas misturas de água e glicerina. Nesses casos evita-se o álcool, pois este altera os componentes orgânicos. Órgãos e glândulas provenientes de animais sadios e devidamente selecionados são logo encaminhados para o laboratório industrial farmacêutico homeopático, local de preparação das tinturas-mães. Para seu transporte são usados recipientes esterilizados e mantidos em temperatura inferior a 8°C. Em uma sala estéril, são retirados os tecidos estranhos, descartados os órgãos e as glândulas doentes e elaboradas as TMs. Medicamentos preparados a partir de órgãos ou glândulas são conhecidos por opoterápicos ou organoterápicos.

Para a elaboração de TMs obtidas a partir de insetos, como as TMs de Apis mellifica (abelhas inteiras vivas colocadas em maceração) e a de Cantharis vesicatoria (cantárida inteira, dessecada), são utilizadas misturas hidroalcoólicas.

Processo de Maceração

Manter uma parte da droga animal, devidamente fragmentada ou não, conforme sua monografia, em contato com 20 partes do líquido extrator indicado na monografia, por pelo menos 20 dias, agitando o recipiente no mínimo 3 vezes ao dia. Essa maceração deverá ser realizada num ambiente refrigerado e protegido da luz. Filtrar sem promover a prensagem ou a expressão do resíduo. Se a quantidade de TM final não atingir 20 vezes o peso da droga animal, acrescentar ao resíduo do macerado quantidade suficiente do veículo extrator. Manter o líquido obtido em repouso por 48 horas. Filtrar em papel de filtro de boa qualidade.

ACONDICIONAMENTO E CONSERVAÇÃO DA TM

As TMs devem ser conservadas em frascos de vidro âmbar, bem fechados, ao abrigo da luz e do calor. Enquanto as tinturas-mães hidroalcoólicas precisam

TINTURAS HOMEOPÁTICAS

ficar armazenadas em locais cuja temperatura se situe entre 16 e 22°C, as tinturas-mães hidroglicerinadas devem ficar estocadas em ambientes refrigerados com prazo de validade inferior a 6 meses. O acondicionamento da TM em frasco plástico é impróprio, pois este altera sua qualidade, conforme as condições de estocagem e a natureza do recipiente e da própria TM.

O prazo de validade da TM vai depender fundamentalmente das condições de estocagem e da natureza da TM (fenólica, resinosa, alcaloídica, tânica etc.). Durante a armazenagem as tinturas-mães poderão sofrer alterações de várias ordens, como oxidações, precipitações, hidrólises e reações com os componentes cedidos pelos recipientes que as acondicionam. Entre as oxidações encontram-se as que ocorrem nos taninos (os anidridos tânicos são transformados em flabafenos), na clorofila, nas flavonas, no etanol (o próprio álcool da TM vai se oxidando e formando ácido acético e aldeído acético) etc. Entre as precipitações são comuns as de resinas, mucilagens, tanatos de alcaloides, silicatos, amidos e sais de cálcio e potássio. Entre as hidrólises podem-se citar as modificações que ocorrem com muitos alcaloides (aconitina, lobelina, atropina etc.), com os heterósidos cardiotônicos encontrados, por exemplo, na *Digitalis purpurea* L., no *Strophanthus hispidus* DC. e na *Scilla maritima* L., com os flavonoides etc. A perda de álcool por evaporação é muito comum em tinturas-mães mal acondicionadas.

As tinturas-mães, à medida que envelhecem, perdem suas propriedades farmacológicas, em tempo maior ou menor conforme as condições de armazenamento e de acondicionamento. Desse modo, o farmacêutico homeopata deverá proceder à renovação das tinturas-mães dentro de um prazo de acordo com a instabilidade que apresentam. Em geral, os laboratórios farmacêuticos industriais homeopáticos costumam dar 5 anos de validade para elas. Aconselhamos proceder ao controle de qualidade da TM hidroalcoólica ao fim de um ano. Todavia, se surgir uma eventual turvação, precipitação ou mudança nos *caracteres organolépticos*, a TM deverá ser descartada. O prazo de validade das tinturas-mães deve ser determinado pelo fabricante, segundo a legislação em vigor.

GLOSSÁRIO

CARACTERES ORGANOLÉPTICOS. Referem-se às propriedades com que certas substâncias medicinais impressionam os sentidos por meio da cor, do odor, do sabor e do tato.

PERCOLADOR. Aparelho empregado na extração de princípios ativos vegetais ou animais, de forma cilíndrica ou cônica, em que se processa a percolação ou lixiviação. Ele pode ser de vidro ou aço inoxidável. Apresenta uma placa perfurada para sustentar a droga, uma tampa e uma torneira na parte inferior para a saída da TM.

TAMIS. Espécie de peneira por onde são passados os pós para calibrar as partículas resultantes da divisão da droga. Segundo a 3ª edição da *Farmacopeia homeopática brasileira* (Anexo A), enquanto o tamis 40 apresenta uma abertura de 0,42 mm, o tamis 60 apresenta uma abertura de 0,25 mm.

VEGETAL FRESCO. Vegetal recentemente coletado, que ainda não começou a deteriorar-se por ação de microrganismos e enzimas.

REFERÊNCIAS BIBLIOGRÁFICAS

AMERICAN INSTITUTE OF HOMEOPATH. The homoepathic pharmacopoeia of the United States. 9th ed. 1999.

ASSOCIAÇÃO BRASILEIRA DE FARMACÊUTICOS HOMEOPATAS (ABFH). Manual de normas técnicas para farmácia homeopática. 2ª ed. São Paulo; 1995.

ASSOCIAÇÃO BRASILEIRA DE FARMACÊUTICOS HOMEOPATAS (ABFH). Manual de normas técnicas para farmácia homeopática: ampliação dos aspectos técnicos e práticos das preparações homeopáticas. 3ª ed. Curitiba; 2003.

ASSOCIAÇÃO BRASILEIRA DE FARMACÊUTICOS HOMEOPATAS (ABFH). Manual de normas técnicas para farmácia homeopática: ampliação dos aspectos técnicos e práticos das preparações homeopáticas. 4ª ed. São Paulo; 2007.

COSTA AF. Farmacognosia. 3ª ed. 2 vols. Lisboa: Fundação Calouste Gulbenkian; 1977.

FONTES OL. Estudo teórico comparativo da determinação do resíduo sólido nas primeira e segunda edições da Farmacopeia Homeopática Brasileira. Revista de Homeopatia. 2002;67:17-20.

PRISTA, LN, et al. Técnica farmacêutica e farmácia galênica. 2. ed. 2 vols. Lisboa; Fundação Calouste Gulbenkian; s/d.

SILVA JB. Farmacotécnica homeopática simplificada. 2ª ed. São Paulo: Robe; 1997.

MARTINEZ JA. Farmácia homeopática. Buenos Aires: Albatros; 1983.

MINISTÉRIO DA SAÚDE. Resolução RDC n. 67, de 8 de outubro de 2007. Aprova o regulamento técnico sobre boas práticas de manipulação de preparações magistrais e oficinais para uso humano em farmácias e seus anexos. Diário Oficial da União da República Federativa do Brasil. Brasília, 9 de outubro de 2007.

MINISTÉRIO DA SAÚDE. Farmacopeia homeopática brasileira. 3ª ed. Disponível em: http://www.anvisa.gov.br/farmacopeiabrasileira/homeopatica.htm. Acesso em: 22 dez. 2011.

PHARMACOTECHNE ET MONOGRAPHIES DES MÉDICAMENTS COURANTS. Vol. 1. Lyon: Syndicat des Pharmacies et Laboratoires Homéopathiques; 1979.

PHARMACOTECHNE ET MONOGRAPHIES DES MÉDICAMENTS COURANTS. Vol. 2. Lyon: Syndicat des Pharmacies et Laboratoires Homéopathiques; 1981.

POZETTI GL. Controle de qualidade em homeopatia. Ribeirão Preto: IHFL; 1989.

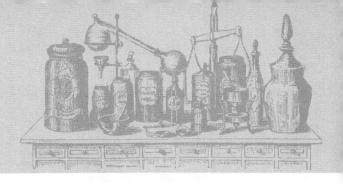

Escalas e métodos de preparação das formas farmacêuticas derivadas

Olney Leite Fontes

O QUE SÃO FORMAS FARMACÊUTICAS DERIVADAS?

As formas farmacêuticas derivadas representam o resultado do processo de dinamização, que consiste, basicamente, na concentração decrescente de insumos ativos por meio de diluições seguidas de sucussões ou de triturações sucessivas. Para prepará-las, empregamos as escalas decimal, centesimal e cinquenta milesimal, e os métodos hahnemanniano, korsakoviano e de fluxo contínuo.

ESCALAS

Para a preparação das formas farmacêuticas derivadas, a farmacotécnica homeopática emprega três escalas, de acordo com a proporção entre os insumos ativo e inerte: decimal, centesimal e cinquenta milesimal.

Na escala decimal a diluição é preparada na proporção 1/10, ou seja, uma parte do insumo ativo é diluída em nove partes do insumo inerte, perfazendo um total de dez partes. Essa escala, criada por Hering nos Estados Unidos e difundida por Vehsemeyer na Alemanha, surgiu com o pretexto de diminuir as distâncias entre as quantidades de insumo ativo e insumo inerte, tornando a diluição mais uniforme e fácil de preparar. É a escala mais usada nos Estados Unidos e na Alemanha.

Os símbolos empregados nos diversos países para identificar a escala decimal são: X (dez em algarismos romanos) e D, ou ainda DH, que significa dinamização na escala decimal de Hering preparada segundo o método hahnemanniano. Assim, 1X, D1 ou 1DH correspondem à primeira dinamização decimal; 2X, D2 ou 2DH representam uma segunda dinamização decimal. No Brasil, emprega-se o símbolo DH, antecedido da potência, sendo essa identificação mais interessante, pois designa tanto a escala quanto o método empregados.

Exemplo de símbolos utilizados para identificar a escala decimal obtida a partir da tintura-mãe (TM) de Arnica montana:

1 mL da TM de Arnica montana + 9 mL de etanol a 45% (v/v) + ↑↓ (100 sucussões) =
Arnica montana 1X ou
Arnica montana D1 ou
Arnica montana 1DH.

Na escala centesimal a diluição é preparada na proporção 1/100, ou seja, uma parte do insumo ativo é diluída em 99 partes do insumo inerte, perfazendo um total de 100 partes. Essa escala foi criada por Hahnemann, sendo a única citada por ele nas cinco primeiras edições do *Organon*. Por influência da escola francesa, a escala mais empregada no Brasil é a centesimal.

Os símbolos conhecidos para identificar a escala centesimal são: C, ª, nenhuma indicação ou CH. Assim, C1, 1ª, 1 ou 1CH correspondem à primeira dinamização centesimal; C2, 2ª, 2 ou 2CH representam uma segunda dinamização centesimal. Pelo mesmo motivo apresentado para a escala decimal, no Brasil é utilizado o símbolo CH para designar a escala centesimal preparada pelo método hahnemanniano.

Exemplo de símbolos utilizados para identificar a escala centesimal obtida a partir do dicromato de potássio, droga solúvel na água:

1 g de dicromato de potássio + qsp (quantidade suficiente para) 100 mL de água purificada + ↑↓ =
Kalium bichromicum C1 ou
Kalium bichromicum 1ª ou
Kalium bichromicum 1 ou
Kalium bichromicum 1CH.

Na escala cinquenta milesimal a diluição é preparada na proporção 1/50 mil, ou seja, sempre que uma potência é elevada, temos uma proporção de 1/50 mil entre o insumo ativo e o inerte. Para preparar uma potência a partir da escala cinquenta milesimal utilizamos um método especial cuja técnica está descrita no § 270 da 6ª edição do *Organon*, de Samuel Hahnemann. Essa edição tornou-se pública somente em 1921, 78 anos após a morte do fundador da homeopatia.

ESCALAS E MÉTODOS DE PREPARAÇÃO DAS FORMAS FARMACÊUTICAS DERIVADAS **121**

Os símbolos conhecidos para identificar a escala cinquenta milesimal são Q ou LM. Assim, 1Q ou 1LM significam primeira dinamização cinquenta milesimal.

Tabela 6. Proporção entre os insumos ativo e inerte nas escalas decimal, centesimal e cinquenta milesimal.

Escalas	Proporção	Símbolos
Decimal	1/10	DH
Centesimal	1/100	CH
Cinquenta milesimal	1/50 mil	LM

Apesar das correspondências matemáticas, não podem ser realizadas conversões entre as escalas, pois o número de dinamizações é diferente.

Exemplo:

1DH = 1/10
2DH = 1/100   1CH = 1/100
3DH = 1/1.000
4DH = 1/10.000   2CH = 1/10.000

Portanto, 1CH apresenta a mesma concentração de fármacos encontrada em 2DH. Acontece o mesmo com 2CH e 4DH. Contudo, enquanto na 1CH temos apenas uma potência, na 2DH, temos duas. Já em 2CH, temos duas potências. Mas em 4DH, temos quatro. Assim, apesar das correspondências quantitativas entre as escalas, não há correspondências qualitativas.

No Brasil, há uma quarta escala chamada SD (*special dinamization*), não oficializada, em fase experimental, que consiste em uma preparação cem milesimal (1/100 mil) de duplo passo obtida a partir de 4CH.

1 parte da 4CH + 99 partes de etanol a 77% (v/v) + ↑↓ = solução intermediária 1SD
1 parte da solução intermediária 1SD + 999 partes de etanol a 77% (v/v) + ↑↓ = 1SD

Repetir esse procedimento de duplo passo para as dinamizações subsequentes.

SUCUSSÃO

Existem dois processos para a sucussão: o manual e o mecânico. O processo manual é realizado golpeando-se fortemente o frasco 100 vezes contra um anteparo semirrígido, em um movimento contínuo e ritmado, para promover energia cinética constante. Nesse processo, realizado após cada diluição do insumo ativo, seguramos fortemente o frasco, de tal forma que apenas o seu fundo bata no anteparo. Com isso, evitamos o amortecimento do impacto e possíveis dores na mão. É comum ocorrerem bolhas nas mãos dos iniciantes, bem como o desenvolvimento dos músculos do antebraço. O revezamento dos braços durante as sucussões permite uma pausa para o repouso e o desenvolvimento harmônico dos músculos dessa região. Durante a sucussão, o antebraço deve formar um ângulo de mais ou menos 90° com o anteparo (Figura 7). Hahnemann usava um livro com capa de couro como anteparo. Sugerimos a utilização de uma espuma de densidade 23 encapada com couro sintético. O processo mecânico é feito com auxílio de máquinas sucussionadoras, também chamadas de braços mecânicos, capazes de reproduzir o movimento manual. Esses braços mecânicos foram construídos para substituir o processo manual, tornando mais rápida a obtenção das potências medicamentosas, por meio de um movimento oscilatório em arco, que proporciona impacto periódico do frasco sobre um anteparo de poliuretano ou outro material semirrígido e parada automática após 100 sucussões. Existem

Figura 7 Sucussão manual.

ESCALAS E MÉTODOS DE PREPARAÇÃO DAS FORMAS FARMACÊUTICAS DERIVADAS   123

ainda as almofadas contadoras, que apresentam dispositivo elétrico com *reset* de três dígitos, para auxiliar na contagem das sucussões manuais, evitando-se, com isso, a ocorrência de erros ou a perda da contagem.

> São dois os processos básicos para a elaboração das formas farmacêuticas derivadas:
> - Diluição da TM ou da droga solúvel em insumo inerte adequado, seguida de sucussões (dinamização líquida).
> - Trituração da droga insolúvel realizada em lactose (dinamização sólida).

MÉTODOS

Há três métodos de preparação das formas farmacêuticas derivadas: hahnemanniano, korsakoviano e de fluxo contínuo.

Método Hahnemanniano

O método hahnemanniano (H), assim chamado por ter sido criado pelo fundador da homeopatia, pode ser subdividido em três outros métodos:

- Método clássico ou dos frascos múltiplos, desenvolvido para preparar formas farmacêuticas derivadas nas escalas decimal (DH) e centesimal (CH), a partir de tinturas-mães e drogas solúveis.
- Método da trituração, desenvolvido para preparar formas farmacêuticas derivadas nas escalas decimal (DH) e centesimal (CH), a partir de drogas insolúveis. Esse método é utilizado também na escala cinquenta milesimal, a partir de drogas, solúveis ou não.
- Método da cinquenta milesimal, específico para preparar formas farmacêuticas derivadas na escala cinquenta milesimal (LM), a partir de drogas minerais, animais e vegetais, estas duas últimas no estado fresco, ou, excepcionalmente, a partir de tinturas-mães.

Método Korsakoviano

O método korsakoviano (K), também chamado de método do frasco único ou do fluxo descontínuo, foi criado em 1832 por um oficial do exército russo chamado Korsakov para simplificar o método de Hahnemann. Teve a ideia de realizar a dinamização em um único frasco que, ao ser esvaziado, retinha nas suas paredes a quantidade de líquido equivalente a um centésimo do volume anterior, sendo necessário acrescentar mais 99 partes de insumo inerte e sucussionar a solução assim obtida para alcançar a potência seguinte. Vários fatores colaboram para a indefinição da escala (proporção entre os insumos ativo e inerte), como a viscosidade da solução, o tamanho e a porosidade do frasco, a força empregada na dinamização etc. Portanto, o método korsakoviano não apresenta escala definida como o hahnemanniano. Seu uso é consagrado para preparar altas potências com mais rapidez e quando não há número suficiente de frascos esterilizados. Todavia, como não se trata de um método exato, sua utilização somente se justifica em casos de urgência médica. No Brasil, esse método é empregado para preparar formas farmacêuticas derivadas a partir da 30CH. Existe ainda uma variante do método de Korsakov, usada nos Estados Unidos e em alguns países da Europa, para a elaboração das formas farmacêuticas derivadas na escala decimal. Nesse caso, apesar do frasco único, a proporção entre as quantidades dos insumos ativo e inerte (1/10) é mantida durante todo o processo. O método korsakoviano e sua variante na escala decimal permitem uma mistura de potências, pois usam apenas um único frasco. Por isso, achamos mais prudente utilizar o método hahnemanniano para a escala decimal a partir das tinturas-mães, drogas e baixas potências. Contudo, mais adiante, apresentaremos a variante do método korsakoviano para a escala decimal.

Existe, ainda, uma proposta interessante da ABFH, a fim de viabilizar a utilização do método korsakoviano na escala centesimal. Sobre essa proposta, ver mais adiante.

Método de Fluxo Contínuo

O método de fluxo contínuo (FC) surgiu com a introdução de altíssimas potências na homeopatia, por intermédio do médico norte-americano James Tyler Kent, que, para obtê-las, projetou um aparelho dinamizador. Mais tarde, esse aparelho foi aperfeiçoado por Skinner. Segundo a 3ª edição da *Farmacopeia homeopática brasileira*, assim como o método korsakoviano, o método de fluxo contínuo é empregado para a preparação de formas farmacêuticas derivadas a partir da 30ª dinamização centesimal hahnemanniana (potência 30CH). Dadas as características do método, que emprega fluxo contínuo e constante, este também não proporciona uma escala definida.

MÉTODO HAHNEMANNIANO PARA AS ESCALAS DECIMAL E CENTESIMAL A PARTIR DA TINTURA-MÃE

Insumos Inertes

Para as três primeiras dinamizações centesimais e para as seis primeiras decimais, utilizar etanol com o mesmo teor da TM. Isso é necessário para impedir que ocorra ruptura da estabilidade da solução. Para as potências intermediárias e *matrizes*, usar etanol a 77% (v/v). Para a última potência, o insumo inerte a ser utilizado vai depender da forma farmacêutica a ser dispensada, se líquida (dose única líquida e solução oral a ser administrada sob a forma de gotas) ou sólida (dose única sólida, glóbulos, comprimidos, tabletes e pós).

Material

Para a preparação das formas farmacêuticas derivadas a partir da tintura-mãe recomendamos os seguintes materiais:

- Frascos de vidro âmbar para serem empregados na dinamização (frascos dinamizadores), munidos de tampa e batoque tipo bolha. Cada frasco deverá ter seu batoque e sua tampa. Segundo a 3ª edição da *Farmacopeia homeopática brasileira*, o líquido a ser sucussionado deverá ocupar no mínimo a metade e no máximo dois terços da capacidade do frasco usado na preparação das formas farmacêuticas derivadas.
- Repipetadores automáticos (Figura 8), também conhecidos por dispensadores, para armazenagem e medida dos volumes dos principais insumos inertes empregados, como água purificada, etanol a 30% (v/v), etanol a 45% (v/v), etanol a 65% (v/v), etanol a 77% (v/v), etanol a 90% (v/v) e etanol a 96% (v/v).
- Micropipetas de diferentes capacidades (Figura 9), para a medida do volume da tintura-mãe.
- Ponteiras descartáveis para as micropipetas. Para cada dinamização deve-se utilizar uma ponteira descartável.
- Anteparo semirrígido, almofada contadora ou braço mecânico, para as sucussões.
- Bastão de vidro ou outro dispositivo adequado para a retirada do batoque, de maneira que impeça uma possível contaminação dos líquidos empregados durante o processo.

 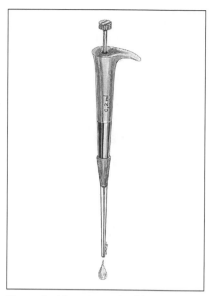

Figura 8 Repipetador automático. Figura 9 Micropipeta de diferentes capacidades.

Técnica de Preparação

1. Colocar sobre a bancada do laboratório quantidade suficiente de frascos dinamizadores, devidamente identificados, para preparar a potência desejada. O líquido a ser dinamizado deverá ocupar de 1/2 a 2/3 da capacidade do frasco para que ocorra um bom *vascolejamento*. Desse modo, por exemplo, para dinamizar 20 mL, usar um frasco com 30 mL de capacidade.
2. Nos três primeiros frascos, para a escala centesimal, e nos seis primeiros, para a escala decimal, acrescentar, com o dispensador, 99 ou 9 partes, respectivamente, do insumo inerte de mesmo título alcoólico da TM.
3. Para as potências intermediárias, assim como para as potências de estoque (matrizes), adicionar 99 (escala centesimal) ou nove partes (escala decimal) do etanol a 77% (v/v). Na última potência utilizar etanol a 30% (v/v), para as formas farmacêuticas líquidas, ou etanol igual ou superior a 77% (v/v), para as formas farmacêuticas sólidas. Usar os dispensadores para medir o volume dos insumos inertes.
4. Acrescentar ao frasco designado pela primeira potência uma parte da TM com uma micropipeta de capacidade adequada e executar 100 sucussões,

ESCALAS E MÉTODOS DE PREPARAÇÃO DAS FORMAS FARMACÊUTICAS DERIVADAS   127

batendo o fundo do frasco fortemente contra um anteparo semirrígido, em um movimento contínuo e ritmado. Está pronta a 1CH ou 1DH.

5. Com a micropipeta, transferir uma parte da primeira dinamização centesimal ou decimal para o segundo frasco e executar 100 sucussões. Está pronta a 2CH ou 2DH.

6. Com a micropipeta, transferir uma parte da segunda dinamização centesimal ou decimal para o terceiro frasco e executar 100 sucussões. Está pronta a 3CH ou 3DH.

7. Para as demais dinamizações, proceder de maneira idêntica até atingir a potência desejada.

A seguir, para facilitar o entendimento da técnica de preparação das formas farmacêuticas derivadas a partir da tintura-mãe, daremos dois exemplos esquemáticos, um na escala decimal e outro na centesimal.

Exemplo de medicamento preparado na escala decimal a partir da tintura--mãe:

Potência a ser preparada = 6DH
Capacidade do frasco dinamizador = 60 mL
No estoque = TM de Lycopodium
Teor alcoólico da TM = 90% (v/v)

Com o frasco dinamizador de 60 mL, podem ser preparados 40 mL, que representam 2/3 de sua capacidade. Para obter a quantidade de insumo ativo (uma parte), é necessário dividir o volume de 40 mL por dez, pois se trata da escala decimal. Para obter a quantidade de insumo inerte (nove partes) que solubilizará a TM de Lycopodium, é necessário multiplicar o volume do insumo ativo por nove ou diminuir o volume total (dez partes) do volume do insumo ativo (uma parte). Assim, teremos:

4 mL da Lycopodium TM + 36 mL de etanol a 90% (v/v) + ↑↓ = Lycopodium 1DH

4 mL da Lycopodium 1DH + 36 mL de etanol a 90% (v/v) + ↑↓ = Lycopodium 2DH

4 mL da Lycopodium 2DH + 36 mL de etanol a 90% (v/v) + ↑↓ = Lycopodium 3DH

4 mL da Lycopodium 3DH + 36 mL de etanol a 90% (v/v) + ↑↓ = Lycopodium 4DH

4 mL da Lycopodium 4DH + 36 mL de etanol a 90% (v/v) + ↑↓ = Lycopodium 5DH

4 mL da Lycopodium 5DH + 36 mL de etanol a 90% (v/v) + ↑↓ = Lycopodium 6DH

Nesse exemplo, se o medicamento for administrado sob a forma farmacêutica líquida, não podemos dispensá-lo no etanol a 30% (v/v) como se costuma fazer, pois as seis primeiras dinamizações devem ter o mesmo título alcoólico da TM. Assim, antes de sua administração, o farmacêutico homeopata orientará o paciente a diluir as gotas desse medicamento em um pouco d'água para evitar a ação irritante do etanol a 90% (v/v).

Exemplo de medicamento preparado na escala centesimal a partir da tintura-mãe:

Potência a ser preparada = 6CH
Capacidade do frasco dinamizador = 30 mL
No estoque = tintura-mãe de Nux vomica
Teor alcoólico da TM = 65% (v/v)

Com o frasco dinamizador de 30 mL, podem ser preparados 20 mL, que representam 2/3 da sua capacidade. Para obter a quantidade de insumo ativo (uma parte), é necessário dividir o volume de 20 mL por 100, pois se trata da escala centesimal. Para obter a quantidade de insumo inerte (99 partes), é necessário multiplicar o volume do insumo ativo por 99 ou diminuir o volume total (100 partes) do volume do insumo ativo (uma parte).

Assim, teremos:

0,2 mL da Nux vomica TM + 19,8 mL de etanol a 65% (v/v) + ↑↓ = Nux vomica 1CH

0,2 mL da Nux vomica 1CH + 19,8 mL de etanol a 65% (v/v) + ↑↓ = Nux vomica 2CH

0,2 mL da Nux vomica 2CH + 19,8 mL de etanol a 65% (v/v) + ↑↓ = Nux vomica 3CH

0,2 mL da Nux vomica 3CH + 19,8 mL de etanol a 77% (v/v) + ↑↓ = Nux vomica 4CH

0,2 mL da Nux vomica 4CH + 19,8 mL de etanol a 77% (v/v) + ↑↓ = Nux vomica 5CH

0,2 mL da Nux vomica 5CH + 19,8 mL de etanol a 30% (v/v)+ ↑↓ = Nux vomica 6CH

Nesse exemplo, se o medicamento for administrado sob a forma farmacêutica líquida, preparar a última potência em etanol a 30% (v/v); se for administrado sob a forma sólida, preparar a última potência em etanol de título igual ou su-

ESCALAS E MÉTODOS DE PREPARAÇÃO DAS FORMAS FARMACÊUTICAS DERIVADAS

perior a 77% (v/v). As três primeiras dinamizações apresentam o mesmo título alcoólico da tintura-mãe e as intermediárias são sempre obtidas em etanol a 77% (v/v).

MÉTODO HAHNEMANNIANO PARA AS ESCALAS DECIMAL E CENTESIMAL A PARTIR DE DROGA SOLÚVEL

Insumos Inertes

Para as três primeiras dinamizações centesimais e para as seis primeiras decimais, usar o mesmo insumo inerte empregado na dissolução da droga (água purificada ou etanol nas diferentes graduações). Isso é necessário para impedir que ocorra ruptura da estabilidade da solução. Para as potências intermediárias, assim como para as potências de estoque (matrizes), utilizar etanol a 77% (v/v). Para a última potência, o insumo inerte a ser utilizado dependerá da forma farmacêutica a ser dispensada, se líquida (dose única líquida e solução oral a ser administrada sob a forma de gotas) ou sólida (dose única sólida, glóbulos, comprimidos, tabletes e pós).

Material

Para a preparação das formas farmacêuticas derivadas obtidas pelo método hahnemanniano para as escalas decimal e centesimal, a partir de drogas solúveis, recomendamos os seguintes materiais:

- Frascos de vidro âmbar para serem utilizados na dinamização, munidos de tampa e batoque tipo bolha. Cada frasco deverá ter o seu batoque e a sua tampa. Segundo a 3ª edição da *Farmacopeia homeopática brasileira*, o líquido a ser sucussionado deverá ocupar no mínimo a metade e no máximo 2/3 da capacidade do frasco utilizado na preparação das formas farmacêuticas derivadas.
- Repipetadores automáticos, também conhecidos por dispensadores, para armazenagem e medida dos volumes dos principais insumos inertes utilizados na preparação das formas farmacêuticas derivadas a partir de droga solúvel com água purificada, etanol a 10% (v/v), etanol a 30% (v/v), etanol a 45% (v/v), etanol a 65% (v/v), etanol a 77% (v/v), etanol a 90% (v/v) e etanol a 96% (v/v).

- Micropipetas de diferentes capacidades, para a medida do volume do insumo ativo.
- Ponteiras descartáveis para as micropipetas. Para cada dinamização usar uma ponteira descartável.
- Anteparo semirrígido, almofada contadora ou braço mecânico, para as sucussões.
- Bastão de vidro ou outro dispositivo adequado para a retirada do batoque, de maneira que impeça uma possível contaminação dos líquidos utilizados durante o processo.
- Cálice.
- Colher de aço inoxidável.
- Papel de pesagem (p.ex., papel-manteiga).
- Balança eletrônica de precisão com sensibilidade de 0,001 g, com carga máxima para 200 g.

Técnica de Preparação

1. Colocar sobre a bancada do laboratório quantidade suficiente de frascos dinamizadores, devidamente identificados, para preparar a potência desejada. A solução a ser dinamizada deverá ocupar de 1/2 a 2/3 da capacidade do frasco para que ocorra bom vascolejamento.
2. Em um cálice, dissolver uma parte da droga, pesada numa balança de precisão, em quantidade suficiente para cem partes (escala centesimal) ou dez partes (escala decimal) de insumo inerte. Transferir essa solução para o primeiro frasco.
3. Nos segundo e terceiro frascos, para a escala centesimal, e do segundo ao sexto frasco, para a escala decimal, acrescentar, com o dispensador, 99 ou 9 partes, respectivamente, do insumo inerte que solubilizou a droga.
4. Para as potências intermediárias, assim como para as potências de estoque (matrizes), adicionar 99 (escala centesimal) ou 9 partes (escala decimal) do etanol a 77% (v/v). Na última potência, que será dispensada, usar etanol a 30% (v/v), para as formas farmacêuticas líquidas, e etanol superior ou igual a 77% (v/v), para as formas farmacêuticas sólidas. Usar dispensadores para medir o volume dos insumos inertes.
5. Sucussionar 100 vezes o primeiro frasco, batendo o fundo do frasco fortemente contra um anteparo semirrígido, num movimento contínuo e ritmado. O antebraço deverá compor um ângulo de mais ou menos 90° com o anteparo. Está pronta a 1CH ou 1DH.

ESCALAS E MÉTODOS DE PREPARAÇÃO DAS FORMAS FARMACÊUTICAS DERIVADAS 131

6. Com a micropipeta de capacidade adequada, transferir uma parte da primeira dinamização centesimal ou decimal para o segundo frasco e sucussionar 100 vezes. Está pronta a 2CH ou 2DH.
7. Com a micropipeta, transferir uma parte da segunda dinamização centesimal ou decimal para o terceiro frasco e sucussionar 100 vezes. Está pronta a 3CH ou 3DH.
8. Para as demais dinamizações, proceder de maneira idêntica até atingir a potência desejada.

A seguir, daremos dois exemplos esquemáticos, um na escala decimal e outro na centesimal, para facilitar o entendimento da técnica de preparação das formas farmacêuticas derivadas a partir de drogas solúveis.

Exemplo de medicamento preparado na escala decimal a partir de droga solúvel:

Potência a ser preparada = 6DH
Capacidade do frasco dinamizador = 120 mL
No estoque = dicromato de potássio – $K_2Cr_2O_7$
Solubilidade da droga = em água (insolúvel em etanol)

Com o frasco dinamizador de 120 mL, podem ser prepararados 80 mL, que representam 2/3 da sua capacidade. Para obter a quantidade em peso de insumo ativo (uma parte), é necessário dividir o volume de 80 mL por 10, pois se trata da escala decimal. Para solubilizar o dicromato de potássio, é necessário completar com água purificada o volume para 80 mL (dez partes).

Assim, teremos:

8 g de dicromato de potássio + qsp 80 mL de água destilada + ↑↓ = Kalium bichromicum 1DH

8 mL de Kalium bichromicum 1DH + 72 mL de água destilada + ↑↓ = Kalium bichromicum 2DH

8 mL de Kalium bichromicum 2DH + 72 mL de água destilada + ↑↓ = Kalium bichromicum 3DH

8 mL de Kalium bichromicum 3DH + 72 mL de água destilada + ↑↓ = Kalium bichromicum 4DH

8 mL de Kalium bichromicum 4DH + 72 mL de água destilada + ↑↓ = Kalium bichromicum 5DH

8 mL de Kalium bichromicum 5DH + 72 mL de água destilada + ↑↓ = Kalium bichromicum 6DH

Nesse exemplo, se o medicamento for administrado sob a forma farmacêutica líquida, não podemos dispensá-lo no etanol a 30% (v/v), pois o insumo inerte empregado nas seis primeiras dinamizações deve ser o mesmo que solubilizou a droga. Assim, o farmacêutico homeopata orientará o paciente a utilizar o medicamento nas próximas horas (de 24 a 48 horas), pois se trata de preparação que facilmente se contamina.

Exemplo de medicamento preparado na escala centesimal a partir de droga solúvel:

Potência a ser preparada = 6CH
Capacidade do frasco dinamizador = 30 mL
No estoque = terebintina (óleo-resina extraída de diversas espécies de pinheiro)
Solubilidade da droga = etanol a 90% (v/v)

Com o frasco dinamizador de 30 mL, podem ser preparados 20 mL, que representam 2/3 da sua capacidade. Para obter a quantidade em peso de insumo ativo (uma parte), é necessário dividir o volume de 20 mL por cem, pois se trata da escala centesimal. Para solubilizar a terebintina é necessário completar o volume para 20 mL (cem partes) com etanol a 90%.

Assim, teremos:

0,2 g de óleo-resina terebintina + qsp 20 mL de etanol a 90% (v/v) + ↑↓ = Terebinthinum 1CH

0,2 mL de Terebinthinum 1CH + 19,8 mL de etanol a 90% (v/v) + ↑↓ = Terebinthinum 2CH

0,2 mL de Terebinthinum 2CH + 19,8 mL de etanol a 90% (v/v) + ↑↓ = Terebinthinum 3CH

0,2 mL de Terebinthinum 3CH + 19,8 mL de etanol a 77% (v/v) + ↑↓ = Terebinthinum 4CH

0,2 mL de Terebinthinum 4CH + 19,8 mL de etanol a 77% (v/v) + ↑↓ = Terebinthinum 5CH

0,2 mL de Terebinthinum 5CH + 19,8 mL de etanol a 30% (v/v) ou etanol de graduação igual ou superior a 77% (v/v) + ↑↓ = Terebinthinum 6CH

Nesse exemplo, se o medicamento for administrado sob a forma farmacêutica líquida, usar etanol a 30% (v/v) na preparação da última potência; se o medicamento for administrado sob a forma sólida, usar etanol de graduação igual ou superior a 77% (v/v) na preparação da última potência. Para as três primeiras

ESCALAS E MÉTODOS DE PREPARAÇÃO DAS FORMAS FARMACÊUTICAS DERIVADAS 133

dinamizações centesimais, adotar a mesma graduação do etanol que solubilizou a droga. Conforme regra, empregar para as dinamizações intermediárias o etanol a 77% (v/v).

MÉTODO HAHNEMANNIANO PARA AS ESCALAS DECIMAL E CENTESIMAL A PARTIR DE DROGA INSOLÚVEL

Insumo Inerte

Trituração, também chamada de dinamização sólida, é um método desenvolvido por Hahnemann cuja finalidade é despertar a atividade dinâmica de substâncias insolúveis (líquida ou sólida), desagregando suas moléculas pela força do atrito, usando a lactose (açúcar presente no leite) como insumo inerte. Esse método também é utilizado para triturar drogas, solúveis ou não, na preparação da escala cinquenta milesimal, obrigatoriamente até a 3CH.

A lactose é utilizada nas três primeiras dinamizações centesimais e nas seis primeiras decimais. Todas as substâncias insolúveis devem ser trituradas até 3CH ou 6DH e solubilizadas a partir dessas potências.

No Brasil, a lactose mais usada é a que passa entre as malhas 100 e 200 do tamis, com aberturas em milímetro, situadas entre 0,149 e 0,074, de acordo com a série fina da "Tabela de equivalência da abertura de malha e tamis" (Anexo A da 3ª edição da *Farmacopeia homeopática brasileira*).

Material

Para a preparação das formas farmacêuticas derivadas obtidas pelo método hahnemanniano para as escalas decimal e centesimal, a partir de drogas insolúveis, recomendamos os seguintes materiais:

- Gral de porcelana.
- Pistilo de porcelana.
- Espátula de porcelana.
- Colher de aço inoxidável.
- Papel de pesagem (p.ex., papel-manteiga).
- Balança eletrônica de precisão com sensibilidade de 0,001 g, com carga máxima para 200 g.

Técnica de Preparação

1. Pesar a droga e a lactose.
2. Dividir a lactose em três porções iguais.
3. Colocar a primeira porção no gral e triturar com o pistilo por cerca de 2 minutos, para tapar os poros da porcelana.
4. Acrescentar uma parte da droga sobre a primeira porção de lactose, de acordo com a escala decimal ou centesimal. Se a droga for sólida, esta deverá estar pulverizada numa granulometria igual à da lactose, ou seja, os grânulos do pó de lactose e da droga devem ter tamanhos semelhantes.
5. Com a espátula misturar bem a droga na lactose.
6. Triturar com força por 6 minutos (Figura 10).
7. Com a espátula, raspar o triturado que aderiu ao pistilo, às paredes e ao fundo do gral, por 4 minutos, homogeneizando-o.
8. Ainda com a primeira porção, triturar com força por 6 minutos.
9. Com a espátula, raspar o triturado que aderiu ao pistilo, às paredes e ao fundo do gral, por 4 minutos, homogeneizando-o.
10. Acrescentar a segunda porção de lactose.
11. Triturar com força por 6 minutos.
12. Com a espátula, raspar o triturado que aderiu ao pistilo, às paredes e ao fundo do gral, por 4 minutos, homogeneizando-o.
13. Ainda com a segunda porção, triturar com força por 6 minutos.
14. Com a espátula, raspar o triturado que aderiu ao pistilo, às paredes e ao fundo do gral, por 4 minutos, homogeneizando-o.
15. Acrescentar a terceira porção de lactose.
16. Triturar com força por 6 minutos.
17. Com a espátula, raspar o triturado que aderiu ao pistilo, às paredes e ao fundo do gral, por 4 minutos, homogeneizando-o.
18. Ainda com a terceira porção, triturar com força por 6 minutos.
19. Com a espátula, raspar o triturado que aderiu ao pistilo, às paredes e ao fundo do gral, por 4 minutos, homogeneizando-o.
20. Ao final de, no mínimo, 1 hora de operação, teremos a primeira trituração decimal ou centesimal, dependendo da proporção da droga/lactose, 1DH trit. ou 1CH trit., respectivamente.
21. Essa primeira trituração deve ser acondicionada em um pote de boca larga bem fechado e protegido da luz. Essa dinamização constitui o ponto de partida para as demais triturações. No caso de trituração decimal, fazer mais cinco dinamizações sólidas até obter a 6DH trit. Para a trituração centesimal, fazer mais duas dinamizações até obter a 3CH trit.
22. Para solubilizar a 6DH trit., a 3ª edição da *Farmacopeia homeopática brasileira* recomenda dissolver, até a completa dissolução e resfriamento, uma

ESCALAS E MÉTODOS DE PREPARAÇÃO DAS FORMAS FARMACÊUTICAS DERIVADAS 135

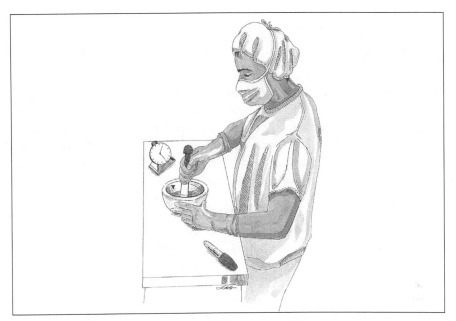

Figura 10 Trituração manual.

parte do triturado em dez partes de água purificada aquecida entre 40°C e 45°C. Sucussionar 100 vezes para obter, desse modo, a 7DH. Essa potência não pode ser estocada. Para obter a 8DH, diluir uma parte da 7DH em 9 partes de etanol a 77% (v/v), para estocar, e a 30% (v/v), para dispensar, e, em seguida, sucussionar 100 vezes.

23. Para solubilizar a 3CH trit., dissolver em um cálice uma parte do triturado em 80 partes de água purificada, completar para 20 partes de etanol a 96% (v/v) e homogeneizar. Sucussionar 100 vezes para obter, desse modo, a 4CH. Esta potência não pode ser estocada. Para obter a 5CH, diluir uma parte da 4CH em 99 partes de etanol a 77% (v/v), para estocar, e a 30% (v/v), para dispensar, e, em seguida, sucussionar 100 vezes.

Para preparar grandes quantidades de triturado, os laboratórios farmacêuticos homeopáticos utilizam máquinas trituradoras com grais de porcelana de 1.000 g ou mais. Essas máquinas apresentam pistilos e raspadores que funcionam o tempo todo durante os 60 minutos do processo de trituração.

Para a trituração de drogas químicas hidratadas, devemos levar em conta o peso da água de cristalização, que deve ser descontado.

Existem drogas insolúveis que não podem ser trituradas, pois reagem com a lactose ou mesmo com o ar atmosférico. Outras são voláteis ou oxidáveis. Assim, para a preparação de medicamentos a partir de drogas dessa natureza, devemos consultar sempre suas monografias. Normalmente, nesses casos, a droga é diluída em uma proporção maior que 1/100.

Para exemplificar, vejamos a preparação inicial do medicamento Phosphorus, segundo os compêndios oficiais franceses: solubilizar 1 g de fósforo branco em um balão de fundo redondo deitado em uma manta aquecedora elétrica, munido com condensador de refluxo, com quantidade suficiente para 1.000 g de etanol a 90% (p/p); levar à ebulição até dissolução completa da droga; e esfriar com agitação; a solução final obtida será 3DH (1/1.000), após sucussionada 100 vezes. Se quisermos 2CH (1/10.000), teremos de preparar mais uma diluição na proporção 1/10 e sucussionar 100 vezes. Por reagir com o ar atmosférico, o fósforo é mantido dentro d'água. Assim, esse elemento deve ser transferido imediatamente, com uma pinça, para um recipiente que contenha água purificada, onde será cortado o pedaço a ser pesado. Pesar em um béquer devidamente tarado com água. Em seguida, transferir o fósforo pesado para o balão e iniciar o aquecimento. A dissolução do fósforo demora de 2 a 3 dias. O medicamento Phosphorus, portanto, nunca poderá ser aviado em dinamização inferior a 3DH ou 2CH. Aliás, por ser tóxico, ele somente poderá ser aviado a partir da 6DH ou 3CH.

Para a trituração de substância líquida, não volátil, após pesá-la devemos misturá-la à lactose. Em seguida, dividir a lactose em três porções iguais e proceder conforme a técnica da trituração.

A seguir, daremos dois exemplos esquemáticos, um na escala decimal e outro na centesimal, para facilitar o entendimento da técnica de preparação das formas farmacêuticas derivadas a partir de drogas insolúveis.

Exemplo de medicamento preparado na escala decimal a partir de droga insolúvel:

Potência a ser preparada = 12DH
Capacidade do frasco dinamizador = 120 mL
No estoque = prata metálica pó
Solubilidade da droga = insolúvel

Como a droga é insolúvel, a única opção farmacotécnica é prepará-la de acordo com o método hahnemanniano da trituração até 6DH. A partir dessa dinamização sólida, solubilizar 8 g (uma parte da 6DH) em 80 mL (10 partes) de água purificada aquecida entre 40°C e 45°C. Sucussionar 100 vezes para obter a 7DH. Daí para a frente, as demais dinamizações intermediárias serão preparadas em etanol a 77% (v/v), na proporção de 1/10, de acordo com a escala decimal. Para a preparação da 12DH, o insumo inerte a ser utilizado dependerá da forma farmacêutica a ser dispensada, se líquida (dose única líquida e solução oral a ser administrada sob a forma de gotas) ou sólida (dose única sólida, glóbulos, com-

ESCALAS E MÉTODOS DE PREPARAÇÃO DAS FORMAS FARMACÊUTICAS DERIVADAS   137

primidos, tabletes e pós). Para preparar as triturações, utilizar um gral de capacidade compatível com a quantidade a ser triturada. Um gral com capacidade para 250 g comporta bem o volume ocupado por 10 g do triturado.

Assim, teremos:

1 g de prata metálica pó + 9 g de lactose (escala decimal) + 60 minutos de trituração, conforme a técnica de preparação para drogas insolúveis = Argentum metallicum 1DH trit.

1 g de Argentum metallicum 1DH trit. + 9 g de lactose + 60 minutos de trituração = Argentum metallicum 2DH trit.

1 g de Argentum metallicum 2DH trit. + 9 g de lactose + 60 minutos de trituração = Argentum metallicum 3DH trit.

1 g de Argentum metallicum 3DH trit. + 9 g de lactose + 60 minutos de trituração = Argentum metallicum 4DH trit.

1 g de Argentum metallicum 4DH trit. + 9 g de lactose + 60 minutos de trituração = Argentum metallicum 5DH trit.

1 g de Argentum metallicum 5DH trit. + 9 g de lactose + 60 minutos de trituração = Argentum metallicum 6DH trit.

8 g de Argentum metallicum 6DH + 80 mL de água purificada aquecida entre 40°C e 45°C + ↑↓ = Argentum metallicum 7DH

8 mL de Argentum metallicum 7DH + 72 mL de etanol a 77% (v/v) + ↑↓ = Argentum metallicum 8DH

8 mL de Argentum metallicum 8DH + 72 mL de etanol a 77% (v/v) + ↑↓ = Argentum metallicum 9DH

8 mL de Argentum metallicum 9DH + 72 mL de etanol a 77% (v/v) + ↑↓ = Argentum metallicum 10DH

8 mL de Argentum metallicum 10DH + 72 mL de etanol a 77% (v/v) + ↑↓ = Argentum metallicum 11DH

8 mL de Argentum metallicum 11DH + 72 mL de etanol a 30% (v/v) ou etanol de graduação igual ou superior a 77% (v/v) + ↑↓ = Argentum metallicum 12DH

Exemplo de medicamento preparado na escala centesimal a partir de droga insolúvel:

Potência a ser preparada = 6CH
Capacidade do frasco dinamizador = 30 mL
No estoque = grafite pó
Solubilidade da droga = insolúvel

Como a droga é insolúvel, a única opção farmacotécnica é prepará-la de acordo com o método hahnemanniano da trituração até a 3CH. A partir dessa dinamização sólida, podemos solubilizar 0,2 g (uma parte da 3CH) em 16 mL de água purificada (80 partes) e completar para 20 mL com etanol a 96% (v/v), quantidade que corresponde a 2/3 da capacidade do frasco dinamizador. Sucussionar 100 vezes para obter a 4CH líquida. A partir disso, as demais dinamizações intermediárias serão realizadas em etanol a 77% (v/v), na proporção de 1/100, de acordo com a escala centesimal. Para a preparação da 6CH, o insumo inerte a ser empregado dependerá da forma farmacêutica a ser dispensada, se líquida (dose única líquida e solução oral a ser administrada sob a forma de gotas) ou sólida (dose única sólida, glóbulos, comprimidos, tabletes e pós). Para preparar as triturações, utilizar um gral de capacidade compatível com a quantidade que queremos triturar. Um gral com capacidade para 250 g comporta bem o volume ocupado por 10 g do triturado.

Assim, teremos:

0,1 g de grafite pó + 9,9 g de lactose (escala centesimal) + 60 minutos de trituração, conforme a técnica de preparação para drogas insolúveis = Graphites 1CH trit.

0,1 g de Graphites 1CH trit. + 9,9 g de lactose + 60 minutos de trituração = Graphites 2CH trit.

0,1 g de Graphites 2CH trit. + 9,9 g de lactose + 60 minutos de trituração = Graphites 3CH trit.

0,2 g de Graphites 3CH trit. + 16 mL de água destilada + qsp 20 mL de etanol a 96% (v/v)+ ↑↓ = Graphites 4CH líquida

0,2 mL de Graphites 4CH + 19,8 mL de etanol a 77% (v/v) + ↑↓ = Graphites 5CH

0,2 mL de Graphites 5CH + 19,8 mL de etanol a 30% (v/v) ou etanol de graduação igual ou superior a 77% (v/v) + ↑↓ = Graphites 6CH

MÉTODO HAHNEMANNIANO PARA A ESCALA CINQUENTA MILESIMAL

Insumos Inertes

O método desenvolvido por Hahnemann para a escala cinquenta milesimal emprega a lactose para a fase sólida da técnica (trituração até 3CH), e água purificada e etanol a 96% (v/v) para a fase líquida (diluição seguida de sucussões). Usar etanol a 30% (v/v) para a dispensação e etanol a 20% (v/v) para dissolver o triturado.

Material

- Gral de porcelana.
- Pistilo de porcelana.
- Espátula de porcelana.
- Proveta.
- Cálice.
- Bastão de vidro.
- Conta-gotas com cânula de vidro padronizada (20 gotas correspondem a 1 mL de água purificada).
- Flaconetes de 5 mL, acompanhados de tampa e batoque bolha.
- Microglóbulos padronizados de tal forma que, para cada 100 deles, têm-se 0,063 g.
- Anteparo semirrígido ou almofada contadora, para as sucussões.
- Papel para pesagem.
- Colher para pesagem.
- Placa de petri.
- Papéis de filtro.
- Frasco de vidro âmbar, com tampa e batoque, para dispensação do medicamento.

Técnica de Preparação

1. Triturar o ponto de partida (droga mineral ou biológica, vegetal ou animal) até 3CH, conforme a técnica de trituração. Sempre que possível usar droga vegetal, animal ou biológica no estado fresco. Excepcionalmente, poderá ser usada TM. Contudo, nesse caso, sua *força medicamentosa* deverá ser corrigida, com posterior evaporação. Por exemplo: uma tintura-mãe a 10% apresenta uma força medicamentosa de 1/10 (uma parte da droga está contida em 10 partes da quantidade final de TM). Assim, para corrigir a força medicamentosa, é necessário adicionar 10 partes da TM em cem partes de lactose, misturar e deixar secar em temperatura inferior a 50°C, antes de proceder à primeira trituração centesimal. Para uma TM de origem animal a força medicamentosa é de 1/20 (5%). Nesse caso, é necessário adicionar 20 partes da TM em 100 partes de lactose. Segundo o § 270 da 6ª edição do *Organon*, se a substância a ser triturada for líquida, deve-se usar apenas uma gota dela. Todavia, julgamos importante manter a proporcionalidade de 1/100 também para os líquidos (p/p), ou seja, devemos pesar uma gota ou mais do líquido a ser triturado

e multiplicar o resultado obtido por 99 para saber a quantidade de lactose a ser empregada no processo de trituração.

2. Em um cálice, dissolver 0,063 g da 3CH trit. em 500 gotas de etanol a 20% (v/v), obtidas com o conta-gotas calibrado. Cabe ressaltar que cada gota dessa solução contém 1/500 da 3CH trit.

3. Transferir uma gota da solução acima para um flaconete de 5 mL.

4. Acrescentar 100 gotas de etanol a 96% (v/v), sempre com conta-gotas calibrado, sobre a gota que está no flaconete, que será preenchido com mais ou menos 2/3 do seu volume. Cabe ressaltar que, segundo a 3ª edição da *Farmacopeia homeopática brasileira*, o líquido a ser dinamizado deverá ocupar entre 1/2 e 2/3 da capacidade do frasco dinamizador.

5. Sucussionar 100 vezes. Está pronta a 1LM líquida (primeiro grau de dinamização). Uma gota da 1LM líquida contém 1/50 mil da 3CH trit., pois a gota que continha 1/500 da 3CH trit. foi diluída 100 vezes ($1/500 \times 1/100 = 1/50$ mil).

6. Em outro flaconete de 5 mL, colocar 500 microglóbulos (mcglob.). Cada 100 mcglob. pesam 0,063 g, aproximadamente. Portanto, 500 mcglob. pesam 0,315 g.

7. Acrescentar uma gota da 1LM líquida sobre os 500 mcglob. Agitar o flaconete de tal forma que todos os mcglob. possam ser igualmente embebidos pela gota.

8. Colocar os mcglob. embebidos sobre uma placa de petri forrada com papel de filtro, para secá-los.

9. Guardar os mcglob. em um flaconete bem fechado, ao abrigo da luminosidade, e identificá-los com o nome do medicamento acompanhado de 1LM.

10. Para preparar a 2LM, em um flaconete, dissolver 1 mcglob. da 1LM em 1 gota d'água purificada. Cabe ressaltar que esse mcglob. contém, em tese, 1/500 da gota do primeiro grau de dinamização.

11. Acrescentar ao flaconete 100 gotas de etanol a 96% (v/v).

12. Sucussionar 100 vezes. Está pronta a 2LM líquida (segundo grau de dinamização). Uma gota dessa solução contém 1/50 mil da 1LM, pois o mcglob. que continha 1/500 da 1LM líquida foi diluído 100 vezes ($1/500 \times 1/100 = 1/50$ mil).

13. Em outro flaconete colocar 500 mcglob. padronizados (0,315 g).

14. Acrescentar uma gota da 2LM líquida sobre os 500 mcglob. Girar o flaconete de forma que todos os mcglob. possam ser igualmente embebidos pela gota.

15. Colocar os mcglob. embebidos sobre uma placa de petri forrada com papel de filtro, para secá-los.

ESCALAS E MÉTODOS DE PREPARAÇÃO DAS FORMAS FARMACÊUTICAS DERIVADAS 141

16. Guardar os mcglob. em um flaconete bem fechado, ao abrigo da luminosidade, e identificá-los com o nome do medicamento acompanhado de 2LM.

17. Para as demais potências, empregar a mesma técnica.

Para a dispensação do medicamento, dissolver 1 mcglob. na potência desejada, em uma gota de água purificada, e adicionar etanol a 30% (v/v), devendo o volume dispensado ocupar 2/3 da capacidade do frasco. Esse método, criado por Hahnemann, por suas particularidades e importância, será descrito e comentado no Capítulo 8.

MÉTODO KORSAKOVIANO PARA A ESCALA DECIMAL A PARTIR DA TINTURA-MÃE, DE DROGA SOLÚVEL E INSOLÚVEL

Insumos Inertes

Para as seis primeiras dinamizações decimais, utilizar insumo inerte de título hidroetanólico igual ao da tintura-mãe ou, no caso de drogas solúveis, o mesmo insumo inerte que dissolveu a droga. Para as potências intermediárias e matrizes, usar etanol a 77% (v/v). Para a última potência, o insumo inerte a ser empregado dependerá da forma farmacêutica a ser dispensada, se líquida (dose única líquida e solução oral a ser administrada sob a forma de gotas) ou sólida (dose única sólida, glóbulos, comprimidos, tabletes e pós). Para as drogas insolúveis, usar a lactose como insumo inerte.

Material

Para a preparação das formas farmacêuticas derivadas da TM e de drogas solúveis por meio do método korsakoviano para a escala decimal, recomendamos os seguintes materiais:

- Único frasco de vidro âmbar, de 15 mL de capacidade, para ser usado na dinamização (frasco dinamizador), munido de tampa e batoque tipo bolha. Esse frasco tem capacidade 1/3 superior ao volume do líquido a ser sucussionado.
- Dispensadores, para armazenagem e medida dos volumes dos principais insumos inertes utilizados, como água purificada, etanol a 30% (v/v), eta-

nol a 45% (v/v), etanol a 65% (v/v), etanol a 77% (v/v), etanol a 90% (v/v) e etanol a 96% (v/v).

- Micropipeta de 1 mL de capacidade, para a medida do volume do insumo ativo.
- Ponteira descartável para a micropipeta.
- Pipeta de 10 mL.
- Bastão de vidro ou outro dispositivo adequado para a retirada do batoque, de maneira a impedir uma possível contaminação dos líquidos utilizados durante o processo.
- Cálice para a solubilização das drogas.
- Colher de aço inoxidável.
- Papel de pesagem (papel-manteiga, por exemplo).
- Balança eletrônica de precisão com sensibilidade de 0,001 g, com carga máxima para 200 g.
- Anteparo semirrígido, almofada contadora ou braço mecânico, para as sucussões.
- Para a preparação das formas farmacêuticas derivadas obtidas com o método korsakoviano, na escala decimal, a partir de drogas insolúveis, acrescentar os materiais citados na técnica da trituração descrita anteriormente.

Técnica de Preparação

1. Adicionar 1 mL de tintura-mãe em um frasco de 15 mL de capacidade. No caso de insumo ativo solúvel, pesar 1 g e colocá-lo em um cálice.
2. Agregar 9 mL de insumo inerte no frasco que contém a tintura-mãe. Para o insumo ativo solúvel, acrescentar quantidade suficiente de insumo inerte para 10 mL (2/3 da capacidade do frasco) ao cálice que contém a droga pesada. Não se esquecer de usar o mesmo insumo inerte que diluiu a tintura-mãe e a droga, até a sexta dinamização decimal preparada segundo o método korsakoviano.
3. Proceder a 100 sucussões vigorosas. Temos a proporção de uma parte do insumo ativo para dez partes do insumo inerte. Está pronta a 1D.
4. Com a pipeta de 10 mL, desprezar 9 mL da dinamização 1D, de forma que fique 1 mL dela no frasco dinamizador.
5. Agregar 9 mL de insumo inerte no mesmo frasco dinamizador em que está a 1D.
6. Executar 100 sucussões vigorosas. Temos a proporção de uma parte da TM ou da droga solúvel para cem partes do insumo inerte. Está pronta a 2D.
7. Com a pipeta de 10 mL, desprezar 9 mL da dinamização 2D, de forma que fique 1 mL dela no frasco dinamizador.

ESCALAS E MÉTODOS DE PREPARAÇÃO DAS FORMAS FARMACÊUTICAS DERIVADAS   143

8. Agregar 9 mL de insumo inerte no mesmo frasco dinamizador em que está a 2D.
9. Executar 100 sucussões vigorosas. Temos a proporção de uma parte da TM ou da droga solúvel para mil partes do insumo inerte. Está pronta a 3D.
10. Proceder do mesmo modo para as demais dinamizações.

Somente será possível adotar o método korsakoviano para a escala decimal a partir de droga insolúvel se utilizarmos como ponto de partida a 6DH trituração. Para solubilizar a 6DH trit., dissolver, até completa dissolução e resfriamento, uma parte do triturado em dez partes de água purificada aquecida entre 40°C e 45°C. Sucussionar 100 vezes para obter a 7DH. A partir disso, preparar de acordo com o método korsakoviano descrito para a escala decimal.

MÉTODO KORSAKOVIANO A PARTIR DA POTÊNCIA 30CH

Insumos Inertes

O insumo inerte empregado nas preparações intermediárias obtidas por meio do método korsakoviano a partir da potência 30CH é o etanol a 77% (v/v). Para a última potência, o insumo inerte a ser utilizado vai depender da forma farmacêutica a ser dispensada, se líquida (dose única líquida e preparações líquidas administradas sob a forma de gotas) ou sólida (dose única sólida, glóbulos, comprimidos, tabletes e pós).

Material

- Único frasco de vidro âmbar, para ser utilizado na dinamização (frasco dinamizador), munido de tampa e batoque tipo bolha. O líquido a ser dinamizado deverá ocupar de 1/2 a 2/3 da capacidade do frasco para que ocorra um bom vascolejamento.
- Dispensadores, para armazenagem e medida dos volumes dos principais insumos inertes utilizados, como etanol a 77% (v/v), para as dinamizações intermediárias, e etanol a 30% (v/v) na dispensação.
- Bastão de vidro ou outro dispositivo adequado para a retirada do batoque, de maneira a impedir uma possível contaminação dos líquidos utilizados durante o processo.
- Cronômetro.

- Anteparo semirrígido, almofada contadora ou braço mecânico, para as sucussões.

Técnica de Preparação

1. Colocar no frasco dinamizador quantidade suficiente da potência 30CH de modo que possa ocupar de 1/2 a 2/3 de sua respectiva capacidade.
2. *Emborcar* o frasco, deixando escoar livremente o líquido por 5 segundos.
3. Adicionar o insumo inerte no mesmo frasco de modo que restabeleça o volume anteriormente estabelecido.
4. Executar 100 sucussões. Está pronta a 31K.
5. Para obter as demais potências, repetir esse procedimento.

Segundo a 3ª edição da *Farmacopeia homeopática brasileira*, a dispensação do medicamento preparado por meio do método korsakoviano deve acontecer somente a partir da 31K até a 100.000K. Considera ainda que é vedada a armazenagem de medicamentos elaborados por esse método.

O *Manual de normas técnicas para farmácia homeopática* propõe o aperfeiçoamento do método farmacopeico apresentado anteriormente por meio da seguinte técnica:

1. Tarar o frasco dinamizador.
2. Colocar nesse frasco a potência 30CH do medicamento a ser dinamizado, de modo que o volume da diluição a ser sucussionada ocupe no mínimo metade e no máximo 2/3 de sua capacidade.
3. Escoar o conteúdo do frasco dinamizador.
4. Desemborcar esse frasco e pesá-lo, a fim de calcular a quantidade de insumo ativo que ficou retida nas paredes internas.
5. Acrescentar quantidade suficiente de insumo inerte para completar cem partes à parte que ficou retida nas paredes internas do frasco dinamizador de modo que o volume total ocupe no máximo 2/3 de sua capacidade.
6. Executar 100 sucussões. Está pronta a 31K.
7. Para obter as demais potências, repetir esse procedimento.

Com essa técnica é possível validar o método para 1% de insumo ativo por meio de pesagem em balança. Ela pode ser substituída por qualquer outra técnica que permita verificar com precisão a quantidade de insumo ativo retida no frasco após seu esvaziamento.

MÉTODO DE FLUXO CONTÍNUO A PARTIR DA POTÊNCIA 30CH

Insumo Inerte

O insumo inerte usado nas preparações intermediárias obtidas por meio do método de fluxo contínuo a partir da potência 30CH é a água purificada.

Dinamizador de Fluxo Contínuo

As altíssimas dinamizações são praticamente impossíveis de serem preparadas à mão. Para tanto, essas potências são obtidas por meio de um aparelho denominado dinamizador de fluxo contínuo (Figura 11), o qual é composto, basicamente, das seguintes partes:

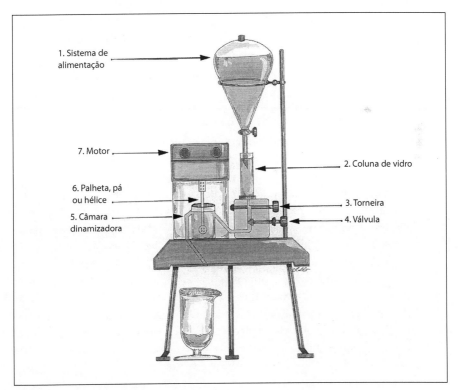

Figura 11 Dinamizador de fluxo contínuo.

1. Sistema de alimentação composto por um funil de separação de fases, que serve de reservatório do insumo inerte.
2. Coluna de vidro para manter a pressão d'água estável do início ao fim do processo, garantindo, desse modo, um fluxo contínuo e constante.
3. Torneira para permitir o escoamento da água do reservatório do insumo inerte para a câmara de dinamização.
4. Válvula para o controle do fluxo d'água proveniente do reservatório superior. Ela deve permitir o escoamento para a câmara de dinamização de volume de insumo inerte suficiente para preenchê-la ao mesmo tempo em que o motor proporciona cem rotações.
5. Câmara dinamizadora, também conhecida como ampola dinamizadora ou cachimbo dinamizador, de vidro termorresistente, para poder ser esterilizado, com uma entrada superior para o insumo inerte e uma saída lateral para a retirada das dinamizações.
6. Palheta, pá ou hélice de vidro, também termorresistente, para promover o turbilhonamento da diluição.
7. Motor com capacidade suficiente para promover, com a palheta, o turbilhonamento do meio líquido, a fim de liberar energia medicamentosa.

Para a padronização da técnica, os dinamizadores de fluxo contínuo devem apresentar algumas características obrigatórias, e para obtenção de medicamentos de qualidade os operadores precisam tomar alguns cuidados especiais.

- A entrada do insumo inerte na câmara deve acontecer próxima ao centro do *vórtice* do líquido em dinamização. Assim, a água que entra na câmara de dinamização pode ser turbilhonada antes de ser expulsa.
- A capacidade total da câmara deve ser medida até a altura da saída lateral do líquido, com o aparelho em funcionamento.
- Cem sucussões correspondem a cem rotações da palheta dinamizadora.
- As partes que entram em contato com o líquido dinamizado (câmara de dinamização e palheta dinamizadora) devem ser de material termorresistente, para serem devidamente lavadas em água purificada e, a seguir, esterilizadas, a cada nova dinamização.
- As partes que entram em contato com o insumo inerte (funil de separação de fases, coluna de vidro e válvula de regulagem do fluxo) devem ser lavadas em água purificada e esterilizadas. Os anéis de vedação dessas partes, geralmente feitos de plástico ou de borracha de qualidade, devem ser lavados em água purificada e deixados imersos por 2 horas em solução de etanol a 77% (v/v) e trocada periodicamente por novos. Tudo deve estar seco e limpo antes do início do processo de preparação das altas potências.

ESCALAS E MÉTODOS DE PREPARAÇÃO DAS FORMAS FARMACÊUTICAS DERIVADAS   147

- A potência desejada será determinada pelo tempo necessário para sua obtenção. Alcançado o tempo programado para o término da operação, desligar simultaneamente a entrada de água e o motor.
- O processo será interrompido sempre duas dinamizações anteriores àquela que se pretende obter. Fazer mais duas dinamizações manuais de acordo com o método hahnemanniano: a primeira preparada em etanol a 77% (v/v), para ficar armazenada no estoque e servir como matriz, e a segunda para atender à prescrição médica.
- As potências que deverão ficar estocadas como matrizes são: 199FC, 499FC, 999FC, 4.999FC, 9.999FC, 49.999FC e 99.999FC, para preparar, respectivamente, as potências 200FC, 500FC, 1MFC, 5MFC, 10MFC, 50MFC e 100MFC.
- Segundo a 3ª edição da *Farmacopeia homeopática brasileira*, a dispensação do medicamento homeopático obtido a partir do método de fluxo contínuo deve dar-se somente a partir da 200FC até a 100.000FC, como limite máximo.
- A calibração da entrada de água purificada na câmara de dinamização é fundamental para que ocorra um fluxo contínuo e constante. Ela depende, basicamente, da capacidade da câmara de dinamização e do número de rotações que o motor proporciona a cada minuto. Ela deve ser realizada sempre que o aparelho for novamente montado, após ter sido feita sua manutenção e limpeza.

Calibração do Fluxo

Com o dinamizador de fluxo contínuo montado, o funil de separação de fases com água purificada e a câmara de dinamização vazia, a operação de calibração pode ser iniciada.

Fazer os seguintes cálculos, tomando como exemplo um aparelho de fluxo contínuo com uma câmara de 2 mL de capacidade e com um motor de 3.600 rpm:

3.600 rotações————60 segundos
100 rotações————X segundos
X = 1,66666 segundos

Portanto, para cada cem rotações temos 1,66666 segundo, ou seja, 2 mL devem passar pela câmara de dinamização em 1,66666 segundo. Como é impossível medir 2 mL nesse curto espaço de tempo, deve-se usar um cálice de 60 mL como padrão:

2 mL ——————— 1,66666 segundo
60 mL ——————— X segundos
X = 50 segundos

- Abrir a válvula de controle do fluxo e acionar o motor deixando fluir a água até que a câmara de dinamização fique totalmente cheia e comece a vazar pela saída lateral através de um dreno ligado à pia, por exemplo.
- Fechar a válvula de controle do fluxo, esperar o término da saída da água e desligar o motor.
- Trocar o dreno por um cálice de 60 mL, conforme o exemplo dado, para a coleta da água que sai pela lateral da câmara de dinamização.
- Iniciar o processo, abrindo a válvula de controle do fluxo e ao mesmo tempo acionando o motor.
- Anotar o tempo necessário para que o nível atinja 60 mL.
- Repetir a operação, regulando a válvula de controle do fluxo até que esse tempo seja de 50 segundos.
- Está pronta a calibração do fluxo de água que entrará na câmara de dinamização. Refazer os cálculos quando a capacidade da câmara de dinamização e a velocidade do motor forem outras.

Técnica de Preparação

Tomando por base um aparelho de fluxo contínuo com câmara de dinamização com capacidade de 2 mL e com motor de 3.600 rpm, teremos o tempo de 1,6666 para cada dinamização, conforme visto anteriormente.

Para preparar uma 200FC, por exemplo, faremos os seguintes cálculos antes de iniciar o processo básico de dinamização com o aparelho de fluxo contínuo:

$$N = (FC - 2) - 30CH$$

Em que:
N = número de dinamizações
FC = potência FC final

Assim, para 200FC, teremos:

N = (200FC – 2) – 30CH
N = 198FC – 30CH
N = 168 dinamizações
Se, para cada dinamização, são consumidos 1,66666 segundo (s),
teremos: 1,66666 s × 168 dinamizações = 280 s

ESCALAS E MÉTODOS DE PREPARAÇÃO DAS FORMAS FARMACÊUTICAS DERIVADAS   149

Para saber o volume de insumo inerte a ser colocado no reservatório de água purificada, basta multiplicar o fluxo pelo tempo:

$V = F \times T$
$V = 60 \text{ mL}/50 \text{ s} \times 280 \text{ s}$
$V = 336 \text{ mL}$

O procedimento padrão para o método do fluxo contínuo é o seguinte:
1. Preparar uma 30CH em etanol a 77% (v/v) (ponto de partida para as dinamizações preparadas pelo método de fluxo contínuo).
2. Encher a câmara de dinamização com a potência 30CH preparada em etanol a 77% (v/v).
3. Acrescentar quantidade suficiente de água purificada no reservatório superior e na coluna. Se o volume de solvente para atingir a dinamização desejada for superior à capacidade do reservatório de água purificada, alimentar o funil de separação de fases ao longo do processo. Isso pode ser realizado sem interrupção da dinamização.
4. Acionar simultaneamente a entrada de água e a rotação do motor.
5. Esgotado o tempo previsto para a operação, interromper o processo.
6. Realizar mais duas dinamizações manuais (1/100).

Tabela 7. Tempo e volume necessários para preparar as potências com o aparelho de fluxo contínuo, considerando o volume útil da câmara de dinamização = 2 mL; a velocidade do motor = 3.600 rpm; o fluxo de entrada na câmara de dinamização = 72 mL/min (60 mL/50 s); o tempo para cada dinamização (100 rotações) = 1,66666 s; o número de dinamizações = N = (FC – 2) – 30CH; o volume total (mL) = 72 mL/min × t (min); e mais duas dinamizações manuais ao final do processo.

Ponto de partida	FC final	Tempo (s)	Volume (mL)
30CH	200	280	336
30CH	500	780	936
30CH	1.000	1.613	1.636
30CH	5.000	8.280	9.936
30CH	10.000	16.613	19.936
30CH	50.000	83.280	99.936
30CH	100.000	166.613	199.936

O *Manual de normas técnicas para farmácia homeopática* sugere a utilização da técnica da microgota a partir da potência 50.000FC (50MFC), a fim de possibilitar a oferta de dinamizações mais altas, com consequente diminuição de consumo de água purificada e tempo. O manual da ABFH propõe a adoção da técnica indicada pela 3ª edição da *Farmacopeia homeopática brasileira* até a 50MFC, e acima dessa potência reduzir a quantidade de insumo ativo inicial para 0,05%. Para uma câmara de dinamização de 2 mL, por exemplo, utilizar 0,001 mL de insumo ativo obtido por meio de uma micropipeta ou através de sua diluição em água purificada: 0,05 mL de insumo ativo para 2,5 mL de água purificada, homogeneizar e, dessa solução, retirar 0,05 mL. O insumo ativo assim obtido (0,001 mL, que é igual a 0,05% de 2 mL) será colocado na câmara de dinamização, que será, a seguir, preenchida com água purificada. A potência usada como ponto de partida para a técnica da microgota é o medicamento na potência 50.000FC e os pontos de parada sugeridos são a cada 10 mil dinamizações. Os demais passos são os mesmos apresentados pela *Farmacopeia homeopática brasileira*, para a preparação de medicamentos homeopáticos a partir do método de fluxo contínuo.

GLOSSÁRIO

EMBORCAR. Virar de cabeça para baixo.

FORÇA MEDICAMENTOSA. Hahnemann considerava o suco do vegetal fresco como força medicamentosa. Assim, a tintura-mãe que ele preparava a partir de partes iguais de suco de vegetal prensado e etanol a 90% apresentava uma força medicamentosa de 50%, ou seja, uma parte da droga mais uma parte do veículo, totalizando duas partes de TM final (metade). A 3ª edição da *Farmacopeia homeopática brasileira* toma como base o resíduo sólido para a preparação da TM e considera sua força medicamentosa igual a 10%, pois a tintura-mãe final resultante perfaz dez vezes a quantidade desse resíduo sólido.

MATRIZES. As potências de estoque também são chamadas de matrizes, ou seja, as formas farmacêuticas derivadas que constituem estoque para a elaboração dos medicamentos homeopáticos em potências superiores. Em geral, são estocadas, com as tinturas-mães, as matrizes cujas potências são imediatamente anteriores às que mais são dispensadas, como 5CH, 11CH, 29CH e 199CH para a escala centesimal.

VASCOLEJAMENTO. Mistura enérgica de um líquido contido num frasco.

VÓRTICE. Turbilhão formado pela agitação forte do líquido pela ação da hélice ligada ao motor.

REFERÊNCIAS BIBLIOGRÁFICAS

AMERICAN INSTITUTE OF HOMEOPATHY. The homoepathic pharmacopoeia of the United States. 9th ed. 1999.

ASSOCIAÇÃO BRASILEIRA DE FARMACÊUTICOS HOMEOPATAS (ABFH). Manual de normas técnicas para farmácia homeopática. 2ª ed. São Paulo; 1995.

ASSOCIAÇÃO BRASILEIRA DE FARMACÊUTICOS HOMEOPATAS (ABFH). Manual de normas técnicas para farmácia homeopática: ampliação dos aspectos técnicos e práticos das preparações homeopáticas. 3ª ed. Curitiba; 2003.

ASSOCIAÇÃO BRASILEIRA DE FARMACÊUTICOS HOMEOPATAS (ABFH). Manual de normas técnicas para farmácia homeopática: ampliação dos aspectos técnicos e práticos das preparações homeopáticas. 4ª ed. São Paulo; 2007.

MARTINEZ JA. Farmácia homeopática. Buenos Aires: Albatros; 1983.

MINISTÉRIO DA SAÚDE. Resolução RDC n. 67, de 8 de outubro de 2007. Aprova o regulamento técnico sobre boas práticas de manipulação de preparações magistrais e oficinais para uso humano em farmácias e seus anexos. Diário Oficial da União da República Federativa do Brasil. Brasília, 9 de outubro de 2007.

MINISTÉRIO DA SAÚDE. Farmacopeia homeopática brasileira. 3ª ed. Disponível em: http://www.anvisa.gov.br/farmacopeiabrasileira/homeopatica.htm. Acesso em: 22 dez. 2011.

PHARMACOTECHNIE ET MONOGRAPHIES DES MÉDICAMENTS COURANTS. Vol. 1 Lyon: Syndicat des Pharmacies et Laboratoires Homéopathiques; 1979.

PHARMACOTECHNIE ET MONOGRAPHIES DES MÉDICAMENTS COURANTS. Vol. 2. Lyon: Syndicat des Pharmacies et Laboratoires Homéopathiques; 1981.

SILVA JB. Farmacotécnica homeopática simplificada. 2ª ed. São Paulo: Robe; 1997.

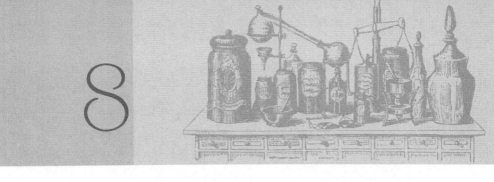

8
Método da cinquenta milesimal

Amarilys de Toledo Cesar

INTRODUÇÃO

Se olharmos para a obra de Hahnemann de maneira histórica, perceberemos que, durante sua vida, sua busca evoluiu para medicamentos que tivessem ação suave, profunda e duradoura. Dessa forma, os medicamentos propostos por ele na póstuma sexta edição do *Organon* podem ser compreendidos, pois antes disso já se preocupava com uma diluição maior das substâncias. No passado já houve problemas em relação à compreensão da técnica ou à obtenção dos glóbulos necessários. Hoje, porém, as dificuldades foram superadas e diversos grupos de homeopatas utilizam as chamadas cinquenta milesimal (LM) de forma exclusiva, sempre descobrindo mais vantagens em seguir a proposta que Hahnemann estabeleceu no final de sua vida. É importante que os farmacêuticos conheçam esse método e possam preparar estes medicamentos com perfeição.

Vamos buscar na história de Hahnemann os motivos para sua proposta visando atingir os objetivos deste capítulo, que são:
- Descrever a técnica de preparo dos medicamentos da 6ª edição do *Organon*, as LM.
- Demonstrar os motivos que o levaram a essa técnica.

HAHNEMANN E A DINAMIZAÇÃO

Após ter constatado a possibilidade de uso da lei dos semelhantes na prática clínica, Hahnemann passou a utilizar medicamentos semelhantes (homeopáticos) aos sintomas que desejava tratar, porém em doses reduzidas. Passou a diluí--los cada vez mais e, por fim, a agitá-los. Percebendo que a ação desses medicamentos, embora destituídos da matéria inicial, aumentava, chamou esse processo de "dinamização" (do grego *dynamis* = "força"). É sempre bom lembrar que os medicamentos homeopáticos "possuem força, isto é, atividade", ainda que sejam muito diluídos. E, para os homeopatas, quanto maior a dinamização, maior a "força" do medicamento.

Dinamização é uma ação mecânica sobre as partículas de um medicamento, acrescidas de um volume maior de uma substância inerte (lactose ou solução hidroalcoólica – excepcionalmente aquosa), que Hahnemann denominou "meio de atenuação". Temos então sempre a presença de um diluente.

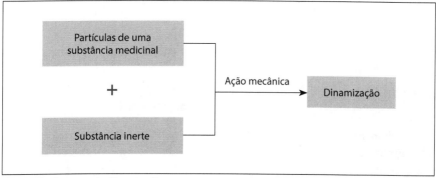

Figura 12 Processo de dinamização.

Segundo Hahnemann, o *meio de atenuação* tem como finalidade "moderar, em algum grau, a força do medicamento, enquanto seu poder de penetração é aumentado". O poder de penetração do medicamento é então incrementado pela ação mecânica (agitação) sobre o sistema.

O método de dinamização passou por diversas fases ao longo da vida de Hahnemann, quando ele experimentou várias combinações entre ação mecânica, meios de atenuação e posologia.

Em uma importante fase, Hahnemann fixou a diluição (atenuação) em 1:100, ou seja, 1 parte do medicamento em 100 partes da substância inerte, a cada passo da dinamização, fazendo poucas sucussões (que podemos supor que eram mais fracas, moderadas, já que posteriormente ele enfatizou que, no novo método, elas deveriam ser "fortes sucussões"). Nessa época ele utilizou os medicamentos centesimais (hoje chamados CH, isto é, centesimais hahnemannianas, e entre nós atualmente feitos com 100 sucussões). Há autores que salientam a importância da qualidade da agitação (isto é, a força, a frequência, o número de sucussões ou, ainda, a força empregada na trituração) na transferência de informação.

Fixada a diluição, Hahnemann variou a quantidade e a intensidade da ação mecânica (agitação), e também a posologia, procurando uma combinação que resultasse em eficácia e suavidade clínicas.

Concluiu que o meio de atenuação centesimal era insuficiente para o preparo de um medicamento de ação eficaz e suave. Assim, afirma Hahnemann, "poucas sucussões fracas, aplicadas no meio de atenuação de 1:100, resultavam em um medicamento fraco e suave", e "diversas sucussões fortes sobre o mesmo meio produziam uma ação terapêutica imediata, mas muito violenta".

A solução que Hahnemann encontrou foi o uso de um meio com maior capacidade de atenuação, isto é, diluir mais, em maior proporção a cada passo de dinamização. Essa diluição maior mostrou-se capaz de "moderar" a força de um medicamento, agora preparado com 100 sucussões fortes a cada passo, sem prejuízo para a eficácia terapêutica. Isto é, o medicamento mais diluído e mais agitado continuava eficaz, porém apresentava mais suavidade, perdia aquela violência antes mencionada.

Em termos gerais, foi assim que Hahnemann passou a diluir mais seus medicamentos. Propôs um novo método de dinamização que resultava em redução material de cerca de (ou, no mínimo, como veremos mais à frente) 50 mil vezes a cada grau de potência. O "novo e melhor método de dinamização" de Hahnemann é hoje conhecido como *cinquenta milesimal* ou LM, já que em algarismos romanos a letra L é igual a 50, e a M, igual a 1.000. Europeus também chamam esse método de *potências Q*, nome originado de quinquagiesmilesimal.

Pode-se encontrar o método LM descrito na *Farmacopeia homeopática alemã* (HAB), porém, com descrição de tamanho inadequado dos glóbulos, pois, segundo a descrição, 470 a 530 glóbulos pesam 1 g, ou seja, 100 glóbulos pesam 0,2 g, o que é muito diferente do definido por Hahnemann, que estabeleceu 100 glóbulos devem pesar um grão, ou 0,063 g. Autores europeus que corrigiram esse engano propõem o uso de glóbulos do tamanho adequado e referem-se aos medicamentos com um nome diferente ("Q"), prescrevendo-os de maneira magistral e não mais oficinal.

Percebemos então que, quando falamos do método hahnemanniano, não estamos mencionando, ao longo da história, um único processo farmacotécnico, mas uma sucessão de aperfeiçoamentos técnicos, inicialmente sobre um meio de atenuação de 1:100, passando por um número diverso de sucussões mais fracas, até chegar à 6ª edição do *Organon*, em que Hahnemann apresenta um novo método de dinamização, não só mais aperfeiçoado, mas também como o primeiro a desenvolver medicamentos poderosos, ainda que suaves, no seu julgamento, e que podiam ser utilizados com risco muito reduzido, mesmo em pacientes fracos e sensíveis.

FARMÁCIA HOMEOPÁTICA: TEORIA E PRÁTICA

Alguns pontos diferenciam fundamentalmente o preparo dos medicamentos antes da 6ª edição do *Organon* com os apresentados a partir dessa obra. Essas diferenças podem ser observadas na Tabela 8.

Tabela 8. Diferenças no preparo dos medicamentos, antes e depois da 6ª edição do *Organon*.

Observações	Antes da 6ª edição	A partir da 6ª edição
Substância de partida	Uso de suco ou tintura-mãe para plantas	Parte da própria substância pura, preferencialmente em estado fresco
Trituração	Trituração só para substâncias insolúveis	Trituração obrigatória para todas as substâncias
Diluição	Diluições na proporção 1/100	Diluições maiores que 1/50.000
Número das sucussões	Duas, dez e cinquenta sucussões	Sempre cem sucussões
Força das sucussões	A força das sucussões não foi mencionada	As sucussões devem ser fortes

Tais diferenças resultam em algumas dificuldades, pois nem sempre conseguimos obter as substâncias que darão origem aos medicamentos, sobretudo com a exigência de estar em seu estado fresco, para ser triturada. Por exemplo, o preparo do medicamento Arnica montana deve ser feito a partir da planta colhida em seu *habitat*, o que é impossível no Brasil. Por outro lado, europeus não conseguem preparar o medicamento Ipecacuanha, a não ser que venham ao Brasil e, mais precisamente, entrem na pré-Floresta Amazônica mato-grossense para obter as partes subterrâneas frescas da *Cephaelis ipecacuanha* (Brot.) A. Rich.

O mesmo ocorre com Lachesis ou Elaps corallinus, preparados a partir de gotas do veneno recém-colhido de serpentes. Essas cobras vivem no Brasil, porém não conseguimos os venenos de outras em estado fresco, como a Cenchris contortrix, da América do Norte, e o Cantharis, pequeno inseto encontrado na Itália e na Espanha.

Como Hahnemann iniciou triturando drogas vegetais secas, passou para extratos líquidos frescos e por fim decidiu, na 6ª edição do *Organon*, triturar todas as substâncias em seu estado fresco, a fim de obter uma padronização que levaria à possibilidade de comparação entre os resultados clínicos de diversos homeopatas, alguns autores não enfatizaram o fato mencionado no final de sua vida, em sua obra póstuma. Por exemplo, o método não foi incluído na *Farmacopeia homeopática alemã*, que também não fornece uma definição clara do termo "fresco".

Tendo em vista tais dificuldades práticas, encontramos no *Manual de normas técnicas para farmácia* da ABFH e na *Farmacopeia homeopática brasileira* a proposta de preparo das LM a partir da TM, que devem ter sua força medicamentosa corrigida. Devemos nos lembrar de que esse ponto é um "jeitinho brasileiro" e não uma proposta de Hahnemann. Sem dúvida, vamos recordar que as tinturas-mães são feitas com plantas frescas ou secas, sendo que este segundo caso ocorre mais no nosso país. E, ainda, que todos os componentes das plantas que não são solúveis no líquido extrator para a obtenção da TM são separados por prensagem seguida de filtração. Com isso, todo o resíduo é desprezado. Percebemos assim que o conselho de Hahnemann, publicado postumamente, de triturar todas as substâncias, é o que melhor aproveita todos os componentes químicos das plantas. Além disso, trabalhando diretamente com uma planta ou um animal fresco, temos matérias-primas ainda com vitalidade. Afinal, é sabida a diferença entre o sabor de uma fruta colhida "do pé" e aquela coletada ainda verde, posteriormente congelada, transportada, resfriada e saboreada apenas vários dias depois.

Obviamente, a correta identificação da substância que dará origem ao medicamento, seja ela de origem vegetal, animal ou mineral, assim como seu estado de frescor, quando aplicável, são também importantes para a qualidade do medicamento homeopático, seja preparado pelo método da cinquenta milesimal, ou por qualquer outro. Diversos autores mencionam problemas em relação à qualidade da matéria-prima que têm ocorrido ao longo dos anos, e que podem ser explicados pela perda de frescor ou de vitalidade das matérias-primas.

No preparo de medicamentos cinquenta milesimal, a trituração completa das substâncias deve ocorrer sempre. Assim, mesmo drogas minerais, como Natrium muriaticum e Petroleum, devem ser sempre trituradas, ainda que seja possível solubilizá-las. Uma vez que a qualidade da trituração influencia no resultado final do medicamento, o tamanho do lote é importante. Assim, uma trituração manual pode ser eficiente, e outras, mecânicas, em volumes maiores, podem não ser satisfatórias. Barthel cita que Spaich (em Tiedemann, M. "Herstellung und Anwendung der LM-Potenzen". *Zschr Klass Homöop*, 1965, 9:262-8) foi capaz de demonstrar que os duros esporos de Lycopodium clavatum só podem ser quebrados usando quantidades específicas.

Pequenos glóbulos feitos de amido e sacarose (microglóbulos) são utilizados neste método, não como veículo para a administração ao paciente, mas durante a dinamização, para "dividir" uma gota. Já que esse glóbulo vai "carregar uma parte" da gota, seu tamanho influencia na quantidade de dinamização que será transferida para diante.

DESCRIÇÃO DO MÉTODO DE PREPARO DOS MEDICAMENTOS

Essas instruções foram obtidas do § 270 da 6ª edição do *Organon* de Hahnemann e têm sido testadas, passo a passo, por um grupo de farmacêuticos e médicos, desde julho de 1990. São também constantemente revisadas e atualizadas, além de testadas na clínica.

Como já afirmamos, todas as substâncias devem ser inicialmente trituradas. Este processo deve ser realizado, seja com plantas frescas, partes de animais, minerais, e mesmo com substâncias líquidas ou solúveis.

A. Trituração

A trituração é feita com pequena parte da substância a ser dinamizada, p. ex., um grão (0,063 g), por 3 horas, com 3 vezes 100 grãos (6,3 g) de lactose, até a obtenção da milionésima parte, em forma pulverizada. Essa quantidade total de trituração de 6,3 g não só mantém a relação 1/100 substância/lactose, como também mostra ser uma quantidade adequada – nem grande, nem pequena – para ser triturada à mão, por 1 hora em cada etapa. O tamanho do gral, do pistilo e da espátula devem ser adequados para a trituração dessas quantidades.

O roteiro para essa trituração e para o preparo das potências cinquenta milesimais pode ser encontrado no § 270 da 6ª edição do *Organon*, assim como no *Manual de normas técnicas para farmácia homeopática* da ABFH e na *Farmacopeia homeopática brasileira*.

1. Colocar uma terça parte de 100 grãos de lactose (2,1 g) em um gral de porcelana. Triturar por alguns minutos, para fechar os poros do gral.
2. Sobre esse pó, colocar um grão (0,063 g) da droga a ser triturada. No caso de a droga ser líquida (como Petroleum ou um veneno de cobra recém-coletado), colocar uma gota no gral. No caso de ser um sólido muito duro (como Ferrum metallicum), deve ser anteriormente pulverizada para atingir um tamanho de partícula inicial semelhante ao da lactose. Se estivermos usando a indicação do *Manual de normas técnicas para farmácia homeopática* da ABFH ou da *Farmacopeia homeopática brasileira*, vamos colocar tantas gotas de TM quantas forem necessárias, fazendo a correção da sua força medicamentosa.
3. Misturar o medicamento e o pó, por um momento, com uma espátula de porcelana. É importante que o material utilizado no gral, no pistilo e na espátula seja igual para evitar que um deles, o mais duro, retire pedaços do outro, mais mole.
4. Triturar vigorosamente, com um pistilo de porcelana, por 6 a 7 minutos. A trituração deve ser feita com força suficiente para que ocorra a trituração do material contido no gral. Se, no entanto, for utilizada força excessiva, a lactose será comprimida muito firmemente contra o gral, e não será possível raspá-la em 4 minutos.

5. Raspar o pó que aderiu ao pistilo e ao fundo do recipiente, com uma espátula, por 3 a 4 minutos, de modo a torná-lo homogêneo.
6. Triturar, sem nenhum acréscimo de substância, por 6 a 7 minutos.
7. Raspar o pó que aderiu ao pistilo e ao fundo do recipiente com uma espátula, por 3 a 4 minutos, de modo a torná-lo homogêneo.
8. Acrescentar a segunda terça parte da lactose (2,1 g).
9. Misturar com a espátula.
10. Triturar por 6 a 7 minutos.
11. Raspar por 3 a 4 minutos.
12. Triturar por 6 a 7 minutos, sem outros acréscimos.
13. Raspar por 3 a 4 minutos.
14. Acrescentar o último terço da lactose (2,1 g).
15. Misturar com a espátula.
16. Triturar por 6 a 7 minutos.
17. Raspar por 3 a 4 minutos.
18. Triturar por 6 a 7 minutos.
19. Raspar por 3 a 4 minutos.
20. Colocar o pó assim preparado em um frasco de vidro, bem fechado e protegido da luz solar direta, recebendo o nome da substância medicinal e a designação de 1º produto, marcado 100. Exemplo: Petroleum 1º produto/100.
21. Para elevar o produto anterior para /10.000, um grão do pó /100 (0,063 g) é misturado com 1/3 de 100 grãos de lactose (6,3 g) pulverizada, seguindo novamente os itens 3 a 19.
22. Colocar o pó assim preparado em um frasco de vidro, bem fechado e protegido de luz solar direta, recebendo o nome da substância medicinal e a designação de 2º produto/10.000.
23. Para elevar o produto anterior para /1.000.000, um grão do pó/10.000 é misturado com 1/3 de 100 grãos de lactose (6,3 g) pulverizada, seguindo novamente os itens 3 a 19.

B. Preparação do 1º grau de potência

1. Para preparar o 1º grau de potência, dissolver um grão (0,063 g) do 3º produto/1.000.000 em 500 gotas de uma mistura de uma parte de álcool e quatro de água destilada. Durante todo esse processo, deve-se usar cânulas padronizadas, de tal forma que para cada 1 mL de água destilada se obtenham 20 gotas.
2. Dessa solução, colocar 1 gota em um pequeno frasco de vidro, de 5 mL, e acrescentar 100 gotas de etanol a 96%. Esse frasco ficará preenchido com 2/3 do seu volume pela solução.

3. Aplicar 100 fortes sucussões contra um corpo duro, porém elástico. Esse é o medicamento no 1º grau de dinamização.
4. Com essa solução, umedecer 500 pequenos glóbulos de sacarose e amido, comumente chamados de "microglóbulos". Esses glóbulos devem ser de um tamanho tal que 100 deles devem pesar um grão (0,063 g). Umedecer bem esses glóbulos e separá-los rapidamente sobre papel de filtro para secar. Colocar em um frasco de vidro bem fechado, protegido da luz solar e do calor, recebendo o sinal I de potência (1LM).

C. Preparo dos demais graus de potência

1. Para preparar o 2º grau de potência, tomar somente um glóbulo da potência I para prosseguir com a dinamização, colocando-o em um segundo frasco de vidro, com uma gota de água para dissolvê-lo.
2. Acrescentar 100 gotas de etanol a 96%.
3. Aplicar 100 sucussões fortes. Esse é o medicamento no 2º grau de dinamização.
4. Com o 2º grau de dinamização, umedecer bem 500 glóbulos e separá-los rapidamente sobre papel de filtro para secar. Colocar em um frasco de vidro bem fechado, protegido da luz solar e do calor, recebendo o sinal II de potência (2LM).
5. Para preparar os demais graus de potência, seguir o método descrito nos itens 1 a 4.

Observações referentes a esta parte:

- Um "glóbulo-padrão", isto é, aquele composto por sacarose e amido, e de um peso cuja centena, após tamisação para homogeneização, pese um grão, "carregará consigo" uma fração ainda menor que 1/500 da gota de álcool, pois, segundo as observações de Hahnemann, 500 desses glóbulos não absorvem totalmente uma gota para o seu umedecimento, e existe sobra de líquido nas paredes do recipiente. Faça o teste usando uma solução alcoólica 96ºGL colorida para observar como a impregnação realmente ocorre.
- Esse glóbulo-padrão proporcionará redução material superior a 1/500 quando, bem umedecido com determinada potência, for empregado para o preparo da potência seguinte. Percebemos então que é a partir da "divisão" da gota sobre os glóbulos que ocorre a "diluição", ou melhor, a redução material.
- A redução material superior a 1/500, proporcionada pelo glóbulo-padrão (que carrega consigo uma fração ainda menor que 1/500 da gota de álcool),

multiplicada pela diluição em 100 gotas de álcool, resultará em redução material de 50 mil vezes, e ainda maior, a cada grau de dinamização. Portanto, a cada potência cinquenta milesimal, há a "diluição" (redução material) de mais de 50 mil vezes.

- Desde que um glóbulo-padrão esteja "bem umedecido" com a solução alcoólica de determinada potência, ele carregará consigo uma quantidade aproximadamente constante dessa solução. É por essa razão que Hahnemann estabelece que "glóbulos sejam umedecidos", sem determinar a quantidade da solução ou de glóbulos a serem usados, pois elas não interferem no processo de redução material efetuado pelo glóbulo-padrão bem umedecido. Podemos pensar que o glóbulo-padrão é um veículo carregador de determinada quantidade de dinamização, não importando qual seja a quantidade, desde que esta quantidade seja constante, o que depende do tamanho do veículo (glóbulo) e de seu "carregamento" (deve estar saturado de dinamização, o que é garantido pela sobra de líquido nas paredes do frasco onde a impregnação está sendo feita).

- A referência a 500 glóbulos não foi feita por Hahnemann como um padrão técnico no preparo, mas para explicar por que um glóbulo-padrão, cuja centena pesa um grão, dinamizado com 100 gotas de álcool, representa uma proporção como se fosse 1/50 mil e ainda maior, já que sobra líquido.

- Quando Hahnemann preceituou que 100 glóbulos deveriam pesar 1 grão, essa afirmação determinou uma massa e, consequentemente, um tamanho para os glóbulos, de forma que cada um deles "carregue" sempre uma pequena e constante quantidade da dinamização. Se utilizarmos glóbulos maiores ou menores, em cada um dos passos essa quantidade de dinamização transportada será diferente. Por esse motivo o tamanho dos glóbulos empregados na dinamização é importante.

NOMENCLATURA

Hahnemann não deu um nome particular a este método. Na nota do § 246 da 6ª edição do *Organon*, ele chamou-o de "meu método alterado, mais aperfeiçoado" ou de "novo processo".

A nomenclatura LM provém da suposição de atenuações na proporção de 1/50 mil (L para 50 e M para 1.000). Porém, como vimos, essa atenuação não ocorre exatamente nessa proporção, sendo ainda maior. Portanto, o nome LM não é o mais correto, ainda que seja o mais utilizado e o indicado em nossas referências.

Esse método é pouco mencionado na literatura. Nas duas farmacopeias em que se encontra citado, a alemã e a indiana, na edição de 1984, percebem-se erros, seja no tamanho dos glóbulos, seja na trituração. Uma vez que a única farmacopeia europeia, a alemã, que descreve esse método indica o uso de glóbulos maiores que os preconizados por Hahnemann, alguns autores têm proposto chamar esses medicamentos de "Q", como já visto. LM para eles é o medicamento oficial, preparado de acordo com a farmacopeia, enquanto "Q" é o nome que recebe o medicamento preparado estritamente de acordo com as instruções de Hahnemann.

AVIAMENTO

Esses medicamentos são aviados na forma líquida, embora possam, excepcionalmente, ser usados como um glóbulo seco na língua. Justifica-se a forma líquida porque ela possibilita a modificação da potência, por meio das sucussões realizadas antes de cada repetição, o que não ocorre com os glóbulos. Portanto, podemos afirmar que o aviamento de potências LM sob a forma de glóbulos contraria o estabelecido por Hahnemann. Necessitando dispensar medicamentos para pacientes dependentes de álcool, foi publicada uma proposta de diluir um microglóbulo e depois utilizar a solução para impregnar glóbulos de tamanho normal, usados para medicar este grupo de pessoas.

Segundo Hahnemann, um glóbulo medicinal (e raramente é necessário o uso de mais de um glóbulo) deve ser dissolvido em 8 a 40 colheres de sopa (de 120 a 600 mL) de água e a solução tem de ser mantida com um pouco de álcool, em frasco para sucussão (isto é, que tenha um terço de espaço livre, suficiente para agitação). O medicamento assim preparado era administrado em colheradas ao paciente.

Para fazermos as sucussões, precisamos usar frascos de 200 a 1.000 mL de capacidade, de forma a existir um espaço vazio para a agitação do seu conteúdo. Frascos tão grandes são difíceis de ser carregados. Por razões de ordem prática, alguns médicos solicitaram a diluição do glóbulo em 20 mL de solução hidroalcoólica. Essa diluição é realizada em frascos de vidro, com capacidade para 30 mL (para haver espaço para a agitação), munidos com conta-gotas. Assim o medicamento é administrado sob a forma de gotas, em vez de colheradas, diretamente na língua, o que facilita muito o transporte e a administração do medicamento, em especial quando o paciente não se sente bem e precisa ser medicado com mais frequência durante o dia.

Outra possibilidade de dispensação é por meio de diluições, já que Hahnemann citava que pacientes sensíveis podiam requerer soluções medicinais mais diluídas do que o habitual. Para facilitar a utilização do medicamento para o paciente, alguns médicos solicitam que o paciente receba seu medicamento já diluído, por exemplo, na segunda diluição, dependendo de sua sensibilidade.

MÉTODO DA CINQUENTA MILESIMAL

Este procedimento é mencionado por Hahnemann, porém, com a finalidade de apresentar uma padronização, um grupo de homeopatas brasileiros apresentou a seguinte proposta já publicada:

Apêndice 1: Diluição padronizada de uma diluição LM para estabilização em álcool.

Método de preparo da primeira diluição

1. Colocar 120 mL de água purificada em um béquer com capacidade para 250 mL.
2. Dissolver um microglóbulo do medicamento solicitado, na diluição LM indicada.
3. Fazer movimentos rápidos e circulares utilizando um bastão de vidro, colher ou pipeta, totalizando vinte voltas.
4. Tomar 2,5 mL da solução, com auxílio de uma colher ou pipeta e transferir esse volume para um frasco de vidro âmbar de capacidade de 30 mL, contendo 17,5 mL de etanol a 30%.
5. Rotular com o nome do medicamento, escala e diluição, seguido do número de diluições, no caso primeira diluição. Exemplo: Sulphur 8LM, 1ª diluição.
6. Os béqueres e a pipeta utilizados deverão ser inativados por meio de exposição ao calor de 150°C durante 1 hora.
7. Alternativamente ao uso de béqueres e pipeta, também podem ser usados copos e colheres de plástico descartáveis.

Método de preparo de diluições maiores

1. Colocar 120 mL de água purificada em um béquer com capacidade para 250 mL.
2. Dissolver um microglóbulo do medicamento solicitado, na diluição LM indicada.
3. Fazer movimentos rápidos e circulares utilizando um bastão de vidro, colher ou pipeta, totalizando vinte voltas.
4. Tomar 2,5 mL da solução, com auxílio de uma colher ou pipeta e transferir esse volume para um segundo béquer de 250 mL, contendo 120 mL de água purificada e proceder os 20 movimentos circulares.
5. Repetir o processo e, quando o número de diluições desejado for atingido, transferir 2,5 mL para um frasco de vidro âmbar de capacidade de 30 mL, contendo 17,5 mL de etanol a 30%.

6. Rotular com o nome do medicamento, escala e diluição, seguido do número de diluições. Exemplo: Sulphur 8LM, 3ª diluição.
7. Os béqueres e a pipeta utilizados deverão ser inativados por meio de exposição ao calor de 150°C durante 1 hora.
8. Alternativamente ao uso de béqueres e pipeta, também podem ser usados copos e colheres de plástico descartáveis.

Posteriormente outra necessidade de prescrição médica precisou ser atendida: diversos organoterápicos dinamizados nesta escala e dispensados juntos, como um complexo. Novamente foi proposta uma padronização, e publicada, de maneira a que o método pudesse ser testado e seguido pelos colegas que se interessassem.

COMENTÁRIOS FINAIS

Após alguns anos de estudo e acompanhamento da prática clínica e farmacêutica, podemos afirmar que hoje esse método é possível de ser executado conforme descrito por Hahnemann. Ele permite seguir uma efetiva padronização, importante para que haja comparações de resultados clínicos e uniformização no preparo dos medicamentos, muito mais do que medicamentos preparados na escala centesimal e decimal (diferentes em relação a TM ou trituração, no número e força das sucussões nos diversos países do mundo e outros aspectos).

Devido à dificuldade em obter as substâncias iniciais para trituração, é costume que os laboratórios fornecedores de insumos dinamizados preservem as potências LM1, comercializando apenas a partir da LM2, que pode então ser prescrita e dispensada por farmácias que não queiram preparar as potências a partir das substâncias iniciais. Por já ocorrer há anos, os prescritores já estão acostumados e aceitam prescrever a partir da LM2, subindo em seguida as potências lentamente, conforme indicado por Hahnemann.

Apesar de ainda ser menos conhecido, e nem sempre bem prescrito e preparado, é, segundo seu criador e pai da homeopatia, Hahnemann, seu melhor método. É importante que sigamos sua orientação fielmente, para que possamos colher bons resultados. É imprescindível que isso seja feito de maneira criteriosa, antes de inserir variáveis desnecessárias, que só trazem falta de padronização ao método.

GLOSSÁRIO

Cinquenta milesimal. Método de preparo de medicamentos, estabelecido por Hahnemann, apresentado no § 270 da 6ª edição do *Organon*.

MÉTODO DA CINQUENTA MILESIMAL 165

POTÊNCIAS Q. Nome dado por grupos europeus às cinquenta milesimais, originado da palavra latina "quinquagiesmilesimal", que é o ordinal para 50 mil.

REFERÊNCIAS BIBLIOGRÁFICAS

ADLER U, et al. Técnicas de dinamização, divergências e necessidade de padronização. Revista de Homeopatia. 1992;57(1,2,3,4):20-8.

ADLER U, et al. LM or Q potencies: retrospection of its use during 15 years in Brazil. Homeopathic Links. 2005;2:87-91.

ADLER U, et al. Da padronização farmacêutica à pesquisa clínica: 20 anos de experiência com diluições cinquenta-milesimais. Revista de Homeopatia. 2010;73(1/2):57-67.

AMBULATÓRIO MÉDICO HAHNEMANNIANO (IAKAP). Manual clínico. São Paulo: Robe; 1993.

ASSOCIAÇÃO BRASILEIRA DE FARMACÊUTICOS HOMEOPATAS (ABFH). Manual de normas técnicas para farmácia homeopática: ampliação dos aspectos técnicos e práticos das preparações homeopáticas. 4ª ed. São Paulo; 2007.

BARTHEL P. Das Vermächtnis Hahnemanns – die Qualität der homöopathischen Arznei. Zeitschrift für Klassische Homöopathie; 1993. Versão inglesa por A. R. Meuss.

BARTHEL P. O legado de Hahnemann: as potências Q (LM). Revista de Homeopatia. 1993;58(1):13-23.

BARTHEL P. O legado de Hahnemann: padrões de qualidade para medicamentos homeopáticos. Cultura Homeopática. 2004;8(3):6-12.

CESAR AT, et al. Os medicamentos da 6ª edição do Organon: o método de dinamização mais aperfeiçoado de Hahnemann. In: Nassif MRG. Compêndio de homeopatia. Vol. 2. São Paulo: Robe; 1995.

CESAR A, et al. Proposta de padronização farmacotécnica para dispensação não farmacopeica de medicamentos homeopáticos em potências cinquenta-milesimais (LM) diluídas, em complexos e em glóbulos. Revista de Homeopatia. 2014; 77(1/2): 21-27. http://www.aph.org.br/revista/index.php/aph/article/viewFile/280/341

FERREIRA AB de H. Novo dicionário da língua portuguesa. 2ª ed. 24ª impressão. Rio de Janeiro: Nova Fronteira; 1986. p.591.

HAHNEMANN SCF. Organon of Medicine. 6th ed. Nova Délhi: B. Jain Publishers; 1985. 4.1 – § 246, nota; 4.2 – Id., ibid., § 248; 4.3 – Id., ibid., § 270.

HAHNEMANN SCF. The chronic diseases. 2nd ed. Nova Délhi: B. Jain Publishers; 1990. p.150, nota.

HOMÖOPATHISCHES ARZNEIBUCH. 1. Nachtrag zur Gesamtausgabe. Stuttgart: Deutscher Apotheker Vergag; 1991. (Farmacopeia homeopática alemã) Existe tradução para o inglês, publicada pela Bristish Homeopathic Association, como German Homeopathic Pharmacopoeia, apenas do volume publicado em 1978.

KLUNKER W. Anmahnung des HAB I Klassische Homöopathie. 1992;36:22-3.

MINISTÉRIO DA SAÚDE. Farmacopeia homeopática brasileira. 3ª ed. Disponível em: http://www.anvisa.gov.br/farmacopeiabrasileira/homeopatica.htm. Acesso em: 22 dez. 2011.

MINISTRY OF HEALTH. Homoeopathic pharmacopoeia of India. Nova Délhi; 1971.

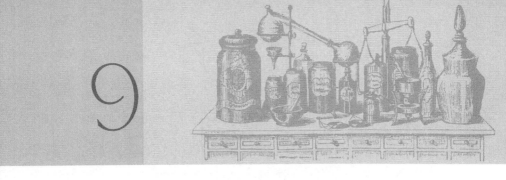

Formas farmacêuticas homeopáticas de uso interno

Olney Leite Fontes

INTRODUÇÃO

As formas farmacêuticas homeopáticas de uso interno podem ser reunidas em dois grandes grupos: líquidas e sólidas. As mais comumente utilizadas no Brasil são as seguintes:

Formas farmacêuticas líquidas
- Gotas
- Dose única líquida
- Formulações líquidas

Formas farmacêuticas sólidas
- Comprimidos
- Glóbulos
- Pós
- Tabletes
- Dose única sólida
- Formulações sólidas

Há, ainda, outras formas farmacêuticas homeopáticas de uso interno citadas em farmacopeias estrangeiras, como ampolas bebíveis, injetáveis e grânulos.

As técnicas descritas neste capítulo para a preparação de medicamentos homeopáticos estão fundamentadas, principalmente, nas orientações da 3ª edição da *Farmacopeia homeopática brasileira*. Porém, embora não seja considerado um documento oficial, apresentamos também as considerações mais importantes encontradas no *Manual de normas técnicas para farmácia homeopática* da ABFH.

GOTAS

Gota é uma forma farmacêutica normalmente dispensada em etanol a 30% (v/v), obtida por meio dos métodos hahnemanniano, korsakoviano e de fluxo contínuo, conforme o volume prescrito pelo clínico. Essa solução oral administrada sob a forma de gotas é uma das mais dispensadas pelas farmácias homeopáticas.

Técnica de Obtenção da Preparação Líquida

1. Preparar o medicamento na potência e escala determinadas pelo clínico, sempre que possível em etanol a 30% (v/v), adotando o método indicado na receita.
2. Transferir o conteúdo do frasco dinamizador, que contém a última potência, para o frasco que será entregue ao paciente. O volume do medicamento a ser dispensado, quando não especificado pelo clínico, é normalmente padronizado pelas farmácias homeopáticas em 15 ou 20 mL.
3. Munir o frasco com conta-gotas, batoque conta-gotas ou outro dispositivo afim.
4. Rotular de acordo com as normas técnicas legais.

EXEMPLO DE SOLUÇÃO ORAL ADMINISTRADA SOB A FORMA DE GOTAS:

Aconitum nap. 6CH 20 mL

Nome do medicamento: Aconitum napellus
Potência: sexta dinamização
Escala: centesimal
Método: hahnemanniano dos frascos múltiplos
Volume: 20 mL

FARMÁCIA CRISTIANO FREDERICO

Rua José P. de Almeida, 343 - 13490-900 - Piracicaba, SP — Tel.: 19-xxxxxxxx
Farmacêutico Responsável: Dr. Olívio Castro de Alcântara - CRF-SP 10.711
CPNJ 38.009 - Licença nº XXX

Paciente: Diógenes M. Diniz   Prescritor: Dr. Amarildo Figueiredo

Aconitum napellus 6CH líquida. Conteúdo: 20 mL
Tomar conforme a prescrição médica.

Farmacopeia Homeopática Brasileira, 3ª edição   Uso: Interno
Lote G0899   Data da Manipulação: 26.12.2012   Validade: 2 anos

FORMAS FARMACÊUTICAS HOMEOPÁTICAS DE USO INTERNO 169

OUTRO EXEMPLO:

Plumbum 30CH 1 frasco

Nome do medicamento: Plumbum metallicum
Potência: trigésima dinamização
Escala: centesimal
Método: hahnemanniano da trituração, para as três primeiras dinamizações, pois se trata de droga insolúvel, e
hahnemanniano dos frascos múltiplos
para as demais dinamizações.

FARMÁCIA CRISTIANO FREDERICO
Rua José P. de Almeida, 343 - 13490-900 - Piracicaba, SP — Tel.: 19-xxxxxxxx
Farmacêutico Responsável: Dr. Olívio Castro de Alcântara - CRF-SP 10.711
CPNJ 38.009 - Licença nº XXX

Paciente: Diógenes M. Diniz   Prescritor: Dr. Amarildo Figueiredo

Plumbum metallicum 30CH líquida. Conteúdo: 15 mL
Tomar conforme a prescrição médica.

Farmacopeia Homeopática Brasileira, 3ª edição   Uso: Interno
Lote G0899   Data da Manipulação: 26.12.2012   Validade: 2 anos

---

Volume: o padronizado pela farmácia, uma vez que ele não foi especificado pelo prescritor.

OUTRO EXEMPLO:

Aurum 5LM 20 mL

Nome do medicamento: Aurum metallicum
Potência: quinto grau de dinamização
Escala: cinquenta milesimal
Método: hahnemanniano da cinquen-
ta milesimal
Volume: 20 mL dispensados em um
frasco de 30 mL

FARMÁCIA CRISTIANO FREDERICO
Rua José P. de Almeida, 343 - 13490-900 - Piracicaba, SP — Tel.: 19-xxxxxxxx
Farmacêutico Responsável: Dr. Olívio Castro de Alcântara - CRF-SP 10.711
CPNJ 38.009 - Licença nº XXX

Paciente: Diógenes M. Diniz   Prescritor: Dr. Amarildo Figueiredo

Aurum metallicum 5LM. Conteúdo: 20 mL
Tomar conforme a prescrição médica.

Farmacopeia Homeopática Brasileira, 3ª edição   Uso: interno
Lote G0899   Data de manipulação: 26.12.2012   Validade: 2 anos

---

Dispensação da Preparação Líquida

Dispensar sempre o volume indicado na receita ou o padronizado pela farmácia, quando ele não vier especificado na receita. Potências superiores a 3CH
ou 6DH, preparadas a partir da TM ou de drogas solúveis, são dispensadas em
etanol a 30% (v/v), ou em insumo inerte indicado pelo clínico. Vale lembrar que
as três primeiras dinamizações, para a escala centesimal, e as seis primeiras dinamizações, para a decimal, usam veículos compatíveis com a solubilidade dos
fármacos que as compõem. Se o título alcoólico desses veículos for superior a
30% (v/v), a 3ª edição da *Farmacopeia homeopática brasileira* orienta colocar no
rótulo que o medicamento "deverá ser administrado diluído em água na hora do
uso". Raciocínio semelhante serve para insumos inertes indicados pelos clínicos,
com títulos alcoólicos elevados. As dinamizações 4CH e 7DH provenientes de
insumos ativos insolúveis são dispensadas, respectivamente, em água purificada

e em etanol de teor alcoólico inferior a 20% (v/v), em razão da solubilidade do triturado. Sendo essas potências preparações extemporâneas, seus prazos de validade são bastante reduzidos.

As potências devem ser aviadas puras, ou seja, após a sua obtenção devem ser transferidas para os frascos que serão dispensados ao paciente. Entretanto, algumas farmácias preparam a potência desejada diluída a 1% em etanol a 30% (v/v). Esse processo é conhecido pelo nome de impregnação a 1%. Seus defensores afirmam que a potência dispensada continua sendo a desejada, estando apenas mais diluída. Porém, potências diluídas somente poderão ser aviadas mediante receitas que expressem essa intenção (prescrição magistral).

Para a escala cinquenta milesimal, o volume dispensado deverá ocupar 2/3 da capacidade do frasco. Para a dispensação de medicamentos preparados na escala cinquenta milesimal, dissolver 1 mcglob., preparado na potência desejada, em uma gota de água purificada e acrescentar etanol a 30% (v/v), de acordo com o volume relatado na receita. Independentemente do volume prescrito na cinquenta milesimal, dissolver sempre apenas 1 mcglob. ou a quantidade indicada na receita. Quando a receita não informar o volume a ser dispensado, dispensar 20 mL em um frasco de 30 mL.

Nunca se esquecer de prestar a atenção farmacêutica homeopática ao paciente, minimamente, conforme as orientações sugeridas no Capítulo 4.

Aconselhamos os seguintes prazos de validade para os medicamentos preparados para serem administrados em gotas, de acordo com os seguintes insumos inertes:

- Água purificada: de 24 horas a 7 dias (o álcool contido na matriz ajuda a aumentar o prazo de validade da água purificada). Para a potência 7DH preparada a partir da potência 6DH trituração, o prazo de validade é de 24 horas.
- Etanol a 5% (v/v): 3 meses.
- Etanol a 30% (v/v): 2 anos.
- Etanol a 77% (v/v): 5 anos.

Entretanto, esses prazos de validade sugeridos dependem do controle adequado de inúmeros fatores (qualidade da água, condições de armazenamento dos insumos, processo de preparação dos medicamentos etc.). Portanto, devem ser determinados de acordo com cada caso, por cada uma das farmácias que preparam e dispensam medicamentos homeopáticos. Para a obtenção dos prazos de validade de seus produtos, elas devem proceder de acordo com a Instrução Normativa nº 4, de 11 de abril de 2007, da Anvisa, que dispõe sobre o Guia para a Realização de Estudos de Estabilidade para Medicamentos Dinamizados.

DOSE ÚNICA LÍQUIDA

Dose única líquida é uma preparação farmacêutica obtida por meio dos métodos hahnemanniano, korsakoviano e de fluxo contínuo, para ser tomada de uma só vez.

Técnica de Obtenção da Dose Única Líquida

1. Preparar a potência na escala e no método determinados pelo clínico, em etanol a 77% (v/v).
2. Preparar a dose única (DU) de acordo com o volume indicado na receita ou, quando não especificado, dispensar duas gotas da potência desejada, preparada em etanol a 77% (v/v), por mL de água purificada ou etanol até 5% (v/v), até o volume máximo de 10 mL.
3. Rotular de acordo com as normas técnicas legais.

EXEMPLO DE PRESCRIÇÃO DE DOSE ÚNICA LÍQUIDA, QUANDO O VOLUME ESTÁ ESPECIFICADO NA RECEITA:

Lycopodium clavatum 30CH ....XX/30 Tomar todo o conteúdo do frasco, em jejum.

Preparar o Lycopodium clavatum na potência 30CH, em etanol a 77% (v/v), pelo método hahnemanniano dos frascos múltiplos, transferir vinte gotas da 30CH para um frasco de 30 mL e acrescentar 30 mL de água purificada. Misturar. Está pronta a dose

---

FARMÁCIA CRISTIANO FREDERICO

Rua José P. de Almeida, 343 - 13490-900 - Piracicaba, SP – Tel.: 19-xxxxxxxx
Farmacêutico Responsável: Dr. Olívio Castro de Alcântara - CRF-SP 10.711
CPNJ 38.009 - Licença nº XXX

Paciente: Diógenes M. Diniz   Prescritor: Dr. Amarildo Figueiredo

Lycopodium clavatum 30CH.....XX/30. Dose única líquida.
Conteúdo: 30 mL
Tomar todo o conteúdo do frasco, em jejum.

Farmacopeia Homeopática Brasileira, 3ª edição   Uso: Interno
Lote G0899   Data da Manipulação: 26.12.2012   Validade: 7 dias

---

única líquida. O número romano identifica o número de gotas do medicamento a ser diluído. O número arábico, após a barra, identifica a quantidade de água purificada, em mL, que diluirá as gotas do medicamento.

OUTRO EXEMPLO:

Natrium sulfuricum 200FC......X/V/20
Tomar todo o conteúdo do frasco à noite, ao deitar.

Preparar o Natrium sulfuricum na potência 200FC, em etanol a 77% (v/v), pelo método de fluxo contínuo, transferir dez gotas da 200FC para um frasco de 20 mL, acrescentar cinco gotas de etanol a 96% e 20 mL de água purificada. O primeiro número romano identifica o número de gotas do medicamento a ser diluído.

FARMÁCIA CRISTIANO FREDERICO

Rua José P. de Almeida, 343 - 13490-900 - Piracicaba, SP — Tel.: 19-xxxxxxxx
Farmacêutico Responsável: Dr. Olívio Castro de Alcântara - CRF-SP 10.711
CPNJ 38.009 - Licença nº XXX

Paciente: Diógenes M. Diniz   Prescritor: Dr. Amarildo Figueiredo

Natrium sulfuricum 200FC.....X/V/20. Dose única líquida. Conteúdo: 20 mL
Tomar todo o conteúdo do frasco à noite, ao deitar.

Farmacopeia Homeopática Brasileira, 3ª edição	Uso: Interno
Lote G0899 Data da Manipulação: 26.12.2012	Validade: 7 dias

O segundo, que está entre barras, identifica o número de gotas de etanol a 96%, necessário para conservar o medicamento por um tempo maior. O número arábico, após a barra, identifica a quantidade de água purificada, em mL, que diluirá as gotas do medicamento e do etanol a 96%.

EXEMPLO DE PRESCRIÇÃO DE DOSE ÚNICA LÍQUIDA, QUANDO O VOLUME NÃO ESTÁ ESPECIFICADO NA RECEITA:

Pulsatilla nigricans 30CH D.U. líquida

Preparar a Pulsatilla nigricans na potência 30CH, em etanol a 77% (v/v), pelo método hahnemanniano dos frascos múltiplos, transferir duas gotas desta para um flaconete e acrescentar

FARMÁCIA CRISTIANO FREDERICO

Rua José P. de Almeida, 343 - 13490-900 - Piracicaba, SP — Tel.: 19-xxxxxxxx
Farmacêutico Responsável: Dr. Olívio Castro de Alcântara - CRF-SP 10.711
CPNJ 38.009 - Licença nº XXX

Paciente: Diógenes M. Diniz   Prescritor: Dr. Amarildo Figueiredo

Pulsatilla nigricans 30CH D.U. líquida. Conteúdo: 1 mL
Tomar todo o conteúdo do frasco de uma só vez.

Farmacopeia Homeopática Brasileira, 3ª edição	Uso: Interno
Lote G0899 Data da Manipulação: 26.12.2012	Validade: 3 meses

1 mL de etanol a 5%. Misturar. Está pronta a dose única líquida. Rotular.

Dispensação da Dose Única Líquida

O paciente deverá ser orientado a tomar todo o medicamento, de uma só vez, em jejum ou ao deitar, conforme indicado na prescrição médica. Prestar a atenção farmacêutica homeopática ao paciente, minimamente, conforme as orientações fornecidas no Capítulo 4.

O prazo de validade das doses únicas é curto, pois, em geral, elas são preparadas em água purificada. Aconselhamos um prazo de validade de 7 dias para as doses únicas líquidas preparadas em água purificada e 90 dias para as preparadas em etanol a 5% (v/v). Porém, são válidas as mesmas recomendações feitas para as soluções orais administradas sob a forma de gotas.

FORMAS FARMACÊUTICAS HOMEOPÁTICAS DE USO INTERNO   173

FORMULAÇÕES LÍQUIDAS

Formulações líquidas são preparações farmacêuticas homeopáticas que apresentam, numa composição, um ou mais insumos ativos, obtidos por meio dos métodos hahnemanniano, korsakoviano e de fluxo contínuo.

As formulações que apresentam mais de um insumo ativo visam atender ao receituário da escola médica que segue o complexismo. Há ainda as fórmulas comerciais pré-elaboradas, conhecidas como "complexos homeopáticos" ou "específicos homeopáticos". Esses complexos normalmente recebem designação de fantasia para identificá-los no comércio de medicamentos. Apresentam relativa utilidade nos casos agudos mais simples por constarem em suas fórmulas substâncias com propriedades farmacodinâmicas relacionadas a uma síndrome comum. Entretanto, devem ser contraindicados nos casos crônicos, pois proporcionam a paliação de sintomas e não individualizam o quadro.

Técnica de Obtenção das Formulações Líquidas

1. Para as formulações líquidas que apresentam apenas um insumo ativo, diluí-lo no volume de insumo inerte indicado na receita.
2. Para as formulações líquidas que apresentam mais de um insumo ativo, preparar os diferentes medicamentos, separadamente, em etanol a 30% (v/v). Para potências até 3H ou 6DH, inclusive, utilizar o mesmo título alcoólico do ponto de partida.
3. Em um cálice, misturar os medicamentos em partes iguais e suficientes ou conforme as proporções adequadas ao volume prescrito.
4. Transferir a mistura para o frasco a ser dispensado.
5. Rotular de acordo com as normas técnicas legais.

EXEMPLO DE FORMULAÇÃO LÍQUIDA PREPARADA COM UM INSUMO ATIVO:

Nux vomica 1M.................5%
Etanol a 30%....................20 mL

Diluir 1 mL (5%) de Nux vomica 1M, preparada em etanol a 30% (v/v), em qsp 20 mL de etanol a 30% (v/v). Misturar. Transferir a mistura para um frasco de 20 mL e rotular.

FARMÁCIA CRISTIANO FREDERICO

Rua José P. de Almeida, 343 - 13490-900 - Piracicaba, SP – Tel.: 19-xxxxxxxx
Farmacêutico Responsável: Dr. Olívio Castro de Alcântara - CRF-SP 10.711
CPNJ 38.009 - Licença nª XXX

Paciente: Diógenes M. Diniz   Prescritor: Dr. Amarildo Figueiredo

Nux vomica 1M 5%
Etanol a 30%.............. 20 mL
Tomar conforme a prescrição médica. Conteúdo: 20 mL.

Farmacopeia Homeopática Brasileira, 3ª edição   Uso: Interno
Lote G0899   Data da Manipulação: 26.12.2012   Validade: 2 anos

EXEMPLO DE FORMULAÇÃO LÍQUIDA PREPARADA COM MAIS DE UM INSUMO ATIVO:

Drosera 6CH
Bryonia 6CH } āā 10 mL

Preparar a Drosera 6CH e a Bryonia 6CH, separadamente, em etanol a 30% (v/v), de acordo com o método hahnemanniano dos frascos múltiplos. Em um cálice misturar 10 mL de cada uma das potências (āā = partes iguais), obtendo-se o volume final de 20 mL.

FARMÁCIA CRISTIANO FREDERICO

Rua José P. de Almeida, 343 - 13490-900 - Piracicaba, SP — Tel.: 19-xxxxxxxx
Farmacêutico Responsável: Dr. Olívio Castro de Alcântara - CRF-SP 10.711
CPNJ 38.009 - Licença nº XXX

Paciente: Diógenes M. Diniz   Prescritor: Dr. Amarildo Figueiredo

Drosera 6CH
Bryonia 6CH } āā 10 mL   Conteúdo: 20 mL
                                 Tomar conforme a prescrição médica

Farmacopeia Homeopática Brasileira, 3ª edição   Uso: Interno
Lote G0899   Data da Manipulação: 26.12.2012   Validade: 2 anos

Transferir a mistura para um frasco de 20 mL e rotular.

OUTRO EXEMPLO:

Aconitum 6CH
Belladonna 6CH } āā....qsp....30 mL

Preparar o Aconitum 6CH e a Belladonna 6CH, separadamente, em etanol a 30% (v/v), de acordo com o método hahnemanniano dos frascos múltiplos. Em um cálice misturar 15 mL de cada uma das potências (partes iguais e suficientes para 30 mL), obtendo-se o volume final de 30 mL.

FARMÁCIA CRISTIANO FREDERICO

Rua José P. de Almeida, 343 - 13490-900 - Piracicaba, SP — Tel.: 19-xxxxxxxx
Farmacêutico Responsável: Dr. Olívio Castro de Alcântara - CRF-SP 10.711
CPNJ 38.009 - Licença nº XXX

Paciente: Diógenes M. Diniz   Prescritor: Dr. Amarildo Figueiredo

Aconitum 6CH
Belladonna 6CH } āā....qsp....30 mL

                                 Conteúdo: 30 mL
                                 Tomar conforme a prescrição médica

Farmacopeia Homeopática Brasileira, 3ª edição   Uso: Interno
Lote G0899   Data da Manipulação: 26.12.2012   Validade: 2 anos

Transferir a mistura para um frasco de 30 mL e rotular.

OUTRO EXEMPLO:

Ignatia amara 5CH 1%
Nux vomica 6CH...............5%
Etanol a 30%.......qsp.......30 mL

Preparar a Ignatia amara 5CH e a Nux vomica 6CH, separadamente, em etanol a 30% (v/v), de acordo com o método hahnemanniano dos frascos múltiplos. Misturar 0,3 mL (1%) de Ignatia amara 5CH com 1,5 mL (5%) de Nux vomica 6CH e completar o volume com quantidade suficiente para 30 mL de etanol a 30% (v/v).

FARMÁCIA CRISTIANO FREDERICO

Rua José P. de Almeida, 343 - 13490-900 - Piracicaba, SP — Tel.: 19-xxxxxxxx
Farmacêutico Responsável: Dr. Olívio Castro de Alcântara - CRF-SP 10.711
CPNJ 38.009 - Licença nº XXX

Paciente: Diógenes M. Diniz   Prescritor: Dr. Amarildo Figueiredo

Ignatia amara 5CH.............1%
Nux vomica 6CH.................5%
Etanol a 30%.....qsp..........30 mL

                                 Conteúdo: 30 mL
                                 Tomar conforme a prescrição médica

Farmacopeia Homeopática Brasileira, 3ª edição   Uso: Interno
Lote G0899   Data da Manipulação: 17.12.2012   Validade: 2 anos

FORMAS FARMACÊUTICAS HOMEOPÁTICAS DE USO INTERNO 175

Dispensação das Formulações Líquidas

As formulações líquidas podem ser administradas sob a forma de gotas ou em dose única. Sempre que possível, serão dispensadas em etanol a 30% (v/v) ou no insumo inerte indicado pelo clínico na prescrição. Prestar a atenção farmacêutica homeopática ao paciente, minimamente, conforme as orientações fornecidas no Capítulo 4.

Quanto ao prazo de validade, seguir as mesmas recomendações para as soluções orais administradas sob a forma de gotas e doses únicas líquidas.

COMPRIMIDOS

Os comprimidos homeopáticos são formas farmacêuticas sólidas, cilíndricas, com peso compreendido entre 100 e 300 mg, obtidos por compressão da trituração ou da lactose impregnada com a potência prescrita. Eles também podem ser elaborados a partir da impregnação dos comprimidos inertes. Os comprimidos utilizados em homeopatia não devem ser deglutidos, mas deixados na boca para dissolver lentamente.

Enquanto a 3ª edição da *Farmacopeia homeopática brasileira* propõe a preparação dos comprimidos na proporção de, no mínimo, 10% (v/p, para insumo ativo líquido, ou p/p, para insumo ativo sólido) e sua secagem em temperatura não superior a 50°C, o *Manual de normas técnicas para farmácia homeopática* recomenda a preparação dos comprimidos na proporção de 15% e a secagem em temperatura inferior a 40°C. No presente livro, propomos a preparação dos comprimidos na proporção de 10%, para a padronização da técnica.

Técnica de Obtenção dos Comprimidos

Quando o insumo ativo for líquido, os comprimidos serão preparados por compressão ou impregnação.

- Por compressão:

1. Preparar o insumo ativo líquido na potência desejada, em etanol igual ou superior a 77% (v/v).
2. Impregnar a lactose, com ou sem adição de adjuvantes, com o insumo ativo líquido, na proporção de 10% (v/p), ou seja, usar 10 mL de insumo ativo para cada 100 g de lactose.
3. Homogeneizar e deixar secar.

4. Umedecer o insumo inerte impregnado com quantidade suficiente de etanol a 90% (v/v) e granular.
5. Tamisar e secar em temperatura não superior a 50°C.
6. Levar à compressão.
7. Transferir os comprimidos para um frasco de boca larga e rotular.

A 3ª edição da *Farmacopeia homeopática brasileira* permite a adição de adjuvantes em quantidade que não dificulte a capacidade de impregnação dos comprimidos inertes. Vale ressaltar que a ausência de lubrificantes compromete sobremaneira a vida útil dos componentes diretamente envolvidos na compressão (punções e matriz).

* Por impregnação:

1. Preparar comprimidos inertes por compressão da lactose.
2. Preparar o insumo ativo líquido na potência desejada, em etanol igual ou superior a 77% (v/v).
3. Pesar os comprimidos inertes e colocá-los em um recipiente adequado, como um frasco de boca larga, com tampa.
4. Impregnar os comprimidos inertes com o insumo ativo agitando o recipiente alguns minutos. A proporção entre a quantidade do insumo ativo e o peso dos comprimidos inertes é de 10% (v/p), ou seja, usar 2 mL de insumo ativo para cada 20 g de comprimidos inertes.
5. Se necessário, secar os comprimidos sobre papel de filtro numa temperatura não superior a 50°C.
6. Transferir os comprimidos para um frasco de boca larga e rotular.

Os comprimidos inertes podem ser adquiridos da indústria farmacêutica homeopática. Eles absorvem muito bem o medicamento, pois apresentam ampla superfície porosa.

Quando o insumo ativo for sólido (trituração), os comprimidos serão preparados apenas por compressão.

1. Preparar o insumo ativo por trituração, na potência desejada. Essa dinamização será igual ou inferior a 3CH ou 6DH, pois se trata de forma farmacêutica derivada obtida a partir de insumo ativo insolúvel.
2. Misturar a trituração na proporção de 10% (p/p), em lactose, ou seja, cada 100 g da mistura contêm 10 g do triturado mais 90 g de lactose.
3. Homogeneizar bem a mistura.
4. Umedecer a mistura com quantidade suficiente de etanol a 90% (v/v) e granular.

FORMAS FARMACÊUTICAS HOMEOPÁTICAS DE USO INTERNO

5. Tamisar e secar em temperatura não superior a 50°C.
6. Levar à compressão.
7. Transferir os comprimidos para um frasco de boca larga e rotular.

EXEMPLO DE UMA RECEITA QUE SOLICITA COMPRIMIDOS:

Colocynthis 5CH. Comprimidos
1 frasco
Chupar 1 comprimido 4 vezes ao dia.

Preparar o Colocynthis 5CH de acordo com o método hahnemanniano dos frascos múltiplos, empregando etanol igual ou superior a 77% (v/v) na última dinamização. Pesar 15 g de comprimidos inertes e colocá-los em um frasco de boca larga. Quando a quantidade ou o conteúdo não vem especificado na receita, as farmácias normalmente dispensam de 15 a 20 g

---

FARMÁCIA CRISTIANO FREDERICO

Rua José P. de Almeida, 343 - 13490-900 - Piracicaba, SP – Tel.: 19-xxxxxxxx
Farmacêutico Responsável: Dr. Olívio Castro de Alcântara - CRF-SP 10.711
CPNJ 38.009 - Licença nº XXX

Paciente: Diógenes M. Diniz	Prescritor: Dr. Amarildo Figueiredo

Colocynthis 5CH. Comprimidos. Conteúdo: 15 g
Chupar 1 comprimido 4 vezes ao dia

Farmacopeia Homeopática Brasileira, 3ª edição		Uso: Interno
Lote G0899	Data da Manipulação: 26.12.2012	Validade: 2 anos

---

de comprimidos. Impregnar com 1,5 mL (10%) de Colocynthis 5CH preparado em etanol a 90% (v/v) e agitar o frasco alguns minutos. Na prática temos obtido melhores resultados com a utilização do etanol a 90% (v/v) para a impregnação dos comprimidos. Deixar secar os comprimidos sobre papel de filtro. Transferir para um frasco de boca larga e rotular.

Dispensação dos Comprimidos

Os comprimidos em geral são dispensados em frascos de boca larga, bem fechados e protegidos da luminosidade. Devem ser separados na tampa do frasco antes de serem levados à boca para dissolver lentamente. Prestar a atenção farmacêutica homeopática ao paciente, minimamente, conforme as orientações fornecidas no Capítulo 4.

Os comprimidos conservam-se muito bem se protegidos da umidade, do calor e da luz. Sugerimos o prazo de validade de 2 anos para essa forma farmacêutica homeopática de uso interno.

GLÓBULOS

Glóbulos são preparações farmacêuticas sólidas, esféricas, ligeiramente porosas, que apresentam diversos pesos, obtidos industrialmente a partir de núcleos de grão de açúcar borrifados em máquinas drageadoras, com solução de sacarose ou mistura de sacarose e lactose. É a forma farmacêutica sólida mais dispensada nas farmácias homeopáticas. Assim como os comprimidos homeopáticos, os glóbulos devem ser lentamente dissolvidos na boca.

No Brasil, os glóbulos mais usados são os de número 3, 5 e 7, pesando, respectivamente, na média, 30, 50 e 70 mg. Eles são adquiridos da indústria farmacêutica homeopática na forma inerte para serem impregnados com a potência desejada pelos métodos da tríplice ou da simples impregnação.

A 3ª edição da *Farmacopeia homeopática brasileira* orienta impregnar os glóbulos inertes com o insumo ativo líquido na proporção de, no mínimo, 5% (v/p). No presente livro, propomos a preparação dos glóbulos na proporção de 10% (v/p), para a padronização da técnica.

Técnica de Obtenção dos Glóbulos (tríplice impregnação)

1. Preparar o insumo ativo líquido na potência desejada, em etanol igual ou superior a 77% (v/v).
2. Pesar os glóbulos inertes e colocá-los em um recipiente adequado, como um frasco de boca larga, com tampa, de capacidade superior ao volume ocupado pelos glóbulos.
3. Impregnar os glóbulos inertes, agitando o recipiente por alguns minutos, com 1/3 do volume de insumo ativo calculado na proporção de 10% em relação ao peso dos glóbulos (v/p), ou seja, utilizar 1,5 mL de insumo ativo dividido em três partes iguais (0,5 mL) para cada 15 g de glóbulos inertes.
4. Transferir os glóbulos para uma cuba rasa ou uma placa de petri e secá-los em temperatura não superior a 50°C.
5. Impregnar os glóbulos com mais 1/3 do volume de insumo ativo, agitando o recipiente por alguns minutos.
6. Transferir os glóbulos para uma cuba rasa ou uma placa de petri e secá-los em temperatura não superior a 50°C.
7. Impregnar os glóbulos com o último 1/3 do volume de insumo ativo, agitando o recipiente por alguns minutos.
8. Transferir os glóbulos para uma cuba rasa ou uma placa de petri e secá-los em temperatura não superior a 50°C.
9. Colocar os glóbulos impregnados e secos em um frasco de boca larga para dispensação e rotular.

O método da tríplice impregnação adotado anteriormente, com o insumo ativo na proporção de 10% (v/p), proporciona contaminação homogênea e uniforme dos glóbulos, sobretudo se impregnados a partir de potência preparada com etanol a 90%, de acordo com trabalho desenvolvido por Araújo et al. (Cultura homeopática, 2004).

FORMAS FARMACÊUTICAS HOMEOPÁTICAS DE USO INTERNO

O *Manual de normas técnicas para farmácia homeopática* adota os métodos da tríplice impregnação e da simples impregnação, com o insumo ativo na faixa de 2 a 5%. Porém, recomenda que a quantidade de insumo ativo seja definida de acordo com a capacidade de absorção dos glóbulos e determinada pelo controle de qualidade, ou seja, os diferentes métodos e técnicas devem ser validados antes de sua utilização na prática. Novas validações devem ser realizadas sempre que ocorrer alteração da técnica empregada, do fornecedor, do lote e das condições de temperatura e umidade do local de manipulação. Esse manual sugere, ainda, que a temperatura de secagem não ultrapasse 40°C.

Um indicador visual pode ser utilizado para a validação da técnica, como uma solução corante de violeta de genciana a 0,2% (p/v) preparada em etanol igual ou superior a 77% (v/v). A técnica empregada deverá proporcionar glóbulos homogêneos e uniformemente corados, ausência de formação de grumos e de resíduos.

EXEMPLO DE RECEITA QUE SOLICITA GLÓBULOS:

Veratrum album 12DH 1 frasco
Chupar 5 glóbulos 4 vezes ao dia

Preparar o Veratrum album 12DH de acordo com o método hahnemanniano dos frascos múltiplos, empregando etanol igual ou superior a 77% (v/v) na última dinamização. Pesar 15 g de glóbulos inertes e colocá-los num frasco de boca larga. Quando a quantidade ou o conteúdo não vem especificado na receita, as farmácias normalmente dispensam de 15 a 20 g de glóbulos. Impregnar com 0,5 mL de Veratrum album 12DH preparado em etanol a

FARMÁCIA CRISTIANO FREDERICO
Rua José P. de Almeida, 343 - 13490-900 - Piracicaba, SP — Tel.: 19-xxxxxxxx
Farmacêutico Responsável: Dr. Olívio Castro de Alcântara - CRF-SP 10.711
CPNJ 38.009 - Licença nº XXX

Paciente: Diógenes M. Diniz   Prescritor: Dr. Amarildo Figueiredo

Veratrum album 12DH. Glóbulos. Conteúdo: 15 g
Chupar 5 glóbulos 4 vezes ao dia

Farmacopeia Homeopática Brasileira, 3ª edição	Uso: Interno
Lote G0899 Data da Manipulação: 17.12.2012	Validade: 2 anos

90% (v/v) e agitar o frasco por alguns minutos. Na prática, temos obtido melhores resultados com a utilização do etanol a 90% (v/v) para a impregnação dos glóbulos. Deixar os glóbulos secarem sobre papel de filtro. Devolvê-los ao frasco e adicionar mais 0,5 mL do insumo ativo. Agitar o frasco por alguns minutos. Deixar os glóbulos secarem sobre papel de filtro. Devolvê-los ao frasco e adicionar, por último, mais 0,5 mL do insumo ativo. Agitar o frasco por alguns minutos. Deixar os glóbulos secarem. Transferi-los para um frasco de boca larga e rotular.

Dispensação dos Glóbulos

Os glóbulos são, em geral, dispensados em frascos de boca larga, bem fechados e protegidos da luminosidade. Devem ser separados na tampa do frasco antes de serem levados à boca para dissolver lentamente. Os glóbulos não devem ser consumidos por diabéticos. Prestar a atenção farmacêutica homeopática ao paciente, minimamente, conforme as orientações fornecidas no Capítulo 4. Os glóbulos apresentam boa conservação se protegidos da umidade, do calor e da luz. Sugerimos o prazo de validade de dois anos para essa forma farmacêutica homeopática de uso interno.

PÓS

Os pós são preparações farmacêuticas de uso interno, com peso unitário compreendido entre 300 e 500 mg, constituídos de insumo ativo incorporado à lactose, sendo dispensados em papéis, sachês, flaconetes ou em cápsulas gelatinosas.

Enquanto a 3ª edição da *Farmacopeia homeopática brasileira* propõe a preparação dos pós na proporção de, no mínimo, 10% (v/p, para insumo ativo líquido, ou p/p, para insumo ativo sólido) e sua secagem em temperatura não superior a 50°C, o *Manual de normas técnicas para farmácia homeopática* recomenda a preparação dos pós na proporção de 15% e a secagem em temperatura inferior a 40°C. No presente livro, propomos a preparação dos pós na proporção de 10% (v/p), para a padronização da técnica.

Técnica de Obtenção dos Pós

Quando o insumo ativo for líquido:

1. Impregnar a lactose com insumo ativo líquido, preparado em etanol igual ou superior a 77% (v/v), na proporção de 10% (v/p), ou seja, utilizar 10 mL de insumo ativo líquido para cada 100 g de lactose.
2. Homogeneizar e deixar secar em temperatura não superior a 50°C.
3. Repartir em porções de 500 mg.
4. Acondicionar em papéis, sachês, flaconetes ou em cápsulas.
5. Embalar e rotular.

Quando o insumo ativo for sólido:

1. Preparar o insumo ativo por trituração com lactose, na potência desejada. Essa dinamização será igual ou inferior a 3CH ou 6DH, pois se trata de forma farmacêutica derivada obtida a partir de insumo ativo insolúvel.
2. Misturar essa trituração com lactose na proporção de 10% (p/p), ou seja, utilizar 10 g do triturado mais 90 g de lactose.
3. Homogeneizar.
4. Repartir em porções de 500 mg.
5. Acondicionar em papéis, sachês, flaconetes ou em cápsulas.
6. Embalar e rotular.

FORMAS FARMACÊUTICAS HOMEOPÁTICAS DE USO INTERNO 181

EXEMPLO DE RECEITA QUE SOLICITA PÓS, COM INSUMO ATIVO LÍQUIDO:

Natrium muriaticum 30CH Pós............
12 cápsulas
Tomar todo o conteúdo de 1 cápsula 2 vezes ao dia, por 6 dias.

Preparar o Natrium muriatium 30CH, em etanol igual ou superior a 77% (v/v), pelo método hahnemanniano dos frascos múltiplos. Pesar 6 g de lactose (500 mg x 12 cápsulas). Impregnar a lactose com 0,6 mL (10%) de Natrium muriaticum 30CH. Misturar bem e deixar secar. Repartir a lactose impregnada em 12 porções de 500 mg. Acondicionar em cápsulas gelatinosas n. 0 incolor. Embalar e rotular.

FARMÁCIA CRISTIANO FREDERICO

Rua José P. de Almeida, 343 - 13490-900 - Piracicaba, SP – Tel.: 19-xxxxxxxx
Farmacêutico Responsável: Dr. Olívio Castro de Alcântara - CRF-SP 10.711
CPNJ 38.009 - Licença nº XXX

Paciente: Diógenes M. Diniz   Prescritor: Dr. Amarildo Figueiredo

Natrium muriaticum 30CH Pós. Conteúdo: 12 cápsulas de 500 mg
Tomar todo o conteúdo de 1 cápsula 2 vezes ao dia, por 6 dias

Farmacopeia Homeopática Brasileira, 3ª edição		Uso: Interno
Lote G0899	Data da Manipulação: 17.12.2012	Validade: 2 anos

EXEMPLO DE RECEITA QUE SOLICITA PÓS, COM INSUMO ATIVO SÓLIDO:

Magnesium phosphoricum 3DH Pós ....30 papéis
Tomar todo o conteúdo de 1 papel 3 vezes ao dia, por 10 dias.

Preparar o Magnesium phosphoricum 3DH, em lactose, pelo método hahnemanniano da trituração. Pesar 13,5 g (90%) de lactose e 1,5 g (10%) de Magnesium phosphoricum 3DH trit. (30 papéis de 500 mg cada um = 15.000 mg = 15 g). Misturar. Repartir em 30 porções de 500 mg cada uma. Acondicionar em papéis. Rotular cada um dos papéis. Embalar em um pote de boca larga ou em outro recipiente adequado e rotulá-lo.

FARMÁCIA CRISTIANO FREDERICO

Rua José P. de Almeida, 343 - 13490-900 - Piracicaba, SP – Tel.: 19-xxxxxxxx
Farmacêutico Responsável: Dr. Olívio Castro de Alcântara - CRF-SP 10.711
CPNJ 38.009 - Licença nº XXX

Paciente: Diógenes M. Diniz   Prescritor: Dr. Amarildo Figueiredo

Magnesium phosphoricum 3DH Pós
Conteúdo: 30 papéis de 500 mg
Tomar todo o conteúdo de 1 papel 3 vezes ao dia, por 10 dias

Farmacopeia Homeopática Brasileira, 3ª edição		Uso: Interno
Lote G0899	Data da Manipulação: 17.12.2012	Validade: 2 anos

Dispensação dos Pós

A dispensação dos pós pode ser realizada em papéis, sachês, flaconetes ou cápsulas, tomando-se o cuidado de liberar, diretamente na boca, o conteúdo de dentro dos recipientes ou ainda dissolvido em um pouco d'água antes de ser levado à boca.

Os pós apresentam boa conservação se protegidos da umidade, do calor e da luz. Sugerimos o prazo de validade de 2 anos para essa forma farmacêutica homeopática de uso interno.

TABLETES

Os tabletes homeopáticos são formas farmacêuticas sólidas, cilíndricas, friáveis, com peso entre 75 e 150 mg, obtidos a partir de moldagem, em tableteiro, da lactose impregnada com o insumo ativo, sem a adição de adjuvantes. Eles também podem ser elaborados a partir da impregnação de tabletes inertes. Assim como comprimidos, glóbulos e pós, os tabletes utilizados em homeopatia não devem ser deglutidos, mas deixados na boca para dissolver lentamente.

Enquanto a 3ª edição da *Farmacopeia homeopática brasileira* propõe a preparação dos tabletes na proporção de, no mínimo, 10% (v/p, para insumo ativo líquido, ou p/p, para insumo ativo sólido) e sua secagem numa temperatura não superior a 50°C, o *Manual de normas técnicas para farmácia homeopática* recomenda a preparação dos tabletes na proporção de 15% e a secagem em temperatura inferior a 40°C. No presente livro, propomos a preparação dos tabletes na proporção de 10% (v/p), para a padronização da técnica.

Técnica de Obtenção dos Tabletes

Quando o insumo ativo for líquido, os tabletes serão preparados por impregnação ou moldagem.

* Por impregnação:

1. Preparar o insumo ativo líquido na potência desejada, em etanol igual ou superior a 77% (v/v).
2. Umedecer a lactose em etanol a 77% (v/v) de forma que se obtenha uma massa que, ao ser compactada entre as mãos, receba o formato de um pão. Ao ser quebrada ao meio, essa massa não deve esfarelar-se (ponto de massa).
3. Levar a massa ao *tableteiro* e moldar os tabletes inertes com uma espátula de aço inoxidável.
4. Deixar secar por alguns minutos. Não deixar secar por completo.
5. Proceder à *extrusão* dos tabletes inertes e secá-los totalmente.
6. Impregnar os tabletes inertes com o insumo ativo, na proporção de 10% (v/p), ou seja, utilizar 2 mL do insumo ativo para cada 20 g de tabletes. Como os tabletes são mais friáveis, para impregná-los sugerimos utilizar a mesma técnica de impregnação dos comprimidos, com movimentos mais suaves.
7. Secar sobre papel de filtro em temperatura não superior a 50°C.

FORMAS FARMACÊUTICAS HOMEOPÁTICAS DE USO INTERNO

8. Transferir os tabletes para um frasco de boca larga, colocar algodão por cima para evitar o choque entre eles e rotular.

* Por moldagem:

1. Preparar o insumo ativo líquido na potência desejada, em etanol igual ou superior a 77% (v/v).
2. Impregnar a lactose com o insumo ativo líquido, na proporção de 10% (v/p), ou seja, utilizar 10 mL de insumo ativo para cada 100 g de lactose.
3. Homogeneizar e secar.
4. Umedecer a lactose impregnada em etanol a 77% (v/v) de forma que se obtenha uma massa que, ao ser compactada entre as mãos, receba o formato de um pão. Ao ser quebrada ao meio, essa massa não deve esfarelar--se (ponto de massa).
5. Levar a massa ao tableteiro e moldar os tabletes com uma espátula de aço inoxidável.
6. Deixar secar por alguns minutos. Não deixar secar totalmente.
7. Proceder à extrusão e secar em temperatura não superior a 50°C.
8. Transferir os tabletes para um frasco de boca larga, colocar algodão por cima para evitar o choque entre eles e rotular.

Quando o insumo ativo for sólido (trituração), os tabletes serão preparados apenas por moldagem.

1. Preparar o insumo ativo por trituração, na potência desejada. Essa dinamização será igual ou inferior a 3CH ou 6DH, pois se trata de forma farmacêutica derivada obtida a partir de insumo ativo insolúvel.
2. Misturar a trituração na proporção de 10% (p/p) em lactose, ou seja, para cada 100 g da mistura, pesar 10 g do triturado mais 90 g da lactose.
3. Homogeneizar bem a mistura.
4. Umedecer a mistura em etanol a 77% (v/v) de forma que se obtenha uma massa que, ao ser compactada entre as mãos, receba o formato de um pão. Ao ser quebrada ao meio, essa massa não deve esfarelar-se (ponto de massa).
5. Levar a massa ao tableteiro e moldar os tabletes com uma espátula de aço inoxidável.
6. Deixar secar alguns minutos. Não deixar secar totalmente.
7. Proceder à extrusão dos tabletes e secá-los totalmente em temperatura não superior a 50°C.
8. Transferir os tabletes para um frasco de boca larga, colocar algodão por cima para evitar o choque entre eles e rotular.

EXEMPLO DE RECEITA QUE SOLICITA TABLETES:

Ferrum phosphoricum 3DH. Tabletes
1 frasco
Chupar 1 tablete em jejum e ao deitar.

Preparar o Ferrum phosphoricum 3DH de acordo com o método hahnemanniano da trituração. Pesar 1,0 g (10%) de Ferrum phosphoricum 3DH trit. e 9,0 g (90%) de lactose (150 tabletes de 100 mg cada um = 15.000 mg = 15 g). Quando a quantidade ou o conteúdo não vem especificado na receita, as farmácias normalmente dispensam de

FARMÁCIA CRISTIANO FREDERICO

Rua José P. de Almeida, 343 - 13490-900 - Piracicaba, SP — Tel.: 19-xxxxxxxx
Farmacêutico Responsável: Dr. Olívio Castro de Alcântara - CRF-SP 10.711
CPNJ 38.009 - Licença nº XXX

Paciente: Diógenes M. Diniz   Prescritor: Dr. Amarildo Figueiredo

Ferrum phosphoricum 3DH. Tabletes. Conteúdo: 15 g
Chupar 1 tablete em jejum e ao deitar.

Farmacopeia Homeopática Brasileira, 3ª edição	Uso: Interno
Lote G0899 Data da Manipulação: 17.12.2012	Validade: 2 anos

15 a 20 g de tabletes. Homogeneizar. Obter o ponto de massa com etanol a 77% (v/v). Levar ao tableteiro e moldar com uma espátula de aço inoxidável. Secar o suficiente e proceder à extrusão dos tabletes. Secar totalmente em temperatura não superior a 50°C. Transferir os tabletes para um frasco de boca larga, colocar algodão e rotular.

Dispensação dos Tabletes

Os tabletes geralmente são dispensados em frascos de boca larga, bem fechados e protegidos da luminosidade, com algodão entre a tampa e os tabletes, para evitar sua desintegração, pois são bastante *friáveis*. Eles devem ser separados na tampa do frasco antes de levados à boca para serem dissolvidos lentamente. Prestar a atenção farmacêutica homeopática ao paciente, minimamente, conforme as orientações fornecidas no Capítulo 4. Os tabletes apresentam boa conservação se protegidos da umidade, do calor e da luz. Sugerimos o prazo de validade de dois anos para essa forma farmacêutica homeopática de uso interno.

DOSE ÚNICA SÓLIDA

A dose única sólida é uma forma farmacêutica obtida por meio dos métodos hahnemanniano, korsakoviano e de fluxo contínuo, com quantidade limitada de medicamento (comprimidos, glóbulos, tabletes e pós), para ser tomada de uma só vez.

Técnica de Obtenção da Dose Única Sólida

1. Preparar o insumo ativo de acordo com o método indicado na receita, na potência desejada, em etanol igual ou superior a 77% (v/v).

FORMAS FARMACÊUTICAS HOMEOPÁTICAS DE USO INTERNO 185

2. Caso não venha especificada na receita a quantidade a ser tomada, impregnar com duas gotas do insumo ativo os insumos inertes a seguir conforme as quantidades indicadas:
   - Comprimidos: 1 comprimido.
   - Glóbulos: 5 glóbulos.
   - Pós: 1 papel ou uma cápsula gelatinosa incolor, com 500 mg de lactose impregnada.
   - Tabletes: 1 tablete.
3. Secar em temperatura não superior a 50°C.
4. Embalar e rotular.

Dispensação da Dose Única Sólida

O paciente deverá ser orientado a tomar todo o medicamento de uma só vez, em jejum ou ao deitar, conforme a prescrição médica. Prestar a atenção farmacêutica homeopática ao paciente, minimamente, conforme as orientações fornecidas no Capítulo 4.

A dose única sólida apresenta boa conservação se protegida da umidade, do calor e da luz. Sugerimos prazo de validade de dois anos para essa forma farmacêutica homeopática de uso interno.

FORMULAÇÕES SÓLIDAS

As formulações sólidas são preparações farmacêuticas homeopáticas obtidas por meio dos métodos hahnemanniano, korsakoviano e de fluxo contínuo, que apresentam, numa composição, um ou mais insumos ativos.

Enquanto a 3ª edição da *Farmacopeia homeopática brasileira* propõe a preparação das formulações sólidas na proporção de, no mínimo, 10% (v/p, para insumo ativo líquido, ou p/p, para insumo ativo sólido) e sua secagem em temperatura não superior a 50°C, o *Manual de normas técnicas para farmácia homeopática* recomenda a preparação das formulações sólidas na proporção de 15% e a secagem em temperatura inferior a 40°C. No presente livro, propomos a preparação das formulações sólidas na proporção de 10% (v/p), para a padronização da técnica.

Técnica de Obtenção das Formulações Sólidas

Quando os insumos ativos forem líquidos, os comprimidos serão preparados por compressão ou impregnação.

- Por compressão:

1. Preparar os insumos ativos líquidos da formulação, separadamente, nas potências desejadas, em etanol igual ou superior a 77% (v/v).
2. Misturar os insumos ativos em partes iguais e volume suficiente e homogeneizar.
3. Impregnar a lactose com a mistura dos insumos ativos líquidos, na proporção de 10% (v/p), ou seja, utilizar 10 mL da mistura de insumos ativos para cada 100 g de lactose.
4. Homogeneizar e deixar secar.
5. Umedecer o insumo inerte impregnado com quantidade suficiente de etanol a 90% (v/v) e granular.
6. Tamisar e secar em temperatura não superior a 50°C.
7. Levar à compressão.
8. Transferir os comprimidos para um frasco de boca larga e rotular.

- Por impregnação:

1. Preparar comprimidos inertes por compressão da lactose.
2. Preparar os insumos ativos líquidos da formulação, separadamente, nas potências desejadas, em etanol igual ou superior a 77% (v/v).
3. Misturar os insumos ativos em partes iguais e volume suficiente e homogeneizar.
4. Pesar os comprimidos inertes e colocá-los em um recipiente adequado, como um frasco de boca larga, com tampa.
5. Impregnar os comprimidos inertes com a mistura de insumos ativos líquidos agitando o recipiente por alguns minutos. A proporção entre a quantidade da mistura de insumos ativos e o peso dos comprimidos inertes é de 10% (v/p), ou seja, utilizar 2 mL da mistura de insumos ativos para cada 20 g de comprimidos inertes.
6. Secar os comprimidos sobre papel de filtro em temperatura não superior a 50°C.
7. Transferi-los para um frasco de boca larga e rotular.

FORMAS FARMACÊUTICAS HOMEOPÁTICAS DE USO INTERNO

EXEMPLO DE FORMULAÇÃO SÓLIDA (COMPRIMIDOS) PREPARADA COM INSUMOS ATIVOS LÍQUIDOS:

Nux vomica 12CH.... ⎱ ãã ...qsp.....
Arsenicum album 6CH ⎰ 30 compri-
                      midos

Deixar dissolver 1 comprimido na boca, a cada hora.

Preparar, separadamente, a Nux vomica 12CH líq. e o Arsenicum album 6CH líq., em etanol igual ou superior a 77% (v/v), pelo método hahnemanniano. Em um cálice, adicionar 1 mL de cada um dos medicamentos e misturar bem. Pesar trinta comprimidos inertes

---

FARMÁCIA CRISTIANO FREDERICO

Rua José P. de Almeida, 343 - 13490-900 - Piracicaba, SP — Tel.: 19-xxxxxxxx
Farmacêutico Responsável: Dr. Olivio Castro de Alcântara - CRF-SP 10.711
CPNJ 38.009 - Licença nº XXX

Paciente: Diógenes M. Diniz   Prescritor: Dr. Amarildo Figueiredo

Nux vomica 12 CH ⎱
                  ⎰ ãã ....qsp.....30 comprimidos
Arsenicum album 6CH

Conteúdo: 30 comprimidos de 200 mg
Deixar dissolver 1 comprimido na boca, a cada hora

Farmacopeia Homeopática Brasileira, 3ª edição   Uso: Interno
Lote G0899   Data da Manipulação: 17.12.2012   Validade: 2 anos

(200 mg/comprimido x 30 = 6 g). Impregnar os comprimidos inertes com 0,6 mL (10%) da mistura. Secar em temperatura não superior a 50°C. Colocar os comprimidos em um frasco de boca larga e rotular.

Quando os insumos ativos forem sólidos (trituração), os comprimidos serão preparados apenas por compressão.

1. Preparar os insumos ativos da formulação, separadamente, por trituração, nas potências desejadas.
2. Misturar os triturados em partes iguais e em quantidade suficiente e homogeneizar.
3. Adicionar a mistura de triturados na proporção de 10% (p/p), em lactose, ou seja, para cada 100 g a serem obtidos, pesar 10 g da mistura de triturados mais 90 g de lactose.
4. Homogeneizar bem.
5. Umedecer a mistura com quantidade suficiente de etanol a 90% (v/v) e granular.
6. Tamisar e secar em temperatura não superior a 50°C.
7. Levar à compressão.
8. Transferir os comprimidos para um frasco de boca larga e rotular.

Quando os insumos ativos forem sólidos (trituração) e líquidos, os comprimidos serão preparados apenas por compressão.

1. Preparar os componentes da fase sólida, separadamente, por meio da técnica da trituração, nas potências desejadas.

2. Misturar os triturados em partes iguais e em quantidade suficiente, ou nas proporções indicadas pela formulação.
3. Homogeneizar.
4. Preparar os componentes da fase líquida, separadamente, em etanol igual ou superior a 77% (v/v), nas potências desejadas.
5. Misturar os insumos ativos líquidos em partes iguais e volume suficiente e homogeneizar.
6. Misturar 5% (p/p) da fase sólida na lactose.
7. Homogeneizar.
8. Acrescentar à mistura acima 5% (v/p) da fase líquida.
9. Deixar secar em temperatura não superior a 50°C.
10. Homogeneizar.
11. Umedecer a mistura com quantidade suficiente de etanol a 90% (v/v) e granular.
12. Tamisar e secar em temperatura não superior a 50°C.
13. Levar à compressão.
14. Transferir os comprimidos para um frasco de boca larga e rotular.

EXEMPLO DE FORMULAÇÃO SÓLIDA (COMPRIMIDOS), PREPARADA COM INSUMOS ATIVOS SÓLIDOS E LÍQUIDOS:

Calcarea carbonica 3CH trit.
Magnesium phosphoricum 3CH trit.
Lycopodium clavatum 12CH
Phosphorus 12CH
} āā...... qsp....... 50 comprimidos

Dissolver um 1 comprimido na boca a cada 4 horas.

FARMÁCIA CRISTIANO FREDERICO

Rua José P. de Almeida, 343 - 13490-900 - Piracicaba, SP — Tel.: 19-xxxxxxxx
Farmacêutico Responsável: Dr. Olívio Castro de Alcântara - CRF-SP 10.711
CPNJ 38.009 - Licença nº XXX

Paciente: Diógenes M. Diniz   Prescritor: Dr. Amarildo Figueiredo

Calcarea carbonica 3CH trit.
Magnesium phosphoricum 3CH trit.
Lycopodium clavatum 12CH
Phosphorus 12CH
} āā ...qsp.....50 comprimidos

Conteúdo: 50 comprimidos de 200 mg
Dissolver 1 comprimido na boca a cada 4 horas

Farmacopeia Homeopática Brasileira, 3ª edição   Uso: Interno
Lote G0899   Data da Manipulação: 17.12.2012   Validade: 2 anos

---

Preparar os componentes das fases líquida e sólida conforme as técnicas descritas. Considerando o peso médio de 200 mg para cada comprimido, teremos um peso total de 10 g (200 mg x 50 comprimidos = 10.000 mg = 10 g). Pesar 0,5 g (5%) da fase sólida e acrescentar 9,5 g de lactose. Homogeneizar bem. Incorporar à mistura 0,5 mL (5%) da fase líquida. Deixar secar em temperatura não superior a 50°C e homogeneizar. Umedecer a mistura com quantidade suficiente de etanol a 90% e granular. Tamisar e secar em temperatura não superior a 50°C. Levar à compressão. Transferir os comprimidos para um frasco de boca larga e rotular.

FORMAS FARMACÊUTICAS HOMEOPÁTICAS DE USO INTERNO 189

Quando os insumos ativos forem líquidos, os glóbulos serão preparados por tríplice impregnação.

1. Preparar os insumos ativos líquidos da formulação, separadamente, nas potências desejadas, em etanol igual ou superior a 77% (v/v).
2. Misturar os insumos ativos líquidos em partes iguais e volume suficiente e homogeneizar.
3. Pesar os glóbulos inertes e colocá-los em um recipiente adequado, como um frasco de boca larga, com tampa.
4. Impregnar os glóbulos inertes com a mistura de insumos ativos líquidos, agitando o recipiente por alguns minutos, com 1/3 do volume da mistura calculado na proporção de 10% em relação ao peso dos glóbulos (v/p), ou seja, utilizar 1,5 mL da mistura dividido em três partes iguais (0,5 mL) para cada 15 g de glóbulos inertes.
5. Transferir os glóbulos para uma cuba rasa ou uma placa de petri e secá-los em temperatura não superior a 50°C.
6. Impregnar os glóbulos com mais 1/3 do volume de insumo ativo, agitando o recipiente por alguns minutos.
7. Transferir os glóbulos para uma cuba rasa ou uma placa de petri e secá-los em temperatura não superior a 50°C.
8. Impregnar os glóbulos com o último 1/3 do volume de insumo ativo, agitando o recipiente por alguns minutos.
9. Transferir os glóbulos para uma cuba rasa ou uma placa de petri e secá-los em temperatura não superior a 50°C.
10. Colocar os glóbulos impregnados e secos em um frasco de boca larga para dispensação e rotular.

Vale ressaltar que não é possível obter a forma farmacêutica glóbulos a partir de insumos ativos sólidos.

Pode-se utilizar outros métodos e técnicas de impregnação de glóbulos inertes para as formulações sólidas preparadas a partir desses suportes. Porém, esses métodos e técnicas deverão ser validados conforme relatado anteriormente na exposição da obtenção de medicamentos sob a forma de glóbulos.

FARMÁCIA HOMEOPÁTICA: TEORIA E PRÁTICA

EXEMPLO DE FORMULAÇÃO SÓLI-
DA (GLÓBULOS), PREPARADA COM
INSUMOS ATIVOS LÍQUIDOS:

Hydrastis canadensis 6CH
Kalium bichromicum 6CH
} ãã ...
qsp.....
15 g glóbulos

Chupar 5 glóbulos de 2 em 2 horas.

Preparar o Hydrastis canadensis 6CH e o Kalium bichromicum 6CH, separadamente, em etanol a 90% (v/v). Misturar os dois medicamentos em partes iguais. Pesar 15 g de glóbulos inertes. Utilizar a técnica da tríplice

---

FARMÁCIA CRISTIANO FREDERICO

Rua José P. de Almeida, 343 - 13490-900 - Piracicaba, SP — Tel.: 19-xxxxxxxx
Farmacêutico Responsável: Dr. Olívio Castro de Alcântara - CRF-SP 10.711
CPNJ 38.009 - Licença nº XXX

Paciente: Diógenes M. Diniz   Prescritor: Dr. Amarildo Figueiredo

Hydrastis canadensis 6CH
Kalium bichromicum 6CH
} ãã ...qsp.....15 g glóbulos

Conteúdo: 15 g
Chupar 5 glóbulos de 2 em 2 horas

Farmacopeia Homeopática Brasileira, 3ª edição	Uso: Interno
Lote G0899 Data da Manipulação: 17.12.2012	Validade: 2 anos

impregnação, adicionando 0,5 mL a cada passagem: 3 x 0,5 mL = 1,5 mL (10% do peso dos glóbulos). Deixar secar em temperatura não superior a 50°C. Embalar em frasco de boca larga e rotular.

Quando os insumos ativos forem líquidos, os pós serão preparados como explicado a seguir.

1. Preparar os insumos ativos líquidos da formulação, separadamente, nas potências desejadas, em etanol igual ou superior a 77% (v/v).
2. Misturar os insumos ativos líquidos em partes iguais e volume suficiente e homogeneizar.
3. Impregnar a lactose com a mistura na proporção de 10% (v/p).
4. Homogeneizar e deixar secar em temperatura não superior a 50°C.
5. Repartir em porções de 500 mg.
6. Acondicionar em papéis, sachês, flaconetes ou em cápsulas.
7. Embalar e rotular.

FORMAS FARMACÊUTICAS HOMEOPÁTICAS DE USO INTERNO

EXEMPLO DE FORMULAÇÃO SÓLIDA (PÓS), PREPARADA COM INSUMOS ATIVOS LÍQUIDOS:

Paeonia 5CH } ãã ...
Hamamelis 5CH } qsp..... 10 papéis

Tomar todo o conteúdo de 1 papel 2 vezes ao dia.

Preparar a Paeonia 5CH e o Hamamelis 5CH, em etanol igual ou superior a 77% (v/v), separadamente, conforme o método hahnemanniano dos frascos múltiplos. Misturar os dois medicamentos em partes iguais. Pesar 5 g de lactose (500 mg x 10 papéis = 5.000 mg = 5 g). Impregnar a lactose com 0,5 mL (10%) da mistura. Homogeneizar e deixar secar em temperatura não superior a 50°C. Repartir a lactose impregnada em dez porções de 500 mg. Acondicionar em papéis. Colocá-los em um pote de boca larga e rotular.

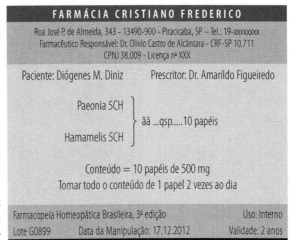

Quando os insumos ativos forem sólidos (trituração), os pós serão preparados como explicado a seguir.

1. Preparar os insumos ativos da formulação, separadamente, por trituração, nas potências desejadas.
2. Misturar os triturados em partes iguais em quantidade suficiente ou nas proporções indicadas na receita e homogeneizar.
3. Adicionar a mistura de triturados na proporção de 10% (p/p), em lactose, ou seja, para cada 100 g a serem obtidos, pesar 10 g da mistura de triturados mais 90 g de lactose.
4. Homogeneizar bem.
5. Repartir em porções de 500 mg.
6. Acondicionar em papéis, sachês, flaconetes ou cápsulas.
7. Embalar e rotular.

EXEMPLO DE FORMULAÇÃO SÓLIDA (PÓS), PREPARADA COM INSUMOS ATIVOS SÓLIDOS:

Ferrum metallicum
3CH trit.
Magnesium
phosphoricum
3CH trit.

āā ...
qsp.....
10 cápsulas

Tomar todo o conteúdo de 1 cápsula, em jejum.

Preparar o Ferrum metallicum 3CH trit. e o Magnesium phosphoricum 3CH trit., em lactose, pela técnica da trituração. Misturar os triturados em partes iguais e homogeneizar. Pegar 0,5 g

---

FARMÁCIA CRISTIANO FREDERICO

Rua José P. de Almeida, 343 - 13490-900 - Piracicaba, SP – Tel.: 19-xxxxxxx
Farmacêutico Responsável: Dr. Olívio Castro de Alcântara - CRF-SP 10.711
CPNJ 38.009 - Licença nº XXX

Paciente: Diógenes M. Diniz   Prescritor: Dr. Amarildo Figueiredo

Ferrum metallicum 3CH trit.
Magnesium phosph. 3CH trit.

āā ...qsp.....10 cápsulas

Conteúdo: 10 cápsulas de 500 mg
Tomar todo o conteúdo de 1 cápsula, em jejum

Farmacopeia Homeopática Brasileira, 3ª edição   Uso: Interno
Lote G0899   Data da Manipulação: 17.12.2012   Validade: 2 anos

---

(10%) desse preparado e misturar com 4,5 g de lactose (90%). Homogeneizar. Repartir a mistura final em dez porções de 500 mg. Acondicionar cada porção em uma cápsula gelatinosa incolor n. 0. Colocar as cápsulas em um pote de boca larga e rotular.

Quando os insumos ativos forem sólidos (trituração) e líquidos, os pós serão preparados como explicado a seguir.

1. Preparar os componentes da fase sólida, separadamente, por trituração, nas potências desejadas.
2. Misturar os triturados em partes iguais e quantidade suficiente, ou nas proporções indicadas pela formulação.
3. Homogeneizar.
4. Preparar os componentes da fase líquida, separadamente, em etanol igual ou superior a 77% (v/v), nas potências desejadas.
5. Misturar os insumos ativos líquidos em partes iguais e volume suficiente e homogeneizar.
6. Misturar 5% (p/p) da fase sólida na lactose.
7. Homogeneizar.
8. Acrescentar à mistura acima 5% (v/p) da fase líquida.
9. Deixar secar em temperatura não superior a 50°C.
10. Homogeneizar.
11. Repartir em porções de 500 mg.
12. Acondicionar em papéis, sachês, flaconetes ou em cápsulas.
13. Embalar e rotular.

FORMAS FARMACÊUTICAS HOMEOPÁTICAS DE USO INTERNO

193

EXEMPLO DE FORMULAÇÃO SÓLIDA (PÓS), PREPARADA COM INSUMOS ATIVOS SÓLIDOS E LÍQUIDOS:

Graphites 3CH trit.
Calcarea carbonica } ãã ...
3CH trit. } qsp.....
Bryonia 12CH } 10 papéis
Aconitum 12CH

Dissolver 1 papel na boca a cada 4 horas.

Preparar os componentes das fases líquida e sólida conforme as técnicas descritas. Considerando o peso de 500 mg para cada papel, teremos um peso total de 5 g. Pesar 0,25 g (5%) da fase sólida e acrescentar 4,75 g de lactose. Homogeneizar bem. Incorporar à

FARMÁCIA CRISTIANO FREDERICO

Rua José P. de Almeida, 343 - 13490-900 - Piracicaba, SP — Tel.: 19-xxxxxxxx
Farmacêutico Responsável: Dr. Olívio Castro de Alcântara - CRF-SP 10.711
CPNJ 38.009 - Licença nº XXX

Paciente: Diógenes M. Diniz   Prescritor: Dr. Amarildo Figueiredo

Graphites 3CH trit.
Calcarea carbonica 3CH trit. } ãã ...qsp.....10 papéis
Bryonia 12CH
Aconitum 12CH

Conteúdo: 10 papéis de 500 mg
Dissolver 1 papel na boca a cada 4 horas.

Farmacopeia Homeopática Brasileira, 3ª edição   Uso: Interno
Lote G0899   Data da Manipulação: 17.12.2012   Validade: 2 anos

---

mistura 0,25 mL (5%) da fase líquida. Homogeneizar e deixar secar em temperatura não superior a 50°C. Repartir a mistura final em dez porções de 500 mg. Acondicionar cada porção em um papel. Colocar os papéis em um pote de boca larga e rotular.

Quando os insumos ativos forem líquidos, os tabletes serão preparados por impregnação e moldagem.

- Por impregnação:

1. Preparar os insumos ativos líquidos, separadamente, nas potências desejadas, em etanol igual ou superior a 77% (v/v).
2. Misturar os insumos ativos líquidos em partes iguais e volume suficiente.
3. Umedecer a lactose em etanol a 77% (v/v) de forma que se obtenha uma massa que, ao ser compactada entre as mãos, receba o formato de um pão. Ao ser quebrada ao meio, essa massa não deve esfarelar-se (ponto de massa).
4. Levar a massa ao tableteiro e moldar os tabletes inertes com uma espátula de aço inoxidável.
5. Deixar secar por alguns minutos. Não deixar secar totalmente.
6. Proceder à extrusão dos tabletes inertes e secá-los por completo.
7. Impregnar os tabletes inertes com a mistura de insumos ativos líquidos na proporção de 10% (v/p), ou seja, utilizar 2 mL da mistura para cada 20 g de tabletes. Como os tabletes são mais friáveis, para impregná-los sugerimos utilizar a mesma técnica de impregnação dos comprimidos, com movimentos mais suaves.

8. Secar sobre papel de filtro em temperatura não superior a 50°C.
9. Transferir os tabletes para um frasco de boca larga, colocar algodão por cima para evitar o choque entre eles e rotular.

- Por moldagem:

1. Preparar os insumos ativos da formulação, separadamente, nas potências desejadas, em etanol igual ou superior a 77% (v/v).
2. Misturar os insumos ativos líquidos em partes iguais e volume suficiente.
3. Impregnar a lactose com a mistura de insumos ativos líquidos, na proporção de 10% (v/p), ou seja, utilizar 10 mL da mistura para cada 100 g de lactose.
4. Homogeneizar e secar.
5. Umedecer a lactose impregnada em etanol a 77% (v/v) de forma que se obtenha uma massa que, ao ser compactada entre as mãos, receba o formato de um pão. Ao ser quebrada ao meio, essa massa não deve esfarelar-se (ponto de massa).
6. Levar a massa ao tableteiro e moldar os tabletes com uma espátula de aço inoxidável.
7. Deixar secar por alguns minutos. Não deixar secar totalmente.
8. Proceder à extrusão e secar em temperatura não superior a 50°C.
9. Transferir os tabletes para um frasco de boca larga, colocar algodão por cima para evitar o choque entre eles e rotular.

Quando os insumos ativos forem sólidos (trituração), os tabletes serão preparados apenas por moldagem.

- Por moldagem

1. Preparar os componentes da formulação, separadamente, por trituração, nas potências desejadas.
2. Misturar os triturados em partes iguais e em quantidade suficiente ou nas proporções indicadas e homogeneizar.
3. Misturar a preparação obtida anteriormente na proporção de 10% (p/p) com lactose, ou seja, para cada 100 g da mistura, pesar 10 g do triturado mais 90 g da lactose.
4. Homogeneizar bem a mistura.
5. Umedecer a mistura em etanol a 77% (v/v) de forma que se obtenha uma massa que, ao ser compactada entre as mãos, receba o formato de um pão. Ao ser quebrada ao meio, essa massa não deve esfarelar-se (ponto de massa).

FORMAS FARMACÊUTICAS HOMEOPÁTICAS DE USO INTERNO

6. Levar a massa ao tableteiro e moldar os tabletes inertes com uma espátula de aço inoxidável.
7. Deixar secar alguns minutos. Não deixar secar totalmente.
8. Proceder à extrusão dos tabletes e secá-los por completo.
9. Transferir os tabletes para um frasco de boca larga, colocar algodão por cima para evitar o choque entre eles e rotular.

EXEMPLO DE FORMULAÇÃO SÓLIDA (TABLETES), PREPARADA COM INSUMOS ATIVOS SÓLIDOS:

Calcarea phosphorica 3DH trit.
Calcarea carbonica 3DH trit.   āā ... qsp..... 50 tabletes
Baryta carbonica 3DH trit.

Chupar 1 tablete em jejum e ao deitar.

Preparar a Calcarea phosphorica 3DH trit., a Calcarea carbonica 3DH trit. e a Baryta carbonica 3DH trit. de acordo com o método hahnemanniano da trituração. Misturar os triturados em partes iguais. Considerando o peso de 100 mg para cada tablete, teremos: 100 mg x 50 tabletes = 5 g. Pesar 0,5 g (10%)

da mistura de triturados e 9,5 g (90%) de lactose. Homogeneizar. Dar o ponto de massa com etanol a 77% (v/v). Levar ao tableteiro e moldar com uma espátula de aço inoxidável. Secar o suficiente e proceder à extrusão dos tabletes. Secar em temperatura não superior a 50°C. Transferir os tabletes para um frasco de boca larga, colocar algodão e rotular.

Quando os insumos ativos forem sólidos (trituração) e líquidos, os tabletes serão preparados como explicado a seguir.

1. Preparar os componentes da fase sólida, separadamente, por trituração, nas potências desejadas.
2. Misturar os triturados em partes iguais e em quantidade suficiente, ou nas proporções indicadas pela formulação.
3. Homogeneizar.
4. Preparar os componentes da fase líquida, separadamente, em etanol igual ou superior a 77% (v/v) nas potências desejadas.
5. Misturar os insumos ativos líquidos em partes iguais e volume suficiente e homogeneizar.

196 FARMÁCIA HOMEOPÁTICA: TEORIA E PRÁTICA

6. Misturar 5% (p/p) da fase sólida na lactose.
7. Homogeneizar.
8. Acrescentar a essa mistura acima 5% (v/p) da fase líquida.
9. Deixar secar em temperatura não superior a 50°C.
10. Homogeneizar.
11. Umedecer a mistura em etanol a 77% (v/v) de forma que se obtenha uma massa que, ao ser compactada entre as mãos, receba o formato de um pão. Ao ser quebrada ao meio, essa massa não deve esfarelar-se (ponto de massa).
12. Levar a massa ao tableteiro e moldar os tabletes inertes com uma espátula de aço inoxidável.
13. Deixar secar por alguns minutos. Não deixar secar totalmente.
14. Proceder à extrusão dos tabletes e secá-los totalmente em temperatura inferior a 50°C.
15. Transferir os tabletes para um frasco de boca larga, colocar algodão por cima para evitar o choque entre eles e rotular.

EXEMPLO DE FORMULAÇÃO SÓLIDA (TABLETES), PREPARADA COM INSUMOS ATIVOS SÓLIDOS E LÍQUIDOS:

Baryta carbonica 3CH trit.
Calcarea phosphorica 3CH trit. } āā ... qsp..... 30 tabletes
China officinalis 5CH
Eupatorium 5CH

Dissolver um tablete na boca a cada 4 horas

Preparar os componentes das fases líquida e sólida conforme as técnicas descritas. Considerando o peso de 100 mg para cada tablete, teremos: 100 mg x 30 tabletes = 3 g. Pesar 0,15 g (5%) da fase sólida e acrescentar 2,85 g

---

FARMÁCIA CRISTIANO FREDERICO

Rua José P. de Almeida, 343 - 13490-900 – Piracicaba, SP – Tel.: 19-xxxxxxxx
Farmacêutico Responsável: Dr. Olívio Castro de Alcântara - CRF-SP 10.711
CPNJ 38.009 - Licença nº XXX

Paciente: Diógenes M. Diniz   Prescritor: Dr. Amarildo Figueiredo

Baryta carbonica 3CH trit.
Calcarea phosphorica 3CH trit. } āā ...qsp.....30 tabletes
China officinalis 5CH
Eupatorium 5CH

Conteúdo: 30 tabletes de 100 mg
Dissolver um tablete na boca a cada 4 horas

Farmacopeia Homeopática Brasileira, 3ª edição	Uso: Interno
Lote G0899 Data da Manipulação: 17.12.2012	Validade: 2 anos

de lactose. Homogeneizar bem. Incorporar à mistura 0,15 mL (5%) da fase líquida. Homogeneizar e deixar secar em temperatura não superior a 50°C. Proceder conforme a técnica geral de moldagem. Transferir os tabletes para um frasco de boca larga e rotular.

Dispensação das Formulações Sólidas

Na dispensação das formulações sólidas os cuidados a serem tomados e os prazos de validade são os mesmos recomendados para as formas farmacêuticas sólidas correspondentes (comprimidos, glóbulos, pós e tabletes).

GLOSSÁRIO

Extrusão. Ato de empurrar para fora. Retirada dos tabletes da forma, após pressão na placa com furos sobre a placa com pinos.

Friável. Suscetível de se esfarelar e reduzir a pó.

Tableteiro. Forma para a moldagem de tabletes. O tableteiro é composto de três peças: as placas-base, com furos (placa fêmea) e com pinos (placa macho).

REFERÊNCIAS BIBLIOGRÁFICAS

American Institute of Homeopathy. The homoepathic pharmacopoeia of the United States. 9th ed. 1999.

Araújo TL, Mazzi JL, Chaud MV, Gutierrez MA, Fontes OL. Validação de técnicas e métodos de impregnação de glóbulos homeopáticos. Cultura homeopática. São Paulo. 2004;3(9):8-16.

Associação Brasileira de Farmacêuticos Homeopatas (ABFH). Manual de normas técnicas para farmácia homeopática. 2ª ed. São Paulo; 1995.

Associação Brasileira de Farmacêuticos Homeopatas (ABFH). Manual de normas técnicas para farmácia homeopática: ampliação dos aspectos técnicos e práticos das preparações homeopáticas. 3ª ed. Curitiba; 2003.

Associação Brasileira de Farmacêuticos Homeopatas (ABFH). Manual de normas técnicas para farmácia homeopática: ampliação dos aspectos técnicos e práticos das preparações homeopáticas. 4ª ed. São Paulo; 2007.

Martinez JA. Farmácia homeopática. Buenos Aires: Albatros; 1983.

Ministério da Saúde. Instrução Normativa n. 4, de 11 de abril de 2007. Dispõe sobre o Guia para a Realização de Estudos de Estabilidade para Medicamentos Dinamizados. Diário Oficial da União da República Federativa do Brasil. Brasília, 13 de abril de 2007.

Ministério da Saúde. Resolução RDC n. 67, de 8 de outubro de 2007. Aprova o regulamento técnico sobre boas práticas de manipulação de preparações magistrais e oficinais para uso humano em farmácias e seus anexos. Diário Oficial da União da República Federativa do Brasil. Brasília, 9 de outubro de 2007.

Ministério da Saúde. Farmacopeia homeopática brasileira. 3ª ed. Disponível em: http://www.anvisa.gov.br/farmacopeiabrasileira/homeopatica.htm. Acesso em: 22 dez. 2011.

MINISTÉRIO DA SAÚDE. Farmacopéia brasileira. 5ª ed. Disponível em: http://www.anvisa. gov.br/hotsite/cd_farmacopeia/pdf. Acesso em: 22 dez. 2011.

PHARMACOTECHNIE ET MONOGRAPHIES DES MÉDICAMENTS COURANTS. Vol. 1. Lyon: Syndicat des Pharmacies et Laboratoires Homéopathiques; 1979.

PHARMACOTECHNIE ET MONOGRAPHIES DES MÉDICAMENTS COURANTS. Vol. 2. Lyon: Syndicat des Pharmacies et Laboratoires Homéopathiques; 1981.

SILVA JB. Farmacotécnica homeopática simplificada. 2ª ed. São Paulo: Robe; 1997.

SOARES AAD. Farmácia homeopática. São Paulo: Andrei; 1997.

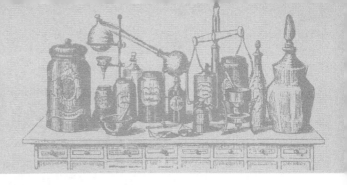

10

Bioterápicos

Valéria Ota de Amorim
Olney Leite Fontes

INTRODUÇÃO

Ao longo da história da medicina homeopática, por diversas vezes deparamos com os conceitos hahnemannianos. Hahnemann, porém, como mestre, permitiu que sua obra fosse amplamente discutida, ensaiada e ensinada. Seus discípulos ouviram e disseminaram a homeopatia aos "quatro cantos" do mundo proporcionando, mediante seus estudos e trabalhos, outras fontes para o preparo do medicamento e o tratamento do paciente, derivando assim para novos medicamentos e conceitos. Este capítulo aborda o que evoluiu para o termo bioterápicos e sua trajetória histórica dentro da homeopatia.

BREVE HISTÓRICO DOS BIOTERÁPICOS

Constantine Hering (1800-1880), médico e discípulo de Hahnemann, inspirado nas descobertas sobre a varíola e vacina, em 1834 escreveu:

> Por ocasião das minhas experiências com venenos de cobras, emiti a hipótese de que o vírus hidrofóbico devia ser um poderoso agente patogenético. Apresentei a mesma hipótese com relação ao vírus da varíola. Não devia esperar outra coisa do vírus psórico e, com o tempo, convidei todos os meus colegas para realizar experiências patogenéticas. Tardei muito em publicar minhas próprias observações em atenção a Hahnemann, cuja opinião desejava ouvir

antes de mais nada, e porque sabia que sua vontade era que nada fosse publicado sobre o assunto antes que ele amadurecesse bem. Cabe-me talvez, como o primeiro que propôs, preparou e aplicou o novo medicamento, dar-lhe o nome. Acho que o mais adequado é psoricum.

Esse medicamento, diluição da serosidade da vesícula da sarna, foi o primeiro nosódio, termo empregado por Hering para designar a preparação farmacêutica homeopática obtida a partir de produto patológico de origem animal ou vegetal. Por motivos *filológicos*, adotou posteriormente o nome *Psorinum*.

> Nosódio, do grego *nósos* (doença), é o medicamento preparado, segundo a farmacotécnica homeopática, a partir de material patológico animal ou vegetal (órgãos doentes e secreções patológicas).

Johann Wilhelm Lux (1777-1839), primeiro veterinário homeopata, em 1831, atendendo ao pedido de um criador de gado cujos animais estavam sendo mortos por uma epidemia de mormo, prescreveu o muco nasal de um animal doente, diluído na potência 30CH, para os casos de mormo, obtendo resultados surpreendentes. Em 1833 editou suas experiências no livro *A isopatia dos contágios – em que todas as doenças contagiosas trazem em seus próprios produtos de contágio o meio de cura*. Enviou-o para Hahnemann, que lhe devolveu o exemplar com uma nota de próprio punho "sem resposta".

O método de Lux não obedecia à coincidência patogenética como o de Hering, não dava importância ao fator terreno e preconizava o emprego de preparações dinamizadas a partir de secreções que supostamente continham o agente causal.

> Isopatia, do grego *isos* (igual) e *pathos* (sofrimento, doença), é um método terapêutico que visa combater as doenças com os produtos elaborados pela própria doença ou com materiais provenientes do organismo doente (órgãos doentes, secreções patológicas, microrganismos e suas toxinas). Esses produtos, preparados por meio da farmacotécnica homeopática, são denominados isoterápicos.

Johann Ernst Stapf (1788-1860), considerado o fundador da isopatia individual, defendeu os trabalhos de Hering e Lux, preconizando o emprego de nosódios preparados a partir do próprio doente, método que passou a ser denominado autoisoterápicos. O método de Stapf consistia em administrar preparação dinamizada de secreção patológica, que supostamente continha a causa da enfermidade, ao próprio doente de quem o material foi retirado. Esses produtos dinamizados são chamados de autoisoterápicos. Nesse método terapêutico, a escolha da fonte é fundamental para o sucesso do tratamento, pois o material empregado deve conter o agente causal.

Samuel Hahnemann, em nota do § 56 da 6ª edição do *Organon*, formulou contundente crítica ao método isopático de tratamento dos doentes. Segundo ele, a isopatia levaria o clínico ao raciocínio simples, em função do agente causal e dos produtos patológicos da doença. Ao negligenciar os aspectos psicossomáticos relacionados às doenças, esse método terapêutico estimulava a paliação em detrimento da cura pelo semelhante, bem mais complexa e científica.

Muitos outros médicos e pesquisadores começaram a estudar, testar e adotar na terapêutica novos medicamentos preparados por meio da farmacotécnica homeopática, entre eles Collet, Nebel, Burnett, Vannier, Illiovici e Dano.

No Brasil, destacou-se o dr. Licínio Cardoso, que publicou em 1923 a obra *Dyniotherapia autonosica ou tratamento das doenças pelos agentes e productos dellas dynamisados*. A dinioterapia autonósica (do grego *dynamis* = força, *autós* = por si próprio, e *nósos* = doença), também denominada auto-hemoterapia, representa uma variante da isopatia na qual é utilizado sangue venoso após ser submetido à temperatura de 37,5°C por 24 horas, para, em seguida, ser dinamizado e administrado por via intramuscular.

Existe ainda a isopatia indireta. Enquanto na isopatia direta a colheita do material patológico é feita no próprio paciente (autoisopatia) ou em pacientes diversos para outros doentes (nosódios), a isopatia indireta emprega uma causa patogênica alheia ao doente. Na indireta, o material coletado dinamizado representa o papel de elemento desencadeador do processo patológico que se deseja tratar, como o tóxico dinamizado (venenos, substâncias tóxicas, medicamentos etc.), no caso de intoxicações; e todos os alérgenos (alimentos, polens, tintas etc.), no caso de processos alérgicos.

O QUE SÃO BIOTERÁPICOS?

Atualmente nosódios, autoisoterápicos e isoterápicos foram incorporados ao conceito de bioterápicos, mais abrangente, definido e enquadrado em 1965 na farmacopeia francesa.

Bioterápicos são medicamentos preparados de acordo com a farmacotécnica homeopática a partir de produtos biológicos, quimicamente indefinidos, como secreções, excreções, tecidos e órgãos patológicos ou não, bem como produtos de origem microbiana, alérgenos e outros insumos relacionados com a enfermidade/doença do paciente. As substâncias que dão origem aos bioterápicos são identificadas como "fontes para bioterápicos".

Os bioterápicos podem ou não apresentar patogenesias. Os nosódios de Hering, por exemplo, são bioterápicos que apresentam patogenesias. A experimentação no homem sadio permite que esses medicamentos sejam empregados em outros pacientes que não aqueles de quem foi extraído o produto patológico, baseando-se na identidade sintomática, de acordo com a lei dos semelhantes. Outros nosódios foram incorporados à terapêutica homeopática por meio da observação clínica em pacientes intoxicados pelo seu emprego abusivo. A tuberculina de Koch, por exemplo, fonte do bioterápico conhecido como Tuberculinum, apresenta uma rica patogenesia obtida a partir da observação de sintomas apresentados por pacientes submetidos a uma intensiva terapia com essa tuberculina. Além disso, muitos medicamentos foram incluídos na literatura homeopática após a cura sistemática de sintomas obtida sob a influência de nosódios, sarcódios, alérgenos e outros. A utilização de fontes para bioterápicos sem patogenesias definidas nas matérias médicas justifica-se pelo fato de essas substâncias dinamizadas estimularem a reação secundária orgânica. Os bioterápicos são utilizados, principalmente, nas seguintes situações:

- Nos quadros doentios que se identificam com a totalidade sintomática obtida durante o experimento no homem sadio (Psorinum, Luesinum, Medorrhinum etc.).
- Nos quadros infecciosos de etiologia conhecida, atuando como coadjuvantes terapêuticos (Staphylococcinum, Streptococcinum, Colibacillinum etc.).
- Nas reações de hipersensibilidade, atuando como dessensibilizantes (poeira, pólen, alimentos etc.).
- Nos quadros provocados por um agente tóxico, atuando como estimulante de sua eliminação (Staphylotoxinum, Arsenicum, Plumbum etc).
- Nos quadros sintomáticos provocados por substâncias biológicas, atuando como inibidor de sua formação e/ou estimulante de sua eliminação (cálculos renais e biliares etc.).

Enquanto o bioterápico experimentado no homem sadio pode ser usado conforme a forma reacional particular de cada doente, o bioterápico destituído de patogenesia prioriza o microrganismo, seus produtos e a doença correspondente, bem como o alérgeno e as substâncias biológicas diversas que causam sintomas. O microrganismo e as causas mais imediatas das doenças não devem ser negligenciados. Contudo, a individualidade nunca deve ser colocada em segundo plano, pois vai além da ação do microrganismo na causa real e profunda das doenças.

> Os bioterápicos são divididos em duas grandes categorias: bioterápicos de estoque e isoterápicos.

BIOTERÁPICOS DE ESTOQUE

São produtos cujo insumo ativo é constituído por amostras preparadas e fornecidas por laboratórios industriais especializados. Os bioterápicos de estoque são classificados em codex, simples, complexos, ingleses e vivos (Roberto Costa).

- Bioterápicos codex são obtidos a partir de vacinas, soros, toxinas e *anatoxinas*, inscritos na Farmacopeia francesa.
- Bioterápicos simples são obtidos a partir de culturas microbianas puras, lisadas e atenuadas.
- Bioterápicos complexos são obtidos a partir de órgãos doentes, secreções ou excreções patológicas.
- Bioterápicos ingleses, também chamados de nosódios intestinais de Bach-Paterson, são obtidos a partir de microrganismos da flora intestinal que não fermentam a lactose, presentes nas fezes de doentes crônicos.
- Bioterápicos Roberto Costa são obtidos a partir de microrganismos vivos, conforme técnica desenvolvida pelo pesquisador brasileiro Roberto de Andrade Costa.

A Tabela 9 apresenta a relação dos principais bioterápicos de estoque.

Tabela 9. Relação dos principais bioterápicos de estoque.

Bioterápico	Obtido a partir de	Experimentação	Classificação
Anas barbariae	Autolisado filtrado de fígado e coração de pato (*Anas barbariae*)	Observação clínica	Complexo
Anthracinum	Lisado de fígado de coelho infectado por carbúnculo (*Bacillus anthracis*)	Observação clínica	Complexo
Aviaria (Tuberculina aviaria)	Culturas de *Mycobacterium tuberculosis* var. *avium*, sem adição de antissépticos	Observação clínica	Codex
Bacillinum	Triturado de uma fração de pulmão tuberculoso	Observação clínica	Complexo
Bacilo de Gaertner	*Salmonella enteritidis*	Observação clínica	Ingleses
Bacilo de Morgan	Bacilo Gram-negativo (*Proteus morgani*) isolado de fezes de crianças com diarreia estival (sazonal)	Observação clínica	Ingleses
Bacilo mutabile (Cocal – Co ou Bacilo faecalis)	*Bacillus mutabilis* tido como colibacilo lactose positivo	Observação clínica	Ingleses
Bacillus nº 7	Não tem correspondência na nomenclatura bacteriológica	Observação clínica	Ingleses

(continua)

Tabela 9. Relação dos principais bioterápicos de estoque *(continuação)*.

Bioterápico	Obtido a partir de	Experimentação	Classificação
Bacillus nº 10	Não tem correspondência na nomenclatura bacteriológica	Observação clínica	Ingleses
Carcinosinum	Preparado a partir de diferentes variedades de carcinomas	Experimentação patogenética	Complexo
Colibacillinum	Lisado de cultura de 3 cepas de *Escherichia coli*	Experimentação patogenética	Simples
Diphtericum	Soro antidiftérico de animais imunizados com toxina proveniente de *Corynebacterium diphteriae*	Observação clínica	Codex
Diphtero toxinum	Toxina diftérica diluída, obtida do líquido de cultura do bacilo diftérico	Observação clínica	Codex
D.T.T.A.B.	Vacina mista antidiftérica, antitetânica e antitifoparatifoídica A e B	Observação clínica	Codex
Dysentery – Co	Bacilo Gram-negativo (*B. dysenteriae* ou *Shigella dysenteriae*), agente da disenteria bacilar	Observação clínica	Codex
Eberthinum	Cultura de *Salmonella typhi*	Observação clínica	Simples
Enterococcinum	Lisado de cultura de *Streptococcus faecalis*	Observação clínica	Simples
Gonotoxinum	Vacina antigonocócica	Observação clínica	Codex
Influenzinum	Vacina antigripal do Instituto Pasteur	Observação clínica	Codex
Luesinum	Lisado de serosidades treponêmicas de cancros sifilíticos	Experimentação patogenética	Complexo
Marmorek	Soro de cavalo imunizado com extrato de culturas de bacilos provenientes do escarro de tuberculoso	Observação clínica	Codex
Medorrhinum (Blenorrhinum ou Gonorrhinum)	Lisado de secreções uretrais blenorrágicas, colhidas antes de tratamento	Experimentação patogenética	Complexo
Morbillinum	Lisado de exsudatos bucofaríngeos de doentes com sarampo, colhidos antes de tratamento	Observação clínica	Complexo

(continua)

BIOTERÁPICOS

Tabela 9. Relação dos principais bioterápicos de estoque *(continuação)*.

Bioterápico	Obtido a partir de	Experimentação	Classificação
Parathyphoidinum B	Lisado de culturas de *Salmonella paratyphi B*	Observação clínica	Simples
Pertussinum	Lisado de expectorações de doentes com coqueluche, colhidos antes de tratamento	Observação clínica	Complexo
Psorinum	Lisado de serosidade de lesões de sarna, colhido sem tratamento prévio	Experimentação patogenética	Complexo
Pulmo histaminum	Preparado a partir de órgãos de cobaias mortas após choque anafilático induzido	Observação clínica	Complexo
Pyrogenium	Lisado de produtos de decomposição provenientes da autólise de carne de boi, carne de porco e placenta humana	Experimentação patogenética	Complexo
Soro anticolibacilar	Soro anticolibacilar de origem caprina	Observação clínica	Codex
Soro de Yersin (Yersinum)	Soro antipeste proveniente de animais imunizados com *Bacillus pestis*	Observação clínica	Codex
Staphylococcinum	Lisado de cultura de *Staphylococcus aureus*	Observação clínica	Simples
Staphylotoxinum	Anatoxina estafilocócica	Observação clínica	Codex
Streptococcinum	Lisado de cultura de *Streptococcus pyogenes*	Experimentação patogenética	Simples
Sycotic – Co ou Sycoccus	*Streptococcus faecalis*	Observação clínica	Ingleses
Tuberculinum (TK)	Tuberculina bruta de culturas de *Mycobacterium tuberculosis*, de origem humana e bovina	Experimentação patogenética	Codex
Tuberculinum residuum (TR)	Solução glicerinada com as frações insolúveis em água do *Mycobacterium tuberculosis*	Observação clínica	Codex
V.A.B. (BCG)	Vacina de bactérias vivas descrita por Calmette e Guérin	Experimentação patogenética	Codex
Vaccinotoxinum	Vacina antivariólica obtida a partir de raspado de erupção cutânea de varíola de novilha	Experimentação patogenética	Codex

Os bioterápicos preparados de microrganismos vivos recebem o nome do microrganismo correspondente. Eles são preparados na escala decimal. O médico e pesquisador Roberto Costa justificou seu uso mediante o conhecimento de que a doença é produzida por meio de bactérias, vírus, protozoários vivos etc. "O que produz a doença é que deve ser dinamizado para, por meio da manipulação, desenvolver propriedade medicamentosa antagônica, ação secundária que se opõe à ação primária do agente causal." De maneira geral, sua técnica consiste basicamente nos seguintes procedimentos:

1. Acrescentar à cultura 10 mL de cloreto de sódio a 0,9% (soro fisiológico).
2. Após 48 horas, decantar a suspensão.
3. Proceder à contagem dos microrganismos, conforme a tabela de Mac-Farland.
4. Diluir a solução de maneira a obter um milhão de bactérias para cada 1 mL.
5. Dinamizar na escala decimal até a 12DH, usando como veículo o soro fisiológico.
6. De 13DH em diante, utilizar etanol a 77% (v/v).

As técnicas de preparação dos bioterápicos de estoque deverão ser as descritas nas monografias específicas.

ISOTERÁPICOS

São preparações medicamentosas feitas de acordo com a farmacotécnica homeopática a partir de insumos relacionados com a enfermidade/doença do paciente. Os isoterápicos são divididos em autoisoterápicos e heteroisoterápicos.

- Autoisoterápicos são isoterápicos cujos insumos ativos são obtidos do próprio paciente (origem endógena), como cálculos, fezes, sangue, secreções, urina etc., e só a ele destinados.
- Heteroisoterápicos são isoterápicos cujos insumos ativos são externos ao paciente (origem exógena), que de alguma forma o sensibilizam/intoxicam, como alérgenos, poeira, pólen, solventes, medicamentos, toxinas etc.

Preparo de Isoterápicos

Enquanto os bioterápicos de estoque são *matrizes* homeopáticas normalmente adquiridas de laboratórios homeopáticos na potência 5CH ou acima, os isoterápicos são preparações homeopáticas cuja técnica de preparo é realizada na própria farmácia homeopática. A preparação de heteroisoterápicos a partir de substâncias/

especialidades farmacêuticas sujeitas a controle especial deve ocorrer de acordo com a legislação em vigor.

Coleta para o Preparo de Isoterápicos

- A coleta do material poderá ser realizada em consultório médico, em laboratório de análises clínicas ou na própria farmácia, quando esta possuir sala específica para a coleta, ou pelo próprio paciente, quando aplicável. As normas técnicas de segurança individual e de proteção devem ser observadas e seguidas de forma rigorosa. Cabe ressaltar que qualquer amostra de origem biológica deve ser tratada como se fosse patogênica.

- A amostra recebida pela farmácia deverá vir acompanhada da prescrição médica e conter, no mínimo, informações sobre a natureza do material, potência, escala, método e forma farmacêutica. Sempre que possível, a coleta da amostra deve ser realizada em material descartável antes do início de qualquer tratamento.

- As partes externas do recipiente da coleta devem ser descontaminadas.

- Para o descarte do material deve-se aplicar o Plano de Gerenciamento de Resíduo de Serviços de Saúde (PGRSS).

- Cabe ressaltar que, por imposição legal, não podem ser manipuladas amostras provenientes de patologias de notificação compulsória.

- Quando a coleta for realizada na farmácia, instruir claramente o paciente quanto ao horário da coleta e ao recebimento do material, quanto ao tipo de material e recipiente usados, quanto ao uso ou não de produtos de higiene e medicamentos (Tabela 10).

- Quando a coleta ocorrer no consultório médico ou no laboratório de análises clínicas, deve-se entrar em contato com os responsáveis e solicitar que sigam os procedimentos internos da farmácia, ressaltando a forma mais adequada de coletar o material e, se necessário, fornecer ao paciente o recipiente coletor com o insumo inerte.

- O material colhido deve ser encaminhado à farmácia no prazo máximo de até 4 horas; na impossibilidade de cumprimento do prazo, deve-se conservar o material coletado sob refrigeração.

- A coleta deve ser realizada sob a orientação de profissional habilitado.

- A coleta de material microbiano deve ser realizada de forma a garantir a presença do suposto agente etiológico, evitando-se a contaminação desse material por outros microrganismos.

- Os dispositivos utilizados para a coleta devem ser compatíveis com o local selecionado para a obtenção da amostra. São usadas seringas e agulhas (para aspiração), alças de platina ou bacteriológicas, *swabs*, lancetas, entre outros instrumentos.

208 FARMÁCIA HOMEOPÁTICA: TEORIA E PRÁTICA

Tabela 10. Orientação sobre a coleta de material para o preparo de isoterápicos.

Material	Procedimento
Excreções (escarro, fezes, pus)	Dentro do possível, não fazer uso de medicamentos nas últimas 96 horas (tópicos ou não). A coleta deverá ser realizada conforme procedimentos adequados de antissepsia, biossegurança e obtenção de excreções. Colher o suficiente para preparar medicamentos nas escalas decimal e centesimal. Anotar a data e o horário da coleta na embalagem. Enviar à farmácia o material colhido no menor tempo possível. Na impossibilidade do envio imediato, conservar a amostra sob refrigeração.
Poeira ambiental	Coletar o pó da residência do paciente ou do local indicado pelo clínico. Não usar no local da coleta produtos de limpeza e assepsia nas 48 horas anteriores à realização da coleta. Colher o suficiente para preparar medicamentos nas escalas decimal e centesimal. Enviar à farmácia o material colhido no menor tempo possível. Na impossibilidade do envio imediato, conservar a amostra sob refrigeração.
Raspado de pele e unha, pelos, cálculos e outros materiais insolúveis	Dentro do possível, não fazer uso de medicamentos nas últimas 96 horas (tópicos ou não). Usar produtos de higiene neutros. A coleta deverá ser realizada conforme procedimentos adequados de antissepsia, biossegurança e obtenção de material biológico. Colher o suficiente para preparar medicamentos nas escalas decimal e centesimal. Enviar à farmácia o material colhido no menor tempo possível. Na impossibilidade do envio imediato, conservar a amostra sob refrigeração.
Saliva	Dentro do possível, não fazer uso de medicamentos nas últimas 96 horas. Colher, no mínimo, 5 mL de saliva, de manhã, em jejum de 1 hora e antes da higiene bucal. Anotar a data e o horário da coleta na embalagem. Enviar à farmácia o material colhido no menor tempo possível. Na impossibilidade do envio imediato, conservar a amostra sob refrigeração.

(continua)

BIOTERÁPICOS

Tabela 10. Orientação sobre a coleta de material para o preparo de isoterápicos (*continuação*).

Material	Procedimento
Sangue total	Se possível, não fazer uso de medicamentos nas últimas 96 horas. O paciente deverá estar em jejum de 12 horas. A coleta deverá ser realizada conforme procedimentos adequados de antissepsia, biossegurança e punção venosa. Colher, no mínimo, 5 mL. Não usar anticoagulantes. Imediatamente após a coleta, diluir uma parte do sangue em 9 partes de solução fisiológica. Anotar a data e o horário da coleta na embalagem. Enviar à farmácia o material colhido no menor tempo possível. Na impossibilidade do envio imediato, conservar a amostra sob refrigeração.
Secreção (auricular, nasal, vaginal)	Dentro do possível, não fazer uso de medicamentos tópicos nas últimas 96 horas. A coleta deverá ser realizada conforme procedimentos adequados de antissepsia, biossegurança e obtenção de secreções. Colher o suficiente para preparar medicamentos nas escalas decimal e centesimal. Anotar a data e o horário da coleta na embalagem. Enviar à farmácia o material colhido no menor tempo possível. Na impossibilidade do envio imediato, conservar a amostra sob refrigeração.
Soro sanguíneo	Se possível, não fazer uso de medicamentos nas últimas 96 horas. O paciente deverá estar em jejum de 12 horas. A coleta deverá ser realizada conforme procedimentos adequados de antissepsia, biossegurança e punção venosa. Colher, no mínimo, 5 mL para a escala centesimal, e 10 mL para a escala decimal. Não usar anticoagulantes. Transferir o material coletado para um frasco esterilizado, aguardar a coagulação e separar o soro por meio de centrifugação.
Soro sanguíneo	Anotar a data e o horário da coleta na embalagem. Enviar o soro obtido à farmácia no menor tempo possível. Na impossibilidade do envio imediato, conservar a amostra sob refrigeração.

(*continua*)

Tabela 10. Orientação sobre a coleta de material para o preparo de isoterápicos (*continuação*).

Material	Procedimento
Urina	Não usar antisséptico local. Usar apenas água e sabão e enxaguar com água abundante. Preferencialmente, não fazer uso de medicamentos nas últimas 96 horas. Colher a primeira urina da manhã ou de acordo com a orientação clínica (no mínimo 5 mL em coletor universal). Desprezar o primeiro jato de urina. Anotar a data e o horário da coleta na embalagem. Enviar à farmácia o material colhido no menor tempo possível. Na impossibilidade do envio imediato, conservar a amostra sob refrigeração.
Fragmentos de órgãos e tecidos	Dentro do possível, não fazer uso de medicamentos nas últimas 96 horas (tópicos ou não). A coleta deverá ser realizada conforme procedimentos adequados de antissepsia, biossegurança e obtenção de fragmentos de órgãos e tecidos. Colher o suficiente para preparar medicamentos nas escalas decimal e centesimal. Anotar a data e o horário da coleta na embalagem. Enviar à farmácia o material colhido no menor tempo possível. Na impossibilidade do envio imediato, conservar a amostra sob refrigeração.

Conforme a natureza do material usado como fonte para a preparação dos isoterápicos, utilizaremos recipientes diversos para a sua coleta, bem como diferentes veículos ou excipientes, de acordo com a Tabela 11.

Tabela 11. Recipientes utilizados na coleta de material para o preparo de isoterápicos.

Natureza do material	Recipiente para a coleta	Veículo estéril para a coleta
Alérgenos solúveis	Coletor universal, frasco esterilizado ou placa de petri	Solução glicerinada, água purificada, etanol a 77% (v/v)
Cálculo renal, dental, salivar, vesical e biliar	Coletor universal ou frasco esterilizado	
Cultura microbiana	Tubo de cultura, placa de petri ou outro recipiente conforme procedimento laboratorial	Conforme procedimento laboratorial

(*continua*)

BIOTERÁPICOS 211

Tabela 11. Recipientes utilizados na coleta de material para o preparo de isoterápicos (*continuação*).

Natureza do material	Recipiente para a coleta	Veículo estéril para a coleta
Escarro	Coletor universal	_____
Fezes	Coletor universal	Solução glicerinada
Fragmentos de órgãos ou de tecidos	Coletor universal	Solução glicerinada
Pelos e poeira ambiental	Coletor universal	_____
Pus	Tubo de cultura com tampa de rosca	Solução glicerinada, etanol a 77% (v/v)
Raspado de pele ou de unhas	Placa de petri	_____
Saliva	Coletor universal	Solução glicerinada
Sangue venoso	Frasco sem anticoagulante, com quantidade mínima de água purificada a fim de provocar hemólise	Água purificada, etanol a 77% (v/v)
Secreções, excreções e fluidos	Coletor universal, tubo de cultura com tampa de rosca	Solução glicerinada, lactose, etanol a 77% (v/v)
Soro sanguíneo	Frasco esterilizado	Água purificada, etanol a 77% (v/v)
Urina	Coletor universal	_____

Técnica de Preparo dos Isoterápicos

A farmácia que realizar o preparo de autoisoterápico deve possuir sala específica para a coleta e manipulação dessas preparações homeopáticas até 12CH ou 24DH, seguindo os preceitos da *Farmacopeia homeopática brasileira*, edição em vigor. A farmácia homeopática poderá manipular os autoisoterápicos na sala de manipulação destinada aos medicamentos homeopáticos, desde que a amostra receba tratamento prévio de inativação microbiana. Para a validação desse procedimento, deverá ser realizado monitoramento periódico do processo de inativação, mantendo-se os registros devidamente arquivados.

Devem existir procedimentos operacionais padrão de biossegurança, a fim de garantir a segurança microbiológica, tanto do manipulador quanto da sala de coleta e manipulação dos isoterápicos. Estes devem conter as normas de condutas de segurança biológica, ocupacional e ambiental; as instruções de uso de equipamentos de proteção individual (EPI); procedimentos em caso de acidentes e manuseio do material.

De acordo com a característica do material coletado, adotar a técnica mais adequada até obter a potência desejada. A Tabela 12 sugere algumas técnicas para o preparo dos isoterápicos. O veículo ou o excipiente utilizado na coleta deverá ser considerado no cálculo da quantidade do insumo inerte na preparação do isoterápico.

Tabela 12. Técnicas de obtenção dos isoterápicos.

Ponto de partida	Veículo ou excipiente utilizado nas dinamizações	Processo
Material insolúvel: cálculos, escamas, fragmentos de órgãos e tecidos, pelos, pós etc.	Lactose, água purificada, etanol a 77 e 96% (v/v)	1. Triturar até 3CH ou 6DH em lactose. 2. Diluir essas potências de acordo com a técnica de solubilização dos triturados e sucussionar para obter a 4CH ou 7DH. 3. Dinamizar as potências intermediárias em etanol a 77% (v/v). 4. O teor alcoólico da última potência vai depender da forma farmacêutica a ser dispensada.
Material solúvel: alérgenos, excreções, secreções etc.	Etanol a 77% (v/v)	1. Dinamizar até 3CH ou 6DH em insumo inerte adequado à solubilidade do material. 2. Dinamizar as potências intermediárias em etanol a 77% (v/v). 3. O teor alcoólico da última potência vai depender da forma farmacêutica a ser dispensada.
Cultura microbiana: placa microbiana ou suspensão de cepas bacterianas	Glicerina diluída (1 parte de água e 1 parte de glicerina) e etanol a 77% (v/v)	1. Dinamizar com glicerina diluída até 3CH ou 6DH. 2. Dinamizar as potências intermediárias em etanol a 77% (v/v). 3. O teor alcoólico da última potência vai depender da forma farmacêutica a ser dispensada.

Descarte de Material

A farmácia que manipula isoterápicos deve garantir que, ao descartar os materiais utilizados, estes não venham contaminar o meio ambiente, os seres humanos e outros seres vivos.

O descarte de material contaminado pode ocorrer por um serviço terceirizado normalmente realizado entre farmácias e prefeituras ou por empresas terceirizadas que cuidam do processo de coleta selecionada do lixo gerado por serviços de saúde.

A farmácia deve manter um Plano de Gerenciamento de Resíduos de Saúde (PGRSS), conforme a RDC n. 306/2004, de 7 de dezembro de 2004.

- Material descartável:
A Tabela 13 orienta sobre o descarte de material empregado na obtenção de autoisoterápicos preparados nas potências até 12CH ou 24DH. Material plástico descartável como bulbos, tampas e batoques usados para o preparo das potências acima de 12CH ou 24DH são descartados como resíduo comum do grupo D ou separados para a coleta seletiva, se houver.

- Material reutilizável:
Os materiais utilizados para preparar potências acima de 12CH ou 24DH, como cânulas e vidros, devem ser lavados em água corrente e purificada para, depois, serem esterilizados por calor seco a 180°C por trinta minutos, 140°C por uma hora ou, ainda, por calor úmido a 120°C, 1 atm, por trinta minutos.

O material utilizado para preparar potências abaixo de 12CH ou 24DH, como gral, pistilo e espátula, deve ser imerso em hipoclorito de sódio a 1% por 2 horas para, em seguida, ser lavado em água corrente e purificada e esterilizados por calor seco a 180°C por trinta minutos ou 140°C por uma hora ou, ainda, por calor úmido a 120°C, 1 atm, por trinta minutos.

ARMAZENAMENTO DAS MATRIZES DE BIOTERÁPICOS

Os bioterápicos de estoque são mantidos armazenados da mesma maneira que os demais medicamentos homeopáticos.

Os heteroisoterápicos integram o estoque da farmácia, podendo, na maioria das vezes, ser utilizados por vários pacientes, uma vez que sua prescrição depende da sensibilidade individual a essas substâncias.

Justifica-se o estoque de autoisoterápicos com a finalidade de repetição do receituário, no caso de quebra do frasco que contém o medicamento, ou se o prescritor desejar aumentar a potência a partir da última prescrição. De acordo com a edição em vigor da *Farmacopeia homeopática brasileira*, os autoisoterápicos somente poderão ser estocados em etanol a 77% (v/v) ou superior e dispensados a partir da 12CH ou da 24DH.

A farmácia deve manter arquivo com os dados do paciente, do prescritor, nome do isoterápico, potência, escala e método, forma farmacêutica, data da manipulação e data da exclusão do estoque. A matriz desse medicamento deve ficar estocada de 6 meses a 1 ano.

Tabela 13. Material descartável empregado para o preparo de potências até 12CH ou 24DH.

Grupo	Material proveniente	Como descartar
A1	Culturas e estoques de microrganismos, resíduos de fabricação de produtos biológicos, exceto os hemoderivados; meios de cultura e instrumentais utilizados para transferência, inoculação ou mistura de culturas, resíduos de laboratórios de manipulação genética, sobras de amostras de laboratório contendo sangue ou líquido corpóreo, recipientes e materiais resultantes do processo de assistência à saúde, contendo sangue ou líquidos corpóreos na forma livre.	O material recebe tratamento prévio para diminuição da carga bacteriana por processo físico ou outros processos validados; como esterilização em autoclave, imersão em solução de hipoclorito de sódio a 1% por 2 horas. Se houver descaracterização das estruturas físicas pode ser descartado como grupo D.
A4	Sobras de amostras de laboratório e seus recipientes contendo fezes, urina, secreções; peças anatômicas (órgãos e tecidos) e outros resíduos provenientes de procedimentos cirúrgicos ou de estudos anatomopatológicos ou de confirmação diagnóstica.	O material é descartado sem tratamento prévio em local devidamente licenciado para disposição final de RSS.
E	Materiais perfurocortantes como agulhas, seringas e lancetas usados na coleta laboratorial de amostra de paciente.	O material é descartado sem tratamento prévio em recipientes rígidos e resistentes à ruptura e vazamento, como caixas de papelão, devidamente identificadas, específicas para materiais perfurocortantes.
E	Materiais perfurocortantes como cânulas, vidros e frascos contaminados com resíduos dos grupos A1 e A4.	O material recebe o tratamento dado aos respectivos grupos A1 e A4 e posteriormente são descartados como grupo E, em recipientes rígidos e resistentes a ruptura e vazamento, como caixas de papelão, devidamente identificadas, específicas para materiais perfurocortantes.
	Material plástico como bulbos, tampas e batoques	O material recebe o tratamento e descarte dados aos respectivos grupos A1 e A4.

ROTULAGEM DOS BIOTERÁPICOS

A rotulagem dos bioterápicos deve atender aos requisitos mínimos estabelecidos na última edição da *Farmacopeia homeopática brasileira* e na RDC n. 67/2007, da Agência Nacional de Vigilância Sanitária (Anvisa).

O bioterápico de estoque deverá conter em seu rótulo os seguintes dados:

- Nome do paciente e do prescritor, no caso de manipulação magistral.
- Nome do bioterápico.
- Potência, escala e método.
- Forma farmacêutica.
- Quantidade e unidade.
- Lote.
- Data da manipulação e validade.
- Identificação da farmácia com o Cadastro Nacional de Pessoa Jurídica (CNPJ), endereço completo, nome do farmacêutico responsável técnico com o respectivo número no Conselho Regional de Farmácia, farmacopeia ou código a que obedece e outras exigências, conforme o Capítulo 4.

O isoterápico deverá conter em seu rótulo os seguintes dados:

- Nome do paciente.
- Nome do prescritor.
- Nome do isoterápico.
- Potência, escala e método.
- Forma farmacêutica.
- Quantidade e unidade.
- Lote.
- Data da manipulação e validade.
- Identificação da farmácia com o Cadastro Nacional de Pessoa Jurídica (CNPJ), endereço completo, nome do farmacêutico responsável técnico com o respectivo número no Conselho Regional de Farmácia, farmacopeia ou código a que obedece, e outras exigências, conforme o Capítulo 4.

Exemplo dos rótulos

BIOTERÁPICO DE ESTOQUE

FARMÁCIA CRISTIANO FREDERICO

Rua José P. de Almeida, 343 - 13490-900 - Piracicaba, SP – Tel.: 19-xxxxxxxx
Farmacêutico Responsável: Dr. Olívio Castro de Alcântara - CRF-SP 10.711
CPNJ 38.009 - Licença nº XXX

Paciente: Diógenes M. Diniz   Prescritor: Dr. Amarildo Figueiredo

Medorrhinum 30CH glóbulos. Conteúdo: 15 g
Tomar conforme a prescrição médica.

Farmacopeia Homeopática Brasileira, 3ª edição   Uso: Interno
Lote G0899   Data da Manipulação: 17.12.2012   Validade: 2 anos

---

AUTOISOTERÁPICO

FARMÁCIA CRISTIANO FREDERICO

Rua José P. de Almeida, 343 - 13490-900 - Piracicaba, SP – Tel.: 19-xxxxxxxx
Farmacêutico Responsável: Dr. Olívio Castro de Alcântara - CRF-SP 10.711
CPNJ 38.009 - Licença nº XXX

Paciente: Diógenes M. Diniz   Prescritor: Dr. Amarildo Figueiredo

Autoisoterápico de sangue 30CH líquida. Conteúdo: 15 mL
Tomar conforme a prescrição médica.

Farmacopeia Homeopática Brasileira, 3ª edição   Uso: Interno
Lote G0899   Data da Manipulação: 17.12.2012   Validade: 1 ano

---

HETEROISOTERÁPICO

FARMÁCIA CRISTIANO FREDERICO

Rua José P. de Almeida, 343 - 13490-900 - Piracicaba, SP – Tel.: 19-xxxxxxxx
Farmacêutico Responsável: Dr. Olívio Castro de Alcântara - CRF-SP 10.711
CPNJ 38.009 - Licença nº XXX

Paciente: Diógenes M. Diniz   Prescritor: Dr. Amarildo Figueiredo

Pó de casa 12CH líquida. Conteúdo: 15 mL
Tomar conforme a prescrição médica.

Farmacopeia Homeopática Brasileira, 3ª edição   Uso: Interno
Lote G0899   Data da Manipulação: 17.12.2012   Validade: 2 anos

LEGISLAÇÃO SOBRE BIOTERÁPICOS

Os bioterápicos encontram-se inscritos na *Farmacopeia homeopática brasileira*, trazendo, portanto, legalidade à preparação que há muito era executada nas farmácias homeopáticas.

Na RDC n. 67/2007, na RDC n. 87/2008 e na edição em vigor da *Farmacopeia homeopática brasileira* está previsto que:

- A farmácia que manipular autoisoterápico deverá ter área específica para coleta e manipulação até 12CH ou 24DH.
- A inativação microbiana do material deverá ser realizada antes de sua entrada na área de manipulação.
- Com a finalidade de garantir a validação da inativação microbiana, a farmácia deverá realizar monitoramento periódico do processo de inativação e manter os registros.
- O local de coleta não deve servir para outros fins nem funcionar como área de circulação.
- Para o controle do processo de manipulação da preparação isoterápica, esta deverá estar acompanhada da respectiva receita.
- A preparação de heteroisoterápicos utilizando especialidades farmacêuticas que contenham substâncias sujeitas a controle especial deve ser realizada a partir do estoque da farmácia ou proveniente do próprio paciente, obedecidas às exigências da legislação em vigor.
- A preparação de heteroisoterápicos utilizando substâncias sujeitas a controle especial deve ser realizada obedecendo às exigências da legislação específica em vigor, necessitando, neste caso, da Autorização Especial (AE) emitida pela Anvisa.
- A preparação e dispensação de heteroisoterápicos de potência igual ou acima de 6CH ou 12DH com matrizes obtidas de laboratórios industriais homeopáticos não necessitam da Autorização Especial emitida pela Anvisa.
- A manipulação de material biológico proveniente de patologia de notificação compulsória deve cumprir a legislação em vigor.
- A farmácia deve manter um Plano de Gerenciamento de Resíduos de Serviços de Saúde (PGRSS).

BOAS PRÁTICAS DE MANIPULAÇÃO DE BIOTERÁPICOS

A manipulação de isoterápicos pode ter como ponto de partida materiais contaminados que apresentem relativa patogenicidade, o que leva sua manipulação a incluir técnicas de biossegurança e assepsia, além da farmacotécnica homeopática.

A farmácia que manipula isoterápicos deve manter em seus arquivos internos procedimentos de biossegurança de forma a garantir a segurança microbiológica da sala de coleta e a manipulação do material para preparo de autoisoterápicos, contemplando os seguintes itens:

- Normas e condutas de segurança biológica, ocupacional e ambiental.
- Instrução de uso dos equipamentos de proteção individual (EPI).
- Procedimentos em caso de acidentes.
- Manuseio do material.

A farmácia ainda deve manter em seus arquivos, no mínimo, os seguintes procedimentos operacionais padronizados (POP):

- Orientação em relação à coleta. Este POP deverá definir a infraestrutura, os utensílios e equipamentos, o local da coleta e o profissional que realizará a coleta.
- Coleta de material. Este POP deverá descrever o vestuário e EPIs, a natureza do material a ser coletado, os recipientes para a coleta, e as condições e orientações para a coleta do material.
- Técnica de preparação. Este POP deverá descrever a farmacotécnica de preparo levando-se em consideração a natureza do material coletado, o insumo inerte, as escalas e métodos utilizados.
- Descarte de material. Este POP deverá descrever o Plano de Gerenciamento de Resíduo de Serviço de Saúde (PGRSS), o manejo de acordo com o material coletado e o descarte do material utilizado.
- Armazenamento das matrizes. Este POP deverá descever o período de armazenamento das matrizes, as condições de armazenamento e o registro da exclusão das matrizes do estoque.
- Rotulagem e dispensação. Este POP deverá descrever as normas de rotulagem segundo as literaturas oficiais e os procedimentos relacionados à dispensação dos bioterápicos
- Limpeza do local de coleta. Este POP deverá descrever o procedimento de limpeza da sala de coleta, o rodízio da solução bactericida de limpeza e a periodicidade da tarefa.
- Monitoramento do ambiente. Este POP deverá descrever o objetivo do monitoramento, a periodicidade e tipo de monitoramento (passivo, por placas tipo rodac, ou ativo, por *swab*), as especificações farmacopeicas e as avaliações de não conformidade.

As *Boas práticas de manipulação* (BPM) são normatizações que fazem parte do Sistema de Garantia da Qualidade (SGQ). Elas visam garantir boa execução técnica para que se obtenha um medicamento padronizado com qualidade. Todos os passos relacionados ao processo de preparação e de dispensação dos bioterápicos devem ser efetuados com qualidade. Desse modo, a farmácia deve buscá-la mediante um programa de treinamento de recursos humanos; a organização de sua estrutura; a adequação de sua área física e equipamentos; a qualidade da limpeza; os registros realizados; os POP implantados para cada um dos itens envolvidos, direta ou indiretamente, na manipulação dos medicamentos; o controle de qualidade de matérias-primas e de insumos inertes, resultando assim na implantação de um Sistema de Garantia de Qualidade na farmácia, que garanta uniformidade e padronização das preparações bioterápicas.

GLOSSÁRIO

ANATOXINA. Toxina que manteve suas propriedades imunizantes, embora tenha perdido sua capacidade tóxica.

BOAS PRÁTICAS DE MANIPULAÇÃO (BPM). Conjunto de recomendações que fazem parte do Sistema de Garantia da Qualidade relacionadas tanto com o processo de manipulação quanto com a administração e o controle de qualidade.

FILOLÓGICOS. Refere-se à filologia, ou seja, ao estudo da língua e da cultura de um povo, por meio dos textos escritos.

MATRIZ. Forma farmacêutica derivada obtida por meio da farmacotécnica homeopática, que constitui estoque para a manipulação das formas farmacêuticas a serem dispensadas.

PSORINUM. Medicamento homeopático obtido a partir do lisado de serosidade de lesões escabióticas (sarna), colhida sem tratamento prévio. Sua patogenesia foi descrita por Hering.

SWAB. Haste flexível com mecha de algodão, ou outro material, em uma das extremidades, para esfregar ou pincelar.

REFERÊNCIAS BIBLIOGRÁFICAS

ASSOCIAÇÃO BRASILEIRA DE FARMACÊUTICOS HOMEOPATAS (ABFH). Manual de normas técnicas para farmácia homeopática. 2ª ed. São Paulo; 1995.

ASSOCIAÇÃO BRASILEIRA DE FARMACÊUTICOS HOMEOPATAS (ABFH). Manual de normas técnicas para farmácia homeopática: ampliação dos aspectos técnicos e práticos das preparações homeopáticas. 3ª ed. Curitiba; 2003.

ASSOCIAÇÃO BRASILEIRA DE FARMACÊUTICOS HOMEOPATAS (ABFH). Manual de normas técnicas para farmácia homeopática: ampliação dos aspectos técnicos e práticos das preparações homeopáticas. 4ª ed. São Paulo; 2007.

ASSOCIAÇÃO PAULISTA DE FARMACÊUTICOS HOMEOPATAS (APFH). Manual de boas práticas de manipulação em homeopatia. São Paulo; 2000.

BRASIL. Ministério da Saúde. Resolução RDC n. 306, de 7 de setembro de 2004. Dispõe sobre o Regulamento Técnico para o gerenciamento de resíduos de serviços de saúde. Diário Oficial da União da República Federativa do Brasil. Brasília, 10 de dezembro de 2004.

BRASIL. Ministério da Saúde. Resolução RDC n. 67, de 8 de outubro de 2007. Aprova o regulamento técnico sobre boas práticas de manipulação de preparações magistrais e oficinais para uso humano em farmácias e seus anexos. Diário Oficial da União da República Federativa do Brasil. Brasília, 9 de outubro de 2007.

BRASIL. Ministério da Saúde. Resolução RDC n. 87, de 21 de novembro de 2008. Altera o Regulamento Técnico sobre Boas Práticas de Manipulação em Farmácias. Diário Oficial da União da República Federativa do Brasil. Brasília, 24 de novembro de 2008.

COSTA R. Homeopatia atualizada. 2ª ed. Petrópolis: Vozes; 1984.

HAHNEMANN CFS. Organon de la medicina. 6th ed. Santiago: Hochstetter; 1980.

JULIAN OA. Traité de micro-immunothérapie dynamisée. Paris: Librairie le François; 1977, vols. 1 e 2.

JULIAN OA. Materia medica of nosodes with repertory. Nova Délhi: B. Jain Publishers Pvt; 1995.

KOSSAK-ROMANACH A. Homeopatia em 1.000 conceitos. São Paulo: Elcid; 1984.

MARTINEZ JA. Farmácia homeopática doctrina y tecnica farmaceuticas. Buenos Aires: Albatros; 1979.

MINISTÉRIO DA SAÚDE. Resolução RDC n. 67, de 8 de outubro de 2007. Aprova o regulamento técnico sobre boas práticas de manipulação de preparações magistrais e oficinais para uso humano em farmácias e seus anexos. Diário Oficial da União da República Federativa do Brasil. Brasília, 9 de outubro de 2007.

MINISTÉRIO DA SAÚDE. Resolução RDC n. 306, de 7 de dezembro de 2004. Dispõe sobre o regulamento técnico para o gerenciamento de resíduos de serviços de saúde. Diário Oficial da União da República Federativa do Brasil. Brasília, 7 de dezembro de 2004.

MINISTÉRIO DA SAÚDE. Farmacopeia homeopática brasileira. 3ª ed. Disponível em: http://www.anvisa.gov.br/farmacopeiabrasileira/homeopatica.htm. Acesso em: 22 dez. 2011.

NASSIF MRG. Compêndio de homeopatia. São Paulo: Robe; 1997, vol. 3.

PARROT R. Isothérapie dans sa forme individuelle: auto-sorothérapie. Paris: Doin; 1967.

SILVA JB. Farmacotécnica homeopática simplificada. Rio de Janeiro: Imprinta; 1999.

SOARES AAD. Dicionário de medicamentos homeopáticos. São Paulo: Santos Livraria Editora; 2000.

URIBE F. Los nosodios – generalidades, materia medica. Nova Délhi: B. Jain Publishers Pvt; 1993.

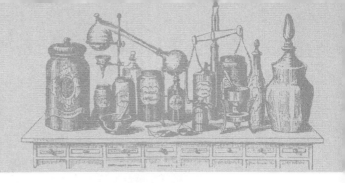

Formas farmacêuticas homeopáticas de uso externo

Olney Leite Fontes

INTRODUÇÃO

As formas farmacêuticas homeopáticas de uso externo podem ser reunidas em três grandes grupos: líquidas, sólidas e semissólidas. Elas correspondem à incorporação de insumos ativos em insumos inertes adequados. De acordo com a 3ª edição da *Farmacopeia homeopática brasileira*, estas formas de uso externo são os linimentos; as preparações nasais, oftálmicas e otológicas; os apósitos medicinais; os pós medicinais (talcos medicinais); os supositórios retais e vaginais; os cremes; os géis; os géis-cremes; e as pomadas.

Existem ainda outras formas farmacêuticas de uso externo citadas nas farmacopeias estrangeiras, no *Manual de normas técnicas para farmácia homeopática* da ABFH e em diferentes compêndios homeopáticos, como as tinturas-mães de uso externo, pseudo-hidrolatos, gliceróleos, xampus e sabonetes.

Neste livro, acompanhando a recomendação dessas obras, consideramos formas farmacêuticas de uso homeopático as preparações de uso externo que correspondem à incorporação, em insumos inertes adequados, de insumos ativos empregados na elaboração de medicamentos homeopáticos, como a tintura-mãe de Calendula, usada na preparação da Pomada de Calendula, e o grafite pó, usado na preparação do Creme de Graphites, dentre outros exemplos independentemente de serem ministrados ou não de acordo com o princípio da semelhança.

Cabe ressaltar ainda que, segundo a 3ª edição da *Farmacopeia homeopática brasileira*, "insumo ativo é o ponto de partida para a preparação do medicamento homeopático, que se constitui em droga, fármaco, tintura-mãe ou forma farmacêutica derivada".

LINIMENTOS

Linimentos são formas farmacêuticas de uso externo, líquidas, que apresentam em sua composição insumos ativos dissolvidos em óleos, podendo ser incorporados em soluções alcoólicas ou em loções, destinados a serem aplicados com fricções, ou seja, para serem esfregados na pele.

Técnica de Obtenção dos Linimentos

1. Preparar a potência solicitada, se for o caso.
2. Quando for mais de um insumo ativo, misturá-los em partes iguais e homogeneizar.
3. Incorporar o insumo ativo no insumo inerte (óleos, soluções alcoólicas ou bases emulsionáveis de baixa viscosidade) na proporção de 10% (v/v) ou (p/v), garantindo uma dispersão uniforme.
4. Proceder segundo a arte.

Observação: não utilizar drogas, fármacos, tinturas-mães ou baixas potências que irritem a pele ou as mucosas. Sobre medicamentos tóxicos, consultar a Tabela 4, Capítulo 4.

EXEMPLO:

Arnica 1CH..............................10 mL
Óleo de amendoim....qsp........100 mL

Friccionar o local afetado 3 vezes ao dia.

FARMÁCIA CRISTIANO FREDERICO

Rua José P. de Almeida, 343 - 13490-900 - Piracicaba, SP – Tel.: 19-xxxxxxxx
Farmacêutico Responsável: Dr. Olívio Castro de Alcântara - CRF-SP 10.711
CPNJ 38.009 - Licença nº XXX

Paciente: Diógenes M. Diniz   Prescritor: Dr. Amarildo Figueiredo

Arnica 1CH.......................10 mL
Óleo de amendoim...qsp...100mL
Friccionar o local afetado 3 vezes ao dia.
(agitar antes de usar)

Farmacopeia Homeopática Brasileira, 3ª ed. Conteúdo 100 mL   Uso: Externo
Lote G0899   Data da Manipulação: 01.01.2016   Validade: 6 meses

Dispensação dos Linimentos

Os linimentos devem ser dispensados acondicionados em frascos de vidro com tampa e batoque. A validade deve ser determinada caso a caso, conforme a legislação pertinente.

PREPARAÇÕES NASAIS

Preparações nasais são formas farmacêuticas de uso externo, líquidas ou semissólidas, destinadas a serem aplicadas na mucosa nasal, que apresentam em sua composição insumos ativos veiculados em água purificada, soluções hidroalcoólicas ou hidroglicerinadas, solução de cloreto de sódio a 0,9% (p/v) e bases para preparações semissólidas. Portanto, algumas pomadas e géis também podem ser utilizados como preparações nasais. Todavia, não aconselhamos o uso desses veículos, pois afetam a motilidade ciliar. As preparações nasais devem ter pH e prazo de validade adequados ao seu uso. Assim, devem ser utilizados *tampões* e conservantes de acordo com o recomendado pela literatura especializada.

Técnica de Obtenção das Preparações Nasais

1. Preparar a potência solicitada, se for o caso.
2. Quando for mais de um insumo ativo, misturá-los em partes iguais e homogeneizar.
3. Incorporar o insumo ativo no insumo inerte (água purificada, soluções hidroalcoólicas ou hidroglicerinadas, solução de cloreto de sódio a 0,9% (p/v) e bases para preparações semissólidas) na proporção de 1 a 5% (v/v) ou (p/v).
4. Proceder segundo a arte.

Observação: não utilizar drogas, fármacos, tinturas-mães ou baixas potências que irritem a pele ou as mucosas. Sobre medicamentos tóxicos, consultar a Tabela 4, Capítulo 4.

Dispensação das Preparações Nasais

Habitualmente as preparações nasais líquidas são acondicionadas em dois tipos de recipiente: em frascos de vidro ou plástico, de pequena capacidade, munidos de conta-gotas, ou em frascos *nebulizadores*. As soluções nasais devem possuir estabilidade que se mantenha por longo tempo, sendo desejável que sejam estéreis. Portanto, recomendamos que elas sejam adquiridas da indústria farmacêutica homeopática, pois esses estabelecimentos apresentam infraestrutura e recursos para a manufatura de soluções estéreis. Todavia, as preparações nasais podem ser preparadas nas farmácias homeopáticas, de modo que atendam ao receituário magistral. Nesse caso, todas as precauções para manter a qualidade do produto devem ser tomadas. A validade deve ser determinada caso a caso, conforme a legislação pertinente.

FARMÁCIA HOMEOPÁTICA: TEORIA E PRÁTICA

EXEMPLO:

Calendula 1CH................0,2 mL
Glicerina........................0,2 mL
Soro fisiológico......qsp......20 mL

Pingar 2 gotas em cada narina 3 vezes ao dia.

FARMÁCIA CRISTIANO FREDERICO

Rua José P. de Almeida, 343 - 13490-900 - Piracicaba, SP – Tel.: 19-xxxxxxxx
Farmacêutico Responsável: Dr. Olívio Castro de Alcântara - CRF-SP 10.711
CPNJ 38.009 - Licença nª XXX

Paciente: Diógenes M. Diniz   Prescritor: Dr. Amarildo Figueiredo

Calendula 1CH......................0,2 mL
Glicerina............................0,2 mL
Soro fisiológico........qsp.........20 mL
Pingar 2 gotas em cada narina 3 vezes ao dia

Farmacopeia Homeopática Brasileira, 3ª ed.	Conteúdo 20 mL	Uso: Externo
Lote G0899	Data da Manipulação: 01.01.2016	Validade: 48 horas

PREPARAÇÕES OFTÁLMICAS

Preparações oftálmicas são formas farmacêuticas de uso externo, líquidas ou semissólidas, destinadas a serem aplicadas na mucosa ocular, que apresentam em sua composição insumos ativos veiculados em água purificada, solução de cloreto de sódio a 0,9% (p/v), deriavados de celulose e bases para preparações semissólidas. Portanto, algumas pomadas e dispositivos intraoculares também podem ser utilizados como preparações oftálmicas. As soluções oftálmicas devem ser preparadas observando-se rigorosos padrões de qualidade; do contrário, poderão proporcionar sérios danos à saúde ocular. Por isso, aconselhamos que essas preparações sejam adquiridas da indústria farmacêutica homeopática, que possui recursos adequados para sua produção. Todavia, se preparada na farmácia, impõe-se que a solução oftálmica seja manipulada com o máximo cuidado. Para tanto, dentre outras coisas, a farmácia homeopática deverá observar as condições de instalação e a manutenção do local destinado à manipulação de produtos estéreis. As preparações oftálmicas devem atender às exigências próprias para estas formas farmacêuticas, bem como apresentar pH e prazo de validade adequados ao seu uso. Assim, devem ser utilizados *isotonizantes*, tampões e conservantes de acordo com o recomendado pela literatura especializada. Além disso, para a esterilização das preparações oftálmicas homeopáticas não podem ser usados os métodos de calor úmido, calor seco, radiação ionizante e gás esterilizante.

Técnica de Obtenção das Preparações Oftálmicas

1. Preparar a potência solicitada, se for o caso.

FORMAS FARMACÊUTICAS HOMEOPÁTICAS DE USO EXTERNO 225

2. Quando for mais de um insumo ativo, misturá-los em partes iguais e homogeneizar.
3. Incorporar o insumo ativo no insumo inerte (água purificada, solução de cloreto de sódio a 0,9% (p/v), derivados de celulose e bases para preparação semissólidas), na proporção de 0,5 a 1% (v/v) ou (p/v).
4. Proceder segundo a arte.

Observação: não utilizar drogas, fármacos, tinturas-mães ou baixas potências que irritem a pele ou as mucosas. Sobre medicamentos tóxicos, consultar a Tabela 4, Capítulo 4.

Dispensação das Preparações Oftálmicas

Normalmente as preparações oftálmicas líquidas são acondicionadas em frascos de vidro de elevada resistência hidrolítica ou em frascos plásticos de polietileno de alta densidade, polipropileno e policarbonato, munidos de dispositivos conta-gotas. A validade deve ser determinada caso a caso, conforme a legislação pertinente.

EXEMPLO:	FARMÁCIA CRISTIANO FREDERICO	
	Rua José P. de Almeida, 343 - 13490-900 - Piracicaba, SP – Tel.: 19-xxxxxxxx	
	Farmacêutico Responsável: Dr. Olívio Castro de Alcântara - CRF-SP 10.711	
Belladonna 3DH.................0,2 mL	CPNJ 38.009 - Licença nº XXX	
Veículo isotonizado e tamponado... qsp...20,0 mL	Paciente: Diógenes M. Diniz	Prescritor: Dr. Amarildo Figueiredo
Pingar 2 gotas em cada olho 4 vezes ao dia.	Belladonna 3DH..........................0,2 mL Veículo isotonizado e tamponado...20 mL Pingar 2 gotas em cada olho 4 vezes ao dia	
	Farmacopeia Homeopática Brasileira, 3ª ed. Conteúdo 10 mL Uso: Externo	
	Lote G0899 Data da Manipulação: 01.01.2016 Validade: 7 dias	

PREPARAÇÕES OTOLÓGICAS

Preparações otológicas são formas farmacêuticas de uso externo, líquidas ou semissólidas, destinadas a serem aplicadas na cavidade auricular, que apresentam em sua composição insumos ativos veiculados em água purificada, óleos, solução de cloreto de sódio a 0,9% (p/v), soluções alcoólicas ou hidroglicerinadas e bases para preparações semissólidas. Podem ser utilizados conservantes.

Técnica de Obtenção das Preparações Otológicas

1. Preparar a potência solicitada, se for o caso.
2. Quando for mais de um insumo ativo, misturá-los em partes iguais e homogeneizar.
3. Incorporar o insumo ativo no insumo inerte (água purificada, óleos, solução de cloreto de sódio a 0,9% (p/v), soluções alcoólicas ou hidroglicerinadas e bases para preparações semissólidas) na proporção de 10% (v/v) ou (p/v).
4. Proceder segundo a arte.

Observação: não utilizar drogas, fármacos, tinturas-mães ou baixas potências que irritem a pele ou as mucosas. Sobre medicamentos tóxicos, consultar a Tabela 4, Capítulo 4.

EXEMPLO:

Cyrtopodium 1CH...........1,0 mL
Glicerina.........qsp.........10,0 mL

Pingar 2 gotas no ouvido direito 3 vezes ao dia.

FARMÁCIA CRISTIANO FREDERICO

Rua José P. de Almeida, 343 - 13490-900 - Piracicaba, SP – Tel.: 19-xxxxxxxx
Farmacêutico Responsável: Dr. Olívio Castro de Alcântara - CRF-SP 10.711
CPNJ 38.009 - Licença nº XXX

Paciente: Diógenes M. Diniz   Prescritor: Dr. Amarildo Figueiredo

Cyrtopodium 1CH.................................1,0 mL
Glicerina.........................qsp.................10,0 mL
Pingar 2 gotas no ouvido direito 3 vezes ao dia

Farmacopeia Homeopática Brasileira, 3ª ed. Conteúdo 10,0 mL   Uso: Externo
Lote G0899   Data da Manipulação: 01.01.2016   Validade: 3 meses

---

Dispensação das Preparações Otológicas

As preparações otológicas são acondicionadas em frascos de vidro ou plástico, de pequena capacidade, munidos de conta-gotas. Essas preparações deveriam ser estéreis. Todavia, aceitam-se as preparações que apresentam uma contaminação menor do que 100 microrganismos por mililitro. Em muitos casos, é aconselhável obstruir a cavidade auricular com uma pequena porção de algodão hidrófilo após a aplicação das gotas. A validade deve ser determinada caso a caso, conforme a legislação pertinente.

FORMAS FARMACÊUTICAS HOMEOPÁTICAS DE USO EXTERNO

APÓSITOS MEDICINAIS

Apósitos medicinais são formas farmacêuticas de uso externo, sólidas, que utilizam substratos adequados, como o algodão e a gaze hidrófilos e esterilizados, impregnados com formas farmacêuticas derivadas ou com TM diluída em vinte partes de água purificada.

Técnica de Obtenção dos Apósitos Medicinais

1. Preparar a potência solicitada ou utilizar a TM dissolvida em vinte partes de água purificada. Não utilizar tinturas-mães ou baixas potências com fármacos tóxicos ou que irritem a pele ou as mucosas. Sobre medicamentos tóxicos, consultar a Tabela 4, Capítulo 4.
2. Quando for mais de um insumo ativo, misturá-los em partes iguais e homogeneizar.
3. Umedecer, por imersão, o algodão ou a gaze hidrófilos e esterilizados, em quantidade suficiente de insumo ativo ou de TM diluída, para promover total embebição.
4. Deixar escorrer o excesso.
5. Secar o produto em temperatura não superior a 50°C, até peso constante.
6. Enrolar com interposição de papel impermeável.
7. Acondicionar em potes de boca larga ou em sacos plásticos.
8. Rotular.

EXEMPLO:

Symphytum officinale 3DH. Apósito medicinal. 10 unidades

Aplicar 1 gaze umedecida em água filtrada sobre a ferida, trocando-a a cada seis horas.

FARMÁCIA CRISTIANO FREDERICO

Rua José P. de Almeida, 343 - 13490-900 - Piracicaba, SP — Tel.: 19-xxxxxxxx
Farmacêutico Responsável: Dr. Olívio Castro de Alcântara - CRF-SP 10.711
CPNJ 38.009 - Licença nº XXX

Paciente: Diógenes M. Diniz   Prescritor: Dr. Amarildo Figueiredo

Symphytum officinale 3DH. Apósito medicinal.
Aplicar 1 gaze umedecida em água filtrada sobre a ferida, trocando-a a cada seis horas

Farmacopeia Homeopática Brasileira, 3ª ed.   Conteúdo 10 unidades   Uso: Externo
Lote G0899   Data da Manipulação: 01.01.2016   Validade: 3 meses

Dispensação dos Apósitos Medicinais

Os apósitos medicinais podem ser acondicionados em potes de boca larga ou em sacos plásticos, protegidos do calor, da umidade e da luz. Para seu uso, deverão ser umedecidos com água purificada, filtrada ou fervida, e colocados, em seguida, no local afetado. A validade deve ser determinada caso a caso, conforme legislação pertinente.

PÓS MEDICINAIS

Pós medicinais, também chamados de talcos medicinais, são formas farmacêuticas de uso externo, sólidas, resultantes da incorporação de insumo ativo ao insumo inerte (amidos, carbonatos, estearatos, óxidos, silicatos etc.), adequadamente pulverizado (tamis de malha 40).

Técnica de Obtenção dos Pós Medicinais

- Com insumo ativo líquido:

1. Preparar a potência solicitada, em etanol a 77% (v/v) ou superior, ou utilizar a TM. Não usar tinturas-mães ou baixas potências com fármacos tóxicos ou que irritem a pele ou as mucosas. Sobre medicamentos tóxicos, consultar a Tabela 4, Capítulo 4.
2. Quando for mais de um insumo ativo, misturá-los em partes iguais e homogeneizar.
3. Impregnar o insumo inerte (amidos, carbonatos, estearatos, óxidos, silicatos etc.) com o insumo ativo, na proporção de 10% (v/p).
4. Homogeneizar.
5. Secar em temperatura não superior a 50°C.
6. Tamisar em malha 0,420 (malha 40).
7. Acondicionar e rotular.

- Com insumo ativo sólido:

1. Preparar a potência solicitada com a técnica da trituração, se for o caso. Não utilizar insumos ativos preparados com substâncias que irritem a pele ou as mucosas. Sobre medicamentos tóxicos, consultar a Tabela 4, Capítulo 4.
2. Quando for mais de um insumo ativo, misturá-los em partes iguais e homogeneizar.

FORMAS FARMACÊUTICAS HOMEOPÁTICAS DE USO EXTERNO

3. Incorporar o insumo ativo ao insumo inerte (amidos, carbonatos, estearatos, óxidos, silicatos etc.) na proporção de 10% (p/p).
4. Homogeneizar.
5. Tamisar em malha 0,420 (malha 40).
6. Acondicionar e rotular.

- Com insumos ativos líquidos e sólidos:

1. Preparar o insumo ativo sólido na potência solicitada com a técnica da trituração, se for o caso (fase sólida).
2. Quando for mais de um insumo ativo sólido, prepará-los separadamente e misturá-los em partes iguais e suficientes, ou nas proporções indicadas pela formulação, e homogeneizar.
3. Preparar o insumo ativo líquido na potência solicitada, em etanol a 77% (v/v) ou superior, ou utilizar a TM (fase líquida).
4. Quando for mais de um insumo ativo líquido, prepará-los separadamente e misturá-los em partes iguais e suficientes, ou nas proporções indicadas pela formulação, e homogeneizar.
5. Incorporar o insumo ativo líquido ou a mistura de insumos ativos líquidos (fase líquida) ao insumo inerte (amidos, carbonatos, estearatos, óxidos, silicatos etc.) e homogeneizar. Em seguida, incorporar o insumo ativo sólido ou a mistura de insumos ativos sólidos (fase sólida) e homogeneizar. A soma dos insumos ativos sólidos e líquidos deve corresponder a 10% do produto final. Cabe ressaltar que o peso total da formulação menos o peso total do(s) insumo(s) ativo(s) sólido(s) deve corresponder ao peso total do insumo inerte a ser adicionado, já que a fase líquida se evaporará em seguida.
6. Secar em temperatura não superior a 50°C.
7. Tamisar em malha 0,420 (malha 40).
8. Acondicionar e rotular.

Observação: não utilizar drogas, fármacos, tinturas-mães ou baixas potências que irritem a pele ou as mucosas. Sobre medicamentos tóxicos, consultar a Tabela 4, Capítulo 4.

Dispensação dos Pós Medicinais

Os pós medicinais devem ser acondicionados em recipientes adequados para serem espalhados, bem fechados, ao abrigo da umidade, do calor e da luz. A validade deve ser determinada a cada caso, conforme legislação pertinente.

EXEMPLO:

Sulfur 3DH trit..........................10 g
Trissilicato de magnésio...........90 g

Passar no local afetado 3 vezes ao dia.

FARMÁCIA CRISTIANO FREDERICO

Rua José P. de Almeida, 343 - 13490-900 - Piracicaba, SP – Tel.: 19-xxxxxxxx
Farmacêutico Responsável: Dr. Olívio Castro de Alcântara - CRF-SP 10.711
CPNJ 38.009 - Licença nº XXX

Paciente: Diógenes M. Diniz   Prescritor: Dr. Amarildo Figueiredo

Sulfur 3DH trit...........................10 g
Trissilicato de magnésio..............90 g
Passar no local afetado 3 vezes ao dia

Farmacopeia Homeopática Brasileira, 3ª ed.   Conteúdo 100 g   Uso: Externo
Lote G0899   Data da Manipulação: 01.01.2016   Validade: 6 meses

SUPOSITÓRIOS RETAIS

Supositórios retais são formas farmacêuticas de uso externo, sólidas, obtidas por moldagem, resultantes da incorporação de insumo ativo ao insumo inerte (manteiga de cacau, polióis e outras bases para supositórios), com formato adequado para administração retal.

Técnica de Obtenção dos Supositórios Retais

- Com insumo ativo líquido:
1. Preparar a potência solicitada, em etanol a 77% (v/v) ou superior, ou utilizar a TM. Não usar tinturas-mães ou baixas potências que contenham fármacos tóxicos ou irritantes, em virtude do grande poder de absorção da mucosa retal.
2. Quando for mais de um insumo ativo, misturá-los em partes iguais e homogeneizar.
3. Incorporar, o insumo ativo ao insumo inerte fundido (manteiga de cacau, polióis e outras bases para supositórios) na proporção de, no mínimo, 5% (v/p), de acordo com a 3ª edição da *Farmacopeia homeopática brasileira*. Sugerimos o percentual de 10%, dentro do possível, para a padronização da quantidade final de insumos ativos.
4. Moldar em forma para supositórios. Cada supositório deverá pesar entre 2 e 3 g (adultos) ou 1,5 e 2 g (crianças).
5. Envolver os supositórios em papel-alumínio ou acondicioná-los em moldes específicos.
6. Rotular.

FORMAS FARMACÊUTICAS HOMEOPÁTICAS DE USO EXTERNO 231

Observação: a fim de evitar a perda de qualidade do produto, o insumo ativo deve ser incorporado ao insumo inerte em temperatura não superior a 50ºC.

- Com insumo ativo sólido:

1. Preparar a potência solicitada com a técnica da trituração, se for o caso. Não utilizar insumos ativos que irritem a pele ou as mucosas. Sobre medicamentos tóxicos, consultar a Tabela 4, Capítulo 4.
2. Quando for mais de um insumo ativo, misturá-los em partes iguais e homogeneizar.
3. Incorporar o insumo ativo ao insumo inerte fundido (manteiga de cacau e outras bases para supositórios) na proporção de, no mínimo, 5% (p/p), de acordo com a 3ª edição da *Farmacopeia homeopática brasileira*. Sugerimos o percentual de 10%, dentro do possível, para a padronização da quantidade final de insumos ativos.
4. Moldar em fôrma para supositórios. Cada supositório deverá pesar entre 2 e 3 g (adultos) ou 1,5 e 2 g (crianças).
5. Envolver os supositórios em papel-alumínio ou acondicioná-los em moldes específicos.
6. Rotular.

Observação: a fim de evitar a perda de qualidade do produto, o insumo ativo deve ser incorporado ao insumo inerte em temperatura não superior a 50ºC.

Com insumos ativos líquidos e sólidos:

1. Preparar o insumo ativo sólido na potência solicitada com a técnica da trituração, se for o caso (fase sólida).
2. Quando for mais de um insumo ativo sólido, prepará-los separadamente e misturá-los em partes iguais e suficientes, ou nas proporções indicadas pela formulação, e homogeneizar.
3. Preparar o insumo ativo líquido na potência solicitada, em etanol a 77% (v/v) ou superior, ou utilizar a TM (fase líquida).
4. Quando for mais de um insumo ativo líquido, prepará-los separadamente e misturá-los em partes iguais e suficientes, ou nas proporções indicadas pela formulação, e homogeneizar.
5. Incorporar, em temperatura não superior a 50°C, o insumo ativo sólido ou a mistura de insumos ativos sólidos (fase sólida) e o insumo ativo líquido ou a mistura de insumos ativos líquidos (fase líquida), ao insumo inerte fundido (manteiga de cacau, polióis e outras bases para supositórios) e homogeneizar. Cabe ressaltar que a soma dos insumos ativos sólidos e

líquidos deve corresponder a, no mínimo, 5% do produto final, de acordo com a 3ª edição da *Farmacopeia homeopática brasileira*. Sugerimos o percentual de 10%, dentro do possível, para a padronização da quantidade final de insumos ativos.

6. Moldar em forma para supositórios. Cada supositório deverá pesar entre 2 e 3 g (adultos) ou 1,5 a 2 g (crianças).
7. Envolver os supositórios em papel-alumínio ou acondicioná-los em moldes específicos.
8. Rotular.

Observação: não utilizar drogas, fármacos, tinturas-mães ou baixas potências que irritem a pele ou as mucosas. Sobre medicamentos tóxicos, consultar a Tabela 4, Capítulo 4.

EXEMPLO:

Ratanhia 3DH..................10 mL
Manteiga de cacau...qsp...100 g

Aplicar 1 supositório, via retal, 3 vezes ao dia.

FARMÁCIA CRISTIANO FREDERICO

Rua José P. de Almeida, 343 - 13490-900 - Piracicaba, SP – Tel.: 19-xxxxxxxx
Farmacêutico Responsável: Dr. Olívio Castro de Alcântara - CRF-SP 10.711
CPNJ 38.009 - Licença nº XXX

Paciente: Diógenes M. Diniz   Prescritor: Dr. Amarildo Figueiredo

Ratanhia 3DH..........................10 mL
Manteiga de cacau..........qsp......100 g
Aplicar 1 supositório, via retal, 3 vezes ao dia
Conteúdo: 20 supositórios de 3 g

Farmacopeia Homeopática Brasileira, 3ª edição   Uso: Externo
Lote G0899   Data da Manipulação: 01.01.2016   Validade: 6 meses

Dispensação dos Supositórios Retais

Os supositórios retais devem ser envolvidos em papel-alumínio ou acondicionados em moldes de polietileno, poliestireno ou de outro material. Guardá-los, de preferência, sob refrigeração. A validade deve ser determinada caso a caso, conforme a legislação pertinente.

SUPOSITÓRIOS VAGINAIS

Supositórios vaginais, também conhecidos como óvulos vaginais, são formas farmacêuticas de uso externo, sólidas, obtidas por moldagem, resultantes da incorporação de insumo ativo ao insumo inerte (gelatina glicerinada, manteiga de

FORMAS FARMACÊUTICAS HOMEOPÁTICAS DE USO EXTERNO

cacau, polióis e outras bases para supositórios), com formato adequado à administração vaginal.

Técnica de Obtenção dos Supositórios Vaginais

- Com insumo ativo líquido:

1. Preparar a potência solicitada, em etanol a 77% (v/v) ou superior, ou utilizar a TM. Não usar tinturas-mães ou baixas potências que contenham fármacos tóxicos ou irritantes, em virtude do grande poder de absorção da mucosa vaginal. Sobre medicamentos tóxicos, consultar a Tabela 4, Capítulo 4.
2. Quando for mais de um insumo ativo, misturá-los em partes iguais e homogeneizar.
3. Incorporar o insumo ativo ao insumo inerte, este fundido, se necessário, (gelatina glicerinada, manteiga de cacau, polióis e outras bases para supositórios) na proporção de, no mínimo, 5% (v/p), de acordo com a 3ª edição da *Farmacopeia homeopática brasileira*. Sugerimos o percentual de 10%, dentro do possível, para a padronização da quantidade final de insumos ativos.
4. Moldar em forma para óvulos. Cada supositório vaginal deverá pesar 10 g, em média.
5. Envolver os óvulos em papel-alumínio ou acondicioná-los em moldes específicos.
6. Rotular.

Observação: a fim de evitar a perda de qualidade do produto, o insumo ativo deve ser incorporado ao insumo inerte em temperatura não superior a 50ºC.

- Com insumo ativo sólido:

1. Preparar a potência solicitada com a técnica da trituração, se for o caso. Não utilizar insumos ativos que irritem a pele ou as mucosas. Sobre medicamentos tóxicos, consultar a Tabela 4, Capítulo 4.
2. Quando for mais de um insumo ativo, misturá-los em partes iguais e homogeneizar.
3. Incorporar o insumo ativo ao insumo inerte, este fundido, se necessário (gelatina glicerinada, manteiga de cacau, polióis e outras bases para supositórios), na proporção de, no mínimo, 5% (p/p), de acordo com a 3ª edição da *Farmacopeia homeopática brasileira*. Sugerimos o percentual de 10%, dentro do possível, para a padronização da quantidade final de insumos ativos.

4. Moldar em forma para óvulos. Cada supositório vaginal deverá pesar 10 g, em média.
5. Envolver os óvulos em papel-alumínio ou acondicioná-los em moldes específicos.
6. Rotular.

Observação: a fim de evitar a perda de qualidade do produto, o insumo ativo deve ser incorporado ao insumo inerte em temperatura não superior a 50°C.

Com insumos ativos líquidos e sólidos:

1. Preparar o insumo ativo sólido na potência solicitada com a técnica da trituração, se for o caso (fase sólida).
2. Quando for mais de um insumo ativo sólido, prepará-los separadamente e misturá-los em partes iguais e suficientes, ou nas proporções indicadas pela formulação, e homogeneizar.
3. Preparar o insumo ativo líquido na potência solicitada, em etanol a 77% (v/v) ou superior, ou utilizar a TM (fase líquida).
4. Quando for mais de um insumo ativo líquido, prepará-los separadamente e misturá-los em partes iguais e suficientes, ou nas proporções indicadas pela formulação, e homogeneizar.
5. Incorporar, em temperatura não superior a 50°C, o insumo ativo sólido ou a mistura de insumos ativos sólidos (fase sólida) e o insumo ativo líquido ou a mistura de insumos ativos líquidos (fase líquida), ao insumo inerte, este fundido, se for necessário (manteiga de cacau, polióis e outras bases para supositórios), e homogeneizar. Cabe ressaltar que a soma dos insumos ativos sólidos e líquidos deve corresponder a, no mínimo, 5% do produto final, de acordo com a 3ª edição da *Farmacopeia homeopática brasileira*. Sugerimos o percentual de 10%, dentro do possível, para a padronização da quantidade final de insumos ativos.
6. Moldar em forma para óvulos. Cada supositório vaginal deverá pesar 10 g, em média.
7. Envolver os óvulos em papel-alumínio ou acondicioná-los em moldes específicos.
8. Rotular.

Observação: não utilizar drogas, fármacos, tinturas-mães ou baixas potências que irritem a pele ou as mucosas. Sobre medicamentos tóxicos, consultar a Tabela 4, Capítulo 4.

FORMAS FARMACÊUTICAS HOMEOPÁTICAS DE USO EXTERNO   235

EXEMPLO:

Hydrastis 1CH.........................10%
Excipiente para óvulos...qsp...100 g

Aplicar por via intravaginal 1 óvulo, 2 vezes ao dia.

FARMÁCIA CRISTIANO FREDERICO

Rua José P. de Almeida, 343 - 13490-900 - Piracicaba, SP — Tel.: 19-xxxxxxxx
Farmacêutico Responsável: Dr. Olívio Castro de Alcântara - CRF-SP 10.711
CPNJ 38.009 - Licença nº XXX

Paciente: Diógenes M. Diniz   Prescritor: Dr. Amarildo Figueiredo

Hydrastis 1CH 10%
Excipiente para óvulos......... qsp...100 g
Aplicar por via intravaginal 1 óvulo, 2 vezes ao dia
Conteúdo: 10 óvulos de 10 g

Farmacopeia Homeopática Brasileira, 3ª edição	Uso: Externo
Lote G0899 Data da Manipulação: 01.01.2016	Validade: 30 dias

Dispensação dos Supositórios Vaginais

Os supositórios vaginais devem ser acondicionados em moldes de polietileno, poliestireno ou de outro material. Guardá-los, de preferência, sob refrigeração. A validade deve ser determinada caso a caso, conforme legislação pertinente.

CREMES

Cremes são formas farmacêuticas de uso externo, semissólidas, de alta viscosidade, resulantes da incorporação de insumos ativos em bases emulsionáveis ou autoemulsionáveis. Estas são compostas por uma fase oleosa, uma aquosa e um agente emulsivo.

Técnica de Obtenção dos Cremes

- Com insumo ativo líquido:

1. Preparar a potência solicitada, em etanol a 77% (v/v) ou superior, ou utilizar a TM. Não usar tinturas-mães ou baixas potências que contenham fármacos tóxicos ou que irritem a pele ou as mucosas. Sobre medicamentos tóxicos, consultar a Tabela 4, Capítulo 4.
2. Quando for mais de um insumo ativo, misturá-los em partes iguais e homogeneizar.

3. Incorporar, em temperatura não superior a 50°C, o insumo ativo ao insumo inerte (base emulsionável ou autoemulsionável) na proporção de 10% (v/p).
4. Homogeneizar.
5. Colocar em recipiente adequado e rotular.

- Com insumo ativo sólido:

1. Preparar a potência solicitada com a técnica da trituração, se for o caso. Não utilizar insumos ativos que irritem a pele ou as mucosas. Sobre medicamentos tóxicos, consultar a Tabela 4, Capítulo 4.
2. Quando for mais de um insumo ativo, misturá-los em partes iguais e homogeneizar.
3. Incorporar, em temperatura não superior a 50°C, o insumo ativo à base emulsionável ou autoemulsionável na proporção de 10% (p/p).
4. Homogeneizar.
5. Colocar em recipiente adequado e rotular.

- Com insumos ativos líquidos e sólidos:

1. Preparar o insumo ativo sólido na potência solicitada com a técnica da trituração, se for o caso (fase sólida).
2. Quando for mais de um insumo ativo sólido, prepará-los separadamente e misturá-los em partes iguais e suficientes, ou nas proporções indicadas pela formulação, e homogeneizar.
3. Preparar o insumo ativo líquido na potência solicitada, em etanol a 77% (v/v) ou superior, ou utilizar a TM (fase líquida).
4. Quando for mais de um insumo ativo líquido, prepará-los separadamente e misturá-los em partes iguais e suficientes, ou nas proporções indicadas pela formulação, e homogeneizar.
5. Incorporar, em temperatura não superior a 50°C, o insumo ativo líquido ou a mistura de insumos ativos líquidos (fase líquida), ao insumo inerte (bases emulsionáveis ou autoemulsionáveis) e homogeneizar. Em seguida incorporar o insumo ativo sólido ou a mistura de insumos ativos sólidos (fase sólida) e homogeneizar. Cabe ressaltar que a soma dos insumos ativos sólidos e líquidos deve corresponder a 10% do produto final.
6. Colocar em recipiente adequado e rotular.

Observação: não utilizar drogas, fármacos, tinturas-mães ou baixas potências que irritem a pele ou as mucosas. Sobre medicamentos tóxicos, consultar a Tabela 4, Capítulo 4.

FORMAS FARMACÊUTICAS HOMEOPÁTICAS DE USO EXTERNO

A farmácia homeopática deve manter um estoque de bases emulsionáveis ou autoemulsionáveis para servirem de insumos inertes na elaboração de cremes. Essas emulsões apresentam uma fase aquosa e outra oleosa, em que os insumos ativos hidrofílicos e lipofílicos, respectivamente, são incorporados. Antes de preparar os cremes, verificar a compatibilidade dos insumos ativos com as bases.

A seguir, damos um exemplo de uma emulsão cremosa tipo O/A, chamada creme Lanette.

Fase A
Álcool cetoestearílico.....................................2,0%
Cetoestearil sulfato de sódio.......................0,2%
Diestearato de glicerila...............................2,0%
Monoestearato de glicerila.........................6,0%
Vaselina líquida...10,0%
Óleo de amêndoas doces............................5,0%
Palmitato de cetila..1,0%
Propilparabeno..0,1%

Fase B
Glicerina..5,0%
Metilparabeno...0,1%
Água purificada...........qsp.......................100,0%

Preparação:

Aquecer a fase A e a fase B separadamente até 75-80°C. Verter lentamente a fase A sobre a fase B com agitação constante. Agitar até atingir temperatura ambiente.

Dispensação dos Cremes

Os cremes devem ser acondicionados em recipientes adequados (potes, bisnagas etc.), bem fechados, ao abrigo do calor e da luz. A validade deve ser determinada caso a caso, conforme legislação pertinente.

238   FARMÁCIA HOMEOPÁTICA: TEORIA E PRÁTICA

EXEMPLO:

Graphites 3DH trit................10 g
Creme base.........qsp.........100 g

Aplicar nas mãos 2 vezes ao dia.

FARMÁCIA CRISTIANO FREDERICO

Rua José P. de Almeida, 343 - 13490-900 - Piracicaba, SP — Tel.: 19-xxxxxxx
Farmacêutico Responsável: Dr. Olívio Castro de Alcântara - CRF-SP 10.711
CPNJ 38.009 - Licença nº XXX

Paciente: Diógenes M. Diniz   Prescritor: Dr. Amarildo Figueiredo

Graphites 3DH trit......................... 10 g
Creme base.........qsp .... 100 g
Aplicar nas mãos 2 vezes ao dia
Conteúdo: 100 g

Farmacopeia Homeopática Brasileira, 3ª edição	Uso: Externo
Lote G0899 Data da Manipulação: 01.01.2016	Validade: 6 meses

GÉIS

Géis são formas farmacêuticas de uso externo, semissólidas, de aspecto homogêneo, resultantes da incorporação de insumos ativos em bases gelatinosas compostas de partículas *coloidais* que não se sedimentam (dispersões coloidais), constituídas por uma fase sólida e outra líquida.

Os géis apresentam característica hidrofílica, podendo ter natureza aniônica ou não iônica. Estes últimos apresentam boa estabilidade numa ampla faixa de pH, possibilitando a incorporação de diversos insumos ativos hidrossolúveis. As substâncias formadoras de géis, como alginatos, derivados da celulose, polímeros carboxivinílicos e outros, quando dispersos em meio aquoso, proporcionam viscosidade à preparação.

Técnica de Obtenção dos Géis

- Com insumo ativo líquido:

1. Preparar a potência solicitada, em etanol a 77% (v/v) ou superior, ou utilizar a TM. Não usar tinturas-mães ou baixas potências com fármacos tóxicos ou que irritem a pele ou as mucosas. Sobre medicamentos tóxicos, consultar a Tabela 4, Capítulo 4.
2. Quando for mais de um insumo ativo, misturá-los em partes iguais e homogeneizar.
3. Preparar o gel.
4. Incorporar, em temperatura não superior a 50°C, o insumo ativo ao gel na proporção de 10% (v/p).

FORMAS FARMACÊUTICAS HOMEOPÁTICAS DE USO EXTERNO

5. Homogeneizar.
6. Colocar em recipiente adequado e rotular.

- Com insumo ativo sólido:

1. Preparar a potência solicitada com a técnica da trituração, se for o caso. Não utilizar insumos ativos que irritem a pele ou as mucosas. Sobre medicamentos tóxicos, consultar a Tabela 4, Capítulo 4.
2. Quando for mais de um insumo ativo, misturá-los em partes iguais e homogeneizar.
3. Preparar o gel.
4. Incorporar, em temperatura não superior a 50°C, o insumo ativo ao gel na proporção de 10% (p/p).
5. Homogeneizar.
6. Colocar em recipiente adequado e rotular.

- Com insumos ativos líquidos e sólidos:

1. Preparar o insumo ativo sólido na potência solicitada com a técnica da trituração, se for o caso (fase sólida).
2. Quando for mais de um insumo ativo sólido, prepará-los separadamente e misturá-los em partes iguais e suficientes, ou nas proporções indicadas pela formulação, e homogeneizar.
3. Preparar o insumo ativo líquido na potência solicitada, em etanol a 77% (v/v) ou superior, ou utilizar a TM (fase líquida).
4. Quando for mais de um insumo ativo líquido, prepará-los separadamente e misturá-los em partes iguais e suficientes, ou nas proporções indicadas pela formulação, e homogeneizar.
5. Incorporar, em temperatura não superior a 50°C, o insumo ativo líquido ou a mistura de insumos ativos líquidos (fase líquida), ao insumo inerte (gel) e homogeneizar. Em seguida incorporar o insumo ativo sólido ou a mistura de insumos ativos sólidos (fase sólida) e homogeneizar. Cabe ressaltar que a soma dos insumos ativos sólidos e líquidos deve corresponder a 10% do produto final.
6. Colocar em recipiente adequado e rotular.

Observação: não utilizar drogas, fármacos, tinturas-mães ou baixas potências que irritem a pele ou as mucosas. Sobre medicamentos tóxicos, consultar a Tabela 4, Capítulo 4.

A seguir, damos exemplos de géis-base de natureza aniônica (gel de carbopol) e não iônica (gel de natrosol):

Gel de carbopol:
Carbopol 940..1,5%
Uniphen® (mistura de parabenos e fenoxietanol)........0,75%
Glicerina 8,0%
Trietanolamina.........................qsp.........................pH 6,5-7,0
Água purificada.. 100,0%

Preparação:
Em um cálice, peneirar o carbopol sobre a mistura de água purificada, glicerina e Uniphen®. Este agente deverá ser disperso na glicerina antes de ser incorporado à água. Deixar a mistura descansar, coberta com filme de PVC. Após 12 horas, adicionar aos poucos a trietanolamina, verificando no final o pH (pH = 6,5 a 7,0). Acrescentar o insumo ativo, separadamente, homogeneizando.

Carbopol é um polímero carboxipolivinílico. Já está disponível no mercado um de preparação instantânea, bastante útil na manipulação, de nome comercial Ultrez® 10.

Gel de natrosol:
Hidroxietilcelulose (Natrosol) 2,0%
Propilenoglicol 5,0%
Uniphen® (mistura de
parabenos e fenoxietanol)...........................0,75%
EDTA 0,1%
Água purificada............... qsp 100,0%

Preparação:
Em um béquer, aquecer todos os componentes da fórmula agitando sempre. Quando o gel começar a adquirir consistência, em torno de 55°C, diminuir o ritmo para evitar bolhas, retirando do fogo antes que atinja 60°C.

FORMAS FARMACÊUTICAS HOMEOPÁTICAS DE USO EXTERNO

EXEMPLO:

Aloe vera 1CH..................10%
Gel-base.........qsp...........100g

Aplicar no rosto 2 vezes ao dia.

FARMÁCIA CRISTIANO FREDERICO

Rua José P. de Almeida, 343 - 13490-900 - Piracicaba, SP – Tel.: 19-xxxxxxxx
Farmacêutico Responsável: Dr. Olivio Castro de Alcântara - CRF-SP 10.711
CPNJ 38.009 - Licença nº XXX

Paciente: Diógenes M. Diniz   Prescritor: Dr. Amarildo Figueiredo

Aloe vera 1CH..............................10%
Gel-base.......qsp..........................100 g
Aplicar no rosto 2 vezes ao dia
Conteúdo: 100 g

Farmacopeia Homeopática Brasileira, 3ª edição   Uso: Externo
Lote G0899   Data da Manipulação: 01.01.2016   Validade: 6 meses

---

Dispensação dos Géis

Os géis devem ser acondicionados em recipientes adequados (potes, bisnagas etc.), bem fechados, ao abrigo do calor e da luz. A validade deve ser determinada caso a caso, conforme a legislação pertinente.

GÉIS-CREMES

Géis-cremes, também chamados cremes *oil free*, são formas farmacêuticas de uso externo, semissólidas, de aspecto homogêneo, resultantes da incorporação de insumos ativos em bases que apresentam características comuns aos géis e cremes, com alto teor de fase aquosa e baixo conteúdo oleoso, estabilizados por coloide hidrofílico.

Técnica de Obtenção dos Géis-Cremes

- Com insumo ativo líquido:

1. Preparar a potência solicitada, em etanol a 77% (v/v) ou superior, ou utilizar a TM. Não usar tinturas-mães ou baixas potências com fármacos tóxicos ou que irritem a pele ou as mucosas. Sobre medicamentos tóxicos, consultar a Tabela 4, Capítulo 4.
2. Quando for mais de um insumo ativo, misturá-los em partes iguais e homogeneizar.

3. Incorporar, em temperatura não superior a 50°C, o insumo ativo ao gel-creme na proporção de 10% (v/p).
4. Homogeneizar.
5. Colocar em recipiente adequado e rotular.

- Com insumo ativo sólido:

1. Preparar a potência solicitada com a técnica da trituração, se for o caso. Não utilizar insumos ativos que irritem a pele ou as mucosas. Sobre medicamentos tóxicos, consultar a Tabela 4, Capítulo 4.
2. Quando for mais de um insumo ativo, misturá-los em partes iguais e homogeneizar.
3. Incorporar, em temperatura não superior a 50°C, o insumo ativo ao gel-creme na proporção de 10% (p/p).
4. Homogeneizar.
5. Colocar em recipiente adequado e rotular.

- Com insumos ativos líquidos e sólidos:

1. Preparar o insumo ativo sólido na potência solicitada com a técnica da trituração, se for o caso (fase sólida).
2. Quando for mais de um insumo ativo sólido, prepará-los separadamente e misturá-los em partes iguais e suficientes, ou nas proporções indicadas pela formulação, e homogeneizar.
3. Preparar o insumo ativo líquido na potência solicitada, em etanol a 77% (v/v) ou superior, ou utilizar a TM (fase líquida).
4. Quando for mais de um insumo ativo líquido, prepará-los separadamente e misturá-los em partes iguais e suficientes, ou nas proporções indicadas pela formulação, e homogeneizar.
5. Incorporar, em temperatura não superior a 50°C, o insumo ativo líquido ou a mistura de insumos ativos líquidos (fase líquida), ao insumo inerte (gel-creme) e homogeneizar. Em seguida incorporar o insumo ativo sólido ou a mistura de insumos ativos sólidos (fase sólida) e homogeneizar. Cabe ressaltar que a soma dos insumos ativos sólidos e líquidos deve corresponder a 10% do produto final.
6. Colocar em recipiente adequado e rotular.

Observação: não utilizar drogas, fármacos, tinturas-mães ou baixas potências que irritem a pele ou as mucosas. Sobre medicamentos tóxicos, consultar a Tabela 4, Capítulo 4.
Exemplo de emulsão gel-creme:

FORMAS FARMACÊUTICAS HOMEOPÁTICAS DE USO EXTERNO

Fase A
Monoestearato de glicerila 3,0%
Ácido esteárico...1,0%
Óleo de amêndoas doces 5,0%
Propilparabeno 0,1%

Fase B
Glicerina 5,0%
Solução aquosa de carbopol 3 ....8,0%
Metilparabeno...0,1%
Água purificada..........qsp 100,0%
Trietanolamina.. qs

Preparação:
Aquecer a fase A e a fase B separadamente até 75-80°C. Verter lentamente a fase A sobre a fase B com agitação constante. Agitar até atingir a temperatura do ambiente. Adicionar a trietanolamina para adequar a viscosidade e corrigir o pH (6,5-7,0).

EXEMPLO:

Silicea 3DH trit.....................10 g
Gel-creme base......qsp......100 g

Aplicar na cicatriz 3 vezes ao dia.

FARMÁCIA CRISTIANO FREDERICO

Rua José P. de Almeida, 343 - 13490-900 - Piracicaba, SP — Tel.: 19-xxxxxxx
Farmacêutico Responsável: Dr. Olívio Castro de Alcântara - CRF-SP 10.711
CPNJ 38.009 - Licença nº XXX

Paciente: Diógenes M. Diniz   Prescritor: Dr. Amarildo Figueiredo

Silicea 3DH trit.............................10 g
Gel-creme base......qsp..............100 g
Aplicar na cicatriz 3 vezes ao dia
Conteúdo: 100 g

Farmacopeia Homeopática Brasileira, 3ª edição   Uso: Externo
Lote G0899   Data da Manipulação: 01.01.2016   Validade: 6 meses

---

Dispensação dos Géis-Cremes

Os géis-cremes devem ser acondicionados em recipientes adequados (potes, bisnagas etc.), bem fechados, ao abrigo do calor e da luz. A validade deve ser determinada caso a caso, conforme a legislação pertinente.

POMADAS

Pomadas são formas farmacêuticas de uso externo, semissólidas, resultantes da incorporação de insumos ativos em insumos inertes constituídos por apenas uma fase de caráter oleoso ou hidrofílico (substâncias graxas ou géis a base de alginatos, derivados de celulose, polímeros carboxivinílicos etc.).

Técnica de Obtenção das Pomadas

- Com insumo ativo líquido:

1. Preparar a potência solicitada, em etanol a 77% (v/v) ou superior, ou utilizar a TM. Não usar tinturas-mães ou baixas potências com fármacos tóxicos ou que irritem a pele ou as mucosas. Sobre medicamentos tóxicos, consultar a Tabela 4, Capítulo 4.
2. Quando for mais de um insumo ativo, misturá-los em partes iguais e homogeneizar.
3. Incorporar, em temperatura não superior a 50°C, o insumo ativo ao insumo inerte (substâncias graxas ou géis a base de alginatos, derivados de celulose, polímeros carboxivinílicos etc.) na proporção de 10% (v/p).
4. Homogeneizar.
5. Colocar em recipiente adequado e rotular.

- Com insumo ativo sólido:

1. Preparar a potência solicitada com a técnica da trituração, se for o caso. Não utilizar insumos ativos que irritem a pele ou as mucosas. Sobre medicamentos tóxicos, consultar a Tabela 4, Capítulo 4.
2. Quando for mais de um insumo ativo, misturá-los em partes iguais e homogeneizar.
3. Incorporar, em temperatura não superior a 50°C, o insumo ativo ao insumo inerte (substâncias graxas ou géis a base de alginatos, derivados de celulose, polímeros carboxivinílicos etc.) na proporção de 10% (p/p).
4. Homogeneizar.
5. Colocar em recipiente adequado e rotular.

- Com insumos ativos líquidos e sólidos:

1. Preparar o insumo ativo sólido na potência solicitada com a técnica da trituração, se for o caso (fase sólida).

FORMAS FARMACÊUTICAS HOMEOPÁTICAS DE USO EXTERNO 245

2. Quando for mais de um insumo ativo sólido, prepará-los separadamente e misturá-los em partes iguais e suficientes, ou nas proporções indicadas pela formulação, e homogeneizar.
3. Preparar o insumo ativo líquido na potência solicitada, em etanol a 77% (v/v) ou superior, ou utilizar a TM (fase líquida).
4. Quando for mais de um insumo ativo líquido, prepará-los separadamente e misturá-los em partes iguais e suficientes, ou nas proporções indicadas pela formulação, e homogeneizar.
5. Incorporar, em temperatura não superior a 50°C, o insumo ativo líquido ou a mistura de insumos ativos líquidos (fase líquida), ao insumo inerte (substâncias graxas ou géis a base de alginatos, derivados de celulose, polímeros carboxivinílicos etc.) e homogeneizar. Em seguida incorporar o insumo ativo sólido ou a mistura de insumos ativos sólidos (fase sólida) e homogeneizar. Cabe ressaltar que a soma dos insumos ativos sólidos e líquidos deve corresponder a 10% do produto final.
6. Colocar em recipiente adequado e rotular.

Observação: não utilizar drogas, fármacos, tinturas-mães ou baixas potências que irritem a pele ou as mucosas. Sobre medicamentos tóxicos, consultar a Tabela 4, Capítulo 4.

EXEMPLO:

Apis mellifica 3DH líq.......3,0 mL
Lanolina anidra......qsp......30,0 g

Aplicar na picada 3 vezes ao dia.

FARMÁCIA CRISTIANO FREDERICO

Rua José P. de Almeida, 343 - 13490-900 - Piracicaba, SP – Tel.: 19-xxxxxxxx
Farmacêutico Responsável: Dr. Olívio Castro de Alcântara - CRF-SP 10.711
CPNJ 38.009 - Licença nº XXX

Paciente: Diógenes M. Diniz   Prescritor: Dr. Amarildo Figueiredo

Apis mellifica 3DH líq ....3,0 mL
Lanolina anidra.......qsp ....30,0 g
Aplicar na picada 3 vezes ao dia
Conteúdo: 30 g

Farmacopeia Homeopática Brasileira, 3ª edição	Uso: Externo
Lote G0899 Data da Manipulação: 01.01.2016	Validade: 6 meses

Dispensação das Pomadas

As pomadas devem ser acondicionadas em recipientes adequados (potes, bisnagas etc.), bem fechados, ao abrigo do calor e da luz. A validade deve ser determinada caso a caso, conforme legislação pertinente.

OUTRAS FORMAS FARMACÊUTICAS DE USO EXTERNO

Tintura-Mãe

A tintura-mãe pode ser utilizada externamente. Para tanto, deve ser diluída imediatamente antes de seu uso em vinte partes de água purificada, fervida ou filtrada. A validade deve ser determinada caso a caso.

Pseudo-Hidrolato

Pseudo-hidrolato é uma mistura de 10% de TM, 5% de glicerina e quantidade suficiente para 100 mL de solução hidroalcoólica a 10%. A validade deve ser determinada caso a caso.

Gliceróleo

Gliceróleo é uma mistura de 10% de TM, 45% de glicerina e 45% de água purificada. A validade deve ser determinada caso a caso.

Xampus

A base para xampus é composta de lauril éter sulfatos, amidas, anfóteros, água purificada, espessantes, corretivos de pH e outros adjuvantes. A TM é incorporada em concentração de 2 a 5%. A validade deve ser determinada caso a caso.

Sabonetes

A base glicerinada para sabonetes sólidos ou líquidos é constituída de detergentes, estabilizantes de espuma, corretivos de pH, espessantes, ceras, água purificada etc. A TM é incorporada em concentração de 2 a 5%. A validade deve ser determinada caso a caso.

GLOSSÁRIO

COLOIDAL. Corpo em estado de coloide. Coloide é uma substância que apresenta característica gelatinosa e não se cristaliza ou se cristaliza com gran-

FORMAS FARMACÊUTICAS HOMEOPÁTICAS DE USO EXTERNO

de dificuldade, difundindo-se, em solução, com extraordinária lentidão. Denominam-se soluções coloidais as dispersões cuja fase interna está finamente dividida em partículas de 0,001 a 0,1 µ.

ISOTONIZANTE. Solução incorporada a uma formulação líquida com a finalidade de manter o equilíbrio osmótico entre a preparação farmacêutica e o tônus celular, tornando-a menos irritante.

NEBULIZADOR. Aparelho destinado a fazer nebulizações (pulverizar um líquido).

TAMPÃO. Solução que tem a função de estabilizar o pH de preparações farmacêuticas em líquidos orgânicos.

REFERÊNCIAS BIBLIOGRÁFICAS

AMERICAN INSTITUTE OF HOMEOPATHY. The homoepathic pharmacopoeia of the United States. 9th ed. 1999.

ASSOCIAÇÃO BRASILEIRA de FARMACÊUTICOS HOMEOPATAS (ABFH). Manual de normas técnicas para farmácia homeopática. 2ª ed. São Paulo; 1995.

ASSOCIAÇÃO NACIONAL DE FARMACÊUTICOS MAGISTRAIS. Manual de recomendações para aviamento de formulações magistrais: boas práticas de manipulação. 1ª ed. São Paulo; 1997.

MARTINEZ JA. Farmácia homeopática. Buenos Aires: Albatros; 1983.

MINISTÉRIO DA SAÚDE. Farmacopéia homeopática brasileira. 3ª ed. Disponível em: http://www.anvisa.gov.br/farmacopeiabrasileira/conteudo/3a_edicao.pdf. Acesso em: 31 dez. 2015.

MINISTÉRIO DA SAÚDE. Farmacopéia brasileira. 5ª ed. vol. 1 e 2. Disponível em: http://www.anvisa.gov.br/hotsite/cd_farmacopeia/index.htm. Acesso em: 31 dez. 2015.

MINISTÉRIO DA SAÚDE. Resolução RDC n. 67, de 8 de outubro de 2007. Aprova o regulamento técnico sobre boas práticas de manipulação de preparações magistrais e oficinais para uso humano em farmácias e seus anexos. Diário Oficial da União da República Federativa do Brasil. Brasília, 9 de outubro de 2007.

PHARMACOTECHNIE ET MONOGRAPHIES DES MÉDICAMENTS COURANTS. Vol. 1. Lyon: Syndicat des Pharmacies et Laboratoires Homéopathiques; 1979.

PHARMACOTECHNIE ET MONOGRAPHIES DES MÉDICAMENTS COURANTS. Vol. 2. Lyon: Syndicat des Pharmacies et Laboratoires Homéopathiques; 1981.

PRISTA LN. Técnica farmacêutica e farmácia galênica. 3ª ed. Lisboa: Fundação Calouste Gulbenkian; s/d.

QUIROGA MI. Cosmetica dermatológica práctica. 5ª ed. Buenos Aires: El Ateneo; 1986.

SILVA JB. Farmacotécnica homeopática simplificada. 2ª ed. São Paulo: Robe; 1997.

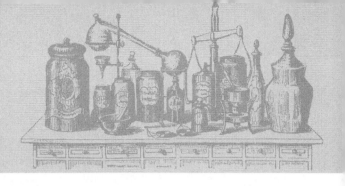

Procedimentos de qualidade em farmácia homeopática

Amarilys de Toledo Cesar
Olney Leite Fontes

INTRODUÇÃO

Existem vários aspectos importantes e absolutamente necessários de serem desenvolvidos, em relação à homeopatia e aos medicamentos homeopáticos em especial.

Considerando os princípios e os conceitos da homeopatia, é de fundamental importância que seja feita a reexperimentação dos medicamentos mais utilizados, antes mesmo da experimentação de novas substâncias, pois a correta e detalhada especificação da droga, bem como a padronização da forma farmacêutica básica, precisa ser considerada na elaboração de medicamentos de qualidade. No caso de um vegetal, por exemplo, a espécie, a subespécie e a variedade mais indicada, a parte da planta a ser utilizada, seu estado de frescor, o *habitat*, a presença de contaminantes, sejam eles intencionais (como agrotóxicos) ou não (como resíduos de poluição), afetam sobremaneira os resultados da experimentação patogenética. Diversas modificações têm sido realizadas ao longo do tempo em relação aos procedimentos originalmente descritos, podendo alterar a qualidade dos medicamentos homeopáticos. Vale ainda dizer que nem sempre há referências aos procedimentos adotados na literatura que acompanha a experimentação original.

É dever do farmacêutico respeitar a padronização dos procedimentos técnicos da dinamização e das substâncias de partida, tanto as originalmente utilizadas, como um mineral a ser triturado, por exemplo, quanto as tinturas-mães e suas derivações.

Revisando a literatura, percebe-se que nem sempre essas regras são seguidas e para muitos medicamentos há dúvidas quanto à origem correta (p. ex., o Carcinosinum), a parte utilizada, a composição etc. Por outro lado, hoje há também uma preocupação com a retomada da qualidade do medicamento homeopático, com os aspectos gerais da qualidade da manipulação em farmácias e com a farmácia homeopática, em especial. Apesar da produção de medicamentos homeopáticos ser industrializada em diversos países do mundo, os farmacêuticos brasileiros têm estado atentos quanto à necessidade da padronização, tornando pública sua preocupação e ainda preparando medicamentos para os quais todos os detalhes de qualidade são respeitados.

A partir da publicação da RDC n. 33, em 2001, e posteriormente com a RDC n. 67, de 2007, e RDC n. 87, de 2008, resoluções publicadas pela Agência Nacional de Vigilância Sanitária (Anvisa), foram impostas exigências nunca antes vistas para as farmácias nacionais. Apesar das dificuldades enfrentadas no início, podemos hoje afirmar que um novo patamar de qualidade para as farmácias formou-se em nosso país, muito superior ao encontrado em algumas das poucas farmácias homeopáticas da Europa, dos Estados Unidos, Índia e América Latina. Vamos continuar trabalhando com afinco, visando sempre à melhoria da qualidade de nossas farmácias e dos medicamentos homeopáticos por nós produzidos, o que trará benefícios a nossos pacientes e fortalecimento da homeopatia em nosso país.

É importante que, neste capítulo, possamos destacar e analisar diversos aspectos relativos à qualidade, que podem afetar os medicamentos produzidos nas farmácias homeopáticas.

FARMACOPEIAS HOMEOPÁTICAS

Hahnemann, o médico alemão criador da homeopatia, teve problemas com seus colegas médicos e com os farmacêuticos de sua época. Assim, optou por preparar seus próprios medicamentos. Ele estava em um momento muito especial: criando um novo sistema terapêutico, que seguia uma lógica diferente, e para o qual também uma diferente farmacotécnica estava sendo desenvolvida e aperfeiçoada. Hoje essa medida seria inviável, já que as profissões se aprimoraram muito. A farmacotécnica homeopática é simples, mas, com certeza, você ganhará muito ao se interessar pela teoria homeopática, entendendo os motivos de cada passo farmacotécnico. A qualidade dos seus medicamentos, assim como provavelmente seus efeitos clínicos, também serão superiores.

Cuidadoso, Hahnemann deixou várias instruções sobre o preparo das formas farmacêuticas básicas e dos medicamentos. Essas informações podem ser encontradas em suas obras principais: *Matéria médica pura, Doenças crônicas* e *Organon da arte de curar*. Por exemplo, o § 270 da 6ª edição do *Organon* apre-

PROCEDIMENTOS DE QUALIDADE EM FARMÁCIA HOMEOPÁTICA

senta todos os detalhes da preparação das hoje chamadas potências cinquenta milesimais ou LM (ver Capítulo 8).

Com a difusão da homeopatia, G.H.G. Jahr elaborou a primeira farmacopeia homeopática, ainda no tempo de Hahnemann, trazendo informações sobre a preparação dos medicamentos e das substâncias de partida. Depois dele, Schwabe organizou as primeiras farmacopeias homeopáticas alemãs, traduzidas para o latim e para o português, que acabaram influenciando obras de outros países. Devemos lembrar que farmacopeias são livros que oficializam, para cada país, as regras e os princípios de preparação e conservação dos medicamentos. Atualmente, contam com farmacopeias homeopáticas a Alemanha, a França, o Reino Unido, os Estados Unidos, o México, a Índia e o Brasil. Comparando as informações contidas nessas obras, assim como com os ensinamentos de Hahnemann, percebemos que há alterações a partir do original, bem como diferenças entre elas. A padronização geral no preparo dos medicamentos homeopáticos, por consequência, ainda precisa ser mais bem trabalhada. De qualquer forma, você deve ter em mente a importância de fazer essa padronização em sua farmácia, pois o preparo homogêneo do medicamento é um requisito imprescindível para atingir um grau satisfatório de qualidade.

> O principal objetivo das farmacopeias é regulamentar e proporcionar uniformidade às preparações farmacêuticas. Elas devem conter as regras e os princípios de preparação, controle e conservação dos medicamentos, bem como as monografias das matérias-primas e dos insumos inertes.

As farmacopeias homeopáticas dividem-se em uma parte geral e outra específica. Enquanto a parte geral trata de conceitos, definições, procedimentos gerais e farmacotécnica, a específica apresenta as monografias, o controle de qualidade e as tabelas.

As principais farmacopeias homeopáticas são a alemã, a francesa e a norte-americana. As demais farmacopeias derivam destas. A seguir, apresentamos algumas informações sobre as farmacopeias homeopáticas.

Tabela 14. Algumas informações sobre as farmacopeias homeopáticas.

Farmacopeias	Algumas informações
Farmacopeia homeopática de Jahr (*Nouvelle Pharmacopée Homéopathique*)	Jahr era discípulo de Hahnemann. Publicou a primeira farmacopeia homeopática em 1841. Contém importantes informações sobre as substâncias medicinais.

(continua)

FARMÁCIA HOMEOPÁTICA: TEORIA E PRÁTICA

Tabela 14. Algumas informações sobre as farmacopeias homeopáticas (*continuação*).

Farmacopeias	Algumas informações
Farmacopeia homeopática inglesa (*British Homeopathic Pharmacopoeia*)	Obra muito semelhante à farmacopeia francesa. A primeira edição foi publicada em 1870, a segunda em 1876 e a terceira em 1994.
Farmacopeia homeopática do Dr. Willmar Schwabe (*Pharmacopoea Homoepathica Polyglota*)	Primeira farmacopeia poliglota. A primeira edição é de 1872. Apresenta tradução em português e em latim. Dez sucussões para as escalas decimal e centesimal.
Farmacopeia homeopática alemã (*Homöopathisches Arzneibuch* – HAB)	Inclui as escalas decimal, centesimal e cinquenta milesimal. Mínimo de 10 sucussões. Trituração mecânica para mais de 1 kg. Apresenta informações detalhadas sobre numerosas substâncias.
Farmacopeia homeopática mexicana	Ordenada por Luis G. Sandoval. Edições de 1939, 1942 e 1961. Indica 200 sucussões, correlaciona a escala decimal com a centesimal e o método hahnemanniano com o korsakoviano.
Farmacopeia homeopatica	Farmacopeia também mexicana. Organizada por Fabian Uribe e Benjamin Jimenez. Edições de 1936 e 1939.
Farmacopeia homeopática americana (*The American Homoepathic Pharmacopoeia*)	Publicada pelo Laboratório Homeopático de Boericke & Tafel. Primeira edição de 1882. Tornou-se obsoleta com a oficialização da *Farmacopeia Homeopática dos Estados Unidos*.
Farmacopeia homeopática norte-americana (*The Homoepathic Pharmacopoeia of the United States*)	Várias edições, sendo a primeira de 1897. Considera a decimal como escala-padrão e a TM como uma primeira dinamização decimal.
Farmacopeia homeopática indiana (*Homoeopathic Pharmacopoeia of India*)	A primeira edição é de 1971. Recomenda 10 sucussões. Inclui alguns medicamentos da medicina hindu.
Farmacopeia homeopática francesa (*Pharmacopée Homéopathique Française*)	Em 1854, Weber publicou o *Codex de Medicamentos Homeopáticos*. Em 1893 foi publicada a *Farmacopeia homeopática francesa*, reeditada em 1898. A oitava edição da farmacopeia francesa, editada em 1965, inclui monografias sobre as preparações homeopáticas, oficializando, desse modo, a homeopatia na França.
Farmacopeia do Sindicato das Farmácias e Laboratórios Homeopáticos (*Pharmacotechnie et monographies des medicaments courantes*)	Esta farmacopeia, chamada *Homeopatia – farmacotécnica e monografias de medicamentos comuns*, apresenta o volume I, de 1979, e o volume II, de 1981. Mostra excelentes monografias, com parte analítica. Indica 100 sucussões.

(*continua*)

Tabela 14. Algumas informações sobre as farmacopeias homeopáticas (*continuação*).

Farmacopeias	Algumas informações
Farmacopeia homeopática brasileira	A primeira edição (1976) apresenta pontos polêmicos (solução-mãe, trituração-mãe, 10 sucussões para a escala decimal e vinte para a escala centesimal etc.). A segunda edição (1997) corrige as discrepâncias. Limita as potências korsakovianas em 100.000 K e as preparadas por meio de fluxo contínuo em 100.000 FC. A 3ª edição (2011) inclui novas monografias, altera o modo de preparação das tinturas-mães e promove algumas alterações que aproximam a *Farmacopeia* do *Manual de normas técnicas para farmácia homeopática* da ABFH.

SISTEMA DE GARANTIA DE QUALIDADE

Como já deve saber, o Sistema de Garantia de Qualidade engloba mais que o Controle de Qualidade. Ele deve garantir a qualidade do medicamento, desde o planejamento inicial do processo até a utilização final pelo consumidor, assegurando que:

- As operações sejam planejadas, especificadas e desenvolvidas de tal maneira que correspondam às exigências das boas práticas de manipulação (BPM).
- As responsabilidades estejam claramente definidas.
- Todo o planejamento seja plenamente executado, desde o fornecimento e o uso de matérias-primas e materiais de embalagem corretos, até o estabelecimento do processo de preparação do medicamento, levando a um produto final adequado.
- Os produtos farmacêuticos não saiam da farmácia sem que uma pessoa qualificada tenha atestado sua conformidade.
- Existam medidas e recomendações satisfatórias que garantam a armazenagem, a distribuição e a comercialização em condições apropriadas, durante toda a sua permanência nas prateleiras, chegando ao consumidor em condições adequadas.
- Haja sistema de registro que permita a identificação do destino do medicamento, possibilitando o eventual recolhimento.

BOAS PRÁTICAS DE MANIPULAÇÃO EM HOMEOPATIA

As boas práticas de manipulação de preparações homeopáticas (BPMPH) em farmácias preveem as condições mínimas para avaliação farmacêutica da prescrição, produção, conservação, dispensação das preparações magistrais e oficinais e critérios para a aquisição e o controle de insumos ativos, insumos inertes e materiais de embalagem. Inclui, ainda, as instalações, equipamentos e recursos humanos necessários para o bom andamento das atividades de manipulação.

A RDC n. 67/2007, assim como a RDC n. 87/2008, é o instrumento legal que dispõe sobre as boas práticas de manipulação de preparações magistrais e oficinais para uso humano nas farmácias. Esta resolução fixa, por meio de seu Regulamento Técnico e Anexos, os requisitos mínimos exigidos para o exercício das atividades de manipulação. As farmácias são classificadas de acordo com os seguintes grupos de atividades expressos no Regulamento Técnico, para fins do atendimento aos critérios de boas práticas de manipulação em farmácias (BPMF):

Grupos	Atividades de manipulação	Dispositivos
I	De medicamentos a partir de insumos/matérias--primas, inclusive de origem vegetal	Regulamento Técnico e Anexo I
II	De substâncias de baixo índice terapêutico	Regulamento Técnico e Anexos I e II
III	De antibióticos, hormônios, citostáticos e substâncias sujeitas a controle especial	Regulamento Técnico e Anexos I e III
IV	De produtos estéreis	Regulamento Técnico e Anexos I e IV
V	De medicamentos homeopáticos	Regulamento Técnico e Anexos I e V
VI	De doses unitárias e unitarização de dose de medicamentos em serviços de saúde	Regulamento Técnico e Anexos I (no que couber), IV (quando couber) e VI

Anexos	
I	Boas práticas de manipulação em farmácias
II	Boas práticas de manipulação de substâncias de baixo índice terapêutico
III	Boas práticas de manipulação de antibióticos, hormônios, citostáticos e substâncias sujeitas a controle especial
IV	Boas práticas de manipulação de produtos estéreis
V	Boas práticas de manipulação de preparações homeopáticas
VI	Boas práticas de manipulação de dose unitária e unitarização de doses de medicamento em serviços de saúde
VII	Roteiro de inspeção para farmácia
VIII	Padrão mínimo para informações ao paciente, usuários de fármacos de baixo índice terapêutico

Portanto, a manipulação de preparações oficinais e magistrais homeopáticas está enquadrada no Grupo V, que inclui o Regulamento Técnico e os Anexos I (quando aplicável) e V.

Toda farmácia deve ter um organograma que demonstre apresentar estrutura organizacional e pessoal suficiente para garantir ao paciente produtos com qualidade. Ele deve conter a hierarquia e a descrição de todos os cargos da farmácia.

As BPMPH devem estabelecer responsabilidades e atribuições individuais, treinamento, orientações sobre saúde, higiene, vestuário e conduta, a infraestrutura física (áreas de armazenamento, de manipulação, de dispensação, de atividades administrativas, de controle de qualidade, vestiário e sanitários), equipamentos, mobiliários e utensílios, materiais, controle do processo de manipulação e sistema de garantia de qualidade.

São requisitos básicos para as BPM, que:

- Todos os processos de preparo do medicamento sejam bem definidos e revisados por farmacêutico, inclusive periodicamente.
- As fases críticas do processo de manipulação sejam validadas, mediante verificação dos procedimentos, processos, equipamentos e materiais.
- Existam recursos básicos para que as BPM sejam efetivamente implantadas, com a presença de pessoal qualificado, treinamento, espaço e instalações adequados, equipamentos e armazenamento convenientes.
- As instruções sejam claras e os operadores treinados.
- Haja registros do processo de preparo dos medicamentos (inclusive em lotes, se aplicável) para demonstrar que todos os passos foram executados e a quantidade e a qualidade do produto correspondam ao previsto. Esses registros devem ser mantidos de maneira acessível, possibilitando rastrear o produto.
- Exista um sistema para recolhimento dos produtos, se necessário.
- As reclamações sejam examinadas e as providências necessárias tomadas.

Devem existir roteiros de trabalho que definam o fluxograma do receituário (Figura 13), os registros de treinamento de pessoal e do uso e manutenção de equipamentos/utilitários, os *procedimentos operacionais padrão* (POP) e o relatório de autoinspeção.

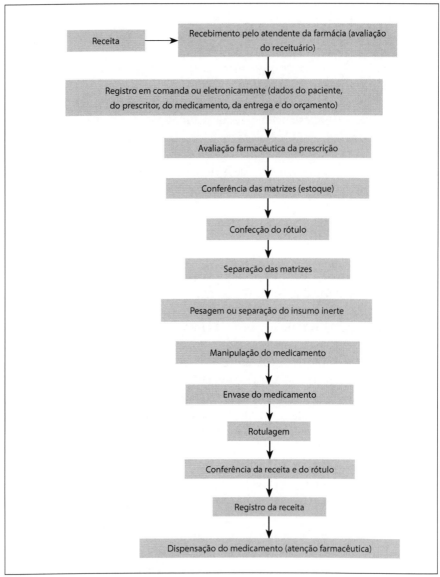

Figura 13 Fluxograma de receituário.

Registros de Treinamento de Pessoal

As farmácias homeopáticas devem adotar um programa de treinamento, com os respectivos registros, para os seus funcionários. O treinamento deve ser inicial, seguido pelo treinamento contínuo, inclusive com instruções de higiene

PROCEDIMENTOS DE QUALIDADE EM FARMÁCIA HOMEOPÁTICA 257

para cada atividade exercida, além de técnicas de motivação para a manutenção dos padrões de qualidade.

O formulário de registro de treinamento de pessoal deve conter o programa da atividade executada, em tópicos assinados e datados pelo responsável pelo treinamento e pelo funcionário. Nele deve constar ainda a data da aprovação do funcionário. Este deverá ter a sua folha de registro de treinamento que será arquivada, na qual constarão todas as atividades para as quais ele foi treinado.

Registros do Uso e da Manutenção de Equipamentos/Utilitários

Os formulários de registro de atividades devem ser afixados o mais perto possível dos equipamentos/utilitários, para facilitar sua visualização e manutenção. O responsável deve anotar o nome do equipamento/utilitário usado, a data, as atividades executadas e os resultados obtidos. Como exemplo, fornecemos, a seguir, o formulário de registro de atividades, devidamente preenchido, para a avaliação periódica de uma balança.

Registro de atividades			
Área: laboratório de homeopatia Dados do equipamento/utilitário: balança eletrônica modelo 606/B. Padrão utilizado: peso de 1 g			
Data	Atividades	Responsável	Resultados
02.02.2001	Calibração	João C. M. Cairo	Conforme padrão
03.02.2001	Aferição	Lúcio W. Pinheiro	Conforme padrão
04.02.2001	Aferição	Lúcio W. Pinheiro	Conforme padrão
05.02.2001	Aferição	Lúcio W. Pinheiro	Desvio de 0,2%
06.02.2001	Calibração	João C. M. Cairo	Conforme padrão

Modelo de registro do uso e da manutenção de equipamentos/utilitários.

Procedimento Operacional Padrão (POP)

O POP é uma ferramenta importante para instruir em detalhes os funcionários na execução de determinada tarefa. Para elaborar um POP é necessário estabelecer uma meta ou um objetivo bem definido e listar todos os passos que possam responder às seguintes perguntas: O que fazer? Como fazer? Nesse sentido, um formulário de POP deve apresentar a seguinte estrutura:

- Objetivo.
- Abrangência (área ou setor envolvido).
- Responsabilidade (quem vai executar a atividade).
- Material necessário.
- Ação (descrição do procedimento).
- Histórico (responsável pela elaboração, alterações realizadas etc.).
- Aprovação (quem o aprovou e a data).

O POP apresenta as vantagens de ser indispensável no treinamento de pessoal, de auxiliar na avaliação do desempenho do funcionário e servir de instrumento para uma boa comunicação. A farmácia homeopática deverá ter procedimentos operacionais padrão para todas as atividades desenvolvidas em seu interior, como:

- Recebimento de pedidos (receitas).
- Higiene, vestuário e conduta.
- Limpeza e sanitização das áreas físicas.
- Limpeza e sanitização de bancadas e equipamentos.
- Aplicação e manuseio de injetáveis, quando houver.
- Uso, manutenção e verificação de utilitários (caixas d'água, sistema de exaustão, extintores de incêndio etc.).
- Uso, manutenção e verificação de equipamentos.
- Recebimento de material.
- Estocagem de material.
- Rejeição e devolução de material.
- Etapas do processo de manipulação.
- Preparo dos métodos hahnemanniano, korsakoviano e de fluxo contínuo.
- Preparo das escalas decimal, centesimal e cinquenta milesimal.
- Coleta de isoterápicos, se houver.
- Manipulação de isoterápicos, se houver.
- Formas farmacêuticas de uso interno.
- Formas farmacêuticas de uso externo.
- Descarte de medicamentos vencidos.
- Descarte de matrizes antigas.
- Reclamação e devolução.
- Especificação dos materiais.
- Controle de qualidade de insumos inertes.
- Controle de qualidade de matérias-primas.
- Autoinspeção.

Relatório de Autoinspeção

As farmácias homeopáticas devem ter um POP específico para a autoinspeção, com a finalidade de garantir que todas as normas e todos os procedimentos sejam cumpridos fielmente. Para cada área inspecionada, o farmacêutico homeopata terá de documentar e relatar a inspeção realizada, elaborando um relatório final que descreva as ações que deverão ser tomadas para a correção dos problemas observados, bem como seus respectivos prazos. O relatório de autoinspeção deve apresentar os nomes dos inspetores, um resumo do que foi encontrado, os aspectos positivos e as ações corretivas que precisam ser tomadas.

CONTROLE DE QUALIDADE

Segundo a RDC n. 67/2007, seguida pela RDC n. 87/2008, controle de qualidade "é o conjunto de operações (programação, coordenação e execução) com o objetivo de verificar a conformidade das matérias-primas, materiais de embalagem e do produto acabado, com as especificações estabelecidas". Desse modo, é considerado aprovado todo insumo e produto final que estiver de acordo com essas *especificações*.

O objetivo do controle de qualidade é fiscalizar tudo o que entra no laboratório da farmácia, tudo o que é produzido e é dispensado. Se já não é simples realizar esse controle para os medicamentos convencionais em uma farmácia, os homeopáticos trazem dificuldades ainda maiores, já que apenas as matérias-primas, inertes ou ativas, e as primeiras potências permitem controle analítico. Para controlar as dinamizações, é necessária uma verificação extremamente cuidadosa, principalmente do processo de manipulação, das matérias-primas e do material de embalagem. Todo esse processo deve ser documentado, com procedimentos operacionais padrão que definam a especificidade das operações e permitam o rastreamento dos produtos.

> Os produtores de medicamentos homeopáticos devem garantir a qualidade dos produtos que utilizam, preparam e dispensam. Para tanto, devem controlar todas as matérias-primas, todos os produtos em fabricação e os produtos acabados.

O controle de qualidade em homeopatia foge ao convencional em virtude das particularidades que cercam a farmacotécnica homeopática, já que a manipulação ocorre do ponderável ao infinitesimal.

> A fabricação de medicamentos homeopáticos envolve a utilização de doses mínimas de princípios ativos. Essa particularidade impossibilita o controle analítico do produto acabado. Assim, a garantia de qualidade do medicamento homeopático só pode ser obtida pelo controle das matérias-primas e pelas boas práticas de manipulação (BPM).

As farmácias homeopáticas devem possuir um setor de controle de qualidade, podendo terceirizar algumas análises por meio de contratos de prestação de serviços com instituições capacitadas para tal finalidade.

O setor de controle de qualidade deve estabelecer procedimentos operacionais padrão para todas as fases importantes do processo, como:

- Recebimento de matérias-primas, material de embalagem e insumos inertes.
- Inspeção de recebimento.
- Amostragem e ensaios das matérias-primas, do estoque mínimo e do material de embalagem.
- Limpeza, higienização e sanitização.
- Manipulação do medicamento.
- Armazenamento e conservação.
- Documentação.
- Autoinspeção.

CONTROLE DOS INSUMOS INERTES

O controle de qualidade dos insumos inertes obedece a normas preestabelecidas nas farmacopeias e nos compêndios oficiais. Todos os insumos inertes devem atender às condições de pureza da farmacopeia brasileira. Os insumos inertes em homeopatia têm enorme importância, uma vez que chegam a fazer parte integral do medicamento, daí a necessidade de manipulá-los destituídos de impurezas.

Os insumos inertes devem ser analisados pelo setor de controle de qualidade da farmácia, quanto aos seguintes aspectos, mantendo-se os resultados por escrito:

- Caracteres organolépticos.
- Solubilidade.
- pH.
- Volume.
- Peso.
- Ponto de fusão.

PROCEDIMENTOS DE QUALIDADE EM FARMÁCIA HOMEOPÁTICA   261

- Densidade.
- Avaliação do certificado de análise ou de qualidade do fabricante/fornecedor.

Consulte a 3ª edição da *Farmacopeia homeopática brasileira*, que traz um conjunto de ensaios e informações sobre os insumos inertes, bem como o *Manual de normas técnicas para farmácia homeopática* da ABFH que propõe uma série de análises que você pode fazer em sua farmácia. Existem no mercado kits específicos para realizar o controle de qualidade das matérias-primas para manipulação homeopática nas farmácias.

Água

A água utilizada para o preparo das tinturas e dos medicamentos homeopáticos é a água purificada, obtida por destilação, bidestilação, permutação iônica ou por outro método apropriado. Trata-se de um líquido límpido, incolor e inodoro, considerado matéria-prima produzida pela própria farmácia por purificação da água potável. A farmácia deve ser abastecida com água potável proveniente de caixa d'água devidamente protegida para evitar a entrada de animais ou quaisquer outros contaminantes. A cada seis meses devem ser feitos testes físico-químicos e microbiológicos (terceirizados ou não) para monitorar a qualidade da água de abastecimento. No mínimo, devem ser realizadas as seguintes análises: pH, cor aparente, turbidez, cloro residual livre, sólidos totais dissolvidos, contagem total de bactérias, coliformes totais, presença de *Escherichia coli*, coliformes termorresistentes.

Você deve possuir equipamentos adequados para a purificação da água. O mais simples para uma farmácia é contar com um destilador, de preferência de vidro, ou ainda com serpentina em aço inoxidável, que recebe água previamente filtrada através de filtro de carvão e celulose.

Verifique a necessidade de sua instalação, pois a pureza da água depende da qualidade da água de abastecimento. O destilador deve ser periodicamente limpo. Comece limpando o destilador uma vez por mês. Caso ele se encontre bastante limpo, vá aumentando esse prazo para 2, 3 ou até 6 meses. É mais fácil limpar mais vezes, com facilidade, do que ampliar demais esse prazo e encontrar um equipamento que vai consumir muitas horas de seu trabalho na limpeza para voltar a ficar limpo. Os filtros também devem ser trocados periodicamente e o prazo dependerá da qualidade da água potável. Deve haver um POP para realizar essas tarefas, e todas as limpezas e trocas de filtros terão de ser registradas também por escrito.

Outra medida importante é analisar a água purificada, do ponto de vista microbiológico. Você deve ainda controlar a água purificada, periodicamente, do ponto de vista físico-químico. Essas análises devem ser feitas, no mínimo, mensalmente, de acordo com especificações farmacopeicas ou de outros compêndios reconhecidos pela Anvisa, conforme legislação vigente, podendo ser terceirizadas. Se existir adequada manutenção da caixa d'água e do destilador, além de higiene do local, não deverão ocorrer problemas. As instalações e os reservatórios que entram em contato com a água purificada devem ser devidamente protegidos para evitar contaminação. Todas essas medidas devem ser estabelecidas por procedimentos escritos, assim como os resultados precisam ser arquivados, pois garantem a qualidade da água, principal veículo e solvente, especialmente considerado como crítico sob o aspecto microbiológico. Segundo a RDC n. 67/2007 e RDC n. 87/2008, "a água purificada deve ser armazenada por um período inferior a 24 horas e em condições que garantam a manutenção da qualidade da mesma, incluindo a sanitização dos recipientes a cada troca de água".

Deionizadores simples não são adequados para purificação de água para a produção de medicamentos homeopáticos, não devendo ser utilizados. Você pode optar por equipamentos que produzam água ultrapurificada, ou ainda por osmose reversa. A qualidade da água obtida é excelente, porém os equipamentos são caros para instalação inicial e requerem trocas periódicas de colunas que também podem ser onerosas, ainda que sejam mais econômicos do que os destiladores em relação ao consumo de energia elétrica e de água, se esta for desperdiçada após a refrigeração do sistema.

Álcool

Álcool (álcool etílico, etanol) é um líquido volátil, inflamável, límpido e incolor, que apresenta odor característico e sabor ardente. O etanol é *higroscópico* e, em mistura com a água, aumenta a temperatura e contrai o volume da solução final.

Utilize etanol obtido por fermentação de cana ou de cereais, mas que seja altamente purificado após a fermentação. O uso de álcool absoluto, desidratado, de qualidade "PA" não é indicado, pois para retirar a água é adicionado benzeno, que deixa resíduos indesejáveis. Além disso, você vai gastar mais para comprar um álcool anidro e depois adicionar água quando for preparar soluções.

Glicerina

Glicerina é um líquido xaroposo, claro, incolor e higroscópico, que apresenta odor característico e sabor adocicado, seguido de sensação de calor. Assim como a água purificada e o etanol, a glicerina deverá ser pura, redestilada em alambiques de vidro para evitar a presença de metais contaminantes. A glicerina é utilizada diluída em água purificada na elaboração de tinturas-mães, a partir de órgãos e glândulas de animais superiores, e bioterápicos.

Lactose

É o açúcar de leite usado nas triturações, nos comprimidos, nos tabletes, nos pós e nos glóbulos. Deverá ser puro, e sua purificação consome em torno de 4 L de álcool para cada quilo de lactose. Trata-se de um pó cristalino ou massa branca, com leve sabor doce, inodoro, que absorve odores facilmente.

Sacarose

A sacarose apresenta-se na forma de cristais ou massas cristalinas, incolores ou brancas, ou pó cristalino branco, inodoro, com sabor doce característico. Deverá ser isento de impurezas. É parte integrante dos glóbulos e microglóbulos inertes.

Glóbulos e Microglóbulos

Glóbulos e microglóbulos inertes são grãos esféricos, homogêneos, regulares, brancos, praticamente inodoros e de sabor acentuadamente açucarado.

Os glóbulos devem ser feitos de açúcar (sacarose e talvez conter lactose), podendo os microglóbulos utilizados para o preparo das LM conter também uma pequena quantidade de amido. É importante que sejam brancos, tenham odor adequado de açúcar (recuse os que lembrem o cheiro de álcool ou demonstrem fermentação), estejam soltos, sejam homogêneos em seu tamanho e não apresentem impurezas e sujeiras. A presença de pó é indesejável, pois trará aspecto ruim ao medicamento. Os glóbulos devem dissolver lentamente na boca, por igual, e apresentar boa porosidade, para que possam ser rapidamente impregnados com a potência solicitada, devendo absorver pelo menos 10% de sua área total.

Comprimidos e Tabletes

Comprimidos e tabletes inertes devem ter boa porosidade, compactação e uniformidade no peso e as mesmas características da lactose que os compõem.

Alguns testes rápidos ajudam a verificar a qualidade dos comprimidos e dos tabletes: os comprimidos não devem quebrar-se ao cair de uma altura de 1 m, nem ao serem apertados entre os dedos polegar e indicador.

Deverão rachar ao meio, sem esfarelar, quando colocados entre os dedos indicador e médio e pressionados com o polegar. Já os tabletes, por serem mais friáveis, suportam apenas a primeira prova. Todavia, todos os outros controles regulares para a verificação da qualidade desses insumos inertes devem ser realizados a cada lote adquirido (friabilidade, dureza, desintegração etc.).

CONTROLE DOS INSUMOS ATIVOS

Os insumos ativos, no ato de seu recebimento, devem ser submetidos pela farmácia, no mínimo, aos seguintes testes, quando aplicáveis, respeitando suas características físicas e mantendo-se os resultados por escrito:

- Caracteres organolépticos.
- Solubilidade.
- pH.
- Volume.
- Peso.
- Ponto de fusão.
- Densidade.
- Avaliação do laudo de análise do fabricante/fornecedor.

O controle de qualidade dos insumos ativos deve respeitar as peculiaridades das preparações homeopáticas. Os insumos ativos para os quais existem métodos de controle de qualidade, como tinturas-mães e triturações, devem ser adquiridos acompanhados dos respectivos certificados de análise. Os insumos ativos para os quais não existem métodos de controle de qualidade, como as formas farmacêuticas derivadas, precisam vir acompanhados da respectiva descrição de preparo.

As farmácias raramente adquirem drogas ou fármacos para iniciarem o preparo de medicamentos homeopáticos desde o início. Caso o façam, devem possuir especificações para realizar o controle de qualidade desses insumos ativos.

As matrizes do estoque devem passar por análises microbiológicas, mediante amostragem representativa, mantendo-se arquivados os registros. A farmácia deve estipular a periodicidade adequada para as análises de forma a garantir a qualidade de suas matrizes. Isto pode ser realizado por meio de processos controlados e registrados.

Para o controle de qualidade dos insumos ativos, recomendamos verificar, principalmente, as orientações das edições vigentes da *Farmacopeia homeopática brasileira*, atualmente a 5ª e a 3ª, bem como o *Manual de normas técnicas para farmácia homeopática*.

Matérias-Primas de Origem Vegetal

A qualidade das plantas que serão utilizadas começa no cultivo. A adição de agrotóxicos é contraindicada, uma vez que eles podem interferir na formação dos ativos da planta e ainda deixar resíduos, que poderão ser transmitidos à TM. É necessário conhecer a espécie vegetal a ser coletada ou cultivada. Vários fatores influenciam na constituição química dos vegetais, entre eles a temperatura, o tipo de solo, a umidade, a idade da planta, o clima, a altitude e o estado patológico.

A parte utilizada da planta requer especial atenção, uma vez que o teor de ativos pode variar para cada órgão do vegetal. Em geral, existem regras para coleta, como a idade da planta, a época do ano e a não coleta logo após chuvas.

Após a coleta, as plantas devem ser rapidamente encaminhadas para sua extração, caso a tintura seja elaborada a partir de planta fresca, ou para sua cuidadosa secagem, que não deve ser feita com temperatura elevada, pois isso leva à perda de diversas substâncias voláteis. Plantas secas ficam melhor se armazenadas em pacotes de papel, em sala com temperatura e umidade controladas. É preciso estar atento à ocorrência do crescimento de insetos ou fungos, mediante verificação periódica.

Matérias-Primas de Origem Animal

Matérias de origem animal também devem ser cuidadosamente estudadas antes de sua coleta, pois em certos casos é solicitado um material proveniente de animal vivo e saudável, e em outros, material patológico, que deve seguir a especificação correta da experimentação. No caso de sarcódios (material proveniente de animais saudáveis), é importante determinar a espécie correta, o estado, a idade do animal, o órgão correto, e só depois realizar a coleta e a extração para obtenção das tinturas-mães. Condições rigorosas de higiene e assepsia são requisitos muito importantes para evitar adulterações.

Matérias-Primas de Origem Mineral

É fundamental conhecer a especificação correta da substância a ser empregada, uma vez que, em certos casos, é necessário usar um produto natural e não aquele purificado. Portanto, as características dos produtos devem ser cuidadosamente definidas, obedecendo às especificações dos que foram utilizados nas experimentações e estão descritos em matérias médicas. Todas as análises químicas, instrumentais ou não, podem ser usadas na identificação dessas matérias-primas.

Triturações

Ao fazer uma trituração, você deve estar atento à correta identificação da substância a ser triturada. A lactose utilizada deve ser de boa procedência, aprovada pelo controle de qualidade. O gral, o pistilo e a espátula devem ser do mesmo material, em geral de porcelana, e adequadamente limpos e inativados pela exposição ao calor em temperatura acima de 140°C por 1 hora.

O procedimento para a realização da trituração deve ser especificado por escrito e os funcionários, paramentados com avental, gorro, máscara e luvas, devem ter sido adequadamente treinados para a técnica. Após a trituração do material, o gral, o pistilo e a espátula devem ser novamente limpos de maneira adequada. A trituração obtida deve ser rotulada e guardada ao abrigo da luz e de elevada temperatura. Ao triturar substâncias frescas, é possível que ocorram alterações em decorrência do crescimento microbiano, diminuindo sua validade.

Nas triturações é possível realizar ensaios químicos qualitativos e quantitativos, uma vez que se trata de baixas potências. Entre os ensaios físicos destacamos o aspecto, a cor, o odor e o sabor. A boa trituração pode ser comprovada por meio de observação através de uma lente ou pela objetiva de pequeno aumento de um microscópio. A massa deverá apresentar uma divisão perfeita, ser homogênea e uniformemente colorida.

Tinturas-Mães

Sempre que adquirir uma tintura-mãe, exija o certificado de análise do fabricante/fornecedor, assim como a rotulagem completa, com nome científico, parte usada, data de fabricação e prazo de validade.

Alguns testes simples podem ser realizados em farmácias, para o controle de qualidade de tinturas. Para fazê-los, você deve adquirir alguns reagentes e vidraria, além de saber o grupamento químico que deve ser pesquisado em cada planta. Há kits com reagentes que podem ser adquiridos já prontos, nem sempre aceitos pelas autoridades sanitárias locais. Verifique antes de comprar um destes. De qualquer maneira, preocupe-se também com o local onde os reagentes serão descartados, de acordo com a legislação sanitária.

Os recursos mínimos para o controle das tinturas-mães consistem em:

- Caracteres organolépticos.
- Determinação do pH.
- Determinação do título etanólico.
- Determinação do resíduo seco.
- Determinação da densidade.
- Reações de identificação.
- Índice de refração.
- Cromatografia em papel e em camada delgada.
- Análise capilar.

Cabe ressaltar que geralmente as farmácias adquirem pequenas quantidades de tinturas-mães para a obtenção das diversas potências medicamentosas. Seja pelo volume pequeno, pela ausência de especificações na literatura, ou, ainda, pelo significado restrito que essas análises representam em relação à precisa identificação das tinturas, o real resultado do controle de qualidade das tinturas homeopáticas proposto anteriormente poderá ser relativo. Dessa forma, um método que vale a pena ser desenvolvido é o de cromatografia em papel, que requer uma pequena quantidade de TM e que pode levar à sua identificação com maior precisão.

Em seguida, você encontrará algumas reações de identificação, indicativas da presença dos principais fármacos das tinturas-mães, porém não conclusivas, pois podem sofrer diversas interferências a partir da presença de outras substâncias.

- Saponinas: a 1 mL da tintura adicione 10 mL de água. Agite e observe a formação de espuma abundante e persistente, por até 5 minutos, para um resultado positivo para saponinas. Exemplos de tinturas-mães que contêm esse grupo químico: Aesculus, Calendula, Hedera helix.
- Taninos: a 1 mL da tintura adicione 10 mL de água e algumas gotas de cloreto férrico 10,5%. Deve-se desenvolver uma coloração azul-escura para uma análise positiva para taninos. Essa reação pode apresentar interferências com terpenos (p. ex., em Caryophyllus aromaticum), flavonoides (como em Cactus, Sambucus, Tilia, Calendula, Plantago, Equisetum). Tinturas--mães que podem ser analisadas por essa técnica são Hamamelis e Stryph-nodendron.
- Hidroxilas fenólicas: a reação será positiva para hidroxilas fenólicas se houver desenvolvimento de cor verde-musgo ou azul (taninos).
- Alcaloides: a 1 mL da tintura, adicionar reagente de Dragendorf e acidificar o meio. Deve-se formar um precipitado alaranjado para um resultado positivo para alcaloides. Essa técnica apresenta interferências e pode ser usada, por exemplo, para Ipeca, China, Berberis e Hydrastis.
- Alcaloides – fluorescência: acidifique o alcaloide presente, que tem natureza básica, e observe diretamente na luz UV. A reação é positiva para al-

caloides se houver fluorescência. Essa reação pode ser usada para China, Berberis, Hydrastis etc.

- Açúcares: a 1 mL da tintura acrescente 1 mL de reagente de Fehling. Aqueça até alcançar fervura. A ocorrência de um precipitado ferrugem significará um resultado positivo para açúcares. Pode ser usada para Medicago e Calendula.
- Flavonoides (1): a 1 mL da tintura, acrescente fragmentos de magnésio metálico e ainda cerca de 1 mL de ácido clorídrico. Essa é a reação de Shinoda. O desenvolvimento de coloração vermelha significará reação positiva para flavonoides. Pode ser usada para identificar Equisetum hiemale, Plantago.
- Flavonoides (2): outra reação para flavonoides é feita com a adição de algumas gotas de solução de hidróxido de sódio 5% a 3 mL da tintura. O desenvolvimento de cor amarela indica a presença de flavonoides.
- Mucilagem: para identificar mucilagens, adicione um pouco de álcool 96° GL a 1 mL da tintura. A reação será positiva se houver desenvolvimento de um precipitado mucilaginoso. Essa reação pode ser feita para Aloe vera e Cyrtopodium, por exemplo.

Análise Capilar

Entre os métodos de controle de qualidade das tinturas-mães e das baixas dinamizações, daremos maior ênfase à análise capilar por se tratar de um método que surgiu por meio da homeopatia, de baixo custo, de fácil manuseio e reprodutibilidade e cujos resultados são confiáveis, podendo ser utilizado até mesmo pelas pequenas farmácias homeopáticas.

A análise capilar, ou capilograma, foi divulgada, com algumas alterações, por Hugo Platz, farmacêutico do Laboratório Willmar Schwabe, de Leipzig, Alemanha.

- Técnica:

1. Verter 5 mL da TM ou da baixa dinamização a ser analisada em tubos de vidro cilíndricos especiais de 5 cm de altura por 3 cm de diâmetro.
2. Fixar em um suporte, o mais verticalmente possível, com grampos, tiras de papel de filtro (Whatmann n. 1) de 2 cm de largura por 25 cm de altura, de modo que submerjam em 3 mm do líquido contido no tubo, sem entrar em contato com suas paredes.
3. Colocar o suporte em uma câmara, por 24 h, ao abrigo das correntes de ar.
4. Ao término desse período, retirar as tiras, cortar a extremidade que submergia no líquido e deixar secar.

PROCEDIMENTOS DE QUALIDADE EM FARMÁCIA HOMEOPÁTICA

5. Comparar com as tiras-padrão.
6. Operar sempre do mesmo modo para obter espectros de forma, cor e dimensões constantes.

■ Fundamento:
O líquido é empurrado por capilaridade através das porosidades do papel, e ascende, evaporando-se. Os princípios ativos não voláteis fixam-se sobre o papel a uma altura que depende do estado de umedecimento do papel, o qual varia com as condições higrométricas combinadas com a temperatura do ambiente. Os diversos princípios ativos são depositados formando bandas coloridas por afinidade (espectro capilar). Desse modo, cada TM apresenta seu espectro capilar específico. As fitas de papel com os espectros conservam as mesmas características por muitos anos.

■ Influências:
Certo número de fatores influenciam no fenômeno da capilaridade e no aspecto do espectro capilar. Entre eles, destacamos:
– Dimensões do tubo de vidro.
– Quantidade de líquido.
– Largura e qualidade do papel.
– Tempo de impregnação.
– Temperatura.
– Umidade.
– Grau alcoólico.
– Título dos princípios ativos.
– A parte da matéria-prima, animal ou vegetal, e a época da colheita.

■ Aperfeiçoamento do método:
O farmacêutico Neugebauer, também do Laboratório Willmar Schwabe, por meio de diversas pesquisas, trouxe importantes aperfeiçoamentos ao método da análise capilar:
– Associou ao método o exame da luminescência dos espectros capilares através da luz ultravioleta. A maior parte das substâncias do espectro capilar não visíveis a olho nu, iluminadas pelas radiações ultravioletas, apresenta luminescências características (amarelas, violáceas, azuis, verdes etc.).
– Complementou a identificação dos princípios ativos retidos no capilograma por meio de reagentes que são gotejados diretamente nas tiras, obtendo assim reações coradas locais. Na análise capilar da TM de Nux vomica, por exemplo, existe uma banda com o alcaloide brucina. Ao gotejar uma gota de ácido nítrico sobre a banda, teremos uma coloração vermelha, tanto mais intensa quanto maior for a presença quantitativa do respectivo alcaloide.

FARMÁCIA HOMEOPÁTICA: TEORIA E PRÁTICA

Tabela 15. Identificação dos princípios ativos por meio de reagentes que são gotejados diretamente nas tiras (análise capilar).

Tintura-mãe	Princípio ativo	Reagente	Cor	Tempo de duração da cor
Aconitum	Anemonina	NaOH	Amarela	Até 1 min
Aloe	Aloína	NH_4OH	Vermelha	Até 1 min
Berberis	Berberina	HCl dil. + água de cloro	Vermelha	Até 1 min
Chelidonium	Ácido mecônico	HCl dil. + água de cloro + $FeCl_3$	Vermelha no centro da banda	Até 1 hora
Chelidonium	Chelidonina	HCl dil. + água de cloro	Anel vermelho	Até 1 hora
China off.	Quinina	H_2SO_4 dil.	Fluorescência azul	Estável
Cina anth.	Santonina	Sol. alc. NaOH	Vermelha nas bordas da banda	Estável
Coffea cruda	Cafeína	HCl dil. + água de cloro + NH_3	Amarela para violeta	Até 1 min
Digitalis	Digitalina	HCl conc.	Verde	Até 1 min
Gelsemium	Ácido gelsêmico	H_2SO_4 dil. + água de cloro	Violeta nas bordas da banda	Até 1 min
Guayacum	Guaiacol	$FeCl_3$	Azul	Até 1 min
Hamamelis	Tanino	$FeCl_3$	Azul	Estável
Hydrastis	Hidrastina	HCl dil. + água de cloro	Anel vermelho	Estável
Hypericum	Tanino	$FeCl_3$	Verde	Estável
Ignatia amara	Brucina	HNO_3	Vermelha	Até 1 min
Ilex par.	Cafeína	HCl dil. + água de cloro + NH_3	Amarela para violeta	Até 1 min
Nux vomica	Brucina	HNO_3	Vermelha	Até 1 min
Paullinia sorbilis	Cafeína	HCL dil. + água de cloro + NH_3	Amarela para violeta	Até 1 min
Piper nigrum	Piperina	HNO_3	Laranja	Até 1 min
Podophyllum	Podofilina	$Pb(CH_3COO)_2$	Amarela	Estável
Pulsatilla	Anemonina	NaOH	Amarela	Até 1 min

(*continua*)

PROCEDIMENTOS DE QUALIDADE EM FARMÁCIA HOMEOPÁTICA

Tabela 15. Identificação dos princípios ativos por meio de reagentes que são gotejados diretamente nas tiras (análise capilar) (*continuação*).

Tintura-mãe	Princípio ativo	Reagente	Cor	Tempo de duração da cor
Quercus	Tanino	$FeCl_3$	Azul	Estável
Rauwolfia	Derivados do indol	HNO_3	Vermelha	Até 1 min
Rhamnus cath.	Emodina	NH_4OH	Amarela	Até 1 min
Rhamnus purshiana	Ramnoemodina	NH_4OH	Vermelha	Até 1 min
Rheum palmatum	Emodina	NH_4OH	Vermelha	Até 1 min
Ruta grav.	Rutina	$FeCl_3$	Verde	Até 1 min
Senna	Aloemodina	NH_4OH	Vermelha	Até 1 min
Strophantus	Estrofantina	H_2SO_4 dil.	Verde	Surge após horas
Uva ursi	Arbutina	$FeCl_3$	Azul	Estável
Veratrum album	Veratrina	HCl conc.	Vermelho intensa	Até 1 min
Veratrum viride	Veratrina	HCl conc.	Vermelha intensa	Até 1 min
Viola tricolor	Salicilato de metila	$FeCl_3$	Azul	Até 1 min

CERTIFICADO DE ANÁLISE

Os diferentes lotes de matérias-primas, insumos inertes e insumos ativos, para os quais existem métodos de controle de qualidade, como tinturas-mães e trituração, devem ser adquiridos acompanhados dos respectivos certificados de análise emitidos pelo fornecedor ou pelo fabricante. Esses certificados devem ter informações claras e conclusivas, com todas as especificações que garantam a qualidade do produto. Precisam ser datados, assinados e apresentar identificação do profissional responsável técnico.

Exemplo de certificado de análise da TM de Thuya occidentalis:

Certificado de Análise	
Produto: Tintura-mãe de Thuya occidentalis	**Análise:** CQ067/01
Parte usada: Ramagens folhadas e floridas	**Lote:** 070401
Nome botânico: *Thuya occidentalis* L	**Nome popular:** Árvore da vida
Data de fabricação: 03.04.2001	**Analista:** Celso P. da Silva Lopes

(continua)

(continuação)

Certificado de Análise		
Ensaio	Normas	Resultado
1. Caracteres organolépticos		
1.1. Cor	Marrom-esverdeado	De acordo
1.2. Odor	Aromático	De acordo
1.3. Sabor	Resinoso	De acordo
1.4. Aspecto	Límpido	De acordo
2. Título em etanol	Entre 60 e 70% (v/v)	63%
3. Resíduo seco	Superior ou igual a 1,3%	1,5%
4. Reações de identificação		
4.1. Com água	Turbidez	De acordo
4.2. Com HCl e magnésio metálico	Cor vermelha sombria	De acordo
4.3. Com HCl e resorcinol	Cor vermelha	De acordo
5. Cromatografia em camada delgada	Segundo a HF* Examinado ao UV: – uma banda azul-vivo, Rf 0,40 – uma sucessão de bandas azuis entre os Rfs 0,55 e 0,80 – uma banda azul e uma banda vermelha próximas ao Rf 0,9 Com revelador: – as bandas azuis aparecem em amarelo	De acordo De acordo De acordo De acordo
6. Conservação: em frasco de vidro neutro, âmbar, hermeticamente fechado, ao abrigo do calor e da luz.		
7. Observações: *Pharmacotechnie et Monographies des Médicaments Courants*, vol. 1, p. 3		
8. Conclusão: A amostra correspondeu às especificações da literatura.		
9. Responsável técnico: Farmacêutico Luciano P. Regis – CRF – SP 10.711		

CERTIFICADO DE QUALIDADE DAS MATRIZES

Para os insumos ativos de estoque, para a preparação de medicamentos homeopáticos ou formas farmacêuticas derivadas, você recebe do fabricante/fornecedor um certificado de qualidade, com os dados sobre as características físico-químicas, como a composição do diluente e suas características, escala de diluição, método de obtenção da matriz, matriz que foi utilizada para a obtenção da matriz que está sendo adquirida, número de lote, enfim, dados que garantam a rastreabilidade do processo.

CONTROLE DOS MEDICAMENTOS

É possível obter um produto de qualidade mediante o uso de substâncias corretas, tinturas e triturações adequadas, soluções hidroalcoólicas preparadas com água purificada e álcool etílico de boa qualidade, e, além disso, procedimentos bem detalhados, que não deixem dúvidas quanto a todos os cuidados que devem ser dispensados ao medicamento homeopático, durante seu preparo, até sua rotulagem. Além do *controle em processo*, sugerimos fazer os seguintes ensaios, quando aplicável: descrição, aspecto, caracteres organolépticos, pH, peso médio, peso ou volume antes do envase.

COMENTÁRIOS FINAIS

Hoje, por força de lei, a qualidade de um produto farmacêutico assume proporções que aproximam as exigências estabelecidas entre uma farmácia de manipulação e um laboratório industrial. Em paralelo, cada vez mais o consumidor se conscientiza de seus direitos e possibilidades.

Sob o peso dessas duas fortes exigências, cabe ao farmacêutico abraçar com todo o empenho essa oportunidade e utilizar profundamente os conhecimentos que o tornam o único profissional capaz de enfrentar tal desafio.

GLOSSÁRIO

CONTROLE EM PROCESSO. Verificações realizadas durante a manipulação de forma a assegurar que o produto esteja em conformidade com as suas especificações.

ESPECIFICAÇÃO. Descrição rigorosa e minuciosa das características essenciais (qualitativas e quantitativas) que deve ter uma matéria-prima, material de embalagem ou produto acabado para cumprir sua finalidade.

HIGROSCÓPICO. Substância que facilmente absorve e retém umidade.

PROCEDIMENTO OPERACIONAL PADRÃO (POP). Procedimento escrito e autorizado que contém instruções detalhadas e consecutivamente organizadas para a descrição/execução de uma tarefa.

REFERÊNCIAS BIBLIOGRÁFICAS

ADLER U et al. Técnicas de dinamização, divergências e necessidade de padronização. Revista de Homeopatia. 1992;57(1,2,3,4):20-8.

274 FARMÁCIA HOMEOPÁTICA: TEORIA E PRÁTICA

AMERICAN INSTITUTE OF HOMEOPATHY. The homoepathic pharmacopoeia of the United States. 9th ed. Boston; 1999.

ASSOCIAÇÃO BRASILEIRA DE FARMACÊUTICOS HOMEOPATAS (ABFH). Manual de normas técnicas para farmácia homeopática. 4ª ed. São Paulo; 2007.

ASSOCIAÇÃO PAULISTA DE FARMACÊUTICOS HOMEOPATAS (APFH). Manual de boas práticas de manipulação em homeopatia. São Paulo; 2000.

BARTHEL P. Das Vermächtnis Hahnemanns – die Qualität der homöopathischen Arznei. Zeitschrift für Klassische Homöopathie; 1993. Versão inglesa por A. R. Meuss.

BARTHEL P. O legado de Hahnemann: as potências Q (LM). Revista de Homeopatia. 1993;58(1):13-23.

CESAR AT, GEGALLA VT. Certificados de qualidade para matrizes homeopáticas. Revista de Homeopatia. 2011;74(4):70-7.

GALENICA 16. Médicaments homéopathiques. Paris: Techinique et Documentation; 1980.

HAHNEMANN S. Organon of Medicine. 6th ed. Nova Délhi: B. Jain Publishers; 1985. 4.1 – § 246, nota; 4.2 – Id., ibid., § 248; 4.3 – Id., ibid., § 270.

HAHNEMANN S. The chronic diseases. 2th ed. Nova Délhi: B. Jain Publishers; 1990. p.150

HOMÖOPATHISCHES ARZNEIBUCH. 1. Nachtrag zur Gesamtausgabe. Stuttgart: Deutscher Apotheker Vergag; 1991. (Farmacopeia homeopática alemã) Existe tradução para o inglês, publicada pela Bristish Homeopathic Association, como German Homeopathic Pharmacopoeia, apenas do volume publicado em 1978.

MINISTÉRIO DA SAÚDE. Boas práticas para a fabricação de produtos farmacêuticos. Brasília, Secretaria de Vigilância Sanitária; 1994.

MINISTÉRIO DA SAÚDE. Farmacopéia brasileira. 5ª ed. Disponível em: http://www.anvisa. gov.br/hotsite/cd_farmacopeia/pdf. Acesso em: 22 dez. 2011.

MINISTÉRIO DA SAÚDE. Farmacopéia homeopática brasileira. 3ª ed. Disponível em: http:// www.anvisa.gov.br/farmacopeiabrasileira/homeopatica.htm. Acesso em: 22 dez. 2011.

MINISTÉRIO DA SAÚDE. Resolução RDC n. 67, de 8 de outubro de 2007. Aprova o regulamento técnico sobre boas práticas de manipulação de preparações magistrais e oficinais para uso humano em farmácias e seus anexos. Diário Oficial da União da República Federativa do Brasil. Brasília, 9 de outubro de 2007.

MINISTÉRIO DA SAÚDE. Resolução RDC n. 87, de 21 de novembro de 2008. Altera o Regulamento Técnico sobre as Boas Práticas de Manipulação em Farmácias. Diário Oficial da União da República Federativa do Brasil. Brasília, 24 de novembro de 2008.

MINISTRY OF HEALTH. Homoeopathic pharmacopoeia of India. Nova Délhi; 1971.

MARTINEZ JA. Farmácia homeopática. Buenos Aires: Albatros; 1983.

PHARMACOTHECHNIE ET MONOGRAPHIES DES MÉDICAMENTS COURANTS. Vol. 1. Lyon: Syndicat des Pharmacies et Laboratoires Homéopathiques; 1979.

PHARMACOTHECHNIE ET MONOGRAPHIES DES MÉDICAMENTS COURANTS. Vol. 2. Lyon: Syndicat des Pharmacies et Laboratoires Homéopathiques; 1981.

POZETTI GL. Controle de qualidade em homeopatia. Ribeirão Preto: Instituto Homeopático François Lamasson; 1989.

SANDOVAL G. Famacopea homeopatica mexicana. 3rd ed. Mexico: Propulsora Homeopatica; 1961.

SCHWABE W. Farmacopea homeopática do Dr. Willmar Schwabe. 2nd ed. Versão Portuguesa. Leipzig: Willmar Schwabe; 1929.

SILVA JB. *Farmacotécnica homeopática simplificada*. 2ª ed. São Paulo: Robe; 1997.

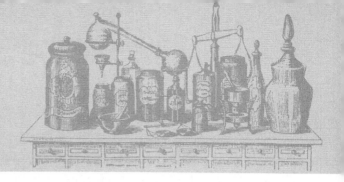

13

Legislação para farmácia homeopática

Margareth Akemi Kishi

INTRODUÇÃO

O direito à saúde deve ser considerado como um direito fundamental, estando por este motivo assegurado pela Constituição Federal de 1988 nos artigos 196 e 197. A Organização Mundial da Saúde (OMS) define atenção farmacêutica como "a soma de atitudes, comportamentos, valores éticos, conhecimentos e responsabilidades do profissional farmacêutico no ato da dispensação de medicamentos, com o objetivo de contribuir para a obtenção de resultados terapêuticos desejados e melhoria da qualidade de vida do paciente".

É imprescindível que o farmacêutico tenha um conhecimento exato de sua competência e dos limites da sua intervenção no processo saúde-doença.

Este capítulo trata do ordenamento jurídico relacionado à legislação específica da profissão farmacêutica e os aspectos relevantes da Legislação Sanitária para a farmácia homeopática. Possui ainda o objetivo de informar, atualizar e mostrar a interação do exercício profissional com essas legislações proporcionando aos farmacêuticos a compreensão dos aspectos legais de sua profissão.

Para a localização e a atualização da legislação pertinente à farmácia, sugerimos consultar os sites destas instituições: Anvisa (www.anvisa.gov.br), Diário Oficial da União (www.portal.in.gov.br) e Conselho Federal de Farmácia (www.cff.org.br).

DEFINIÇÕES

CONSTITUIÇÃO: lei fundamental e suprema de um Estado que contém normas respeitantes à formação dos poderes públicos, forma de governo, distribuição de competências, direitos e deveres dos cidadãos etc.

DECRETO: determinação escrita, emanada do chefe do Estado ou de outra autoridade superior, que consagra medidas transitórias, de caráter administrativo ou político.

DECRETO-LEI: decreto com força de lei, emanado do poder executivo, por estar este, anormalmente, acumulando funções do Poder Legislativo.

LEI: prescrição que emana do Poder Legislativo. Dita as normas pelas quais o país deve reger-se.

MEDIDA PROVISÓRIA: medida baixada em caso de relevância e urgência pelo Presidente da República. Tem força de lei, devendo ser submetida de imediato ao Congresso Nacional.

PORTARIA: documento de ato administrativo de qualquer autoridade pública, que contém instruções acerca da aplicação de leis ou regulamentos.

RESOLUÇÃO: determinação escrita, de caráter pessoal ou transitório, emanada de um ministro ou autoridade superior, esclarecendo, solucionando, deliberando ou regulando certa matéria.

LEGISLAÇÃO GERAL

Como toda e qualquer empresa juridicamente constituída, a farmácia obedece a uma série de leis, além das específicas ao seu setor. Citaremos neste capítulo os dispositivos legais que consideramos de maior importância para um estabelecimento que presta serviços à saúde.

Código Sanitário Estadual

É importante verificar o código sanitário estadual, uma vez que ele contempla especificamente para cada Estado as características físicas dos estabelecimentos submetidos à vigilância sanitária, como a distribuição dos banheiros, as dimensões dos vestiários, a planta física da farmácia etc.

Decreto-Lei n. 2.848, de 07 de dezembro de 1940

Institui o Código Penal Brasileiro

CAPÍTULO III
Dos Crimes Contra a Saúde Pública
[...]

Art. 280 – Fornecer substância medicinal em desacordo com receita médica:
Pena: detenção, de um a três anos, ou multa.
Modalidade culposa
Parágrafo único – Se o crime é culposo: Pena – detenção, de dois meses a um ano.

* * *

LEGISLAÇÃO PARA FARMÁCIA HOMEOPÁTICA   277

Notas: responsabilidade criminal:
1) A ação penal nestes casos independe da vontade da vítima (Ação Pública In-
condicionada). Qualquer pessoa pode oferecer representação perante o Juiz,
Ministério Público ou autoridade policial.
2) Dano causado ao usuário em decorrência de ato praticado pelo farmacêutico:
morte, invalidez, agravamento de doença – neste caso, o profissional respon-
derá por homicídio ou lesão corporal.

Lei n. 8.078, de 11 de setembro de 1990

Dispõe sobre a proteção do consumidor e dá outras providências.

CAPÍTULO I
Disposições Gerais
[...]
Art. 3º – Fornecedor é toda pessoa física ou jurídica, pública ou privada, nacional ou estrangeira, bem como os entes despersonalizados, que desenvolvem
atividades de produção, montagem, criação, construção, transformação, impor-
tação, exportação, distribuição ou comercialização de produtos ou prestação de
serviços.
§ 1º – Produto é qualquer bem, móvel ou imóvel, material ou imaterial.
§ 2º – Serviço é qualquer atividade fornecida no mercado de consumo, mediante
remuneração, inclusive as de natureza bancária, financeira, de crédito e securitá-
ria, salvo as decorrentes das relações de caráter trabalhista.
[...]
CAPÍTULO III
Dos Direitos Básicos do Consumidor

Art. 6º – São direitos básicos do consumidor:
I – a proteção da vida, saúde e segurança contra os riscos provocados por práticas no fornecimento de produtos e serviços considerados perigosos ou nocivos;
II – a educação e divulgação sobre o consumo adequado dos produtos e serviços, asseguradas a liberdade de escolha e a igualdade nas contratações;
III – a informação adequada e clara sobre os diferentes produtos e serviços,
com especificação correta de quantidade, características, composição, qualidade,
tributos incidentes e preço, bem como sobre os riscos que apresentem; [...]

CAPÍTULO IV
Da Qualidade de Produtos e Serviços,
da Prevenção e da Reparação dos Danos

Seção I
Da Proteção à Saúde e Segurança

Art. 8° – Os produtos e serviços colocados no mercado de consumo não acarretarão riscos à saúde ou segurança dos consumidores, exceto os considerados normais e previsíveis em decorrência de sua natureza e fruição, obrigando-se os fornecedores, em qualquer hipótese, a dar as informações necessárias e adequadas a seu respeito. [...]

Seção II
Das Responsabilidades pelo Fato do Produto e do Serviço

Art. 12 – O fabricante, o produtor, o construtor, nacional ou estrangeiro, e o importador respondem, independentemente da existência de culpa, pela reparação dos danos causados aos consumidores por defeitos decorrentes de projeto, fabricação, construção, montagem, fórmulas, manipulação, apresentação ou acondicionamento de seus produtos, bem como por informações insuficientes ou inadequadas sobre sua utilização e seus riscos. [...]

Art. 13 – O comerciante é igualmente responsável, nos termos do artigo anterior, quando:

I – o fabricante, o construtor, o produtor ou o importador não puderem ser identificados;

II – o produto for fornecido sem identificação clara do seu fabricante, produtor, construtor ou importador; [...]

Art. 14 – O fornecedor de serviços responde, independentemente da existência de culpa, pela reparação dos danos causados aos consumidores por defeitos relativos à prestação dos serviços, bem como por informações insuficientes ou inadequadas sobre sua fruição e seus riscos. [...]

Seção III
Da Responsabilidade por Vício do Produto e do Serviço

Art. 18 – Os fornecedores de produtos de consumo duráveis ou não duráveis respondem solidariamente pelos vícios de qualidade ou quantidade que os tornem impróprios ou inadequados ao consumo a que se destinam ou lhes diminuam o valor, assim como por aqueles decorrentes da disparidade, com as indicações constantes do recipiente, da embalagem, rotulagem ou mensagem publicitária, respeitadas as variações decorrentes de sua natureza, podendo o consumidor exigir a substituição das partes viciadas. [...]

§ 6° – São impróprios ao uso e consumo:

I – produtos cujos prazos de validade estejam vencidos;

II – produtos deteriorados, alterados, adulterados, avariados, falsificados, corrompidos, fraudados, nocivos à vida ou à saúde, perigosos ou, ainda, aqueles em desacordo com as normas regulamentares de fabricação, distribuição ou apresentação;

III – os produtos que, por qualquer motivo, se revelem inadequados ao fim a que se destinam. [...]

CAPÍTULO V
Das Práticas Comerciais
[...]
Seção III
Da Publicidade

Art. 36 – A publicidade deve ser veiculada de tal forma que o consumidor, fácil e imediatamente, a identifique como tal.

Parágrafo único – O fornecedor, na publicidade de seus produtos ou serviços, manterá, em seu poder, para informação dos legítimos interessados, os dados fáticos, técnicos e científicos que dão sustentação à mensagem.

* * *

Notas:
1) Podemos observar que o estabelecimento farmacêutico deve ter inteira responsabilidade pelos produtos e serviços que fornece. Assim, a aquisição dos diversos tipos de matérias-primas, produtos de revenda, embalagens etc. deve atender a uma criteriosa metodologia de trabalho.
2) A prestação da efetiva atenção farmacêutica faz-se mais que necessária, pois a responsabilidade da qualidade de informações geradas e/ou prestadas pela empresa é apenas do farmacêutico. Dados como o uso correto de medicamentos e cuidados com interações alimentares e medicamentosas são itens dos direitos básicos do consumidor.
3) O olhar atento da supervisão farmacêutica deve estar voltado para todo o estabelecimento.

Lei n. 8.080 de 19 de setembro de 1990

Dispõe sobre as condições para a promoção, proteção e recuperação da saúde, a organização e o funcionamento dos serviços correspondentes e dá outras providências.

Lei n. 8.137, de 27 de dezembro de 1990

Define os crimes contra a ordem tributária, econômica e contra as relações de consumo, e dá outras providências.

CAPÍTULO II
Dos Crimes Contra a Ordem Econômica
e as Relações de Consumo
[...]

Art. 7º – Constitui crime contra as relações de consumo: [...]

II – vender ou expor à venda mercadoria cuja embalagem, tipo, especificação, peso ou composição esteja em desacordo com as prescrições legais, ou que não corresponda à respectiva classificação oficial; [...]

IX – vender, ter em depósito para vender ou expor à venda ou, de qualquer forma, entregar matéria-prima ou mercadoria, em condições impróprias ao consumo; [...]

* * *

Nota: observa-se aqui também o quanto é importante a supervisão do farmacêutico em toda a empresa e não apenas nos setores envolvidos na manipulação e qualidade dos medicamentos.

Lei n. 9.677, de 02 de julho de 1998

Altera dispositivos do Capítulo III do Título VIII do Código Penal, incluindo na classificação dos delitos considerados hediondos crimes contra a saúde pública, e dá outras providências.

"Art. 273 – Falsificar, corromper, adulterar ou alterar produto destinado a fins terapêuticos ou medicinais." [...]

"§ 1º – Nas mesmas penas incorre quem importa, vende, expõe à venda, tem em depósito para vender ou, de qualquer forma, distribui ou entrega a consumo o produto falsificado, corrompido, adulterado ou alterado."

"§ 1º-A – Incluem-se entre os produtos a que se refere este artigo os medicamentos, as matérias-primas, os insumos farmacêuticos, os cosméticos, os saneantes e os de uso em diagnóstico."

"§ 1º-B – Está sujeito às penas deste artigo quem pratica as ações previstas no § 1º em relação a produtos em qualquer das seguintes condições:

I – sem registro, quando exigível, no órgão de vigilância sanitária competente;

II – em desacordo com a fórmula constante do registro previsto no inciso anterior;

LEGISLAÇÃO PARA FARMÁCIA HOMEOPÁTICA 281

III – sem as características de identidade e qualidade admitidas para a sua comercialização;
IV – com redução de seu valor terapêutico ou de sua atividade;
V – de procedência ignorada;
VI – adquiridos de estabelecimentos sem licença da autoridade sanitária competente."

* * *

Notas:
1) O produto comercializado sem registro não é apenas submetido a essa legislação. Temos ainda o Decreto n. 74.170, de 10/06/1974, que também se refere a essa modalidade de infração no seu art. 9º.
2) Devemos rotular os medicamentos sempre de acordo com a receita médica para que o inciso II do § 1º B não seja aplicado.
3) Matérias-primas, insumos farmacêuticos, bases galênicas e produtos oficinais em estoque devem ter rótulos de identificação, de acordo com o inciso III do § 1º B.
4) Como essa legislação considera o delito como crime hediondo, é de máxima importância conhecê-la.

Lei n. 9.782, de 26 de janeiro de 1999

Define o Sistema Nacional de Vigilância Sanitária, cria a Agência Nacional de Vigilância Sanitária, e dá outras providências. [A Medida Provisória n. 2.190/01 altera alguns dispositivos da Lei n. 9.782.]

Lei n. 11.343, de 23 de agosto de 2006

Institui o Sistema Nacional de Políticas Públicas sobre Drogas – Sisnad; prescreve medidas para prevenção do uso indevido, atenção e reinserção social de usuários e dependentes de drogas; estabelece normas para repressão à produção não autorizada e ao tráfico ilícito de drogas; define crimes e dá outras providências.
[...]
Art. 33 – Importar, exportar, remeter, preparar, produzir, fabricar, adquirir, vender, expor à venda, oferecer, ter em depósito, transportar, trazer consigo, guardar, prescrever, ministrar, entregar a consumo ou fornecer drogas, ainda que gratuitamente, sem autorização ou em desacordo com determinação legal ou regulamentar: [...]

* * *

Nota: modificação de extrema importância para os farmacêuticos. Trata-se da revogação da Lei n. 6.368/76 pela Lei n. 11.343/06, que passou a disciplinar a repressão à produção não autorizada e ao tráfico ilícito de drogas, alterando a descrição de crimes mencionados na revogada Lei n. 6.368/76 e prevendo punições mais severas. O controle incorreto do medicamento, previsto pela Portaria n. 344, de 12 de maio de 1998, é integralmente remetido para as penalidades da Lei n. 11.343/06.

Portaria n. 971, de 3 de maio de 2006

Aprova a Política Nacional de Práticas Integrativas e Complementares (PNPIC) no Sistema Único de Saúde.

Art. 1º – Aprovar, na forma do Anexo a esta Portaria, a Política Nacional de Práticas Integrativas e Complementares (PNPIC) no Sistema Único de Saúde.

Parágrafo único. Esta Política, de caráter nacional, recomenda a adoção pelas Secretarias de Saúde dos Estados, do Distrito Federal e dos Municípios, da implantação e implementação das ações e serviços relativos às Práticas Integrativas e Complementares.

Art. 2º – Definir que os órgãos e entidades do Ministério da Saúde, cujas ações se relacionem com o tema da Política ora aprovada, devam promover a elaboração ou a readequação de seus planos, programas, projetos e atividades, na conformidade das diretrizes e responsabilidades nela estabelecidas.

* * *

Nota: a PNPIC integra ao SUS práticas como a Medicina Tradicional Chinesa (Acupuntura), Homeopatia e Fitoterapia.

Lei n. 11.903, de 14 de janeiro de 2009

Dispõe sobre o rastreamento da produção e do consumo de medicamentos por meio de tecnologia de captura, armazenamento e transmissão eletrônica de dados.
[...]
Art. 6º – O órgão de vigilância sanitária federal competente estabelecerá as listas de medicamentos de venda livre, de venda sob prescrição e retenção de receita e de venda sob responsabilidade do farmacêutico.

Lei n. 12.291, de 20 de julho de 2010

Torna obrigatória a manutenção de exemplar do Código de Defesa do Consumidor nos estabelecimentos comerciais e de prestação de serviços.

LEGISLAÇÃO PARA FARMÁCIA HOMEOPÁTICA

Lei n. 12.305, de 2 de agosto de 2010

Institui a Política Nacional de Resíduos Sólidos; altera a Lei n. 9.605, de 12 de fevereiro de 1998; e dá outras providências.

* * *

Nota: em princípio todas as empresas, as administrações públicas (federais, estaduais e municipais) e os cidadãos, conforme o art. 1º, § 1º "Estão sujeitas à observância desta Lei as pessoas físicas ou jurídicas, de direito público ou privado, responsáveis, direta ou indiretamente, pela geração de resíduos sólidos e as que desenvolvam ações relacionadas à gestão integrada ou ao gerenciamento de resíduos sólidos". Essa obrigação é mais especificada no Capítulo III da lei, onde se estabelecem as responsabilidades dos geradores de resíduos e do poder público.

LEGISLAÇÃO FARMACÊUTICA DE INTERESSE GERAL

Decreto n. 20.377, de 08 de setembro de 1931

Aprova a regulamentação do exercício da profissão farmacêutica no Brasil.

O chefe do Governo Provisório da República dos Estados Unidos do Brasil:
Resolve aprovar o Regulamento anexo, que vai assinado pelo Ministro de Estado da Educação e Saúde Pública, para o exercício da profissão farmacêutica no Brasil. [...]

Art. 2º – O exercício da profissão farmacêutica compreende:
a) a manipulação e o comércio dos medicamentos ou remédios magistrais;
b) a manipulação e o fabrico dos medicamentos galênicos e das especialidades farmacêuticas;
c) o comércio direto com o consumidor de todos os medicamentos oficinais, especialidades farmacêuticas, produtos químicos, galênicos, biológicos etc. e plantas de aplicações terapêuticas;
d) o fabrico dos produtos biológicos e químicos oficinais;
e) as análises reclamadas pela clínica médica;
f) a função de químico bromatologista, biologista e legista.
§ 1º – As atribuições das alíneas c a f não são privativas do farmacêutico.
§ 2º – O fabrico de produtos biológicos a que se refere a alínea d só será permitido ao médico que não exerça a clínica.

Art. 3º – As atribuições estabelecidas no artigo precedente não podem ser exercidas por mandato nem representação.

Decreto n. 57.477, de 20 de dezembro de 1965

Dispõe sobre manipulação, receituário, industrialização e venda de produtos utilizados em homeopatia e dá outras providências.

CAPÍTULO I

Art. 1º – Considera-se farmácia homeopática aquela que somente manipula produtos e fórmulas oficinais e magistrais que obedeçam à farmacotécnica dos códigos e formulários homeopáticos. [...]

Art. 3º – As farmácias homeopáticas não são obrigadas à manipulação de prescrições não enquadradas nos moldes homeopáticos. [...]

Art. 5º – Nas farmácias homeopáticas deverá existir, obrigatoriamente, a edição em vigor da *Farmacopeia Brasileira* com o *Código Homeopático Brasileiro*. [...]

Art. 9º – São permitidas nas farmácias homeopáticas, desde que a área do estabelecimento as comporte, manter independentes, seções de venda de especialidades farmacêuticas, não homeopáticas, devidamente licenciadas no órgão federal de saúde encarregado da fiscalização da medicina e farmácia, bem como seções de produtos de higiene, cosméticos e perfumaria, também devidamente licenciados no órgão federal de saúde. [...]

Art. 12 – Nas farmácias homeopáticas é obrigatório estoque de soros de uso profilático e curativo de emergência, de acordo com relação organizada pelo órgão federal de saúde encarregado da fiscalização da medicina e farmácia, que atenda às necessidades regionais.

Art. 13 – Nas farmácias homeopáticas deverão existir, obrigatoriamente, no mínimo, três especialidades farmacêuticas injetáveis, de ação entorpecente, a fim de atender aos casos de emergência.

Art. 14 – Os medicamentos homeopáticos manipulados nas farmácias, considerados produtos oficinais, deverão ter nos rótulos os seguintes elementos: nome da farmácia e seu endereço, número de licença do estabelecimento fornecido pelo órgão federal de saúde competente ou congêneres da Unidade Federada, nome do produto, *Farmacopeia* ou *Código* a que obedece, via de administração e outras exigências que se fizerem necessárias.

§ 1º – Nos rótulos desses medicamentos, deverá ser inscrita a denominação, latina ou brasileira, ou a correspondente abreviatura oficial, bem como a escala e dinamização adotadas.

LEGISLAÇÃO PARA FARMÁCIA HOMEOPÁTICA

§ 2º – São admitidas as escalas decimal e centesimal, cujas abreviaturas serão respectivamente representadas por símbolos "D" e "C", facultando-se também o emprego do símbolo "X" em substituição ao "D" da escala decimal.

§ 3º – Quaisquer outros símbolos serão estabelecidos de acordo com a *Farmacopeia Brasileira*.

§ 4º – Toda vez que no receituário médico for omitido o símbolo de um medicamento homeopático, dever-se-á considerá-lo como de escala centesimal. [...]

Art. 18 – Os medicamentos homeopáticos cuja concentração tiver equivalência com as respectivas doses máximas estabelecidas farmacologicamente, poderão ser vendidos somente mediante receita médica, devendo ser observadas as demais exigências em vigor. [...]

Art. 30 – Somente nas farmácias homeopáticas permitir-se-á manipular produtos apresentados nos moldes homeopáticos específicos. [...]

Art. 33 – A manipulação, fabricação, comércio e propaganda de remédios e produtos homeopáticos ditos "secretos" são proibidos, de acordo com a legislação farmacêutica em vigor.

* * *

Nota: legislação específica da homeopatia; assim, é de extrema importância o conhecimento total dela e não apenas os pontos aqui citados.

Lei n. 5.991, de 17 de dezembro de 1973 (alterada pela Lei n. 13.021, de 8 de agosto de 2014)

Dispõe sobre o controle sanitário do comércio de drogas, medicamentos, insumos farmacêuticos e correlatos, e dá outras providências.
[...]

CAPÍTULO I
Disposições preliminares

Art. 4º – Para efeitos desta lei, são adotados os seguintes conceitos:

I – Droga – substância ou matéria-prima que tenha a finalidade medicamentosa ou sanitária;

II – Medicamento – produto farmacêutico, tecnicamente obtido ou elaborado, com finalidade profilática, curativa, paliativa ou para fins de diagnóstico;

III – Insumo farmacêutico – droga ou matéria-prima aditiva ou complementar de qualquer natureza, destinada a emprego de medicamentos, quando for o caso, e seus recipientes;

IV – Correlato – a substância, o produto, o aparelho ou o acessório não enquadrado nos conceitos anteriores, cujo uso ou aplicação esteja ligado à defesa e proteção da saúde individual ou coletiva, à higiene pessoal ou de ambientes, ou a fins diagnósticos e analíticos, os cosméticos e perfumes, e, ainda, produtos dietéticos, óticos, de acústica médica, odontológicos e veterinários; [...]

VIII – Empresa – pessoa física ou jurídica, de direito público ou privado, que exerça como atividade principal ou subsidiária o comércio, venda, fornecimento e distribuição de drogas, medicamentos, insumos farmacêuticos e correlatos, equiparando-se à mesma, para os efeitos dessa lei, as unidades dos órgãos da administração direta ou indireta, federal, estadual, do Distrito Federal, dos territórios, dos municípios e entidades paraestatais, incumbidas de serviços correspondentes;

IX – Estabelecimento – unidade da empresa destinada ao comércio de drogas, medicamentos, insumos farmacêuticos e correlatos;

X – Farmácia – estabelecimento de manipulação de fórmulas magistrais e oficinais, de comércio de drogas, medicamentos, insumos farmacêuticos e correlatos, compreendendo o de dispensação e o de atendimento privativo de unidade hospitalar ou de qualquer outra equivalente de assistência médica; [...]

XV – Dispensação – ato de fornecimento ao consumidor de drogas, medicamentos, insumos farmacêuticos e correlatos, a título remunerado ou não;

XVII – Produto dietético – produto tecnicamente elaborado para atender às necessidades dietéticas de pessoas em condições fisiológicas especiais.

CAPÍTULO II
Do Comércio Farmacêutico

Art. 5º – O comércio de drogas, medicamentos e de insumos farmacêuticos é privativo das empresas e dos estabelecimentos definidos nessa lei.

§ 1º – O comércio de determinados correlatos, como aparelhos e acessórios, produtos utilizados para fins diagnósticos e analíticos, odontológicos, veterinários, de higiene pessoal ou de ambiente, cosméticos e perfumes, exercido por estabelecimentos especializados, poderá ser extensivo às farmácias e drogarias, observando o disposto em lei federal e na supletiva dos estados, do Distrito Federal e dos territórios.

§ 2º – A venda de produtos dietéticos será realizada nos estabelecimentos de dispensação e, desde que não contenham substâncias medicamentosas, pelos do comércio fixo. [...]

LEGISLAÇÃO PARA FARMÁCIA HOMEOPÁTICA 287

Art. 7º – A dispensação de plantas medicinais é privativa das farmácias e ervanarias observados o acondicionamento adequado e a classificação botânica. [...]

CAPÍTULO III
Da Farmácia Homeopática
[...]

Art. 10 – A farmácia homeopática só poderá manipular fórmulas oficinais e magistrais, obedecida a farmacotécnica homeopática.

Parágrafo único – A manipulação de medicamentos homeopáticos não constantes das farmacopeias ou dos formulários homeopáticos depende de aprovação do órgão sanitário federal.

Art. 11 – O Serviço Nacional de Fiscalização da Medicina e Farmácia baixará instruções sobre o receituário, utensílios, equipamentos e relação de estoque mínimo de produtos homeopáticos.

Art. 12 – É permitido às farmácias homeopáticas manter seções de vendas de correlatos e de medicamentos não homeopáticos quando apresentados em suas embalagens originais.

Art. 13 – Dependerá de receita médica a dispensação de medicamentos homeopáticos cuja concentração de substância ativa corresponda às doses máximas farmacologicamente estabelecidas.

CAPÍTULO IV
Da Assistência e Responsabilidade Técnicas
[...]

Art. 15 – A farmácia e a drogaria terão, obrigatoriamente, a assistência de técnico responsável, inscrito no Conselho Regional de Farmácia, na forma da lei.

§ 1º – A presença do técnico responsável será obrigatória durante todo o horário de funcionamento do estabelecimento.

§ 2º – Os estabelecimentos de que trata este artigo poderão manter técnico responsável substituto, para os casos de impedimento ou ausência do titular. [...]

Art. 17 – Somente será permitido o funcionamento de farmácia e drogaria sem a assistência do técnico responsável, ou do seu substituto, pelo prazo de até 30 dias, período em que não serão aviadas fórmulas magistrais ou oficinais nem vendidos medicamentos sujeitos a regime especial de controle. [...]

CAPÍTULO VI
Do Receituário
[...]
Art. 36 – A receita de medicamentos magistrais e oficinais, preparados na farmácia, deverá ser registrada em livro de receituário. [...]

Art. 38 – A farmácia e a drogaria disporão de rótulos impressos para uso nas embalagens dos produtos aviados, deles constando o nome e endereço do estabelecimento, ou número da licença sanitária, o nome do responsável técnico e o número do seu registro no Conselho Regional de Farmácia.

Parágrafo único – Além dos rótulos a que se refere o presente artigo, a farmácia terá impressos com os dizeres: "Uso Externo", "Uso Interno", "Agite quando Usar", "Uso Veterinário" e "Veneno".

Art. 39 – Os dizeres da receita serão transcritos integralmente no rótulo aposto ao continente ou invólucro do medicamento aviado, com a data de sua manipulação, número de ordem do registro de receituário, nome do paciente e do profissional que a prescreveu.

Parágrafo único – O responsável técnico pelo estabelecimento rubricará os rótulos das fórmulas aviadas e bem assim a receita correspondente para devolução ao cliente ou arquivo, quando for o caso. [...]

Art. 41 – Quando a dosagem do medicamento prescrito ultrapassar os limites farmacológicos ou a prescrição apresentar incompatibilidades, o responsável técnico pelo estabelecimento solicitará confirmação expressa ao profissional que a prescreveu.

Art. 42 – Na ausência do responsável técnico pela farmácia ou de seu substituto, será vedado o aviamento de fórmula que dependa de manipulação na qual figure substância sob regime de controle sanitário especial. [...]

CAPÍTULO VIII
Disposições Finais e Transitórias
[...]
Art. 55 – É vedado utilizar qualquer dependência da farmácia ou da drogaria como consultório, ou outro fim diverso do licenciamento.

Decreto n. 74.170, de 10 de junho de 1974

Regulamenta a Lei n. 5.991, de 17 de dezembro de 1973, que dispõe sobre o controle sanitário do comércio de drogas, medicamentos, insumos farmacêuticos e correlatos.

LEGISLAÇÃO PARA FARMÁCIA HOMEOPÁTICA

Lei n. 6.360, de 23 de setembro de 1976 (alterada pela Lei n. 13.325, de 29 de dezembro de 2015 e pela Lei n. 13.236, de 29 de dezembro de 2015)

Dispõe sobre a vigilância sanitária a que ficam sujeitos os medicamentos, as drogas, os insumos farmacêuticos e correlatos, cosméticos, saneantes e outros produtos, e dá outras providências.

Lei n. 9.787, de 10 de fevereiro de 1999

Altera a Lei n. 6.360, de 23 de setembro de 1976, que dispõe sobre a vigilância sanitária, estabelece o medicamento genérico, dispõe sobre a utilização de nomes genéricos em produtos farmacêuticos e dá outras providências.

* * *

Nota: acompanhar todas as atualizações dessa legislação pela leitura do *Diário Oficial* ou pelo site da Agência Nacional de Vigilância Sanitária. Alguns Conselhos Regionais de Farmácia, como o do estado de São Paulo, publicam as atualizações em seus jornais ou nas suas páginas eletrônicas.

Portaria n. 344, de 12 de maio de 1998

Aprova o regulamento técnico sobre substâncias e medicamentos sujeitos a controle especial.

Acompanhar todas as atualizações dessa portaria pela leitura do *Diário Oficial da União* ou pelo site da Agência Nacional de Vigilância Sanitária.

Portaria n. 1.274, de 25 de agosto de 2003

Revoga a Portaria n. 169, de 21 de fevereiro de 2003, e seus anexos. [Define novos critérios para o controle e fiscalização de produtos controlados pelo Ministério da Justiça, pela Polícia Federal.]

Lei n. 11.951, de 24 de junho de 2009

Altera o art. 36 da Lei n. 5.991, de 17 de dezembro de 1973, que dispõe sobre o controle sanitário do comércio de drogas, medicamentos, insumos farmacêuticos e correlatos, para proibir a captação de receitas contendo prescrições magistrais e oficinais por outros estabelecimentos de comércio de medicamentos que não as farmácias e vedar a intermediação de outros estabelecimentos.

Art. 1º – O art. 36 da Lei n. 5.991, de 17 de dezembro de 1973, passa a vigorar com a seguinte redação:

"Art. 36. ....

§ 1º – É vedada a captação de receitas contendo prescrições magistrais e oficinais em drogarias, ervanárias e postos de medicamentos, ainda que em filiais da mesma empresa, bem como a intermediação entre empresas.

§ 2º – É vedada às farmácias que possuem filiais a centralização total da manipulação em apenas 1 (um) dos estabelecimentos." (NR)

Decreto n. 8.077, de 14 de agosto de 2013

Regulamenta as condições para o funcionamento de empresas sujeitas ao licenciamento sanitário e o registro, controle e monitoramento, no âmbito da vigilância sanitária, dos produtos que tratar a Lei n. 6.360, de 23 de setembro de 1976, e dá outras providências. [Revoga o Decreto n. 79.094, de 5 de janeiro de 1977]

Lei n. 13.021, de 8 de agosto de 2014

Dispõe sobre o exercício e a fiscalização das atividades farmacêuticas.

CAPÍTULO I
Disposições Preliminares

Art. 1º – As disposições desta Lei regem as ações e serviços de assistência farmacêutica executados, isolada ou conjuntamente, em caráter permanente ou eventual, por pessoas físicas ou jurídicas de direito público ou privado.

Art. 2º – Entende-se por assistência farmacêutica o conjunto de ações e de serviços que visem a assegurar a assistência terapêutica integral e a promoção, a proteção e a recuperação da saúde nos estabelecimentos públicos e privados que desempenhem atividades farmacêuticas, tendo o medicamento como insumo essencial e visando ao seu acesso e ao seu uso racional.

Art. 3º – Farmácia é uma unidade de prestação de serviços destinada a prestar assistência farmacêutica, assistência à saúde e orientação sanitária individual e coletiva, na qual se processe a manipulação e/ou dispensação de medicamentos magistrais, oficinais, farmacopeicos ou industrializados, cosméticos, insumos farmacêuticos, produtos farmacêuticos e correlatos.

Parágrafo único. As farmácias serão classificadas segundo sua natureza como:

LEGISLAÇÃO PARA FARMÁCIA HOMEOPÁTICA

I – farmácia sem manipulação ou drogaria: estabelecimento de dispensação e comércio de drogas, medicamentos, insumos farmacêuticos e correlatos em suas embalagens originais;

II – farmácia com manipulação: estabelecimento de manipulação de fórmulas magistrais e oficinais, de comércio de drogas, medicamentos, insumos farmacêuticos e correlatos, compreendendo o de dispensação e o de atendimento privativo de unidade hospitalar ou de qualquer outra equivalente de assistência médica.

Art. 4º – É responsabilidade do poder público assegurar a assistência farmacêutica, segundo os princípios e diretrizes do Sistema Único de Saúde, de universalidade, equidade e integralidade.

CAPÍTULO II
Das Atividades Farmacêuticas

Art. 5º – No âmbito da assistência farmacêutica, as farmácias de qualquer natureza requerem, obrigatoriamente, para seu funcionamento, a responsabilidade e a assistência técnica de farmacêutico habilitado na forma da lei.

CAPÍTULO III
Dos Estabelecimentos Farmacêuticos

Seção I
Das Farmácias

Art. 6º – Para o funcionamento das farmácias de qualquer natureza, exigem-se a autorização e o licenciamento da autoridade competente, além das seguintes condições:

I – ter a presença de farmacêutico durante todo o horário de funcionamento;

II – ter localização conveniente, sob o aspecto sanitário;

III – dispor de equipamentos necessários à conservação adequada de imunobiológicos;

IV – contar com equipamentos e acessórios que satisfaçam aos requisitos técnicos estabelecidos pela vigilância sanitária.

Art. 7º – Poderão as farmácias de qualquer natureza dispor, para atendimento imediato à população, de medicamentos, vacinas e soros que atendam o perfil epidemiológico de sua região demográfica.

Art. 8º – A farmácia privativa de unidade hospitalar ou similar destina-se exclusivamente ao atendimento de seus usuários.

Parágrafo único. Aplicam-se às farmácias a que se refere o *caput* as mesmas exigências legais previstas para as farmácias não privativas no que concerne a instalações, equipamentos, direção e desempenho técnico de farmacêuticos, assim como ao registro em Conselho Regional de Farmácia. [...]

Seção II
Das Responsabilidades

Art. 10 – O farmacêutico e o proprietário dos estabelecimentos farmacêuticos agirão sempre solidariamente, realizando todos os esforços para promover o uso racional de medicamentos.

Art. 11 – O proprietário da farmácia não poderá desautorizar ou desconsiderar as orientações técnicas emitidas pelo farmacêutico.

Parágrafo único. É responsabilidade do estabelecimento farmacêutico fornecer condições adequadas ao perfeito desenvolvimento das atividades profissionais do farmacêutico.

Art. 12 – Ocorrendo a baixa do profissional farmacêutico, obrigam-se os estabelecimentos à contratação de novo farmacêutico, no prazo máximo de 30 (trinta) dias, atendido o disposto nas Leis n. 5.991, de 17 de dezembro de 1973, e 6.437, de 20 de agosto de 1977.

Art. 13 – Obriga-se o farmacêutico, no exercício de suas atividades, a:

I – notificar os profissionais de saúde e os órgãos sanitários competentes, bem como o laboratório industrial, dos efeitos colaterais, das reações adversas, das intoxicações, voluntárias ou não, e da farmacodependência observados e registrados na prática da farmacovigilância;

II – organizar e manter cadastro atualizado com dados técnico-científicos das drogas, fármacos e medicamentos disponíveis na farmácia;

III – proceder ao acompanhamento farmacoterapêutico de pacientes, internados ou não, em estabelecimentos hospitalares ou ambulatoriais, de natureza pública ou privada;

IV – estabelecer protocolos de vigilância farmacológica de medicamentos, produtos farmacêuticos e correlatos, visando a assegurar o seu uso racionalizado, a sua segurança e a sua eficácia terapêutica;

V – estabelecer o perfil farmacoterapêutico no acompanhamento sistemático do paciente, mediante elaboração, preenchimento e interpretação de fichas farmacoterapêuticas;

VI – prestar orientação farmacêutica, com vistas a esclarecer ao paciente a relação benefício e risco, a conservação e a utilização de fármacos e medicamentos

LEGISLAÇÃO PARA FARMÁCIA HOMEOPÁTICA   293

inerentes à terapia, bem como as suas interações medicamentosas e a importância do seu correto manuseio.

Art. 14 – Cabe ao farmacêutico, na dispensação de medicamentos, visando a garantir a eficácia e a segurança da terapêutica prescrita, observar os aspectos técnicos e legais do receituário.

* * *

Nota: esta importante Lei transforma a Farmácia em Estabelecimento de Saúde e reitera a obrigatoriedade da presença do farmacêutico nas farmácias, trazendo benefícios à população brasileira.

Lei n. 13.235, de 29 de dezembro de 2015

Altera a Lei n. 6.360, de 23 de setembro de 1976, para equiparar o controle de qualidade de medicamentos similares ao de medicamentos genéricos.

Lei n. 13.236, de 29 de dezembro de 2015

Altera a Lei n. 6.360, de 23 de setembro de 1976, que "dispõe sobre a Vigilância Sanitária a que ficam sujeitos os Medicamentos, as Drogas, os Insumos Farmacêuticos e Correlatos, Cosméticos, e Outros Produtos e dá outras Providências", para estabelecer medidas que inibam erros de dispensação e de administração e uso equivocado de medicamentos, drogas e produtos correlatos.

RESOLUÇÕES DO CONSELHO FEDERAL DE FARMÁCIA

Resolução n. 357, de 20 de abril de 2001 (alterada pela Resolução n. 416/04)

Aprova o regulamento técnico das boas práticas de farmácia.

Resolução n. 488, de 30 de julho de 2008

Revoga a Resolução n. 378/02 do Conselho Federal de Farmácia. [Proíbe a responsabilidade técnica de profissional farmacêutico a estabelecimento em desacordo com a Lei Federal n. 5.991/73.]

Resolução n. 416, de 27 de agosto de 2004

Revoga o § 2º do art. 34 da Resolução n. 357, de 20 de abril de 2001.

Resolução n. 596, de 21 de fevereiro de 2014

Dispõe sobre o Código de Ética Farmacêutica, o Código de Processo Ético e estabelece as infrações e as regras de aplicação das sansões disciplinares.

Resolução n. 440, de 22 de setembro de 2005 (alterada pela Resolução n. 576, de 28 de junho de 2013)

Dá nova redação à Resolução 335/98 do Conselho Federal de Farmácia, que dispõe sobre prerrogativas para o exercício de responsabilidade técnica em homeopatia. "Retifica de acordo com publicação feita no *Diário Oficial da União*, Seção I do dia 15 de maio de 2006."

Resolução n. 572, de 25 de abril de 2013

Dispõe sobre a regulamentação das especialidades farmacêuticas, por linhas de atuação.

Resolução n. 574, de 22 de maio de 2013

Define, regulamenta e estabelece atribuições e competências do farmacêutico na disposição e aplicação de vacinas, em farmácias e drogarias.

Resolução n. 576, de 28 de junho de 2013

Dá nova redação ao art. 1º da Resolução n. 440, de 22 de setembro de 2005, que dispõe sobre as prerrogativas para o exercício da responsabilidade técnica em homeopatia.

Art. 1º – O art. 1º da Resolução/CFF n. 440, de 22 de setembro de 2005 (publicação no DOU 26/10/05, Seção 1, p. 147 e republicação no DOU 15/05/06, Seção 1, p. 91), passa a ter a seguinte redação:

"Art. 1º – Considerar habilitado para exercer a responsabilidade técnica de farmácia ou laboratório industrial homeopático que manipule ou industrialize os medicamentos e insumos homeopáticos, respectivamente, o farmacêutico que comprovar uma das seguintes qualificações:

a) ter cursado a disciplina de homeopatia com conteúdo mínimo de 60 (sessenta) horas no curso de graduação, além de estágio obrigatório com o mínimo de 120 (cento e vinte) horas nas farmácias de Instituições de Ensino Superior ou conveniadas, em laboratórios de medicamentos e/ou de insumos homeopáticos;

b) possuir título de especialista ou curso de aprimoramento profissional em homeopatia que atenda as resoluções vigentes do Conselho Federal de Farmácia."

Resolução n. 577, de 25 de julho de 2013

Dispõe sobre a direção técnica ou responsabilidade técnica de empresas ou estabelecimentos que dispensam, fornecem e distribuem produtos farmacêuticos, cosméticos e produtos para saúde.

* * *

Nota: atenção às novas e/ou alterações das definições de Farmacêutico Diretor Técnico ou Farmacêutico Responsável, Farmacêutico Assistente Técnico, Farmacêutico Substituto e Responsabilidade Técnica e suas devidas responsabilidades.

Resolução n. 585, de 29 de agosto de 2013

Regulamenta as atribuições clínicas do farmacêutico e dá outras providências.
[...]
Art. 7º – São atribuições clínicas do farmacêutico relativas ao cuidado à saúde, nos âmbitos individual e coletivo: [...]

VII – Prover a consulta farmacêutica em consultório farmacêutico ou em outro ambiente adequado, que garanta a privacidade do atendimento;

VIII – Fazer a anamnese farmacêutica, bem como verificar sinais e sintomas, com o propósito de prover cuidado ao paciente; [...]

XVII – Elaborar o plano de cuidado farmacêutico do paciente; [...]

XXVI – Prescrever, conforme legislação específica, no âmbito de sua competência profissional; [...]

Art. 8º – São atribuições do farmacêutico relacionadas à comunicação e educação em saúde: [...]

Art. 9º – São atribuições do farmacêutico relacionadas à gestão da prática, produção e aplicação do conhecimento: [...]

Resolução RDC n. 586, de 29 de agosto de 2013

Regula a prescrição farmacêutica e dá outras providências.
[...]
Art. 3º – Para os propósitos desta resolução, define-se a prescrição farmacêutica como ato pelo qual o farmacêutico seleciona e documenta terapias farmacológicas e não farmacológicas, e outras intervenções relativas ao cuidado à saúde do paciente, visando à promoção, proteção e recuperação da saúde, e à prevenção de doenças e de outros problemas de saúde. [...]

Art. 4º – O ato da prescrição farmacêutica poderá ocorrer em diferentes estabelecimentos farmacêuticos, consultórios, serviços e níveis de atenção à saúde, desde que respeitando o princípio da confidencialidade e a privacidade do paciente no atendimento.

Art. 5º – O farmacêutico poderá realizar a prescrição de medicamentos e outros produtos com finalidade terapêutica, cuja dispensação não exija prescrição médica, incluindo medicamentos industrializados e preparações magistrais – alopáticos ou dinamizados –, plantas medicinais, drogas vegetais e outras categorias ou relações de medicamentos que venham a ser aprovadas pelo órgão sanitário federal para prescrição do farmacêutico.
§ 1º – O exercício deste ato deverá estar fundamentado em conhecimentos e habilidades clínicas que abranjam boas práticas de prescrição, fisiopatologia, semiologia, comunicação interpessoal, farmacologia clínica e terapêutica.
§ 2º – O ato da prescrição de medicamentos dinamizados e de terapias relacionadas às práticas integrativas e complementares, deverá estar fundamentado em conhecimentos e habilidades relacionados a estas práticas.

* * *

Nota: esta resolução histórica para a profissão farmacêutica deixa bem claro a atividade clínica do farmacêutico na atividade prescrição, atividade inclusive já prevista em regulamentações sanitárias.

Resolução RDC n. 601, de 26 de setembro de 2014

Dispõe sobre as atribuições do farmacêutico no âmbito da homeopatia e dá outras providências.

Art. 1º – Dispor sobre as atribuições do farmacêutico no âmbito da homeopatia nos termos do Anexo I desta resolução.

Art. 2º – Para fins desta resolução, entende-se por farmacêutico homeopata como sendo o profissional graduado em ciências farmacêuticas e registrado no Conselho Regional de Farmácia (CRF) de sua jurisdição, com formação teórico-prática em homeopatia e/ou farmácia homeopática, por meio de disciplinas específicas em cursos de graduação em Farmácia ou de cursos de especialização, e cursos de aprimoramento reconhecidos pelo CFF, que o habilita nas áreas de manipulação, pesquisa, desenvolvimento, produção, controle de qualidade, garantia de qualidade, farmacovigilância e questões regulatórias dos medicamentos e produtos homeopáticos, assim como do aconselhamento, indicação, da dispensação e comercialização de medicamentos e produtos homeopáticos.

RESOLUÇÕES DA ANVISA

Resolução RDC n. 238, de 27 de dezembro de 2001

Dispõe sobre a uniformização dos critérios relativos à autorização, renovação, cancelamento e alteração da autorização de funcionamento dos estabelecimentos de dispensação de medicamentos: farmácias e drogarias.

Resolução RDC n. 306, de 7 de dezembro de 2004

Dispõe sobre o Regulamento Técnico para o gerenciamento de resíduos de serviços de saúde.

Resolução RDC n. 26, de 30 de março de 2007

Dispõe sobre o registro de medicamentos dinamizados industrializados homeopáticos, antroposóficos e anti-homotóxicos.

Art. 1º – Esta Resolução trata do registro e da notificação de comercialização de medicamentos dinamizados industrializados.

§ 1º – São considerados medicamentos dinamizados os medicamentos homeopáticos, antroposóficos e anti-homotóxicos, abrangidos nas definições do Art. 2º deste regulamento.

§ 2º – São passíveis de registro e notificação todas as formas farmacêuticas (glóbulos, comprimidos, pós, óvulos, supositórios, cremes, pomadas, géis, soluções orais, soluções injetáveis, soluções oftálmicas, soluções nasais e outras formas farmacêuticas), para uso interno e/ou externo, respeitando as limitações previstas no presente regulamento.

§ 3º – O disposto no presente regulamento não prejudica a aplicação de disposições mais estritas a que estejam sujeitas as substâncias entorpecentes, psicotrópicas e precursores ou qualquer outro produto submetido a controle especial.

Art. 2º – Para fins de registro e da notificação de comercialização de medicamentos dinamizados considerar as seguintes definições:

- Medicamentos dinamizados: são preparados a partir de substâncias que são submetidas a triturações sucessivas ou diluições seguidas de sucussão, ou outra forma de agitação ritmada, com finalidade preventiva ou curativa a serem administrados conforme a terapêutica homeopática, homotoxicológica e antroposófica.

- Medicamentos homeopáticos de componente único: medicamentos dinamizados preparados a partir de um único insumo ativo, em quaisquer potências, segundo métodos de preparação e controle descritos na *Farmacopeia Homeopática Brasileira*, edição em vigor, ou outras farmacopeias homeopáticas ou compêndios oficiais reconhecidos pela Anvisa, com comprovada indicação terapêutica descrita nas matérias médicas homeopáticas ou nos compêndios homeopáticos oficiais, reconhecidos pela Anvisa, estudos clínicos ou revistas científicas. São medicamentos passíveis de notificação ou de registro.

- Medicamentos homeopáticos compostos: medicamentos dinamizados preparados a partir de dois ou mais insumos ativos, em quaisquer potências, com base nos fundamentos da homeopatia, cujos métodos de preparação e controle estejam descritos na *Farmacopeia Homeopática Brasileira*, edição em vigor, outras farmacopeias homeopáticas ou compêndios oficiais reconhecidos pela Anvisa, com comprovada ação terapêutica descrita nas matérias médicas homeopáticas ou nos compêndios homeopáticos oficiais reconhecidos pela Anvisa, estudos clínicos ou revistas científicas. São medicamentos passíveis de registro.

- Medicamentos antroposóficos de componente único: medicamentos dinamizados preparados a partir de um único insumo ativo, em quaisquer potências, com base nos fundamentos da antroposofia, cujos métodos de preparação e controle estão descritos nas farmacopeias homeopáticas, código farmacêutico antroposófico ou compêndios oficiais reconhecidos pela Anvisa, com comprovada ação terapêutica descrita nas matérias médicas homeopáticas ou nos compêndios antroposóficos oficiais, reconhecidos pela Anvisa, estudos clínicos ou revistas científicas.

São medicamentos passíveis de notificação ou de registro:

- Medicamentos antroposóficos compostos: medicamentos dinamizados preparados a partir de dois ou mais insumos ativos, em quaisquer potências a partir de tinturas-mães, ou ainda, preparados a partir de um único insumo ativo em mais de uma potência, com base nos fundamentos da antroposofia, cujos métodos de preparação e controle constam nas farmacopeias homeopáticas, código farmacêutico antroposófico ou compêndios oficiais reconhecidos pela Anvisa, comprovada a indicação terapêutica descrita nas matérias médicas homeopáticas ou nos compêndios antroposóficos oficiais também reconhecidos pela Anvisa, estudos clínicos ou revistas científicas. São medicamentos passíveis de registro.

- Medicamentos anti-homotóxicos: são medicamentos dinamizados preparados a partir de um ou mais insumos ativos, em quaisquer potências ou em mais de uma potência (em acordes de potências) das mesmas substâncias, com base nos fundamentos da homeopatia e homotoxicologia, cujos métodos de preparação e controle devem seguir obrigatoriamente os métodos oficiais descritos na *Farmacopeia Homeopática Alemã*, edição em vigor, ou outras farmacopeias homeopáticas e compêndios oficiais, reconhecidos pela Anvisa, cuja fórmula é constituída por substâncias de comprovada ação terapêutica, descrita nas matérias médicas homeopáticas ou anti-homotóxicas, reconhecidos pela Anvisa, estudos clínicos ou revistas científicas.

São medicamentos passíveis de notificação ou de registro:

- Dinamização: processo de diluição seguido de agitação ritmada ou de sucussão e/ou triturações sucessivas do insumo ativo, em insumo inerte adequado, cuja finalidade é o desenvolvimento da capacidade terapêutica do medicamento.

- Diluição: redução da concentração do insumo ativo ou ponto de partida pela adição de insumo inerte adequado.

- Ponto de partida: tintura-mãe, droga ou insumo ativo em determinada potência, utilizados como ponto inicial para a obtenção das formas farmacêuticas derivadas e/ou medicamento dinamizado.

- Sucussão: consiste na agitação vigorosa e ritmada, manual ou mecânica, rigorosamente no sentido vertical, contra anteparo semirrígido, de drogas ou fármacos sólidos ou líquidos totalmente solúveis em insumo inerte adequado, em diferentes concentrações, independentemente da escala desejada, a fim de assegurar a dispersão homogênea do insumo ativo no seio do insumo inerte e de liberar a capacidade terapêutica do insumo ativo.

300 FARMÁCIA HOMEOPÁTICA: TEORIA E PRÁTICA

- Agitação ritmada: processo que consiste da agitação vigorosa e ritmada de fármacos sólidos e/ou líquidos solúveis dissolvidos em insumo inerte adequado. Pode ser realizado de forma manual e/ou mecânica.

- Trituração: preparação farmacêutica básica resultante da trituração manual ou mecânica, de drogas ou fármacos insolúveis em etanol/água, misturando-os com insumo inerte adequado, independentemente da escala desejada, a fim de assegurar a dispersão homogênea do insumo ativo no seio do insumo inerte e de liberar a capacidade terapêutica do insumo ativo.

- Acorde de potência: é um insumo ativo em mais de uma potência.

- Insumo ativo: droga, fármaco ou forma farmacêutica derivada, utilizada para a preparação do medicamento.

- Potência: indicação quantitativa do número de etapas sucessivas de dinamizações aos quais foram submetidos os insumos ativos da preparação.

- Tintura-mãe homeopática (TM): preparação farmacêutica, na forma de solução, resultante da ação dissolvente e/ou extrativa de um insumo inerte hidroalcóolico sobre determinado insumo ativo, conforme farmacotécnica descrita nos compêndios reconhecidos pela Anvisa, a partir da qual são obtidos os medicamentos dinamizados.

Art. 3º – Para fins de enquadramento das diferentes categorias de medicamentos dinamizados, considera-se que:

I – Os medicamentos homeopáticos, de componente único e/ou compostos, devem atender à farmacotécnica homeopática e apresentar indicação terapêutica de acordo com as informações constantes nas matérias médicas homeopáticas, dados toxicológicos, artigos científicos e/ou estudos clínicos, de acordo com o princípio da similitude.

II – Os medicamentos dinamizados que tenham suas indicações terapêuticas definidas segundo os conceitos da medicina antroposófica ou homotoxicológica, ainda que preparados conforme a farmacotécnica homeopática, serão classificados como antroposóficos ou anti-homotóxicos, respectivamente.

III – Os medicamentos dinamizados preparados de acordo com a farmacotécnica antroposófica e/ou com indicação terapêutica baseada nos conceitos da medicina antroposófica serão classificados como medicamentos antroposóficos.

IV – Os medicamentos preparados de acordo com a farmacotécnica antroposófica serão classificados como antroposóficos, ainda que suas indicações terapêuticas sejam baseadas em matérias médicas homeopáticas.

LEGISLAÇÃO PARA FARMÁCIA HOMEOPÁTICA

Art. 4º – Fica instituída a notificação de comercialização de medicamentos dinamizados industrializados, mediante procedimento eletrônico, disponível no site da Anvisa.

§ 1º – Somente os medicamentos dinamizados de um único insumo ativo isentos de prescrição, conforme disposto na Tabela de Potências para Registro e Notificação de Medicamentos Dinamizados Industrializados, são passíveis de notificação;

§ 2º – Os medicamentos dinamizados sujeitos à notificação devem proceder conforme estabelecido no Anexo I desta Resolução;

§ 3º – Os medicamentos dinamizados sujeitos a notificação não podem mencionar indicação terapêutica;

§ 4º – Os estudos de estabilidade dos medicamentos dinamizados notificados devem ser realizados conforme Guia de Estabilidade para Medicamentos Dinamizados Industrializados.

§ 5º – A notificação será renovada a cada 5 anos, mediante nova notificação de cada produto, respeitando os prazos estabelecidos no Art. 12 da Lei n. 6.360/76.

§ 6º – A não renovação do CBPFC implicará o cancelamento automático da notificação.

§ 7º – Os medicamentos dinamizados de um único insumo podem ser notificados em quaisquer formas farmacêuticas, exceto as injetáveis.

§ 8º – A notificação de comercialização deverá ser solicitada individualmente para cada produto e por cada forma farmacêutica.

§ 9º – Os medicamentos dinamizados sujeitos a notificação terão denominação conforme nomenclatura científica, não sendo admitida a adoção de marca ou nome de fantasia.

Art. 5º – Os medicamentos dinamizados passíveis de registro devem apresentar indicação terapêutica e atender aos requisitos presentes no Anexo II desta Resolução, devendo o registro ser revalidado a cada 5 anos.

Art. 6º – A obrigatoriedade de prescrição de medicamentos dinamizados industrializados seguirá a Tabela de Potências para Registro e Notificação de Medicamentos Dinamizados, conforme Resolução Específica, considerando os critérios a seguir;

§ 1º – sob prescrição, quando:

I – em formas farmacêuticas injetáveis;

II – sua composição contiver pelo menos um dos componentes ativos em dinamização menor que o valor descrito na Tabela de Potências para Registro e Notificação de Medicamentos Dinamizados, ou igual ou maior que 7CH ou D21, conforme a escala.

§ 2º – Sem a obrigatoriedade de prescrição, quando:

I – medicamentos contendo dinamização(ões) igual ou acima do valor descrito na Tabela de Potências para Registro e Notificação de Medicamentos Dinamizados e até 6CH ou 20D, inclusive;

II – forma farmacêutica de uso externo.

§ 3º – No caso de substância que não conste na Tabela, cabe ao fabricante estabelecer e comprovar a segurança de seu uso na concentração pretendida, através de estudos toxicológicos não clínicos e clínicos adequados ao perfil da substância.

Art. 7º – A rotulagem de medicamentos dinamizados deverá atender, além do regulamento vigente para rotulagem de medicamento, no que couber, ao seguinte:

I – Na rotulagem e em todas as embalagens deve constar a potência, a escala, a via de administração, a forma farmacêutica e a denominação do(s) insumo(s) ativo(s) utilizando a nomenclatura oficial das farmacopeias e compêndios oficialmente reconhecidos pela Anvisa.

II – Os medicamentos homeopáticos industrializados sujeitos a notificação, integrantes da *Farmacopeia Homeopática Brasileira,* devem ostentar em todas as embalagens os dizeres "FARMACOPEIA HOMEOPÁTICA BRASILEIRA" em letra de 1,5 mm, em caixa alta, e conter obrigatoriamente a escala e a potência pertinentes, a via de administração e a forma farmacêutica.

III – Para os casos de medicamentos dinamizados industrializados sujeitos à notificação, não inscritos na *Farmacopeia Homeopática Brasileira,* mas inscritos em outras farmacopeias e compêndios reconhecidos pela Anvisa, incluir a expressão "HOMEOPÁTICO" ou "ANTROPOSÓFICO" ou "ANTI-HOMOTÓXI-CO", conforme o caso.

IV – Todas as embalagens de medicamentos dinamizados industrializados sujeitos a registro devem ter o texto "HOMEOPÁTICO" ou "ANTROPOSÓFI-CO" ou "ANTI-HOMOTÓXICO", de acordo com a aplicabilidade terapêutica comprovada no registro do medicamento dinamizado industrializado, em caixa alta e tamanho de letra de 30% do nome do produto.

V – Os medicamentos dinamizados industrializados sujeitos a notificação não poderão ostentar em sua rotulagem indicação terapêutica e nome comercial.

VI – A rotulagem dos medicamentos dinamizados industrializados sujeitos a notificação deve conter a seguinte frase: "NÃO USE ESTE MEDICAMENTO SEM ORIENTAÇÃO DE SEU CLÍNICO", em tamanho de letra de 1,5 mm em caixa alta.

Art. 8º – A bula para medicamentos dinamizados industrializados sujeitos a registro seguirá os requisitos constantes no Anexo IV desta Resolução. Os medi-

LEGISLAÇÃO PARA FARMÁCIA HOMEOPÁTICA   303

camentos dinamizados sujeitos à notificação de comercialização devem adotar o Folheto de Orientação ao Consumidor em substituição à bula, conforme o mesmo Anexo.

Art. 9º – Não serão registrados como medicamentos dinamizados as associações de drogas sintéticas, semissintéticas, fitoterápicos, vitaminas/sais minerais/aminoácidos, opoterápicos com insumo(s) ativo(s) dinamizado(s) em uma mesma formulação ou em duas ou mais apresentações em uma mesma embalagem para uso concomitante ou sequencial.

§ 1º – Poderão ser registrados como medicamentos dinamizados associações com substâncias biológicas desde que inscritas nas farmacopeias e compêndios reconhecidos pela Anvisa.

§ 2º – Não será admitida a adição de corantes, edulcorantes, flavolizantes, essências ou qualquer outro aditivo (ativo ou inerte) nas formulações de medicamentos dinamizados.

§ 3º – Os medicamentos antroposóficos e anti-homotóxicos poderão conter em sua composição tintura-mãe, desde que esteja prevista nos compêndios reconhecidos pela Anvisa para medicamentos dinamizados.

Art. 10 – São admitidas, no âmbito desta Resolução, apenas as escalas decimal e centesimal, ficando vedada a interconversão entre escalas.

Art. 11 – Por ocasião da primeira renovação após a publicação desta Resolução, os detentores de registro ou cadastro de medicamentos dinamizados deverão se adequar a esta Resolução, à exceção da apresentação da cópia do protocolo de notificação de produção de lotes-piloto.

§ 1º – A critério da empresa, a adequação a esta Resolução poderá ser requerida antes do período de renovação. Tal solicitação deverá ser encaminhada à Anvisa em forma de ofício, acompanhando justificativa e todos os documentos pertinentes, assim como as notificações que se fizerem necessárias. Esta atualização não altera a data de vencimento dos sucessivos períodos de validade do registro ou cadastro.

§ 2º – Caso a Anvisa considere necessário, poderá solicitar à empresa o enquadramento do(s) produto(s) com análise do cumprimento de exigência em andamento por ocasião da publicação desta Resolução.

§ 3º – A publicação desta Resolução não altera os prazos para cumprimento de exigências já exaradas pela Anvisa.

§ 4º – Caso ocorra alteração na categoria do produto a empresa terá até 180 (cento e oitenta) dias para adequar as embalagens e bula, ou folheto, conforme o caso. Os layouts definitivos devem ser enviados à Anvisa em forma de notificação ao final desse prazo.

Art. 12 – As alterações, inclusões, notificações e cancelamentos pós-registro ou notificação de medicamentos dinamizados industrializados serão disciplinadas conforme o disposto no Anexo III.

Art. 13 – A Anvisa disporá, em Resolução Específica, sobre:

§ 1º – Guia para realização de estudos de estabilidade de medicamentos dinamizados.

§ 2º – Relação de referências bibliográficas oficialmente aceitas pela Anvisa no âmbito desta Resolução.

§ 3º – Tabela de Potências para Registro e Notificação de Medicamentos Dinamizados Industrializados.

Art. 14 – A empresa interessada em peticionar o registro ou notificação de comercialização de medicamentos dinamizados industrializados deverá, com antecedência, notificar a produção de lotes-piloto, de acordo com o *Guia para Notificação de Lotes-Piloto de Medicamentos*, em vigor.

Parágrafo único: ficam excluídos do disposto no *caput* deste artigo os produtos importados ou daqueles já detentores de registro ou cadastro na data de publicação desta resolução.

Art. 15 – Para finalidade de registro do medicamento homeopático, deverão ser obedecidas as codificações homeopáticas e a *Farmacopeia Homeopática Brasileira*, no que se refere à denominação, nomenclatura homeopática, escala e abreviatura, nome tradicional e símbolos.

Art. 16 – A Anvisa poderá, a qualquer momento e a seu critério, exigir provas adicionais relativas à identidade e qualidade dos componentes, e da segurança e eficácia do medicamento, caso ocorram dúvidas ou fatos supervenientes que deem ensejo a avaliações complementares, mesmo após a concessão do registro ou notificação.

Art. 17 – Os casos não previstos nesta resolução serão avaliados adequadamente pela Anvisa.

Art. 18 – A Anvisa constituirá, através de Portaria, uma Comissão de Apoio Técnico para avaliação de registro de medicamentos dinamizados.

Art. 19 – A Anvisa disponibilizará no prazo de 45 dias o sistema para a notificação de medicamentos dinamizados.

LEGISLAÇÃO PARA FARMÁCIA HOMEOPÁTICA 305

Art. 20 – Esta Resolução entra em vigor na data da sua publicação, revogando-se os artigos 12, 16, 18 e 20 da Portaria – SNFMF n. 17, de 22 de agosto de 1966, o item 8 do Anexo I da RDC n. 333, de 19 de novembro de 2003, a Resolução RDC n. 139, de 29 de maio de 2003, o artigo 5º da Resolução-RDC n. 132, de 29 de maio de 2003 e a Resolução RDC n. 310, de 20 de outubro de 2005.

***

Nota: além do texto acima, a RDC n. 26 apresenta os anexos listados a seguir, que são importantes na leitura para o Registro de Medicamentos Dinamizados.

Anexo I – Notificação de Comercialização de Medicamentos Dinamizados e Industrializados.

Anexo II – Procedimentos para Registro e Renovação de Registro de Medicamentos Dinamizados.

Anexo III – Procedimentos para Pós-Registro de Medicamentos Dinamizados.

Anexo IV – Bula e Folheto de Orientações ao Consumidor de Medicamentos Dinamizados.

Instrução Normativa n. 3, de 11 de abril de 2007

Dispõe sobre a "Lista de Referências Bibliográficas para Avaliação de Segurança e Eficácia de Medicamentos Dinamizados".

Resolução RDC n. 67, de 08 de outubro de 2007

Dispõe sobre Boas Práticas de Manipulação de Preparações Magistrais e Oficinais para uso humano em farmácias. [Essa Resolução revoga a RDC n. 33/00, a RDC n. 354/03 e a RDC n. 214/06.]

O Regulamento Técnico e seus anexos, aprovados pela RDC n. 67/2007, fixam os requisitos mínimos exigidos para o exercício das atividades de manipulação de preparações magistrais e oficinais das farmácias, desde suas instalações, equipamentos e recursos humanos, aquisição e controle da qualidade da matéria-prima, armazenamento, avaliação farmacêutica da prescrição, manipulação, fracionamento, conservação, transporte, dispensação das preparações, além da atenção farmacêutica aos usuários ou seus responsáveis, visando à garantia de sua qualidade, segurança, efetividade e promoção do seu uso seguro e racional.

Essa Resolução é de vital importância para o exercício da farmácia com manipulação. Assim, é necessário ler, conhecer, interpretar e executá-la integralmente, e não considerar apenas os pontos aqui levantados que pertencem ao Anexo V, que dispõe exclusivamente sobre a manipulação de preparações homeopáticas.

Neste capítulo serão abordados os itens principais, acompanhando a numeração da resolução original.

ANEXO V
Boas Práticas de Manipulação de Preparações Homeopáticas (BPMH) em Farmácias

1. OBJETIVO

Este Anexo fixa os requisitos mínimos relativos à manipulação de preparações homeopáticas em Farmácias, complementando os requisitos estabelecidos no Regulamento Técnico e no Anexo I.

2. ORGANIZAÇÃO E PESSOAL

2.1. Saúde, Higiene, Vestuário e Conduta.
2.1.1. Os funcionários envolvidos no processo de manipulação devem estar devidamente higienizados e não odorizados.

3. INFRAESTRUTURA FÍSICA

3.1. A farmácia para executar a manipulação de preparações homeopáticas deve possuir, além das áreas comuns referidas no Anexo I, as seguintes áreas:
   a) sala exclusiva para a manipulação de preparações homeopáticas;
   b) área ou local de lavagem e inativação;
   c) sala exclusiva para coleta de material para o preparo de autoisoterápicos, quando aplicável.

3.2. Armazenamento.
3.2.1. As matrizes, os insumos ativos e os insumos inertes podem ser armazenados na sala da manipulação homeopática ou em área exclusiva.

3.3. Sala de Manipulação.
3.3.1. A sala de manipulação deve ter dimensões adequadas ao número de funcionários que trabalhem na mesma, e móveis em número e disposição que facilitem o trabalho desenvolvido, bem como sua limpeza e manutenção. A sala deve estar localizada em área de baixa incidência de radiações e de odores fortes.
3.3.2. A sala de manipulação, além dos equipamentos básicos descritos no Anexo I, quando aplicável, deve ser dotada dos seguintes equipamentos específicos:
   a) alcoômetro de Gay-Lussac;
   b) balança de uso exclusivo.

LEGISLAÇÃO PARA FARMÁCIA HOMEOPÁTICA 307

3.3.3. A farmácia que realizar preparo de autoisoterápico deve possuir sala específica para coleta e manipulação até 12CH ou 24DH, seguindo os preceitos da *Farmacopeia Homeopática Brasileira*, edição em vigor.
3.3.3.1. Para garantir a efetiva inativação microbiana, deve ser realizado monitoramento periódico do processo de inativação, mantendo-se os registros.
3.3.4. Devem existir procedimentos escritos de biossegurança, de forma a garantir a segurança microbiológica da sala de coleta e manipulação de material para preparo de autoisoterápico, contemplando os seguintes itens:

a) normas e condutas de segurança biológica, ocupacional e ambiental;
b) instruções de uso dos equipamentos de proteção individual (EPI);
c) procedimentos em caso de acidentes;
d) manuseio do material.

3.4. Área ou local de lavagem e inativação.
3.4.1. Deve existir área ou local para limpeza e higienização dos utensílios, acessórios e recipientes utilizados nas preparações homeopáticas, dotados de sistema de lavagem e inativação.
3.4.2. No caso da existência de uma área específica de lavagem, esta pode ser compartilhada em momentos distintos para lavagem de outros recipientes, utensílios e acessórios utilizados na manipulação de preparações não homeopáticas, obedecendo a procedimentos escritos.
3.4.3. A área ou local de lavagem e inativação deve ser dotada de estufa para secagem e inativação de materiais, com termômetro, mantendo-se os respectivos registros de temperatura e tempo do processo de inativação.

4. Limpeza e sanitização

4.1. Para a limpeza e sanitização de piso, parede e mobiliário da sala de manipulação de preparações homeopáticas devem ser usados produtos que não deixem resíduos ou possuam odores, sendo indicado o uso de sabão, água e soluções sanitizantes.

4.2. Bancadas de trabalho devem ser limpas com solução hidroalcoólica a 70% (p/p).

5. Materiais

5.1. Os materiais destinados às preparações homeopáticas devem ser armazenados em área ou local apropriado, ao abrigo de odores.

308   FARMÁCIA HOMEOPÁTICA: TEORIA E PRÁTICA

5.2. A água utilizada para preparações homeopáticas deve atender aos requisitos farmacopeicos estabelecidos para água purificada.

6. Manipulação

6.1. A identificação do medicamento homeopático prescrito deve ser realizada conforme nomenclatura específica e ainda apresentar potência, escala, método, forma farmacêutica, quantidades e unidades.

6.2. A preparação de heteroisoterápicos provenientes de especialidades farmacêuticas sujeitas à prescrição deve estar acompanhada da respectiva receita.

6.3. A preparação de heteroisoterápicos utilizando especialidades farmacêuticas que contenham substâncias sujeitas a controle especial deve ser realizada a partir do estoque do estabelecimento ou proveniente do próprio paciente, obedecidas as exigências da legislação específica vigente.

6.4. A preparação de heteroisoterápicos utilizando substâncias sujeitas a controle especial deve ser realizada obedecendo às exigências da legislação específica vigente, necessitando neste caso da Autorização Especial emitida pela Anvisa.
6.4.1. A preparação e dispensação de heteroisoterápicos de potências igual ou acima de 6CH ou 12DH com matrizes obtidas de laboratórios industriais homeopáticos não necessitam da Autorização Especial emitida pela Anvisa.

6.5. O local de trabalho e os equipamentos devem ser limpos periodicamente, de forma a garantir a higiene da área de manipulação.

6.6. Os utensílios, acessórios e recipientes utilizados nas preparações homeopáticas devem ser descartados. Na possibilidade de sua reutilização, os mesmos devem ser submetidos a procedimentos adequados de higienização e inativação, atendendo às recomendações técnicas nacionais e/ou internacionais.

6.7. Após a inativação e higienização dos utensílios, recipientes e acessórios, estes devem ser guardados ao abrigo de sujidades e odores.

6.8. Devem existir procedimentos operacionais padrão para todas as etapas do processo de preparações homeopáticas.

7. Rotulagem e embalagem

7.1. A rotulagem e a embalagem devem atender requisitos estabelecidos no Anexo I, com a seguinte complementação:

7.1.1. Insumo ativo

7.1.1.1. A tintura-mãe deve ser identificada por meio do rótulo interno ou do fornecedor, de acordo com normas internacionais de nomenclatura e legislação específica, contendo os seguintes dados:

a) nome científico da droga;

b) data de fabricação;

c) prazo de validade;

d) parte usada;

e) conservação;

f) grau alcoólico;

g) classificação toxicológica, quando for o caso;

h) número de lote.

7.1.1.2. A matriz deve ser identificada por meio do rótulo interno ou do fornecedor, de acordo com normas internacionais de nomenclatura e legislação específica, contendo os seguintes dados:

a) dinamização, escala e método;

b) insumo inerte e grau alcoólico, quando for o caso;

c) data da manipulação;

d) prazo de validade (mês/ano);

e) origem.

7.1.1.2.1 O teor alcoólico das matrizes estocadas deve seguir as recomendações da *Farmacopeia Homeopática Brasileira*.

7.1.2. Formas Farmacêuticas de Dispensação.

7.1.2.1 Preparação para ser dispensada deve ser identificada por meio de rótulo contendo:

a) nome da preparação;

b) dinamização, escala e método;

c) forma farmacêutica;

d) quantidade e unidade;

e) data da manipulação;

f) prazo de validade (mês/ano);

g) identificação da farmácia com o Cadastro Nacional de Pessoa Jurídica – CNPJ, endereço completo, nome do farmacêutico responsável com o respectivo número no Conselho Regional de Farmácia;

h) nas preparações homeopáticas magistrais deve constar no rótulo o nome do paciente e do prescritor.

8. PRAZO DE VALIDADE

8.1. Toda preparação homeopática deve apresentar no rótulo o prazo de validade e, quando necessário, a indicação das condições para sua conservação.

8.2. O prazo de validade das matrizes e das preparações dispensadas deve ser estabelecido caso a caso, conforme a *Farmacopeia Homeopática Brasileira*.

9. Controle de qualidade

9.1. A farmácia deve avaliar os insumos inertes conforme o item 7.3.10. do Anexo I.

9.2. O controle de qualidade dos insumos ativos será estabelecido, respeitadas as peculiaridades das preparações homeopáticas.
9.3. Os insumos ativos para os quais existem métodos de controle de qualidade devem ser adquiridos acompanhados dos respectivos certificados de análise.

9.4. Os insumos ativos para os quais não existem métodos de controle de qualidade devem ser adquiridos acompanhados da respectiva descrição de preparo.

9.5. Devem ser realizadas análises microbiológicas das matrizes do estoque existente, por amostragem representativa, mantendo-se os registros.
9.5.1. A farmácia pode, por meio de processos controlados e registrados, estipular a periodicidade adequada para as análises de forma a garantir a qualidade de suas matrizes.

Resolução n. 87, de 21 de novembro de 2008

Altera o Regulamento Técnico sobre as Boas Práticas de Manipulação em Farmácias. [Substitui os itens 5.17, 5.17.1 e 5.17.2 e inclui o item 5.17.5.1 no anexo da Resolução RDC n. 67, de 08 de outubro de 2007.]

5.17. Prescrição de preparações magistrais.
5.17.1. Os profissionais legalmente habilitados, respeitando os códigos de seus respectivos conselhos profissionais, são os responsáveis pela prescrição das preparações magistrais de que trata este Regulamento Técnico e seus Anexos.

5.17.2. A prescrição ou indicação, quando realizada pelo farmacêutico responsável, também deve obedecer aos critérios éticos e legais previstos.

5.17.5.1 Na ausência de indicação na prescrição sobre a duração de tratamento, o farmacêutico só poderá efetuar a repetição da receita, após confirmação expressa do prescritor. Manter os registros destas confirmações, datados e assinados pelo farmacêutico responsável.

***

Nota: existem outros itens da RDC 67/07 que também foram alterados pela Resolução n. 87, portanto é importante verificar a resolução inteira.

Resolução n. 21, de 20 de maio de 2009

Altera o item 2.7, do Anexo III, da Resolução RDC n. 67, de 8 de outubro de 2007. [Dispõe sobre Boas Práticas de Manipulação de Antibióticos, Hormônios, Citostáticos e Substâncias Sujeitas a Controle Especial.]

Resolução n. 37, de 6 de julho de 2009

Art. 1º – Na ausência de monografia oficial de matéria-prima, formas farmacêuticas, correlatos e métodos gerais inscritos na Farmacopeia Brasileira, poderá ser adotada monografia oficial, última edição, de um dos seguintes compêndios internacionais:

– Farmacopeia Alemã.
– Farmacopeia Americana.
– Farmacopeia Argentina.
– Farmacopeia Britânica.
– Farmacopeia Europeia.
– Farmacopeia Francesa.
– Farmacopeia Internacional (OMS).
– Farmacopeia Japonesa.
– Farmacopeia Mexicana.
– Farmacopeia Portuguesa.

Art. 2º – Na ausência de substâncias químicas de referência certificadas pela Farmacopeia Brasileira poderão ser utilizadas as substâncias químicas de referência certificadas pelas Farmacopeias referidas no Art. 1º.

Resolução n. 44, de 17 de agosto de 2009 (alterada pela RDC n. 41, de 4 de janeiro de 2012)

Dispõe sobre as Boas Práticas Farmacêuticas para o controle sanitário do funcionamento, da dispensação e da comercialização de produtos e da prestação de serviços farmacêuticos em farmácias e drogarias e dá outras providências.

Resolução RDC n. 1, de 13 de janeiro de 2010

Dispõe sobre os critérios para peticionamento de Concessão, Renovação, Cancelamento a pedido, Alteração, Retificação de Publicação e Reconsideração de Indeferimento da Autorização de Funcionamento de Empresa (AFE) dos estabelecimentos de comércio varejista de medicamentos: farmácias e drogarias.

Resolução RDC n. 49, de 23 de novembro de 2010

Aprova a Farmacopeia Brasileira, 5ª edição, e dá outras providências.

Resolução RDC n. 39, 02 de setembro de 2011

Aprova a Farmacopeia Homeopática Brasileira, 3ª edição, e dá outras providências.

Resolução RDC n. 60, de 10 de novembro de 2011

Aprova o Formulário de Fitoterápicos da Farmacopeia Brasileira, 1ª edição, e dá outras providências.

Resolução RDC n. 67, de 13 de novembro de 2011

Aprova o Formulário Nacional da Farmacopeia Brasileira, 2ª edição, e dá outras providências.

Resolução RDC n. 62, de 18 de novembro de 2011

Altera a Resolução de Diretoria Colegiada – RDC n. 49, de 23 de novembro de 2010, que aprova a Farmacopeia Brasileira, 5ª edição e dá outras providências.

Resolução RDC n. 1, de 4 de janeiro de 2012

Dispõe sobre os critérios para peticionamento de Concessão, Renovação, Cancelamento a pedido, Alteração, Retificação de Publicação e Recurso Administrativo contra o Indeferimento da Autorização Especial (AE) dos estabelecimentos de farmácias de manipulação.

Resolução RDC n. 41, de 4 de janeiro de 2012

Altera a Resolução n. 44 de 17 de agosto de 2009, que dispõe sobre Boas Práticas Farmacêuticas para o controle sanitário do funcionamento, da dispensação e da comercialização de produtos e da prestação de serviços farmacêuticos em farmácia e drogarias e dá outras providências, e revoga a Instrução Normativa (IN) n. 10, de 17 de agosto de 2009.

* * *

Nota: o farmacêutico não será responsabilizado por colocar os Medicamentos Isentos de Prescrição (MIP's) fora das gôndolas, mas poderá ser responsabilizado pelo mau uso. Esta resolução faculta às drogarias e farmácias a colocação dos MIP's no autosserviço.

Resolução RDC n. 09, de 06 de março de 2013

Aprova a correção da terceira edição da Farmacopeia Homeopática Brasileira (FHB3), aprovada pela RDC n. 39 de 02 de setembro de 2011 e suas alterações, de acordo com a Errata n.1, e dá outras providências.

Resolução RDC n. 17, de 28 de março de 2013

Art. 1º – Esta Resolução tem o objetivo de estabelecer os critérios relativos à concessão, renovação, cancelamento a pedido, alteração, retificação de publicação e recurso administrativo contra o indeferimento de Autorização de Funcionamento (AFE) e de Autorização Especial (AE) de farmácia e drogarias.

Resolução RDC n. 157, de 11 de maio de 2017

Dispõe sobre a implantação do Sistema Nacional de Controle de Medicamentos e os mecanismos e procedimentos para rastreamento de medicamentos e dá outras providências.

* * *

Nota: Esta resolução determina os mecanismos e procedimentos para o rastreamento de medicamentos através de tecnologia de captura, armazenamento e transmissão eletrônica de dados, em toda a cadeia de produtos farmacêuticos.

* * *

Nota: as resoluções, como dito no início do capítulo, atualizam-se constantemente. Portanto, aqui foram listadas as que consideramos pertinentes e importantes ao setor. O farmacêutico deve ficar atento às novas legislações para atualizar-se diariamente.

REFERÊNCIAS BIBLIOGRÁFICAS

BRASIL. Decreto n. 20.377, de 08/09/1931. Aprova a regulamentação do exercício da profissão farmacêutica no Brasil. Diário Oficial da União da República Federativa do Brasil.

BRASIL. Decreto-Lei n. 2.848, de 07/12/1940. Institui o Código Penal Brasileira. Diário Oficial da União da República Federativa do Brasil.

BRASIL. Decreto n. 57.477, de 20/12/1965. Dispõe sobre manipulação, receituário, industrialização e venda de produtos utilizados em homeopatia e dá outras providências. Diário Oficial da União da República Federativa do Brasil.

BRASIL. Portaria n. 17, de 22/08/1966. Dispõe sobre manipulação, receituário, industrialização e venda de produtos utilizados em homeopatia e dá outras providências.

BRASIL. Lei n. 5.991, de 17/12/1973. Dispõe sobre o controle sanitário do comércio de drogas, medicamentos, insumos farmacêuticos e correlatos, e dá outras providências. Diário Oficial da União da República Federativa do Brasil. Brasília, 19 de dezembro de 1973.

BRASIL. Decreto n. 74.170, de 10/06/1974. Regulamenta a Lei n. 5.991, de 17 de dezembro de 1973, que dispõe sobre o controle sanitário do comércio de drogas, medicamentos, insumos farmacêuticos e correlatos. Diário Oficial da União da República Federativa do Brasil. Brasília, 11 de junho de 1974.

BRASIL. Lei n. 6.360, de 23/09/1976. Dispõe sobre a vigilância sanitária a que ficam sujeitos os medicamentos, as drogas, os insumos farmacêuticos e correlatos, cosméticos, saneantes e outros produtos, e dá outras providências. Diário Oficial da União da República Federativa do Brasil. Brasília, 24 de setembro de 1976.

BRASIL. Lei n. 8.078, de 11/09/1990. Código de Defesa do Consumidor. Diário Oficial da União da República Federativa do Brasil. Brasília, v. 128, n. 176, Supl. p. 1, 12 de setembro de 1990.

BRASIL. Lei n. 8.080, de 19/09/1990. Dispõe sobre as condições para a promoção, proteção e recuperação da saúde, a organização e o funcionamento dos serviços correspondentes e dá outras providências. Diário Oficial da União da República Federativa do Brasil. Brasília, 20 de setembro de 1990.

BRASIL. Lei n. 8.137, de 27/12/1990. Define os crimes contra a ordem tributária, econômica e contra as relações de consumo, e dá outras providências. Diário Oficial da União da República Federativa do Brasil. Brasília, 28 de dezembro de 1990.

BRASIL. Lei n. 9.677, de 02/06/1998. Altera dispositivos do Capítulo III do Título VIII do Código Penal, incluindo na classificação dos delitos considerados hediondos crimes contra a saúde pública, e dá outras providências. Diário Oficial da União República Federativa do Brasil. Brasília, 20 de setembro de 1990.

BRASIL. Lei n. 9.782 de 26/01/1999. Define o Sistema Nacional de Vigilância Sanitária, cria a Agência Nacional de Vigilância Sanitária, e dá outras providências. Diário Oficial da União República Federativa do Brasil. Brasília, 27 de janeiro de 1999. A Medida Provisória n. 2.190/01 altera alguns dispositivos da Lei n. 9.782.

BRASIL. Portaria n. 344, de 12/05/1998. Aprova o Regulamento Técnico sobre substâncias e medicamentos sujeitos a controle especial. Diário Oficial da União República Federativa do Brasil. Brasília, 19 de maio de 1998. Republicada no Diário Oficial da União República Federativa do Brasil. Brasília, 01/02/1999.

LEGISLAÇÃO PARA FARMÁCIA HOMEOPÁTICA 315

BRASIL. Conselho Federal de Farmácia. Resolução n. 357, de 20/04/2001. Aprova o regulamento técnico das boas práticas de farmácia. Diário Oficial da União República Federativa do Brasil. Brasília, 27 de abril de 2001.

BRASIL. Ministério da Saúde. Resolução RDC n. 33, de 25/02/2003. Dispõe sobre o Regulamento Técnico para o gerenciamento de resíduos de serviços de saúde. Diário Oficial da União República Federativa do Brasil. Brasília, 05 de março de 2003.

BRASIL. Conselho Federal de Farmácia. Resolução n. 416, de 27/08/2004. Revoga o § 2º do artigo 34 da Resolução nº 357, de 20 de abril de 2001. Diário Oficial da União República Federativa do Brasil. Brasília, 10 de setembro de 2004.

BRASIL. Ministério da Saúde. Resolução RDC n. 306, de 7 de setembro de 2004. Dispõe sobre o Regulamento Técnico para o gerenciamento de resíduos de serviços de saúde. Diário Oficial da União República Federativa do Brasil. Brasília, 10 de dezembro de 2004.

BRASIL. Conselho Federal de Farmácia. Resolução n. 596, de 21 de fevereiro de 2014. Dispõe sobre o Código de Processo Ético e estabelece as infrações e as regras de aplicação das sanções disciplinares. Diário Oficial da União República Federativa do Brasil. Brasília, 25 de março de 2014.

BRASIL. Conselho Federal de Farmácia. Resolução n. 440, de 22 de setembro de 2005. Dá nova redação à Resolução n. 335/98 do Conselho Federal de Farmácia, que dispõe sobre as prerrogativas para o exercício da responsabilidade técnica em homeopatia. Diário Oficial da União República Federativa do Brasil. Brasília, 26 de outubro de 2005.

BRASIL. Portaria n. 971, de 03/05/2006. Aprova a Política Nacional de Práticas Integrativas e Complementares (PNPIC) no Sistema Único de Saúde. Diário Oficial da União República Federativa do Brasil. Brasília, 04 de maio de 2006.

BRASIL. Lei n. 11.343, de 23/08/2006. Institui o Sistema Nacional de Políticas Públicas sobre Drogas – Sisnad; prescreve medidas para prevenção do uso indevido, atenção e reinserção social de usuários e dependentes de drogas; estabelece normas para repressão à produção não autorizada e ao tráfico ilícito de drogas; define crimes e dá outras providências.

BRASIL. Ministério da Saúde. Resolução RDC n. 26, de 30 de março de 2007. Dispõe sobre o registro e isenção de registro de medicamentos homeopáticos industrializados. Diário Oficial da União República Federativa do Brasil. Brasília, 02 de abril de 2007.

BRASIL. Ministério da Saúde. Instrução Normativa n. 3, de 11 de abril de 2007. Dispõe sobre a Lista de referências bibliográficas para avaliação de segurança e eficácia de medicamentos homeopáticos. Diário Oficial da União República Federativa do Brasil. Brasília, 13 de abril de 2007.

BRASIL. Ministério da Saúde. Resolução RDC n. 67, de 8 de outubro de 2007. Aprova o regulamento técnico sobre boas práticas de manipulação de preparações magistrais e oficinais para uso humano em farmácias e seus anexos. Diário Oficial da União da República Federativa do Brasil. Brasília, 9 de outubro de 2007.

BRASIL. Ministério da Saúde. Resolução RDC n. 87, de 21 de novembro de 2008. Altera o Regulamento Técnico sobre Boas Práticas de Manipulação em Farmácias. Diário Oficial da União da República Federativa do Brasil. Brasília, 24 de novembro de 2008.

BRASIL. Lei n. 11.903, de 14/01/2009. Define os crimes contra a ordem tributária, econômica e contra as relações de consumo, e dá outras providências. Diário Oficial da União República Federativa do Brasil. Brasília, 15 de janeiro de 2009.

BRASIL. Ministério da Saúde. Resolução RDC n. 21, de 20 de maio de 2009. Altera o item 2.7, do Anexo III, da Resolução RDC n. 67, de 8 de outubro de 2007; que dispõe sobre Boas Práticas de Manipulação de Antibióticos, Hormônios, Citostáticos e Substâncias Sujeitas a Controle Especial. Diário Oficial da União da República Federativa do Brasil. Brasília, 21 de maio de 2009.

BRASIL. Ministério da Saúde. Resolução RDC n. 37, de 6 de julho de 2009. Diário Oficial da União da República Federativa do Brasil. Brasília, 8 de julho de 2009.

BRASIL. Lei n. 11.951, de 24/06/2009. Altera o art. 36 da Lei n. 5.991, de 17 de dezembro de 1973. Diário Oficial da União da República Federativa do Brasil. Brasília, 25 de junho de 2009.

BRASIL. Ministério da Saúde. Resolução RDC n. 44, de 17 de agosto de 2009. Dispõe sobre Boas Práticas Farmacêuticas para o controle sanitário do funcionamento, da dispensação e da comercialização de produtos e da prestação de serviços farmacêuticos em farmácias e drogarias e dá outras providências. Diário Oficial da União da República Federativa do Brasil. Brasília, 18 de agosto de 2009.

BRASIL. Ministério da Saúde. Resolução RDC n. 1, de 13 de janeiro de 2010. Dispõe sobre os critérios para peticionamento de Concessão, Renovação, Cancelamento a pedido, Alteração, Retificação de Publicação e Reconsideração de Indeferimento da Autorização de Funcionamento de Empresa (AFE) dos estabelecimentos de comércio varejista de medicamentos: farmácias e drogarias. Diário Oficial da União da República Federativa do Brasil. Brasília, 14 de janeiro de 2010.

BRASIL. Lei n. 12.291, de 20/07/2010. Torna obrigatória a manutenção de exemplar do Código de Defesa do Consumidor nos estabelecimentos comerciais e de prestação de serviços. Diário Oficial da União da República Federativa do Brasil. Brasília, 21 de junho de 2010.

BRASIL. Lei n. 12.305, de 02/08/2010. Institui a Política Nacional de Resíduos Sólidos; altera a Lei n. 9.605, de 12 de fevereiro de 1998; e dá outras providências. Diário Oficial da União da República Federativa do Brasil. Brasília, 03 de agosto de 2010.

BRASIL. Ministério da Saúde. Resolução RDC n. 49, de 23 de novembro de 2010. Aprova a Farmacopeia Brasileira, 5ª edição, e dá outras providências. Diário Oficial da União da República Federativa do Brasil. Brasília, 24 de novembro de 2010.

BRASIL. Ministério da Saúde. Resolução RDC n. 39, de 02 de setembro de 2011. Aprova a Farmacopeia Homeopática Brasileira, 3ª edição. Diário Oficial da União da República Federativa do Brasil. Brasília, 06 de setembro de 2011.

BRASIL. Ministério da Saúde. Resolução RDC n. 60, de 10 de novembro de 2011. Aprova o Formulário de Fitoterápicos da Farmacopéia Brasileira, 1ª edição, e dá outras providências. Diário Oficial da União da República Federativa do Brasil. Brasília, 11 de novembro de 2011.

BRASIL. Ministério da Saúde. Resolução RDC n. 62, de 18 de novembro de 2011. Altera a Resolução de Diretoria Colegiada – RDC n. 49, de 23 de novembro de 2010, que aprova a Farmacopeia Brasileira, 5ª edição, e dá outras providências. Diário Oficial da União da República Federativa do Brasil. Brasília, 22 de novembro de 2011.

LEGISLAÇÃO PARA FARMÁCIA HOMEOPÁTICA

BRASIL. Ministério da Saúde. Resolução RDC n. 67, de 13 de novembro de 2011. Aprova o Formulário Nacional da Farmacopeia Brasileira, segunda edição, e dá outras providências. Diário Oficial da União da República Federativa do Brasil. Brasília, 14 de dezembro de 2011.

BRASIL. Ministério da Saúde. Resolução RDC n. 1, de 4 de janeiro de 2012. Dispõe sobre os critérios para peticionamento de Concessão, Renovação, Cancelamento a Pedido, Alteração, Retificação de Publicação e Recurso Administrativo contra o Indeferimento da Autorização Especial (AE) dos estabelecimentos de farmácias de manipulação. Diário Oficial da União da República Federativa do Brasil. Brasília, 09 de janeiro de 2012.

BRASIL. Conselho Federal de Farmácia. Resolução n. 572, de 25 de abril de 2013. Dispõe sobre a regulamentação das especialidades farmacêuticas, por linhas de atuação. Diário Oficial da União da República Federativa do Brasil. Brasília, 06 de maio de 2013.

BRASIL. Conselho Federal de Farmácia. Resolução n. 574, de 22 de maio de 2013. Define, regulamenta e estabelece atribuições e competências do farmacêutico na dispensação e aplicação de vacinas, em farmácias e drogarias. Diário Oficial da União da República Federativa do Brasil. Brasília, 06 de maio de 2013.

BRASIL. Conselho Federal de Farmácia. Resolução n. 576 de 28 de junho de 2013. Dá nova redação ao artigo 1º da Resolução n. 440, de 22 de setembro de 2005, que dispões sobre as prerrogativas para o exercício da responsabilidade técnica em homeopatia. Diário Oficial da União da República Federativa do Brasil. Brasília, 03 de setembro de 2013.

BRASIL. Conselho Federal de Farmácia. Resolução n. 577 de 25 de julho de 2013. Dispõe sobre a direção técnica ou responsabilidade técnica de empresas ou estabelecimentos que dispensam, fornecem e distribuem produtos farmacêuticos, cosméticos e produtos para saúde. Diário Oficial da União da República Federativa do Brasil. Brasília, 19 de agosto de 2013.

BRASIL. Decreto n. 8.077, de 14/08/2013. Revoga o Decreto n. 79.094, de 05 de janeiro de 1977. Diário Oficial da União da República Federativa do Brasil. Brasília, 15 de agosto de 2013.

BRASIL. Conselho Federal de Farmácia. Resolução n. 585 de 29 de agosto de 2013. Regulamenta as atribuições clínicas do farmacêutico e dá outras providências. Diário Oficial da União da República Federativa do Brasil. Brasília, 25 de setembro de 2013.

BRASIL. Conselho Federal de Farmácia. Resolução n. 586 de 29 de agosto de 2013. Regulamenta as atribuições clínicas do farmacêutico e dá outras. Diário Oficial da União da República Federativa do Brasil. Brasília, 26 de setembro de 2013.

BRASIL. Lei n. 13.021, de 08/08/2014. Dispõe sobre o exercício e a fiscalização das atividades farmacêuticas. Diário Oficial da União da República Federativa do Brasil. Brasília, 11 de agosto de 2014.

BRASIL. Conselho Federal de Farmácia. Resolução n. 601, de 26 de setembro de 2014. Dispõe sobre as atribuições do farmacêutico no âmbito da homeopatia e dá outras providências. Diário Oficial da União da República Federativa do Brasil. Brasília, 05 de novembro de 2014.

BRASIL. Lei n. 13.235, de 29/12/2015. Altera a Lei n. 6.360, de 23 de setembro de 1976. Diário Oficial da União da República Federativa do Brasil. Brasília, 30 de dezembro de 2015.

BRASIL. Lei n. 13.236, de 29/12/2015. Altera a Lei n. 6,360, de 23 de setembro de 1976. Diário Oficial da União da República Federativa do Brasil. Brasília, 30 de dezembro de 2015.

Brasil. Ministério da Saúde. Resolução RDC n. 157, de 11/05/2017. Dispõe sobre a implantação do Sistema Nacional de Controle de Medicamentos e os mecanismos e procedimentos para rastreamento de medicamentos e dá outras providências. Diário Oficial da União da República Federativa do Brasil. Brasília, 15 de maio de 2017.

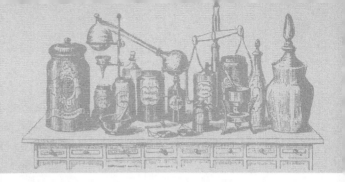

14

Resumo das monografias dos principais medicamentos homeopáticos

Olney Leite Fontes

O resumo das monografias apresentadas neste capítulo foi elaborado com base nas seguintes publicações:

- *Homeopathie – pharmacotechnie et monographies des medicaments courants* – Volumes 1 e 2.
- *Homoeopathic pharmacopoeia of India.*
- *Pharmacopée française* e suplementos.
- *The homoeopathic pharmacopoeia of the United States* e suplementos.
- *Farmacopeia homeopática brasileira*, 3ª edição.
- *Dicionário de medicamentos homeopáticos*, do farmacêutico Antonius A. Dorta Soares. Neste livro encontramos um excelente banco de dados sobre as drogas empregadas em homeopatia e citadas nas principais obras de referência desse sistema médico.

As prescrições clínicas atendidas em nossas farmácias também serviram de fonte de informações para o resumo.

Estabelecemos, ainda, os seguintes critérios para as informações aqui disponibilizadas relativas aos medicamentos homeopáticos:

a) Foram incluídos os medicamentos que devem constar do estoque mínimo de uma farmácia homeopática, segundo nosso conhecimento prático.
b) Os medicamentos foram dispostos em ordem alfabética de acordo com a nomenclatura homeopática citada no Capítulo 4.

c) Foram selecionadas as sinonímias mais citadas nas prescrições atendidas por nós e observadas nas obras de referência destacadas.

d) Os medicamentos foram classificados em policrestos, semipolicrestos e medicamento menor, conforme as informações do *Dicionário de medicamentos homeopáticos*.

e) Para a experimentação patogenética foram citados os responsáveis pela sua condução e/ou divulgação.

f) Sobre a parte utilizada, procuramos indicar a mais citada nas obras de referência.

g) Para a solubilidade das drogas, optamos por indicar o termo insolúvel quando a maioria das obras consultadas apontava a trituração.

h) Quanto ao teor alcoólico e o resíduo seco da TM, seguimos, principalmente, as recomendações da farmacopeia do *Syndicat des Pharmacies et Laboratoires Homéopathiques*.

Achillea millefolium

- Sinonímia: Millefolium
- Classificação: medicamento menor
- Experimentação patogenética: Nenning, Hartlaub e Trinks
- Droga: planta inteira florida de *Achillea millefolium L.*
- Teor alcoólico da TM: entre 60 e 70% (v/v)
- Resíduo seco da TM: superior ou igual a 1%

Acidum aceticum

- Sinonímia: Aceti acidum, Acetic acidum
- Classificação: medicamento menor
- Experimentação patogenética: Hering
- Droga: ácido acético glacial mínimo de 99,4% – $C_2H_4O_2$
- Solubilidade: solúvel em água

Acidum benzoicum

- Sinonímia: Benzoic acidum
- Classificação: medicamento menor
- Experimentação patogenética: Jeanes e Lingen

RESUMO DAS MONOGRAFIAS DOS PRINCIPAIS MEDICAMENTOS HOMEOPÁTICOS

- Droga: ácido benzoico 99,5% a 100,5% – $C_7H_6O_2$, em relação à substância anidra
- Solubilidade: solúvel em etanol em diferentes graduações

Acidum carbolicum

- Sinonímia: Phenolum, Phenol, Carbolicum acidum, Phenolum purum
- Classificação: medicamento menor
- Experimentação patogenética: Dunham e Hoyne
- Droga: fenol 99,0% a 100,5% – C_6H_6O, em relação à substância anidra
- Solubilidade: solúvel em etanol em diferentes graduações

Acidum fluoricum

- Sinonímia: Fluoricum acidum, Fluoris acidum
- Classificação: medicamento menor
- Experimentação patogenética: Hering
- Droga: ácido fluorídrico 36 a 40% – HF
- Solubilidade: solúvel em água (até 3CH ou 6DH, armazenar em frascos plásticos)

Acidum formicum

- Sinonímia: Formic acid
- Classificação: medicamento menor
- Experimentação patogenética: autor não identificado
- Droga: ácido fórmico 98% – H_2CO_2
- Solubilidade: solúvel em água

Acidum lacticum

- Sinonímia: Lacticum acidum, Lactis acidum
- Classificação: medicamento menor
- Experimentação patogenética: Swan e Reisig
- Droga: ácido lático 88 a 92% – $C_3H_6O_3$
- Solubilidade: solúvel em etanol em diferentes graduações

Acidum muriaticum

- Sinonímia: Acidum chlorhydricum, Muriaticum acidum, Muriatis acidum
- Classificação: medicamento menor
- Experimentação patogenética: Hahnemann
- Droga: ácido clorídrico 35% – HCl
- Solubilidade: solúvel em água

Acidum nitricum

- Sinonímia: Acidum azoticum, Nitricum acidum, Nitri acidum
- Classificação: semipolicresto
- Experimentação patogenética: Hahnemann
- Droga: ácido nítrico 65 a 69% – HNO_3
- Solubilidade: solúvel em água (reage com o etanol)

Acidum oxalicum

- Sinonímia: Oxalicum acidum, Oxalic acid, Oxalii acidum
- Classificação: medicamento menor
- Experimentação patogenética: Hering
- Droga: ácido oxálico di-idratado – $C_2H_2O_4.2H_2O$
- Solubilidade: solúvel em etanol em diferentes graduações

Acidum phosphoricum

- Sinonímia: Phosphoricum acidum, Phosphori acidum, Phosphoric acidi
- Classificação: semipolicresto
- Experimentação patogenética: Hahnemann
- Droga: ácido fosfórico 85 a 90% – H_3PO_4
- Solubilidade: solúvel em água

Acidum salicylicum

- Sinonímia: Acidum oxybenzoicum, Salicyli acidum, Salicylicum acidum
- Classificação: medicamento menor
- Experimentação patogenética: Lewi

RESUMO DAS MONOGRAFIAS DOS PRINCIPAIS MEDICAMENTOS HOMEOPÁTICOS

- Droga: ácido salicílico – $C_7H_6O_3$
- Solubilidade: solúvel em etanol a 90% (v/v)

Acidum sulfuricum

- Sinonímia: Acidum sulphuricum, Sulfuris acidum, Sulfuris acidi
- Classificação: medicamento menor
- Experimentação patogenética: Hahnemann
- Droga: ácido sulfúrico 95 a 97% – H_2SO_4
- Solubilidade: solúvel em água

Aconitum napellus

- Sinonímia: Aconitum
- Classificação: policresto
- Experimentação patogenética: Hahnemann
- Droga: planta inteira de *Aconitum napellus* L., colhida na floração
- Teor alcoólico da TM: entre 40 e 50% (v/v)
- Resíduo seco da TM: superior ou igual a 1,5%

Actaea racemosa

- Sinonímia: Cimicifuga, Cimicifuga racemosa
- Classificação: medicamento menor
- Experimentação patogenética: Houghton
- Droga: parte subterrânea de *Cimicifuga recemosa* (L.) Nutt.
- Teor alcoólico da TM: entre 60 e 70% (v/v)
- Resíduo seco da TM: superior ou igual a 0,8%

Adrenalinum

- Sinonímia: Epinephrinum
- Classificação: medicamento menor
- Experimentação patogenética: Getman
- Droga: Adrenalina – $C_9H_{13}NO_3$
- Solubilidade: insolúvel

Aesculus hippocastanum

- Sinonímia: Aesculus, Hippocastanum vulgare
- Classificação: semipolicresto
- Experimentação patogenética: Helbig
- Droga: grão fresco com tegumento de *Aesculus hippocastanum* L.
- Teor alcoólico da TM: entre 60 e 70% (v/v)
- Resíduo seco da TM: superior ou igual a 1,1%

Agaricus muscarius

- Sinonímia: Amanita muscaria
- Classificação: medicamento menor
- Experimentação patogenética: Schreter e Stapf
- Droga: fungo inteiro fresco *Amanita muscaria* (L. ex Fries) Hooker
- Teor alcoólico da TM: entre 40 e 50% (v/v)
- Resíduo seco da TM: superior ou igual a 1%

Agnus castus

- Sinonímia: Agnus
- Classificação: medicamento menor
- Experimentação patogenética: Hahnemann, Franz e Stapf
- Droga: frutos secos de *Vitex agnus castus* L.
- Teor alcoólico da TM: entre 60 e 70% (v/v)
- Resíduo seco da TM: superior ou igual a 0,3%

Allium cepa

- Sinonímia: Cepa
- Classificação: medicamento menor ou semipolicresto
- Experimentação patogenética: Hering
- Droga: bulbo fresco de *Allium cepa* L.
- Teor alcoólico da TM: entre 60 e 70% (v/v)
- Resíduo seco da TM: superior ou igual a 2%

Allium sativum

- Sinonímia: Porrum sativum
- Classificação: medicamento menor
- Experimentação patogenética: Petroz
- Droga: bulbo fresco de *Allium sativum* L.
- Teor alcoólico da TM: entre 50 e 60% (v/v)
- Resíduo seco da TM: superior ou igual a 2,1%

Aloe socotrina

- Sinonímia: Aloe, Aloe ferox, Aloe succotrina
- Classificação: semipolicresto
- Experimentação patogenética: Helbig e Hering
- Droga: suco prensado das folhas de *Aloe succotrina Lamk.* ou *Aloe ferox* Mill.
- Teor alcoólico da TM: entre 60 e 70% (v/v)
- Resíduo seco da TM: superior ou igual a 7%

Alumen

- Sinonímia: Alumen crudum, Alumen kalicosulphuricum
- Classificação: medicamento menor
- Experimentação patogenética: Hering
- Droga: Sulfato duplo de potássio e alumínio dodecaidratado – $AlK(SO_4)_2.12H_2O$
- Solubilidade: insolúvel

Alumina

- Sinonímia: Aluminii oxydum, Aluminium oxydatum, Argilla pura
- Classificação: medicamento menor
- Experimentação patogenética: Hahnemann
- Droga: alumina – Al_2O_3
- Solubilidade: insolúvel

Amanita phalloides

- Sinonímia: Agaricus phalloides
- Classificação: medicamento menor
- Experimentação patogenética: Carresi (dados da toxicologia)
- Droga: fungo inteiro fresco *Amanita phalloides* (Vahl. ex Fr.) Secr.
- Teor alcoólico da TM: entre 80 e 90% (v/v)
- Resíduo seco da TM: superior ou igual a 0,8%

Ambra grisea

- Sinonímia: Ambra, Ambra maritima
- Classificação: medicamento menor
- Experimentação patogenética: Hahnemann
- Droga: concreções intestinais secas de *Physeter macrocephalus* L.
- Teor alcoólico da TM: entre 85 e 95% (v/v)
- Resíduo seco da TM: superior ou igual a 2%

Ammonium carbonicum

- Sinonímia: Ammonii carbonas, Carbonas ammonii
- Classificação: medicamento menor
- Experimentação patogenética: Hahnemann
- Droga: carbonato de amônio monoidratado – $(NH_4)_2CO_3.H_2O$
- Solubilidade: embora solúvel em água, a 3ª edição da *Farmacopeia homeopática brasileira* recomenda a trituração

Ammonium muriaticum

- Sinonímia: Ammonii chloridum, Ammonii chloridum, Ammoniium hidrochloridum, Ammonium chloratum
- Classificação: medicamento menor
- Experimentação patogenética: Hahnemann
- Droga: cloreto de amônio – NH_4Cl
- Solubilidade: insolúvel

Ammonium phosphoricum

- Sinonímia: Phosphas ammonicus, Ammonii phosphas
- Classificação: medicamento menor
- Experimentação patogenética: autor não identificado
- Droga: fosfato monoácido de amônio – $(NH_4)_2HPO_4$
- Solubilidade: insolúvel

Anacardium orientale

- Sinonímia: Anacardium
- Classificação: medicamento menor
- Experimentação patogenética: Hahnemann e Stapf
- Droga: fruto seco de *Semecarpus anacardium* L.
- Teor alcoólico da TM: entre 85 e 95% (v/v)
- Resíduo seco da TM: superior ou igual a 1,5%

Anilinum

- Sinonímia: Phenylamine, Amidobenzol
- Classificação: medicamento menor
- Experimentação patogenética: Lailler
- Droga: fenilamina – $C_6H_5NH_2$
- Solubilidade: solúvel em etanol a 90% (v/v)

Antimonium crudum

- Sinonímia: Antimonium, Antimonium nigrum, Antimonium sulfuratum, Stibium sulfuratum nigrum
- Classificação: semipolicresto
- Experimentação patogenética: Hahnemann
- Droga: sulfeto de antimônio III – Sb_2S_3
- Solubilidade: insolúvel

Antimonium tartaricum

- Sinonímia: Stibiokali tartaricum, Tartarus antimoniatus, Tartarus emeticus, Emeticus
- Classificação: semipolicresto
- Experimentação patogenética: Hartlaub e Trinks
- Droga: tartarato duplo de potássio e antimônio monoidratado – $C_4H_4O_7SbK.\frac{1}{2}H_2O$
- Solubilidade: insolúvel

Apis mellifica

- Sinonímia: Apis
- Classificação: semipolicresto
- Experimentação patogenética: Marcy
- Droga: abelhas inteiras vivas *Apis mellifera* L.
- Teor alcoólico da TM: entre 60 e 70% (v/v)
- Resíduo seco da TM: superior ou igual a 0,25%

Aranea diadema

- Sinonímia: Aranea
- Classificação: medicamento menor
- Experimentação patogenética: Gross
- Droga: animal inteiro vivo *Aranea diadema* L.
- Teor alcoólico da TM: entre 65 e 75% (v/v)
- Resíduo seco da TM: superior ou igual a 0,3%

Argentum metallicum

- Sinonímia: Argentum, Argentum foliatum
- Classificação: medicamento menor
- Experimentação patogenética: Hahnemann
- Droga: prata metálica – Ag
- Solubilidade: insolúvel

RESUMO DAS MONOGRAFIAS DOS PRINCIPAIS MEDICAMENTOS HOMEOPÁTICOS

Argentum nitricum

- Sinonímia: Argenti nitras, Azotas argenticus, Nitras argentis, Nitras argenticus
- Classificação: semipolicresto
- Experimentação patogenética: Müller
- Droga: nitrato de prata – $AgNO_3$
- Solubilidade: solúvel em etanol em diferentes graduações

Arnica montana

- Sinonímia: Arnica
- Classificação: policresto
- Experimentação patogenética: Hahnemann
- Droga: planta inteira florida de *Arnica montana* L.
- Teor alcoólico da TM: entre 40 e 50% (v/v)
- Resíduo seco da TM: superior ou igual a 1%

Arsenicum album

- Sinonímia: Metallum album
- Classificação: policresto
- Experimentação patogenética: Hahnemann
- Droga: óxido de arsênio – As_2O_3
- Solubilidade: insolúvel

Arsenicum iodatum

- Sinonímia: Metallum iodatum
- Classificação: medicamento menor
- Experimentação patogenética: Blakely
- Droga: iodeto de arsênio – AsI_3
- Solubilidade: insolúvel

Aurum metallicum

- Sinonímia: Aurum

- Classificação: semipolicresto
- Experimentação patogenética: Hahnemann
- Droga: ouro metálico – Au
- Solubilidade: insolúvel

Avena sativa

- Sinonímia: Avena
- Classificação: medicamento menor
- Experimentação patogenética: autor não identificado
- Droga: partes aéreas em floração de *Avena sativa* L.
- Teor alcoólico da TM: entre 60 a 70% (v/v)
- Resíduo seco da TM: superior ou igual a 0,6%

Baptisia tinctoria

- Sinonímia: Baptisia
- Classificação: semipolicresto
- Experimentação patogenética: Thompson
- Droga: órgãos subterrâneos secos de *Baptisia tinctoria* (L.) R. Br.
- Teor alcoólico da TM: entre 60 e 70% (v/v)
- Resíduo seco da TM: superior ou igual a 0,8%

Barium aceticum

- Sinonímia: Baryta acetica, Barii acetas, Acetas barytae
- Classificação: medicamento menor
- Experimentação patogenética: Stapf
- Droga: acetato de bário monoidratado – $Ba(C_2H_3O_2)_2.H_2O$
- Solubilidade: solúvel em água

Barium carbonicum

- Sinonímia: Baryta carbonica, Barii carbonas
- Classificação: semipolicresto
- Experimentação patogenética: Hahnemann
- Droga: carbonato de bário – $BaCO_3$

RESUMO DAS MONOGRAFIAS DOS PRINCIPAIS MEDICAMENTOS HOMEOPÁTICOS

- Solubilidade: insolúvel

Barium iodatum

- Sinonímia: Baryta iodata, Barii iodidum
- Classificação: medicamento menor
- Experimentação patogenética: Kent
- Droga: iodeto de bário di-idratado – $BaI_2.2H_2O$
- Solubilidade: solúvel em etanol a 70% (v/v)

Barium muriaticum

- Sinonímia: Baryta muriatica, Barii chloridum
- Classificação: medicamento menor
- Experimentação patogenética: Hahnemann
- Droga: cloreto de bário di-idratado – $BaCl_2.2H_2O$
- Solubilidade: embora solúvel em água, a 3ª edição da *Farmacopeia homeopática brasileira* recomenda a trituração

Belladonna

- Sinonímia: Atropa belladonna
- Classificação: policresto
- Experimentação patogenética: Hahnemann
- Droga: planta inteira florida de *Atropa belladonna* L.
- Teor alcoólico da TM: entre 40 e 50% (v/v)
- Resíduo seco da TM: superior ou igual a 1,2%

Berberis vulgaris

- Sinonímia: Berberis
- Classificação: semipolicresto
- Experimentação patogenética: Hesse
- Droga: casca seca da raiz de *Berberis vulgaris* L.
- Teor alcoólico da TM: entre 60 e 70% (v/v)
- Resíduo seco da TM: superior ou igual a 0,9%

Borax

- Sinonímia: Natrum boricum, Natrii borax, Boras, Borax veneta
- Classificação: medicamento menor
- Experimentação patogenética: Hahnemann
- Droga: borato de sódio decaidratado – $Na_2B_4O_7.10H_2O$
- Solubilidade: embora solúvel em água, a 3ª edição da *Farmacopeia homeopática brasileira* recomenda a trituração

Bothrops lanceolatus

- Sinonímia: Bothrops, Bothrops jararacussu
- Classificação: medicamento menor
- Experimentação patogenética: Ozanan
- Droga: veneno fresco de *Bothrops jararacussu* Lac.
- Solubilidade: insolúvel

Bromium

- Sinonímia: Bromum, Brominium, Murina
- Classificação: medicamento menor
- Experimentação patogenética: Hering
- Droga: borato de sódio decaidratado – $Na_2B_4O_7.10H_2O$
- Solubilidade: solúvel em água (decompõe-se rapidamente)

Bryonia

- Sinonímia: Bryonia alba, Bryonia dioica, Vitis alba
- Classificação: policresto
- Experimentação patogenética: Hahnemann
- Droga: parte subterrânea de *Bryonia dioica* Jacq. ou *Bryonia alba* L.
- Teor alcoólico da TM: entre 40 e 50% (v/v)
- Resíduo seco da TM: superior ou igual a 1,25%

Calcarea acetica

- Sinonímia: Calcium aceticum, Acetas calci, Calcarea acetica hahnemanni

RESUMO DAS MONOGRAFIAS DOS PRINCIPAIS MEDICAMENTOS HOMEOPÁTICOS 333

- Classificação: medicamento menor
- Experimentação patogenética: Hahnemann
- Droga: líquido amarelado, que se torna colorido após a precipitação de um produto amarelo-castanho mucilaginoso. Esse líquido é obtido com a seguinte técnica de preparação, de acordo com Hahnemann: ferver conchas de ostras limpas, por uma hora, em água destilada. Pulverizar as ostras. Dissolver o pó, incorporando vinagre, com o auxílio de aquecimento, até a saturação do meio. Filtrar e concentrar até 1/5 do volume obtido por meio de evaporação.
- Solubilidade: insolúvel

Calcarea carbonica

- Sinonímia: Calcarea carbonica hahnemanni, Calcarea carbonica ostrearum, Calcarea ostrearum, Calcarea ostreica, Calcium carbonicum, Ostrea edulis
- Classificação: policresto
- Experimentação patogenética: Hahnemann
- Droga: parte interna da concha da ostra (*Ostrea edulis* L.)
- Solubilidade: insolúvel

Calcarea fluorica

- Sinonímia: Calcium fluoricum, Calcarea fluorata, Calcii fluoricum, Fluorit
- Classificação: semipolicresto
- Experimentação patogenética: Murch e Bell
- Droga: fluoreto de cálcio – CaF_2
- Solubilidade: insolúvel

Calcarea muriatica

- Sinonímia: Calcium muriaticum, Calcium hydrochloricum, Calcii chloridum
- Classificação: medicamento menor
- Experimentação patogenética: Cattell
- Droga: cloreto de cálcio hexaidratado – $CaCl_2.6H_2O$
- Solubilidade: solúvel em etanol em diferentes graduações

Calcarea phosphorica

- Sinonímia: Calcium phosphoricum, Calcarea phosphorata, Phosphas calcis, Tricalcii phosphas
- Classificação: semipolicresto
- Experimentação patogenética: Hering
- Droga: fosfato tricálcico – $Ca_3(PO_4)_2$
- Solubilidade: insolúvel

Calcarea sulfurica

- Sinonímia: Calcium sulfuricum, Calcarea sulphurica, Calcii sulfas
- Classificação: medicamento menor
- Experimentação patogenética: Hering
- Droga: sulfato de cálcio di-idratado – $CaSO_4.2H_2O$
- Solubilidade: insolúvel

Calendula officinalis

- Sinonímia: Calendula
- Classificação: medicamento menor
- Experimentação patogenética: Franz
- Droga: sumidades floridas de *Calendula officinalis* L.
- Teor alcoólico da TM: entre 50 e 60% (v/v)
- Resíduo seco da TM: superior ou igual a 0,75%

Cantharis vesicatoria

- Sinonímia: Cantharis
- Classificação: semipolicresto
- Experimentação patogenética: Hahnemann
- Droga: inseto inteiro e seco *Cantharis vesicatoria* L.
- Teor alcoólico da TM: entre 85 e 95% (v/v)
- Resíduo seco da TM: superior ou igual a 1,5%

Capsicum annuum

- Sinonímia: Capsicum
- Classificação: medicamento menor
- Experimentação patogenética: Hahnemann
- Droga: frutos secos de *Capsicum anuum* L.
- Teor alcoólico da TM: entre 85 e 95% (v/v)
- Resíduo seco da TM: superior ou igual a 0,7%

Carbo animalis

- Sinonímia: não encontrada na literatura
- Classificação: medicamento menor
- Experimentação patogenética: Hahnemann
- Droga: couro de boi carbonizado
- Solubilidade: insolúvel

Carbo vegetabilis

- Sinonímia: Carbo ligni, Carbo ligni officinalis
- Classificação: policresto
- Experimentação patogenética: Hahnemann
- Droga: carvão vegetal
- Solubilidade: insolúvel

Carduus marianus

- Sinonímia: Carduus, Silybum marianum
- Classificação: medicamento menor
- Experimentação patogenética: Reil
- Droga: frutos dessecados de *Silybum marianum* Gaertn.
- Teor alcoólico da TM: entre 60 e 70% (v/v)
- Resíduo seco da TM: superior ou igual a 0,4%

Causticum

- Sinonímia: Causticum hahnemanni, Tintura acris sine kali
- Classificação: semipolicresto
- Experimentação patogenética: Hahnemann
- Droga: líquido límpido, incolor, com odor de sabão e pH em torno de 8. Este líquido é obtido com a seguinte técnica de preparação: imergir um pedaço de cal viva, recentemente queimada, por 60 segundos em água destilada. Em seguida, deixar florescer em uma cápsula. Em um gral de porcelana, previamente aquecido, triturar quatro partes desse pó em sessenta partes de bisulfito de potássio, calcinado, fundido, resfriado e pulverizado. Dissolver o triturado em água fervente e levá-lo à destilação. Destilar até obter uma massa seca. Diluir o líquido obtido com o processo de destilação em uma parte de etanol. Está pronto o Causticum hahnemanni.
- Solubilidade: solúvel em etanol a 50% (v/v)

Chamomilla

- Sinonímia: Matricaria chamomilla
- Classificação: policresto
- Experimentação patogenética: Hahnemann
- Droga: planta inteira florida de *Matricaria chamomilla* L.
- Teor alcoólico da TM: entre 40 e 50% (v/v)
- Resíduo seco da TM: superior ou igual a 1,2%

Chelidonium majus

- Sinonímia: Chelidonium
- Classificação: semipolicresto
- Experimentação patogenética: Hahnemann
- Droga: planta inteira florida de *Chelidonium majus* L.
- Teor alcoólico da TM: entre 40 e 50% (v/v)
- Resíduo seco da TM: superior ou igual a 1,2%

China

- Sinonímia: China, China rubra, Cinchona succirubra, China officinalis, Cinchona officinalis

- Classificação: policresto
- Experimentação patogenética: Hahnemann
- Droga: casca seca do caule de *Cinchona succirubra* Pav. ou *Cinchona officinalis* L.
- Teor alcoólico da TM: entre 60 e 70% (v/v)
- Resíduo seco da TM: superior ou igual a 1%

Chlorum

- Sinonímia: Chlorinum
- Classificação: medicamento menor
- Experimentação patogenética: Hering
- Droga: gás cloro solubilizado em água – Cl_2
- Solubilidade: solúvel em água

Cina

- Sinonímia: Artemisia cina
- Classificação: semipolicresto
- Experimentação patogenética: Hahnemann
- Droga: capítulos florais não desabrochados de *Artemisia cina* L.
- Teor alcoólico da TM: entre 60 e 70% (v/v)
- Resíduo seco da TM: superior ou igual a 2%

Cocculus indicus

- Sinonímia: Cocculus
- Classificação: medicamento menor
- Experimentação patogenética: Hahnemann
- Droga: frutos secos de *Anamirta paniculata* Colebr.
- Teor alcoólico da TM: entre 85 e 95% (v/v)
- Resíduo seco da TM: superior ou igual a 0,7%

Coccus cacti

- Sinonímia: Coccinela indica
- Classificação: semipolicresto
- Experimentação patogenética: Wachtel

- Droga: inseto fêmea dessecada de *Coccus cacti* L.
- Teor alcoólico da TM: entre 60 e 70% (v/v)
- Resíduo seco da TM: superior ou igual a 1%

Coffea cruda

- Sinonímia: Coffea arabica
- Classificação: semipolicresto
- Experimentação patogenética: Stapf
- Droga: sementes frescas de *Coffea arabica* L.
- Teor alcoólico da TM: entre 60 e 70% (v/v)
- Resíduo seco da TM: superior ou igual a 1%

Colchicum autumnale

- Sinonímia: Colchicum
- Classificação: medicamento menor
- Experimentação patogenética: Stapf
- Droga: bulbo fresco de *Colchicum autumnale* L., coletado no início do verão
- Teor alcoólico da TM: entre 40 e 50% (v/v)
- Resíduo seco da TM: superior ou igual a 1%

Collinsonia canadensis

- Sinonímia: Collinsonia
- Classificação: medicamento menor
- Experimentação patogenética: Carol
- Droga: rizoma seco de *Collinsonia canadensis* L.
- Teor alcoólico da TM: entre 50 e 65% (v/v)
- Resíduo seco da TM: superior ou igual a 0,4%

Colocynthis

- Sinonímia: Citrullus colocynthis
- Classificação: semipolicresto
- Experimentação patogenética: Hahnemann

RESUMO DAS MONOGRAFIAS DOS PRINCIPAIS MEDICAMENTOS HOMEOPÁTICOS 339

- Droga: polpa dessecada do fruto de *Citrullus colocynthis* Schrad.
- Teor alcoólico da TM: entre 60 e 70% (v/v)
- Resíduo seco da TM: superior ou igual a 1,4%

Conium maculatum

- Sinonímia: Conium
- Classificação: semipolicresto
- Experimentação patogenética: Hahnemann
- Droga: sumidades floridas de *Conium maculatum* L., coletadas no fim da floração
- Teor alcoólico da TM: entre 60 e 70% (v/v)
- Resíduo seco da TM: superior ou igual a 1,25%

Corallium rubrum

- Sinonímia: Corallium
- Classificação: medicamento menor
- Experimentação patogenética: Attomyr
- Droga: esqueleto calcáreo de *Corallium rubrum* Lamk
- Solubilidade: insolúvel

Crataegus oxyacantha

- Sinonímia: Crataegus
- Classificação: medicamento menor
- Experimentação patogenética: Assmann
- Droga: mistura de partes iguais de tinturas-mães elaboradas com os frutos e as sumidades floridas de *Crataegus oxyacantha* L. Essas partes são coletadas em épocas diferentes, sendo necessário, portanto, preparar as duas tinturas-mães separadamente.
- Teor alcoólico da TM: entre 50 e 60% (v/v)
- Resíduo seco da TM: superior ou igual a 1,5%

Crotalus horridus

- Sinonímia: Crotalus
- Classificação: medicamento menor

- Experimentação patogenética: Hering
- Droga: veneno de *Crotalus horridus* L.
- Solubilidade: insolúvel

Cuprum aceticum

- Sinonímia: Acetas cupri, Acetas cupricus
- Classificação: medicamento menor
- Experimentação patogenética: Hahnemann
- Droga: acetato de cobre II monoidratado – $C_4H_6CuO_4.H_2O$
- Solubilidade: insolúvel

Cuprum metallicum

- Sinonímia: Cuprum
- Classificação: medicamento menor
- Experimentação patogenética: Hahnemann
- Droga: cobre metálico – Cu
- Solubilidade: insolúvel

Cuprum sulfuricum

- Sinonímia: Cupri sulfas, Cupri sulphas, Cuprum sulphuricum
- Classificação: medicamento menor
- Experimentação patogenética: Hahnemann
- Droga: sulfato de cobre pentaidratado – $CuSO_4.5H_2O$
- Solubilidade: solúvel em água

Cyclamen europaeum

- Sinonímia: Artanita cyclamen, Cyclamen officinalis, Cyclamen orbiculare
- Classificação: medicamento menor
- Experimentação patogenética: Hahnemann
- Droga: raiz de *Cyclamen purpurascens* Mill.
- Teor alcoólico da TM: entre 40 e 50% (v/v)
- Resíduo seco da TM: superior ou igual a 3,5%

RESUMO DAS MONOGRAFIAS DOS PRINCIPAIS MEDICAMENTOS HOMEOPÁTICOS   341

Digitalis purpurea

- Sinonímia: Digitalis
- Classificação: semipolicresto
- Experimentação patogenética: Hahnemann
- Droga: folhas do segundo ano de crescimento de *Digitalis purpurea* L., coletadas antes da floração
- Teor alcoólico da TM: entre 60 e 70% (v/v)
- Resíduo seco da TM: superior ou igual a 1,8%

Drosera rotundifolia

- Sinonímia: Drosera
- Classificação: semipolicresto
- Experimentação patogenética: Hahnemann
- Droga: planta inteira de *Drosera rotundifolia* L.
- Teor alcoólico da TM: entre 40 e 50% (v/v)
- Resíduo seco da TM: superior ou igual a 0,3%

Dulcamara

- Sinonímia: Solanum dulcamara
- Classificação: policresto
- Experimentação patogenética: Hahnemann
- Droga: haste jovem folhada e florida de *Solanum dulcamara* L.
- Teor alcoólico da TM: entre 40 e 50% (v/v)
- Resíduo seco da TM: superior ou igual a 1,2%

Echinacea angustifolia

- Sinonímia: Echinacea
- Classificação: medicamento menor
- Experimentação patogenética: autor não identificado
- Droga: planta inteira de *Echinacea angustifolia* DC.
- Teor alcoólico da TM: entre 60 e 70% (v/v)
- Resíduo seco da TM: superior ou igual a 0,7%

Elaps corallinus

- Sinonímia: Vipera corallina
- Classificação: medicamento menor
- Experimentação patogenética: Mure
- Droga: veneno de *Micrurus corallinus* Wied.
- Solubilidade: insolúvel

Equisetum hiemale

- Sinonímia: Equisetum
- Classificação: medicamento menor
- Experimentação patogenética: Smith e Hale
- Droga: parte aérea de *Equisetum hiemale* L., coletada no fim da primavera
- Teor alcoólico da TM: entre 50 e 60% (v/v)
- Resíduo seco da TM: superior ou igual a 0,7%

Ethylicum

- Sinonímia: Alchoolum, Alcoholus, Etanolum
- Classificação: medicamento menor
- Experimentação patogenética: Hammond
- Droga: etanol – C_2H_5OH
- Solubilidade: solúvel em água

Eupatorium perfoliatum

- Sinonímia: Eupatorium
- Classificação: semipolicresto
- Experimentação patogenética: Williamson e Neidhard
- Droga: parte aérea florida de *Eupatorium perfoliatum* L.
- Teor alcoólico da TM: entre 60 e 70% (v/v)
- Resíduo seco da TM: superior ou igual a 0,7%

Euphrasia officinalis

- Sinonímia: Euphrasia

RESUMO DAS MONOGRAFIAS DOS PRINCIPAIS MEDICAMENTOS HOMEOPÁTICOS

- Classificação: medicamento menor
- Experimentação patogenética: Hahnemann
- Droga: planta inteira florida de *Euphrasia officinalis* L.
- Teor alcoólico da TM: entre 50 e 60% (v/v)
- Resíduo seco da TM: superior ou igual a 1,2%

Ferrum metallicum

- Sinonímia: Ferrum, Ferrum purum, Ferrum reductum
- Classificação: semipolicresto
- Experimentação patogenética: Hahnemann
- Droga: ferro metálico – Fe
- Solubilidade: insolúvel

Ferrum phosphoricum

- Sinonímia: Ferri phosphas, Ferrum oxydatum phosphoricum, Ferrum phosphoricum album
- Classificação: semipolicresto
- Experimentação patogenética: Morgan
- Droga: fosfato de ferro III tetraidratado – $FePO_4.4H_2O$
- Solubilidade: insolúvel

Ferrum sulphuricum

- Sinonímia: Ferri sulphas, Sulphas ferrosus, Ferrum sulfuricum
- Classificação: medicamento menor
- Experimentação patogenética: Moore
- Droga: sulfato de ferro II heptaidratado – $FeSO_4.7H_2O$
- Solubilidade: embora solúvel em água, a 3ª edição da *Farmacopeia homeopática brasileira* recomenda a trituração

Formica rufa

- Sinonímia: Formica
- Classificação: medicamento menor
- Experimentação patogenética: Hering

- Droga: inseto inteiro *Formica rufa* L.
- Teor alcoólico da TM: entre 60 e 70% (v/v)
- Resíduo seco da TM: superior ou igual a 0,1%

Fucus vesiculosus

- Sinonímia: Fucus
- Classificação: medicamento menor
- Experimentação patogenética: Duchesne (dados da toxicologia)
- Droga: talo inteiro de *Fucus vesiculosus* L.
- Teor alcoólico da TM: entre 60 e 70% (v/v)
- Resíduo seco da TM: superior ou igual a 1,5%

Gelsemium sempervirens

- Sinonímia: Gelsemium
- Classificação: semipolicresto
- Experimentação patogenética: Douglas
- Droga: parte subterrânea de *Gelsemium sempervirens* (L.) Ait.
- Teor alcoólico da TM: entre 60 e 70% (v/v)
- Resíduo seco da TM: superior ou igual a 0,5%

Gentiana lutea

- Sinonímia: Gentiana
- Classificação: medicamento menor
- Experimentação patogenética: Buchner
- Droga: parte subterrânea de *Gentiana lutea* L.
- Teor alcoólico da TM: entre 50 e 60% (v/v)
- Resíduo seco da TM: superior ou igual a 2,5%

Ginkgo biloba

- Sinonímia: Ginkgo
- Classificação: medicamento menor
- Experimentação patogenética: Maury
- Droga: folhas secas de *Ginkgo biloba* L.

RESUMO DAS MONOGRAFIAS DOS PRINCIPAIS MEDICAMENTOS HOMEOPÁTICOS   345

- Teor alcoólico da TM: entre 60 e 70% (v/v)
- Resíduo seco da TM: superior ou igual a 1,5%

Glonoinum

- Sinonímia: Nitroglycerinum, Trinitrinum, Glycerinum trinitricum
- Classificação: medicamento menor
- Experimentação patogenética: Hering
- Droga: nitroglicerina a 1% (p/v) em etanol a 90% (v/v) – $C_3H_5(ONO_2)_3$. Essa solução deve ser conservada ao abrigo da luz, em ambiente fresco, em recipiente pequeno, de vidro neutro, âmbar e hermeticamente fechado. Não usar recipiente com tampa esmerilhada e não agitar a solução de partida para evitar o risco de explosão.
- Solubilidade: etanol a 90% (v/v)

Graphites

- Sinonímia: Plumbago mineralis, Plumbago, Carbo mineralis
- Classificação: semipolicresto
- Experimentação patogenética: Hahnemann
- Droga: grafite – C
- Solubilidade: insolúvel

Guaiacum officinale

- Sinonímia: Guaiacum sanctum, Guaiacum
- Classificação: medicamento menor
- Experimentação patogenética: Hahnemann
- Droga: resina obtida a partir do lenho de *Guaiacum officinale* L.
- Teor alcoólico da TM: entre 85 e 95% (v/v)
- Resíduo seco da TM: superior ou igual a 7,0%

Hamamelis virginiana

- Sinonímia: Hamamelis
- Classificação: medicamento menor
- Experimentação patogenética: Preston

- Droga: partes iguais de folhas e casca do caule de *Hamamelis virginiana* L.
- Teor alcoólico da TM: entre 50 e 60% (v/v)
- Resíduo seco da TM: superior ou igual a 1,2%

Helleborus niger

- Sinonímia: Helleborus
- Classificação: medicamento menor
- Experimentação patogenética: Hahnemann
- Droga: órgãos subterrâneos de *Helleborus niger* L.
- Teor alcoólico da TM: entre 60 e 70% (v/v)
- Resíduo seco da TM: superior ou igual a 0,9%

Hepar sulfur

- Sinonímia: Hepar, Hepar sulphur, Hepar sulfuris calcareum, Hepar sulfuris, Calcarea sulphurata
- Classificação: policresto
- Experimentação patogenética: Hahnemann
- Droga: massa porosa amarelo-cinzenta, com odor sulfuroso. Esse produto é obtido com a seguinte técnica de preparação: misturar partes iguais de conchas de ostras pulverizadas com flores de enxofre lavadas. Aquecer a mistura ao rubro de 10 a 15 min. Esfriar. Está pronto o Hepar sulfur.
- Solubilidade: insolúvel

Hydrastis canadensis

- Sinonímia: Hydrastis, Warnera canadensis
- Classificação: medicamento menor
- Experimentação patogenética: Lippe
- Droga: rizoma e raiz de *Hydrastis canadensis* L.
- Teor alcoólico da TM: entre 60 e 70% (v/v)
- Resíduo seco da TM: superior ou igual a 1,2%

Hyoscyamus niger

- Sinonímia: Hyoscyamus

RESUMO DAS MONOGRAFIAS DOS PRINCIPAIS MEDICAMENTOS HOMEOPÁTICOS 347

- Classificação: policresto
- Experimentação patogenética: Hahnemann
- Droga: planta inteira florida de *Hyoscyamus niger* L.
- Teor alcoólico da TM: entre 40 e 50% (v/v)
- Resíduo seco da TM: superior ou igual a 1,0%

Hypericum perforatum

- Sinonímia: Hypericum
- Classificação: medicamento menor
- Experimentação patogenética: Müller
- Droga: planta inteira florida de *Hypericum perforatum* L.
- Teor alcoólico da TM: entre 60 e 70% (v/v)
- Resíduo seco da TM: superior ou igual a 1,3%

Ignatia amara

- Sinonímia: Ignatia, Strychnos ignatia
- Classificação: semipolicresto
- Experimentação patogenética: Hahnemann
- Droga: sementes secas de *Ignatia amara* L.
- Teor alcoólico da TM: entre 60 e 70% (v/v)
- Resíduo seco da TM: superior ou igual a 1,0%

Iodum

- Sinonímia: Iodinum, Iodium, Iodium purum, Jodium, Jodum
- Classificação: semipolicresto
- Experimentação patogenética: Hahnemann
- Droga: iodo – I_2
- Solubilidade: etanol a 96% (v/v)

Ipecacuanha

- Sinonímia: Ipeca, Cephaelis ipecacuanha
- Classificação: policresto
- Experimentação patogenética: Hahnemann

- Droga: partes subterrâneas de *Cephaelis ipecacuanha* (Brot.) A. Rich.
- Teor alcoólico da TM: entre 60 e 70% (v/v)
- Resíduo seco da TM: superior ou igual a 0,9%

Kalium bichromicum

- Sinonímia: Kali bichromicum, Bichromas kalicus
- Classificação: semipolicresto
- Experimentação patogenética: Drysdale
- Droga: dicromato de potássio – $K_2Cr_2O_7$
- Solubilidade: embora solúvel em água, a 3ª edição da *Farmacopeia homeopática brasileira* recomenda a trituração

Kalium bromatum

- Sinonímia: Kali bromatum
- Classificação: medicamento menor
- Experimentação patogenética: Hering
- Droga: brometo de potássio – KBr
- Solubilidade: solúvel em água

Kalium carbonicum

- Sinonímia: Kali carbonicum, Carbonas kalicus, Kalii carbonas
- Classificação: semipolicresto
- Experimentação patogenética: Hahnemann
- Droga: carbonato de potássio – K_2CO_3
- Solubilidade: solúvel em água

Kalium iodatum

- Sinonímia: Kali iodatum, Kalii iodidum, Kali hydriodicum
- Classificação: medicamento menor
- Experimentação patogenética: Hartlaub e Trinks
- Droga: iodeto de potássio – KI
- Solubilidade: solúvel em etanol em diferentes graduações a partir de 30% (v/v).

Kalium muriaticum

- Sinonímia: Kali muriaticum, Kali chloratum, Kalium chloratum
- Classificação: medicamento menor
- Experimentação patogenética: Kent
- Droga: cloreto de potássio – KCl
- Solubilidade: solúvel em etanol em diferentes graduações

Kalium phosphoricum

- Sinonímia: Kali phosphoricum, Potassii phosphas
- Classificação: semipolicresto
- Experimentação patogenética: Schüssler (observação clínica)
- Droga: fosfato monobásico de potássio – KH_2PO_4
- Solubilidade: embora solúvel em água, a 3ª edição da *Farmacopeia homeopática brasileira* recomenda a trituração

Lachesis muta

- Sinonímia: Lachesis, Bothrops surucucu, Lachesis trigonocephalus
- Classificação: policresto
- Experimentação patogenética: Hering
- Droga: veneno de *Lachesis muta muta* L.
- Solubilidade: insolúvel

Lappa major

- Sinonímia: Arctium lappa, Arctium majus, Lappa
- Classificação: medicamento menor
- Experimentação patogenética: Jeanes
- Droga: raiz de *Arctium lappa* L., coletada no outono do primeiro ano ou na primavera seguinte antes da floração
- Teor alcoólico da TM: entre 50 e 60% (v/v)
- Resíduo seco da TM: superior ou igual a 1,2%

Latrodectus mactans

- Sinonímia: Latrodectus
- Classificação: medicamento menor
- Experimentação patogenética: Hughes e Donner
- Droga: animal inteiro vivo *Latrodectus mactans* Fabr.
- Teor alcoólico da TM: entre 60 e 70% (v/v)
- Resíduo seco da TM: superior ou igual a 0,3%

Ledum palustre

- Sinonímia: Ledum
- Classificação: semipolicresto
- Experimentação patogenética: Hahnemann
- Droga: ramos com folhas de *Ledum palustre* L.
- Teor alcoólico da TM: entre 60 e 70% (v/v)
- Resíduo seco da TM: superior ou igual a 1%

Lobelia inflata

- Sinonímia: Lobelia, Rapuntium inflatum, Rapuntium inflatus
- Classificação: medicamento menor
- Experimentação patogenética: Noack
- Droga: Planta inteira de *Lobelia inflata* L.
- Teor alcoólico da TM: entre 60 e 70% (v/v)
- Resíduo seco da TM: superior ou igual a 1,3%

Luesinum

- Sinonímia: Syphilinum
- Classificação: semipolicresto
- Experimentação patogenética: Swan
- Droga: produto do raspado de cancro sifilítico
- Solubilidade: insolúvel

Lycoperdon bovista

- Sinonímia: Bovista
- Classificação: semipolicresto
- Experimentação patogenética: Hartlaub e Trinks
- Droga: fungo inteiro maduro *Bovista gigantea* Ness.
- Teor alcoólico da TM: entre 60 e 70% (v/v)
- Resíduo seco da TM: superior ou igual a 0,8%

Lycopodium clavatum

- Sinonímia: Lycopodium, Muscus clavatum, Clavatum, Pes leoninus, Pes ursinus
- Classificação: policresto
- Experimentação patogenética: Hahnemann
- Droga: esporos dessecados de *Lycopodium clavatum* L.
- Teor alcoólico da TM: entre 85 e 95% (v/v)
- Resíduo seco da TM: superior ou igual a 1,2%

Magnesium carbonicum

- Sinonímia: Magnesia carbonica, Magnesia, Magnesii subcarbonas, Carbonas magnesiae
- Classificação: semipolicresto
- Experimentação patogenética: Hahnemann
- Droga: carbonato básico de magnésio pentaidratado – $4MgCO_3 . Mg(OH)_2 . 5H_2O$
- Solubilidade: insolúvel

Magnesium muriaticum

- Sinonímia: Magnesia muriatica, Magnesia chlorata, Magnesium chloratum, Magnesii chloridum
- Classificação: semipolicresto
- Experimentação patogenética: Hahnemann
- Droga: cloreto de magnésio hexaidratado – $MgCl_2 . 6H_2O$
- Solubilidade: solúvel em água e etanol

Magnesium phosphoricum

- Sinonímia: Magnesia phosphorica, Magnesii phosphas
- Classificação: semipolicresto
- Experimentação patogenética: Allen
- Droga: fosfato de magnésio triidratado – $MgHPO_4.3H_2O$
- Solubilidade: insolúvel

Magnesium sulfuricum

- Sinonímia: Magnesia sulfurica, Magnesia sulphurica, Magnesii sulphas
- Classificação: medicamento menor
- Experimentação patogenética: Nenning, Hartlaub e Trinks
- Droga: sulfato de magnésio heptaidratado – $MgSO_4.7H_2O$
- Solubilidade: solúvel em água

Medorrhinum

- Sinonímia: Blenorrhinum, Gonorrhinum
- Classificação: semipolicresto
- Experimentação patogenética: Swan
- Droga: secreção uretral purulenta blenorrágica não tratada
- Solubilidade: insolúvel

Mercurius corrosivus

- Sinonímia: Corrosivus, Mercurius sublimatus corrosivus, Sublimatus corrosivus, Chloruretum hydrargyrum, Hydrargyrum bichloratum
- Classificação: medicamento menor
- Experimentação patogenética: Buchner
- Droga: cloreto de mercúrio II – $HgCl_2$
- Solubilidade: solúvel em etanol

Mercurius cyanatus

- Sinonímia: Cyanatus, Cyanuretum hydrargyrii, Hydrargyri cyanidum, Hydrargyrum cyanatum, Mercurius hydrocyanicus
- Classificação: medicamento menor
- Experimentação patogenética: Simon
- Droga: cianeto de mercúrio II – $Hg(CN)_2$
- Solubilidade: solúvel em etanol

Mercurius dulcis

- Sinonímia: Calomelas, Chloruretum hidrargyrosum, Hydrargyri subchloridum, Hydrargyrum chloratum, Hydrargyrum chloratum dulce
- Classificação: medicamento menor
- Experimentação patogenética: Newton (dados da toxicologia)
- Droga: cloreto de mercúrio I – $HgCl$
- Solubilidade: insolúvel

Mercurius solubilis

- Sinonímia: Mercurius solubilis hahnemanii, Solubilis, Hydrargyri oxydum nigrum hahnemanni
- Classificação: policresto
- Experimentação patogenética: Hahnemann
- Droga: $Hg_4ON.H_2NO_3 + NH_4NO_3$ (aproximadamente). Esse produto é obtido com a seguinte técnica de preparação: dissolver 28 g de nitrato mercúrico em 100 mL de uma solução de ácido nítrico R. Acrescentar 5 g de mercúrio metálico. Deixar em contato por 24 horas e agitar periodicamente. Filtrar. Ajuntar ao filtrado, gota a gota, solução de amoníaco até completa precipitação. Deixar repousar. Filtrar. Lavar o precipitado em água destilada. Secar sobre um papel de filtro ao abrigo do calor e da luz. Está pronto o Mercurius solubilis
- Solubilidade: insolúvel

Mercurius sulphuratus ruber

- Sinonímia: Cinnabaris, Hydrargyrum sulphuratum rubrum, Sulphuretum hydrargyrum
- Classificação: medicamento menor
- Experimentação patogenética: Hahnemann
- Droga: sulfeto de mercúrio II – HgS
- Solubilidade: insolúvel

Mercurius vivus

- Sinonímia: Argentum vivum, Mercurius, Hydrargyrium, Hydrargyrum depuratum
- Classificação: policresto
- Experimentação patogenética: Hahnemann
- Droga: mercúrio metálico – Hg
- Solubilidade: insolúvel

Mezereum

- Sinonímia: Daphne mezereum
- Classificação: medicamento menor
- Experimentação patogenética: Hahnemann
- Droga: casca do caule de *Daphne mezereum* L.
- Teor alcoólico da TM: entre 60 e 70% (v/v)
- Resíduo seco da TM: superior ou igual a 0,75%

Moschus

- Sinonímia: Moschus moschiferus
- Classificação: medicamento menor
- Experimentação patogenética: Hahnemann
- Droga: secreção da glândula odorífera situada entre o umbigo e os órgãos sexuais de *Moschus moschiferus* L.
- Teor alcoólico da TM: entre 85 e 95% (v/v)
- Resíduo seco da TM: superior ou igual a 0,4%

Mygale lasiodora

- Sinonímia: Aranea avicularis
- Classificação: medicamento menor
- Experimentação patogenética: Houard
- Droga: animal inteiro vivo *Avicularia avicularia* L.
- Teor alcoólico da TM: entre 80 e 95% (v/v)
- Resíduo seco da TM: não encontrado na literatura

Natrium carbonicum

- Sinonímia: Natrum carbonicum, Natrii carbonas, Carbonas natricus, Carbonas sodicus
- Classificação: semipolicresto
- Experimentação patogenética: Hahnemann
- Droga: carbonato de sódio monoidratado – $Na_2CO_3.H_2O$
- Solubilidade: embora solúvel em água, a 3ª edição da *Farmacopeia homeopática brasileira* recomenda a trituração

Natrium muriaticum

- Sinonímia: Natrum muriaticum, Natrum muriaticum marinum, Natrum muriaticum natronatum
- Classificação: semipolicresto
- Experimentação patogenética: Hahnemann
- Droga: sal marinho (além do cloreto de sódio, o sal marinho contém pequenas quantidades de cloreto de potássio e de cloreto de magnésio e frações de cálcio, alumínio e de diversos metais)
- Solubilidade: solúvel em água

Natrium phosphoricum

- Sinonímia: Natrum phosphoricum, Natrii phosphas
- Classificação: medicamento menor
- Experimentação patogenética: Farrigton
- Droga: fosfato de sódio dodecaidratado – $Na_2HPO_4.12H_2O$
- Solubilidade: insolúvel

Natrium sulfuricum

- Sinonímia: Natrum sulphuricum, Natrii sulfas
- Classificação: policresto
- Experimentação patogenética: Hartlaub, Trinks e Schreter
- Droga: sulfato de sódio anidro – Na_2SO_4
- Solubilidade: embora solúvel em água, a 3ª edição da *Farmacopeia homeopática brasileira* recomenda a trituração

Nux vomica

- Sinonímia: Strychnos nux vomica, Strychnos colubrina, Colubrina
- Classificação: policresto
- Experimentação patogenética: Hahnemann
- Droga: semente seca de *Strychnos nux vomica* L.
- Teor alcoólico da TM: entre 60 e 70% (v/v)
- Resíduo seco da TM: superior ou igual a 1,0%

Opium

- Sinonímia: Succus thebaicus
- Classificação: semipolicresto
- Experimentação patogenética: Hahnemann
- Droga: suco lácteo (látex) de *Papaver somniferum* L. (substância sob controle sanitário especial – Portaria n. 344/98)
- Teor alcoólico da TM: entre 50 e 65% (v/v)
- Resíduo seco da TM: superior ou igual a 1,0%

Paeonia officinalis

- Sinonímia: Paeonia
- Classificação: medicamento menor
- Experimentação patogenética: Schelling
- Droga: raiz de *Paeonia officinalis* L.
- Teor alcoólico da TM: entre 60 e 70% (v/v)
- Resíduo seco da TM: superior ou igual a 1,2%

RESUMO DAS MONOGRAFIAS DOS PRINCIPAIS MEDICAMENTOS HOMEOPÁTICOS

Parreira brava

- Sinonímia: Pareira brava
- Classificação: medicamento menor
- Experimentação patogenética: Münch
- Droga: raízes dessecadas de *Chondodendron tomentosum* Ruiz et Pav.
- Teor alcoólico da TM: entre 60 e 70% (v/v)
- Resíduo seco da TM: superior ou igual a 0,8%

Passiflora incarnata

- Sinonímia: Passiflora
- Classificação: medicamento menor
- Experimentação patogenética: Hall
- Droga: parte aérea de *Passiflora incarnata* L.
- Teor alcoólico da TM: entre 60 e 70% (v/v)
- Resíduo seco da TM: superior ou igual a 1,2%

Paullinia sorbilis

- Sinonímia: Paullinia cupana, Paullinia, Guarana
- Classificação: medicamento menor
- Experimentação patogenética: MacDowell
- Droga: sementes de *Paullinia cupana* H.B.K. var. *sorbilis* (Mart.) Ducke
- Teor alcoólico da TM: entre 60 e 70% (v/v)
- Resíduo seco da TM: não encontrado na literatura

Petroleum

- Sinonímia: Oleum minerale, Oleum petrae, Oleum petrae album, Oleum terrae
- Classificação: semipolicresto
- Experimentação patogenética: Hahnemann
- Droga: petróleo branco (fração destilável entre 190 e 240°C)
- Solubilidade: insolúvel

Phosphorus

- Sinonímia: Phosphorus albus
- Classificação: policresto
- Experimentação patogenética: Hahnemann
- Droga: fósforo branco – P
- Solubilidade: em virtude das características de solubilidade do fósforo branco e de sua instabilidade (inflamável em contato com o ar), para preparar o Phosphorus usar a seguinte técnica: em um balão de fundo redondo, preparar uma solução de uma parte de fósforo branco para mil partes de etanol a 90%. Colocar o balão numa manta aquecedora e levar a refluxo até dissolução completa. Esfriar com agitação. A partir dessa solução, preparar a 2CH.

Phytolacca decandra

- Sinonímia: Phytolacca
- Classificação: medicamento menor
- Experimentação patogenética: Burt
- Droga: raiz de *Phytolacca decandra* L., coletada com os frutos maduros
- Teor alcoólico da TM: entre 55 e 65% (v/v)
- Resíduo seco da TM: entre 2,2 e 3,5%

Plantago major

- Sinonímia: Plantago
- Classificação: medicamento menor
- Experimentação patogenética: Heath
- Droga: planta inteira florida de *Plantago major* L.
- Teor alcoólico da TM: entre 60 e 70% (v/v)
- Resíduo seco da TM: superior ou igual a 1,2%

Platinum metallicum

- Sinonímia: Platinum
- Classificação: semipolicresto
- Experimentação patogenética: Hahnemann
- Droga: platina – Pt
- Solubilidade: insolúvel

RESUMO DAS MONOGRAFIAS DOS PRINCIPAIS MEDICAMENTOS HOMEOPÁTICOS

Plumbum aceticum

- Sinonímia: Acetas plumbi, Acetas plumbicus
- Classificação: medicamento menor
- Experimentação patogenética: Hartlaub e Trinks
- Droga: acetato de chumbo II tri-hidratado – $C_4H_6O_4Pb.3H_2O$
- Solubilidade: insolúvel

Plumbum carbonicum

- Sinonímia: Carbonas plumbicus, Plumbi carbonas
- Classificação: medicamento menor
- Experimentação patogenética: Hartlaub e Trinks
- Droga: carbonato básico de chumbo II – $[Pb(CO_3)]_2.Pb(OH)_2$
- Solubilidade: insolúvel

Plumbum metallicum

- Sinonímia: Plumbum
- Classificação: medicamento menor
- Experimentação patogenética: Hartlaub e Trinks
- Droga: chumbo metálico – Pb
- Solubilidade: insolúvel

Podophyllum peltatum

- Sinonímia: Podophyllum
- Classificação: medicamento menor
- Experimentação patogenética: Williamson
- Droga: rizoma de *Podophyllum peltatum* L.
- Teor alcoólico da TM: entre 60 e 70% (v/v)
- Resíduo seco da TM: superior ou igual a 1%

Psorinum

- Sinonímia: Psorinum hominum, Scabiesinum
- Classificação: policresto

- Experimentação patogenética: Hering
- Droga: serosidade de vesícula de sarna
- Solubilidade: insolúvel

Pulmo histaminum

- Sinonímia: Pulmo anaphylacticus
- Classificação: medicamento menor
- Experimentação patogenética: dano (observação clínica)
- Droga: preparada a partir de órgãos de cobaias mortas após choque anafilático induzido por injeção intraperitoneal com 2 mL de solução a 10% de ovoalbumina em soro fisiológico e repetida após 48 horas.
- Solubilidade: solúvel em soro fisiológico até a 3CH

Pulsatilla nigricans

- Sinonímia: Pulsatilla, Anemone pratensis, Anemone pulsatilla
- Classificação: policresto
- Experimentação patogenética: Hahnemann
- Droga: planta inteira florida de *Anemone pulsatilla* L.
- Teor alcoólico da TM: entre 50 e 60% (v/v)
- Resíduo seco da TM: superior ou igual a 1,2%

Pyrogenium

- Sinonímia: Sepsinum, Pyrexin, Pyrogen
- Classificação: medicamento menor
- Experimentação patogenética: Dreysdale
- Droga: lisado de produtos de decomposição provenientes de autólise de carne de boi, porco e placenta humana
- Solubilidade: solúvel em glicerina até a 3CH

Rheum palmatum

- Sinonímia: Rheum
- Classificação: medicamento menor
- Experimentação patogenética: Hahnemann

RESUMO DAS MONOGRAFIAS DOS PRINCIPAIS MEDICAMENTOS HOMEOPÁTICOS 361

- Droga: órgãos subterrâneos secos de *Rheum palmatum* L.
- Teor alcoólico da TM: entre 60 e 70% (v/v)
- Resíduo seco da TM: superior ou igual a 2%

Rhododendron chrysanthum

- Sinonímia: Rhondodendron
- Classificação: medicamento menor
- Experimentação patogenética: Seidel
- Droga: folhas e botões florais secos de *Rhododendron chrysanthum* Pall.
- Teor alcoólico da TM: entre 75 e 90% (v/v)
- Resíduo seco da TM: superior ou igual a 2%

Rhus toxicodendron

- Sinonímia: Rhus, Vitis canadensis
- Classificação: policresto
- Experimentação patogenética: Hahnemann
- Droga: ramagens folhadas jovens de *Rhus toxicodendron* L. (coletadas no fim do verão)
- Teor alcoólico da TM: entre 60 e 70% (v/v)
- Resíduo seco da TM: superior ou igual a 1,25%

Ricinus communis

- Sinonímia: Ricinus
- Classificação: medicamento menor
- Experimentação patogenética: Buckner
- Droga: sementes maduras de *Ricinus communis* L.
- Teor alcoólico da TM: entre 85 e 95% (v/v)
- Resíduo seco da TM: superior ou igual a 1,5%

Robinia pseudacacia

- Sinonímia: Robinia
- Classificação: medicamento menor
- Experimentação patogenética: Burt

- Droga: casca fresca dos ramos jovens de *Robinia pseudacacia* L.
- Teor alcoólico da TM: entre 75 e 95% (v/v)
- Resíduo seco da TM: não encontrado na literatura

Ruta graveolens

- Sinonímia: Ruta
- Classificação: medicamento menor
- Experimentação patogenética: Hahnemann
- Droga: planta inteira de *Ruta graveolens* L.
- Teor alcoólico da TM: entre 60 e 70% (v/v)
- Resíduo seco da TM: superior ou igual a 1,5%

Sabadilla officinarum

- Sinonímia: Sabadilla
- Classificação: medicamento menor
- Experimentação patogenética: Stapf
- Droga: sementes secas de *Sabadilla officinarum* Brandt et Ratzeb.
- Teor alcoólico da TM: entre 60 e 70% (v/v)
- Resíduo seco da TM: superior ou igual a 0,5%

Sabal serrulata

- Sinonímia: Sabal
- Classificação: medicamento menor
- Experimentação patogenética: Boocock e Hale
- Droga: frutos maduros dessecados de *Sabal serrulata* Schult.
- Teor alcoólico da TM: entre 60 e 70% (v/v)
- Resíduo seco da TM: superior ou igual a 0,75%

Sambucus nigra

- Sinonímia: Sambucus
- Classificação: medicamento menor
- Experimentação patogenética: Hahnemann
- Droga: sumidades floridas de *Sambucus nigra* L.

RESUMO DAS MONOGRAFIAS DOS PRINCIPAIS MEDICAMENTOS HOMEOPÁTICOS

- Teor alcoólico da TM: entre 40 e 50% (v/v)
- Resíduo seco da TM: superior ou igual a 1,7%

Sanguinaria canadensis

- Sinonímia: Sanguinaria
- Classificação: medicamento menor
- Experimentação patogenética: Downey
- Droga: rizoma de *Sanguinaria canadensis* L.
- Teor alcoólico da TM: entre 60 e 70% (v/v)
- Resíduo seco da TM: superior ou igual a 1%

Scilla maritima

- Sinonímia: Scilla, Squilla maritima
- Classificação: medicamento menor
- Experimentação patogenética: Hahnemann
- Droga: bulbo fresco de *Urginea scilla* Steinh.
- Teor alcoólico da TM: entre 60 e 70% (v/v)
- Resíduo seco da TM: superior ou igual a 0,1%

Secale cornutum

- Sinonímia: Secale, Claviceps purpurea
- Classificação: medicamento menor
- Experimentação patogenética: Hartlaub e Trinks
- Droga: esclerócio seco de *Claviceps purpurea* Tul.
- Teor alcoólico da TM: entre 60 e 70% (v/v)
- Resíduo seco da TM: não encontrado na literatura

Sepia succus

- Sinonímia: Sepia, Sepia officinalis
- Classificação: policresto
- Experimentação patogenética: Hahnemann
- Droga: tinta seca de *Sepia officinalis* L.
- Teor alcoólico da TM: entre 60 e 70% (v/v)

- Resíduo seco da TM: superior ou igual a 0,15%

Silicea

- Sinonímia: Silicea terra, Terra silicea
- Classificação: policresto
- Experimentação patogenética: Hahnemann
- Droga: sílica – SiO_2
- Solubilidade: insolúvel

Spongia tosta

- Sinonímia: Spongia, Spongia officinalis, Spongia marina tosta
- Classificação: medicamento menor
- Experimentação patogenética: Hahnemann
- Droga: esponja tostada em pó *Euspongia officinalis* L.
- Teor alcoólico da TM: entre 60 e 70% (v/v)
- Resíduo seco da TM: superior ou igual a 0,3%

Stannum metallicum

- Sinonímia: Stannum
- Classificação: semipolicresto
- Experimentação patogenética: Hahnemann
- Droga: estanho metálico – Sn
- Solubilidade: insolúvel

Staphysagria

- Sinonímia: Delphinium staphysagria
- Classificação: semipolicresto
- Experimentação patogenética: Hahnemann
- Droga: sementes de *Delphinium staphysagria* L.
- Teor alcoólico da TM: entre 60 e 70% (v/v)
- Resíduo seco da TM: superior ou igual a 0,3%

Sticta pulmonaria

- Sinonímia: Sticta, Muscus pulmonarius
- Classificação: medicamento menor
- Experimentação patogenética: Burdick
- Droga: talo dessecado de *Sticta pulmonaria* Ach., coletado no verão
- Teor alcoólico da TM: entre 60 e 70% (v/v)
- Resíduo seco da TM: superior ou igual a 0,7%

Stramonium

- Sinonímia: Datura stramonium
- Classificação: semipolicresto
- Experimentação patogenética: Hahnemann
- Droga: partes aéreas de *Datura stramonium* L.
- Teor alcoólico da TM: entre 40 e 50% (v/v)
- Resíduo seco da TM: superior ou igual a 1,2%

Strophantus hispidus

- Sinonímia: Strophantus
- Classificação: medicamento menor
- Experimentação patogenética: Fraser e Piedvache (observação clínica)
- Droga: sementes maduras de *Strophantus hispidus* DC.
- Teor alcoólico da TM: entre 80 e 95% (v/v)
- Resíduo seco da TM: não encontrado na literatura

Sulfur

- Sinonímia: Sulphur, Flavum
- Classificação: policresto
- Experimentação patogenética: Hahnemann
- Droga: enxofre – S
- Solubilidade: insolúvel

Sulfur iodatum

- Sinonímia: Sulphur iodatum, Flavum iodatum, Iodum sulphuratum, Sulphuris iodidum
- Classificação: semipolicresto
- Experimentação patogenética: Kent
- Droga: iodeto de enxofre – S_2I_2
- Solubilidade: insolúvel

Tabacum

- Sinonímia: Nicotiana tabacum
- Classificação: medicamento menor
- Experimentação patogenética: Hartlaub e Trinks
- Droga: folhas frescas de *Nicotiana tabacum* L., coletadas no fim da floração
- Teor alcoólico da TM: entre 40 e 50% (v/v)
- Resíduo seco da TM: superior ou igual a 1,5%

Taraxacum officinale

- Sinonímia: Taraxacum
- Classificação: medicamento menor
- Experimentação patogenética: Hahnemann
- Droga: planta inteira florida de *Taraxacum officinale* Weber
- Teor alcoólico da TM: entre 40 e 50% (v/v)
- Resíduo seco da TM: superior ou igual a 1,25%

Tarentula hispanica

- Sinonímia: Tarentula, Aranea tarantula, Lycosa hispanica, Lycosa tarentula
- Classificação: medicamento menor
- Experimentação patogenética: Nunez
- Droga: animal inteiro vivo *Tarentula hispanica* Büch
- Teor alcoólico da TM: entre 60 e 70% (v/v)
- Resíduo seco da TM: não encontrado na literatura

Terebinthinum

- Sinonímia: Terebinthina, Oleum terebinthinae, Resina laricis
- Classificação: medicamento menor
- Experimentação patogenética: Seidel
- Droga: terebintina – líquido incolor de odor característico, volátil e inflamável, constituído de hidrocarbonetos, obtido por meio de destilação e retificação do óleo-resina de diversas espécies de pinheiro
- Solubilidade: solúvel em etanol a 90%

Theridion curassavicum

- Sinonímia: Theridion, Latrodectus curacavicus
- Classificação: medicamento menor
- Experimentação patogenética: Hering
- Droga: animal inteiro vivo *Theridion curassavicum* Walk.
- Teor alcoólico da TM: entre 85 e 95% (v/v)
- Resíduo seco da TM: não encontrado na literatura

Thuya occidentalis

- Sinonímia: Thuya, Thuja, Arbor vitae
- Classificação: semipolicresto
- Experimentação patogenética: Hahnemann
- Droga: ramos jovens de *Thuya occidentalis* L.
- Teor alcoólico da TM: entre 60 e 70% (v/v)
- Resíduo seco da TM: superior ou igual a 1,3%

Thyreoidinum

- Sinonímia: Thyroidinum
- Classificação: medicamento menor
- Experimentação patogenética: Panos, Rogers e Stephenson
- Droga: glândula tireoide extraída de ovelha
- Teor glicerinado da TM: entre 50 e 70% (v/v)

- Resíduo seco da TM: não encontrado na literatura

Tuberculinum

- Sinonímia: Tuberculinum Koch, T.K.
- Classificação: semipolicresto
- Experimentação patogenética: Swan
- Droga: tuberculina bruta obtida de culturas de *Mycobacterium tuberculosis*, de origem humana e bovina
- Solubilidade: insolúvel

Uranium nitricum

- Sinonímia: Uranii nitras
- Classificação: medicamento menor
- Experimentação patogenética: Blake
- Droga: nitrato de urânio hexaidratado – $UO_2.(NO_3)_2.6H_2O$
- Solubilidade: solúvel em etanol

Urtica urens

- Sinonímia: Urtica, Urtica minor
- Classificação: medicamento menor
- Experimentação patogenética: Büchner
- Droga: planta inteira florida de *Urtica urens* L.
- Teor alcoólico da TM: entre 40 e 50% (v/v)
- Resíduo seco da TM: superior ou igual a 1,2%

Ustilago maydis

- Sinonímia: Ustilago
- Classificação: medicamento menor
- Experimentação patogenética: Küchenmaister
- Droga: fungo maduro fresco (*Ustilago maydis* DC.)
- Teor alcoólico da TM: entre 60 e 70% (v/v)
- Resíduo seco da TM: superior ou igual a 1%

RESUMO DAS MONOGRAFIAS DOS PRINCIPAIS MEDICAMENTOS HOMEOPÁTICOS

Valeriana officinalis

- Sinonímia: Valeriana
- Classificação: medicamento menor
- Experimentação patogenética: Hahnemann
- Droga: órgãos subterrâneos secos de *Valeriana officinalis* L.
- Teor alcoólico da TM: entre 55 e 70% (v/v)
- Resíduo seco da TM: superior ou igual a 1%

Veratrum album

- Sinonímia: Veratrum, Helleborus albus
- Classificação: policresto
- Experimentação patogenética: Hahnemann
- Droga: partes subterrâneas frescas de *Veratrum album* L.
- Teor alcoólico da TM: entre 60 e 75% (v/v)
- Resíduo seco da TM: superior ou igual a 0,8%

Verbascum thapsus

- Sinonímia: Verbascum
- Classificação: medicamento menor
- Experimentação patogenética: Hahnemann
- Droga: planta inteira fresca de *Verbascum thapsus* L.
- Teor alcoólico da TM: entre 50 e 65% (v/v)
- Resíduo seco da TM: superior ou igual a 1,2%

Zincum metallicum

- Sinonímia: Zincum
- Classificação: semipolicresto
- Experimentação patogenética: Hahnemann
- Droga: zinco metálico – Zn
- Solubilidade: insolúvel

REFERÊNCIAS BIBLIOGRÁFICAS

AMERICAN INSTITUTE OF HOMEOPATHY. The homoepathic pharmacopoeia of the United States. 9th ed. 1999.

ASSOCIAÇÃO BRASILEIRA DE FARMACÊUTICOS HOMEOPATAS (ABFH). Manual de normas técnicas para farmácia homeopática. 2ª ed. São Paulo; 1995.

HOMOEOPATHIC PHARMACOPOEIA OF INDIA. Nova Délhi; 1971.

MINISTÉRIO DA SAÚDE. Farmacopeia homeopática brasileira. 3ª ed. Disponível em: http://www.anvisa.gov.br/farmacopeiabrasileira/homeopatica.htm. Acesso em: 22 dez. 2011.

PHARMACOPÉE FRANÇAISE. 10. ed. Suppl. 6 Moulins-lés-Metz, Adrapharm/Maisonneuve; 1989.

PHARMACOTECHNE ET MONOGRAPHIES DES MÉDICAMENTS COURANTS. Vol. 1. Lyon: Syndicat des Pharmacies et Laboratoires Homéopathiques; 1979.

PHARMACOTECHNE ET MONOGRAPHIES DES MÉDICAMENTS COURANTS. Vol. 2. Lyon: Syndicat des Pharmacies et Laboratoires Homéopathiques; 1981.

SOARES AAD. Dicionário de medicamentos homeopáticos. São Paulo: Santos Livraria Editora; 1999.

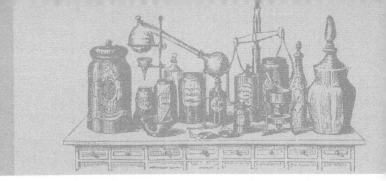

Índice remissivo

A

Abreviatura 71
Abstinência 39
Ação
  primária 35
  secundária 35
Acetilcolina 37
Achillea millefolium 320
Acidum fluoricum 321
Acidum lacticum 321
Acidum muriaticum 322
Acidum nitricum 322
Acidum oxalicum 322
Acidum phosphoricum 57, 58, 322
Acidum salicylicum 322
Acidum sulfuricum 323
Aconitum napellus 72, 323
Acorde de potência 300
Actaea racemosa 323
Açúcar 263
Administração oral 48
Adrenalina 37
Adrenalinum 323
Aesculus hippocastanum 324
Agaricus muscarius 59, 324
Agência Nacional de Vigilância
    Sanitária 77, 80, 215
Agitação ritmada 298
Agnus castus 324
Agonista 49
Agravação dos sintomas 13, 44
Água
  de cristalização 135

água purificada 57, 60, 261
Alcaloide 267
Alcoômetro 102
Alérgeno 201
Alginato 238
Allen 31
Allium cepa 324
Allium sativum 325
Almofada(s) contadora(s) 123, 125
Aloe socotrina 325
Alopatia 26, 33, 38
Alquimia 13
Alternismo 16, 18
Alumen 325
Alumina 325
Amanita phalloides 59, 325
Ambra grisea 326
Amido 60
Ammonium carbonicum 326
Ammonium muriaticum 326
Ammonium phosphoricum 327
Ampola
  bebível 167
  dinamizadora 146
  injetável 167
Anacardium orientale 327
Análise
  capilar 268
  microbiológicas 264
Anatoxina 219
Anilinum 327
Antagonista 49
Anteparo semirrígido 122
Anthracinum 203

371

Antídotos 75
Antimonium crudum 76, 327
Antimonium tartaricum 328
Aparelho de fluxo contínuo 16, 18
Apis mellifica 58, 116, 328
Apósitos medicinais 60
Aranea diadema 58, 328
Argentum metallicum 328
Argentum nitricum 70, 329
Arnica montana 120, 329
Arnica montana L. 57
Arsenicum album 70, 329
Arsenicum iodatum 329
Associação Brasileira de Farmacêuticos
Homeopatas (ABFH) 76, 80, 96
Atenção farmacêutica 78
Atenolol 40
Atropina 47, 49
Aurum metallicum 57, 329
Autoclave 67
Auto-hemoterapia 201
Autoinspeção 255
Autoisopatia 201
Autoisoterápicos 201, 206
Avena sativa 330

Bento Mure 6
Benzodiazepínicos 41
Berberis vulgaris 331
Bidestilação 61, 261
Biossegurança 208, 218
Bioterápicos 199, 201, 202
  codex 203
  complexos 203
  de estoque 77
  ingleses 203
  Roberto Costa 203
  simples 203
Bloqueadores beta-adrenérgicos 40
Boas práticas de manipulação
(BMP) 94, 218, 219
Boenninghausen 31
Boericke 31
Borax 332
Bothrops lanceolatus 332
Bromium 332
Bromum 57
Bryonia 332
Buclisina 42
Bulbos 56, 67
Burnett 201

B

Bacilo de Gaertner 203
Bacilo de Morgan 203
Bacilo mutabile 203
Balança eletrônica de precisão 130
Baptisia tinctoria 330
Barbitúricos 41
Barium aceticum 330
Barium carbonicum 330
Barium iodatum 331
Barium muriaticum 331
Barthel 31, 157
Bases 60
Bastão de vidro 130
Bastide 44, 46
Batoque (s) 66, 125
  conta-gotas 66
Belladonna 75, 331

C

Cachimbo dinamizador 146
Cadastro Nacional de Pessoa Júridica
(CNPJ) 97
Cafeína 37, 41
Calcarea acetica 58, 332
Calcarea carbonica 58, 59, 75, 333
Calcarea fluorica 333
Calcarea muriatica 333
Calcarea phosphorica 334
Calcarea sulfurica 334
Cálculo renal 210
Calendula officinalis 334
Cálice 130
Câmara
  de dinamização 146
  dinamizadora 146
Cânfora 76

ÍNDICE REMISSIVO

Cannabis indica 80
Cannabis sativa 80
Cantharis 75, 156
Cantharis vesicatoria 58, 116, 334
Cânulas 67
Capilograma 268
Capsicum annuum 335
Cápsulas gelatinosas 180
Caracteres organolépticos 117, 260, 264
Carbo animalis 58, 335
Carbonato 60
Carbopol 240
Carbo vegetabilis 335
Carcinosinum 204, 249
Carduus marianus 335
Categorias de medicamentos 72
Causticum 57, 58, 336
Cenchris contortrix 156
Certificados de análise 104
Chamomilla 336
Chelidonium majus 336
China 336
Chlorum 57, 337
Cianobactéria 60
Cina 337
Claude Bernard 5
Clusters 46
Cocainum 80
Cocculus indicus 337
Coccus cacti 337
Codeína 41
Codeinum 80
Coffea cruda 338
Colchicum autumnale 338
Coleta seletiva de lixo 97
Colher de aço inoxidável 130
Colibacillinum 60, 202
Collet 201
Collinsonia canadensis 338
Colocynthis 338
Complexismo 15, 16, 18
Complexo 17
Complexos homeopáticos 173
Composto 17
Compressão da trituração 175
Comprimidos 60, 167
  homeopáticos 175

inertes 65
Conium maculatum 339
Conselho
  Federal de Farmácia 96
  Regional de Farmácia (CRF) 77, 97
Consulta homeopática 29
Conta-gotas 162
Contraria contrariis curantur 2
Controle de qualidade 24, 99
Controle do processo 217
Corallium rubrum 339
Corticosteroides 41
Crataegus oxyacantha 339
Creme(s) 60, 235
  Lanette 237
  oil free 241
Cristalização sensível 23
Critério
  ponderal 62
  volumétrico 62
Cromatografia 267
Cronômetro 143
Crotalus horridus 59, 339
Cuprum aceticum 340
Cuprum metallicum 340
Cuprum sulfuricum 340

D

Deionização 61
Demangeat 46
Dependência física à droga 39
Derivados da celulose 238
Dessecação 109
Destilação 61, 261
Diátese crônica 32
Digitalis purpurea 341
Diluição 299
Diluições infinitesimais 13
Dinamização 8, 10, 12, 13, 18, 45, 146, 301
  centesimal hahnemanniana 14
  intermediária 62
  líquida 123
  sólida 123, 133, 136, 138
Dinamizador de fluxo contínuo 145

Dinioterapia autonósica 201
Diphtericum 204
Diphterinum 59
Diphterotoxinum 60, 204
Dispensador 125
Dispersões coloidais 238
Doença(s) 22
  artificial 42
  agudas 32
  crônicas 6, 25, 32
Dopamina 41
Dose(s) 47
  diluídas 13
  elevadas 13
  fortes 47
  infinitesimais 5
  mínimas 8, 13, 44
  ponderais 12
  única líquida 136, 167, 171
  única sólida 136, 167, 184
  útil 48
Droga 2, 4, 11, 13, 14, 18
Drogas heroicas 79
Drosera rotundifolia 341
Dulcamara 341

E

Eberthinum 204
Echinacea angustifolia 341
Efeito primário 35
  agonista 36
  antagonista 36
Efeito rebote 36, 37
Efeito secundário 35
Elaps corallinus 156, 342
Emil Grubbe 47
Emulsão cremosa tipo 0/A 237
Enantiopatia 38
Energia medicamentosa 44
Enterococcinum 204
Equipamentos de proteção individual
  (EPI) 218
Equisetum hiemale 342
Escala

centesimal 120
cinquenta milesimal 120
decimal 119
Escolas médicas homeopáticas 6
Espátula de porcelana 133
Específicos homeopáticos 17, 173
Espectro capilar 269
Espectroscopia de infravermelho 46
Estabilização da droga 114
Estearatos 60
Esterilização 67
Estoque 202
  mínimo 72
Estruturação de *clusters* 46
Estufa
  de ar seco 68
  de secagem 67
Etanol 62, 262
Etanol a 77% 67
Ethylicum 342
Eupatorium perfoliatum 342
Euphrasia officinalis 342
Exame de título da ABFH 104
Excipientes 60
Excreções 208
Experimentação
  no homem sadio 8, 11
  patogenética 11, 12, 54

F

Farmácia homeopática 54
Farmacodinâmica 13
Farmacologia 31
  homeopática 8
Farmacopeia do Sindicato das
  Farmácias e Laboratórios homeopáticos 252
Farmacopeia homeopática
  alemã 252
  brasileira 60, 253
  de Jahr 251
  francesa 252
  indiana 252
  inglesa 252

ÍNDICE REMISSIVO

mexicana 252
norte-americana 80
Farmacopeia poliglota 252
Fármacos solúveis 108
Fenecimento 23
Fenômeno vital 21
Ferrum metallicum 158, 343
Ferrum phosphoricum 343
Ferrum sulphuricum 343
Filtração esterilizante 61
Filtro de carvão 261
Fitoterapia 55
Flavonoides 267
Força
  medicamentosa 139, 150
  vital 22
Fôrma para supositórios 230
Formas farmacêuticas
  derivadas 119, 123
  homeopáticas 60
Formica rufa 58, 343
Formulações
  líquidas 167
  sólidas 167, 185
Fragmentos de órgãos e tecidos 210
Francis Bacon 4, 18
Frasco(s)
  de boca larga 186
  de vidro 65, 66
  dinamizadores 125
  nebulizadores 223
  plásticos 66
Fucus vesiculosus 60, 344
Fungi 59

G

Géis 60
Géis-creme 60
Gelatina glicerinada 232
Gelsemium sempervirens 344
Gentiana lutea 344
Giardinum 60
Ginkgo biloba 344
Giudice 46

Glândulas suprarrenais 37
Glicerina 60, 64, 262
Gliceróleo 246
Glóbulos 161
Glóbulos inertes 64, 65, 178
Gonotoxinum 204
Gotas 167
Gotejadores 66
Gral 133
Grânulos 167
Graphites 70, 345
Guaiacum officinale 345

H

Hahnemann 2, 4, 8, 31
Haller 18
Haloperidol 41
Hamamelis virginiana 345
Helleborus niger 346
Hepar sulfur 58, 346
Hepatina 116
Hering 28, 31, 119, 199
Hidroxilas fenólicas 267
Hipócrates 1, 8, 36
Hipotálamo 43, 49
Hipótese molecular 45
História biopatográfica 29
Homeodoto 76
Homeostase 9, 43
  inicial 39
  orgânica 37
Hugo Platz 268
Hugo Schultz 47
Hydrastis canadensis 346
Hyoscyamus niger 346
Hypericum perforatum 347
Hypophysinum 58, 116

I

Ignatia amara 347
Illiovici 201
Impregnação 182

Inativação 217
Índice de refração 267
Influenzinum 204
Informação não molecular 46
Instituto Nacional de Propriedade
  Industrial (Inpi) 96
Insumo
  ativo 13, 18, 173, 298
  inerte 14, 19, 60, 119, 132
Iodum 347
Ipecacuanha 156, 347
Isaac Newton 4, 18
Isopatia 38, 200
Isoterápicos 90, 206, 210
Isotonizante 247

J

Jahr 251
James Tyler Kent 124
Johanna Henriette Leopoldine Küchler, 4
Johann Ernst Stapf 200
Johann Wilhelm Lux 200

K

Kalium bichromicum 57, 348
Kalium bromatum 348
Kalium carbonicum 348
Kalium iodatum 348
Kalium muriaticum 349
Kalium phosphoricum 349
Kalium sulfuricum 58
Kent 31
Kentismo 16
Kleijnen 45
Korsakov 124

L

Laboratório da farmácia 98
Lachesis 156

Lachesis muta 59, 349
Lactose 60, 64, 133, 263
Lappa major 350
Lathoud 31
Latrodectus mactans 350
Lavagem 67
Ledum palustre 350, 352
Legislação
  farmacêutica de interesse geral 283
  para zoneamento de farmácias 96
Lei
  Biológica Fundamental 47
  da Farmacoterapia 47
  de cura 28, 69
  dos contrários 38
  dos semelhantes 8, 17, 26, 36
Lenho 55
Lens esculentum 76
Leveduras 59
Levodopa 41
Licínio Cardoso 201
Limite de Avogadro 45
Linde 45
Linimentos 60
Lo 46
Lobyshev 46
Luesinum 70, 202, 204, 350
Lux 200
Lycoperdon bovista 74, 351
Lycopodium clavatum 351

M

Maceração 116
Magnesium carbonicum 351
Magnesium muriaticum 351
Magnesium phosphoricum 352
Magnesium sulfuricum 352
Manual de normas técnicas para farmácia
  homeopática 80
Máquinas trituradoras 135
Marie Melanie Derville 6
Matéria médica 3, 19
Matéria médica homeopática 5, 12, 15, 30
Matéria médica pura 5

Matérias-primas inertes 103
Matrizes 125, 141, 150, 217
Mecanismo de ação dos medicamentos
  homeopáticos 46
Mecanismos de defesa do organismo 23
Medicamento(s)
  anti-homotóxicos 299
  antroposóficos compostos 299
  antroposóficos de componente único
    298
  complementares 75
  dinamizados 298
  homeopático 15, 17, 28, 48, 53
  homeopáticos agudos 75
  homeopáticos compostos 298
  homeopáticos de componente único
    298
  homeopáticos de fundo 75
  homeopáticos de terreno 75
  policrestos 72
  tóxicos 79, 80
Medicina alopática 17, 24
Medorrhinum 59, 202, 204, 352
Meio de atenuação 154
Mercurius corrosivus 352
Mercurius cyanatus 353
Mercurius dulcis 353
Mercurius solubilis 74, 353
Mercurius sulphuratus ruber 354
Mercurius vivus 354
Metafísica 19
Metástases mórbidas 26
Método
  clássico ou dos frascos múltiplos 123
  da cinquenta milesimal 123
  da cristalização sensível 23
  da tríplice ou da simples impregnação
    178
  da trituração 123
  de fluxo contínuo 124
  hahnemanniano 123
  korsakoviano 123
Mezereum 354
Miasma 6, 32, 75
Microglóbulos 60, 65
Micropipeta(a) 125, 142
Mili Q 61

Mineral 57
Modalidade 12
Modelo conceitual 22
Moldagem 193
Monera 60
Morbillinum 204
Morphinum 80
Moschus 354
Mucilagem 268
Mucosa bucal 48
Mygale lasiodora 355

N

Natrium carbonicum 355
Natrium chloratum 57
Natrium muriaticum 355
Natrium phosphoricum 355
Natrium sulfuricum 356
Nebel 201
Neoplasia 47, 49
Neugebauer 269
Nihil 76
Nitratos 40
Níveis dinâmicos 23, 24
Nível mental 25
Nomes homeopáticos 68
Nosódio(s) 200, 201
  intestinais de Bach-Paterson 203
Nux vomica 356

O

Ópio 37
Opium 74, 80, 356
Opoterápicos 116
Organicismo 15, 17
Organon 108
  da arte de curar 5
Organoterápicos 116
Origem
  do medicamento homeopático 54
  endógena 206
    cálculos renais 206

sangue 206
urina 206
Orto-Silicea 76
Osmose reversa 61, 262
Overdose 38
Óvulos vaginais 232

P

Paeonia officinalis 356
Paliativo 17, 34
Papaver somniferum L. 57
Papéis de filtro 139
Papel de pesagem 130, 142
Paracelso 8
Paracetamol 41
Parathyphoidinum B 205
Parreira brava 357
Partículas coloidais 238
Passiflora incarnata 357
Patogenesia 9, 12, 28
Paullinia sorbilis 357
Percolação 108
Percolador 108, 115
Permutação iônica 261
Pertussinum 205
Peso médio 273
Petroleum 58, 357
pH 260, 273
Phosphorus 57, 74, 136, 358
Phytolacca decandra 358
Plano de Gerenciamento de Resíduo de
    Serviços de Saúde (PGRSS) 207,
    213
Plantago major 358
Platinum metallicum 358
Plumbum aceticum 359
Plumbum carbonicum 359
Plumbum metallicum 359
Pluralismo 15, 16
Podophyllum peltatum 359
Policarbonato 225
Policresto 72
Polietileno de alta densidade 225
Polímeros carboxivinílicos 238

Polipropileno 225
Pomadas 244
Ponteira(a) descartável(is) 67, 142
Ponto de fusão 260
Ponto de partida 299
Pós medicinais 60
Potência(s) 14, 19, 77, 299
    intermediárias 125
    medicamentosas 107
    Q 155
Preparação líquida 168
Preparações inertes 77
Prescrição homeopática 49
Princípio
    da semelhança 11, 54
    da similitude 5, 8, 10
    ativos 60
    vital 22
Procedimento Operacional Padrão (POP)
    218, 219, 261, 273
Processo de maceração 108
Processo de percolação 115
Processos de cura 28
Produtos estéreis 254
Propranolol 40
Protista 60
Pseudo-hidrolato 246
Psora 32
Psorinum 59, 200, 202, 205, 219, 359
Pulmo histaminum 205, 360
Pulsatilla nigricans 360
Pyrogenium 360
Pyrus malus 76

Q

Quina 4, 19

R

Raman 46
RDC 215
RDC n. 67 77
Reação

ÍNDICE REMISSIVO

do organismo 49
homeostática 36, 50
orgânica 8
vital 49
Recipientes 64
Refratariedade 36
Regras de nomenclatura 68
Reino animal 58
Remédio único 8, 15
René Descartes 19
Repertório 30
Repipetadores automáticos 125
Resíduo
seco 267
sólido 109
Responsabilidade técnica 96, 104
Rheum palmatum 360
Rhododendron chrysanthum 361
Rhus toxicodendron 361
Robinia pseudacacia 361
Rotulagem 77
Rudolf Arndt 47
Ruta graveolens 362

S

Sabadilla officinarum 362
Sabal serrulata 362
Sacarose 60, 64, 263
Saccharum lactis 76
Sala de coleta 218
Sala de dispensação 98
Sambucus nigra 362
Samuel Hahnemann 2
Sangue total 209
Sanguinaria canadensis 363
Saponina 267
Sarcódios 55, 91
Schwabe 268
Scilla maritima 363
SD (*special dinamization*) 121
Secagem 67
Secale cornutum 363
Secreção 209
auricular 209

nasal 209
vaginal 209
Semiologia homeopática 30
Sepia officinalis 58
Sepia succus 59, 363
Sicose 33
Sífilis 33
Silicea 74, 364
Similia similibus curantur 4, 5, 8
Simillimum 9, 15, 30
Simples impregnação 178, 179
Sintomas 8-12, 15
emocionais 17
primários 36
Sistema de Garantia da Qualidade (SGQ)
218
Sistema
nervoso central 43
neuroimunoendócrino 44
Skinner 124
Solubilidade 260
Soluções de sais cristalizantes 23
Soro
anticolibacilar 205
de Yersin 205
sanguíneo 209
Spongia tosta 364
Stannum metallicum 364
Stapf 200
Staphylococcinum 202, 205
Staphylotoxinum 202, 205
Staphysagria 364
Sticta pulmonaria 365
Stramonium 365
Streptococcinum 60, 202, 205
Strophantus hispidus 365
Substância medicinal 19
Sucussão 13, 19, 125, 299
Sulfanilamidum 58
Sulfur 365
Sulfur iodatum 366
Swabs 207
Sycoccus 205
Sycotic – Co 205

T

Tabacum 366
Tabletes
  homeopáticos 182
  inertes 60, 66
Talcos medicinais 228
Tamis 115, 118
Taninos 267
Taraxacum officinale 366
Tarentula hispanica 366
Tautoterápicos 54, 91
Teoria dos significados corporais 46
Terebinthinum 367
Terebintina 132
Terreno suscetível 32
Theridion curassavicum 367
Thuya occidentalis 367
Thyreoidinum 367
Thyroidinum 58, 116
Timolol 40
Tintura 13
Tintura-mãe homeopática (TM) 300
Tinturas e matrizes homeopáticas 103
Tinturas homeopáticas 55
Tinturas-mãe 55, 241
Totalidade dos sintomas 32
Totalidade sintomática 26, 49
Toxicologia 31
  acidental 31
  iatrogênica 31
  profissional 31
  voluntária 31
Tratamento homeopático 29, 69
Tríplice impregnação 189
Trituração 61, 300
Tuberculina de Koch 202
Tuberculinum 60, 368
Tuberculinum residuum 205
Tuberculinum (TK) 205

U

Ultradiluições homeopáticas 48
Ultrez 10 240

Unicismo 15, 16, 18
Uniphen® 240
Uranium nitricum 368
Urtica urens 368
Ustilago maydis 368

V

V.A.B. (BCG) 205
Vaccinotoxinum 205
Valeriana officinalis 369
Vannier 201
Vascolejamento 143
Vegetal 55
Vehsemeyer 119
Veículo extrator 108, 115
Veratrum album 369
Verbascum thapsus 369
Vigilância Sanitária 97
Vijnovsky 31
Vis medicatrix naturae 1
Vitalidade 21, 26
Vitalismo 3, 22
Vórtice 146

W

Willian Cullen, 4
Willmar Schwabe 268

Y

Youbicier 44

Z

Zacharias 46
Zincum metallicum 369